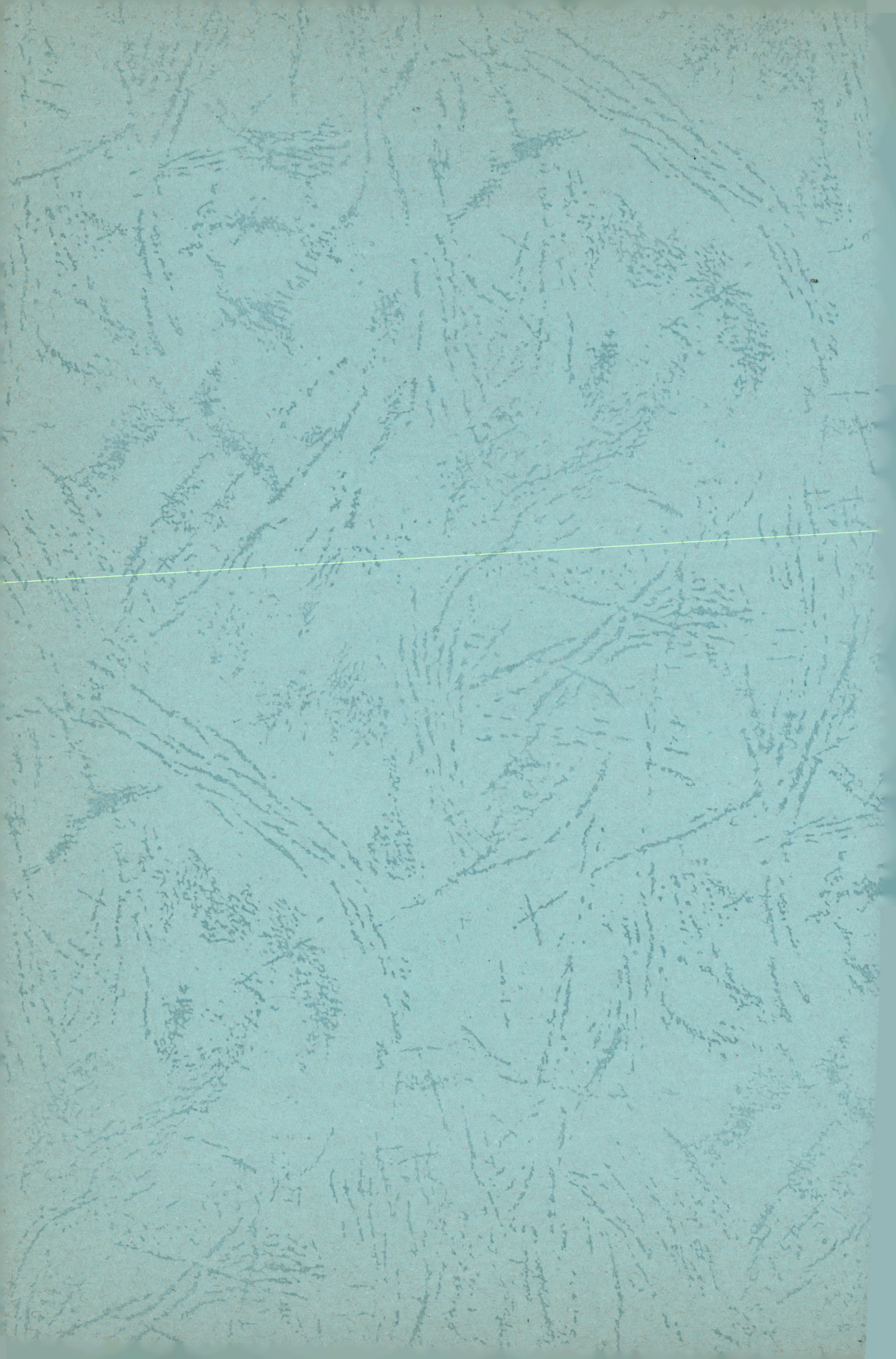

谨以此书献给两国多年来为中罗关系不懈耕耘的所有人们，
献给中华人民共和国国庆60周年和中罗建交60周年！

百年中罗关系史
（1880—1980）

刘 勇 著

时事出版社

本课题的研究及出版得到了中国青年政治学院
2006年重大科研课题的经费资助

对本书内容的一些技术处理的说明

一、正文中的参考文献引文

1. 圆括号：一般为原文中已有。

2. 方括号：用于标出原文中隐含的内容以使上下文连贯，或标出引者对原文中明显的讹误的改正。

3. 粗体字或斜体字：均为原文所有。在有关的注释条最后有说明。

4. 空白方框：原文无法辨认的字符。

二、参考文献注释

1. 相邻的同一出处的参考文献：尽量合并为一个注，但分别标出其不同的页码或日期。

2. 全书中多次出现的参考文献：从其第二次出现起，一般只标出见其第一次出现时所在的注释编号，以及其卷次、页码和日期等其他不相同的信息。

3. 同一注释条中有两种或两种以上的参考文献：间隔 2 个字符依次标出。

4. 英文的参考文献信息：一般不译成中文。如其中出现罗文信息，将其中的罗文译成中文。

5. 罗文的参考文献信息：在每一章第一次出现时全部译成中文（除页码外）。从其第二次出现起只标出原文。罗文的文献合集有多份文献被引用，其被引用的第一件文献的信息全部译成中文，从其第二件被引用的文献起，一般只译出文献名。

6. 对罗文档案及西文文献的出处：均尽可能依照原标识信息。同类罗文档案的出处标注不统一或不完整均为原件如此。

致读者的话

洋洋40万字的《百年中罗关系史（1880—1980）》即将与中外读者见面。这是刘勇博士倾注10年心血的一部力作，也是研究中国、罗马尼亚两国关系史的一部力作。

世纪之交，刘勇先生由国家公派到罗马尼亚布加勒斯特大学作访问学者，后来转为布加勒斯特大学在读博士，研究的课题就是中罗关系史。我那时正在驻罗马尼亚大使馆供职，经常看到他到处查找资料、刻苦钻研、勤奋好学的身影。回国后，我又先后听到他荣获博士学位，以及他的博士论文在罗马尼亚公开发表的喜讯。从1999年到罗马尼亚留学，到今天他研究中罗关系史的专著问世，正好是10年的时间。这期间，刘勇博士从初学罗马尼亚语、亲身感受并了解罗马尼亚国情、历史和文化开始，到搜集大量中文、罗马尼亚文、英文等历史资料，最后分别用中文和英文出版了个人的研究成果。他为此付出了多少心血，克服了多少困难，是自不待言的。真可谓“十年磨一剑”！他在书中以一个研究学者的独特视角，依托历史文献，再现了许多早已被尘封了的往事、理清了许多纷杂的线索，令我们这些为促进中罗关系工作了几十年的外交官也为之赞叹不已。

中罗两国关系源远流长。该书所反映的其中这段百余年的历史，正是中罗关系的历史长河中最为波澜壮阔、历史经验最为丰富多彩的部分。在很长一段时间内，由于种种原因，国际上研究中罗关系史的专著并不多见。近年来，两国学者对中罗关系的研究空前活跃，双方都为此投入了很大的精力，并不断有新的研究成果问世。不过，刘勇博士这部同时使用两国刚刚解密的国家档案、分别以两种文字发表的研究中罗两国关系历史的著作堪称第一部。在此，我谨向刘勇博士表示真诚的祝贺和感谢。祝贺他在中华人民共和国建国60周年和中罗建交60周年之际奉献了一份厚礼！感谢他为发展中罗两国关系和增进两国人民之间的友谊做了一件很有意义的事！我相信，《百年中罗关系史（1880—1980）》奉献给读者的不仅是一幅中罗关系史的多彩画卷、一部可读的信史，同时对研究中罗两国关系史的工作也将会起到有力的推动作用。

中国驻罗马尼亚大使　刘增文

2009年1月于布加勒斯特

前言

刘勇教授撰写的《百年中罗关系史（1880—1980）》一书的问世，既是出版界的一大盛事，也是一项功绩卓著的学术研究成果，同时，也是一个具有重大意义的政治和外交活动。从这三方面来看，该书的出版理当受到欢迎，而作者为获得这一成果所付出的辛勤努力也定会赢得赞誉。我特别高兴的是，能够借此机会代表罗马尼亚汉学家和历史学家，向刘勇先生表示祝贺，并且以我本人，一个半个多世纪以来罗中关系发展进程的亲历者的名义，对他表示高度的评价。

之所以说这部作品问世是出版界的一大盛事，首先因为它是奉献给中国和罗马尼亚，以及全世界各大政治和学术中心广大读者的第一部此类题材的学术著作。罗马尼亚是个欧洲国家，而中国地处亚洲。刘先生的著作涵盖了两国间百年关系的历史，这本身就是一个值得称赞的创举。而它的出版又正值罗马尼亚同中华人民共和国建交60周年的前夕，使其意义更深了一层。

《百年中罗关系史（1880—1980）》是一项功绩卓著的学术研究成果。这不仅因为它是中罗关系研究方面的一项首开先河之举，而更重要的是它的题材和内容。毫无疑问，本书选取了一个众所关注的题材，即一贯持续发展、堪称国与国之间关系典范的罗中关系。同时，作者孜孜不倦地查阅了大量有关罗中关系的历史文献资料，广泛阅读了中文、罗文及其他文字的书刊中论及罗中关系发展的资料，对两国及其他国家政要就这一关系所做出的论断和评价进行审慎的思考，在写作过程中加以引用。刘勇博士在布加勒斯特大学的罗马尼亚教授们指导下完成的博士论文《1950—1960年代的中罗关系》，为本书的完成奠定了基础。作者在对相关史料、近年来中罗两国专家、学者和一些国际学术刊物提供的最新资料、信息进行科学而严谨的分析后，更加丰富和完善了这本新书的内容。本书的可称道之处，还在于作者对掌握的资料有着高超的组织与处理能力。他将中罗两国近一百年来关系的历史按照时间的先后进行高度的概括，融为一体，但其中又囊括了大量的有关双边接触、联系、交流与合作的信息，并依据当时的价值衡量标准、作者本人的正义准则及普遍的道德标准，甚至是不厌其详地将历史事件的意义加以点明。我相信，刘勇先生将继续他对中罗关系的潜心研究，在当代国际关系的背景下，不断开拓新的文献资源，对这一关系做出新的评价，形成新的观点，进一步丰富和完善他的著作。

《百年中罗关系史（1880—1980）》的出版是一个具有重大意义的政治、外交活动。因为它指出了上世纪后半叶中罗关系发展过程中积累的经验教训。在总结了中罗关系的特点，即两国领导人之间的相互信任、两国对国家主权和民族尊严的互相尊重、两国开展合作和互助的愿望的同时，该书强调了这样一个真理：两国良好关系的基础在于，两国和两国人民有着共同的现实利益和对未来的憧憬；而且双方都认识到，每个国家的振兴，都是这个国家在为实现自身理想而付出努力后获得的成果。再者，这部著作援引中罗关系发展的历史事实，强调说明了在构建一个公平、公正、道德、和平与和谐社会的格局中，每个国家都作出自身的努力有多么的重要。

诚祝这部极具价值的著作的作者刘勇教授在他今后的学术活动中，在国际关系的研究，尤其是在将惠及我们两国的子孙后代的中罗关系发展史的深入研究方面，不断取得新的成就。

前罗马尼亚驻华大使，汉学家

罗明（Romulus Ioan Budura）

2009 年 1 月 5 日于布加勒斯特

目 录

绪　论

中罗关系的历史，如果从1949年10月5日两国建交算起，至今已有一个甲子之年了。如果追根溯源，两国祖先的最早交往可以追溯到公元4世纪前后，可以说是源远流长。

第二次世界大战后，两国先后都建立了社会主义政权，两个新生的国家——中华人民共和国和罗马尼亚人民共和国（1965年改名为罗马尼亚社会主义共和国）在1949年建立了外交关系。从那以后，两国的政治、经济和文化交往迅速增加，并从20世纪60年代前期逐步形成了非常密切的友好关系。中罗关系被誉为社会主义国家中求同存异的典范。即使在1989年罗马尼亚发生了社会制度的剧变，国名再次被更改，社会主义制度不复存在之后，中罗两国的友好关系仍然能够继续保持，并在新千年到来后又有了进一步的发展。2004年6月，中国国家主席胡锦涛在访罗期间曾对罗总统伊利埃斯库说："中罗建交55年来，两国和两国人民始终相互尊重、相互信任、相互理解、相互支持，堪称国与国关系的典范。"[①]

中罗关系，曾经被前中国驻罗马尼亚大使、现任中国驻俄罗斯大使刘古昌誉为"最好的国家关系"。[②]中罗关系史，从其在历史上曾经的辉煌和曾经的巨大影响来说，从其在中国外交和国际关系中曾经占有的地位来说，都是一段非常值得研究、总结、借鉴和发扬的历史。但是迄今为止，国际上对中罗关系的研究现状，尤其是我国对中罗关系的研究现状，是与此很不相称的，与中国的大国地位也是不相称的。

中罗关系史研究的现状及参考文献简介

研究中罗关系史的意义在于：第一，记述被誉为"最好的国家关系”——中罗关系的历程，为今天继续发展“堪称国与国关系的典范”的中罗关系提供借鉴。第二，拓展国际冷战史、中苏关系史和中国与东欧其他国家关系史的研究。第三，学习罗马尼亚当年开展全方位独立自主外交的成功经验，为中国的外交战略提供借鉴。四、填补我国对外关系史研究的一块空白，由中国人写出世界上第一部中罗关系史的学术著作。

国际上中罗关系史的研究现状可以用三句话来概括：20世纪70年代初以后开始起步；迄今在中国还没有一本学术专著问世；罗马尼亚比中国更重视这一研究。

1949年10月中华人民共和国和罗马尼亚人民共和国建立外交关系后，同是新生的社会主义国家的两国开始了互相的介绍和学习。1951年，上海的华东人民出版社出版了一套“人民民主国家通俗小丛书”，其中有倪海曙编写的《人民的罗马尼亚》，可以说是新中国第一本介绍罗马尼亚的书籍。1956年，上海的新知识出版社出版了剑江编写的《罗马尼亚人民共和国》，在书末用3页的篇幅介绍了“中罗友谊与文化交流”，可以说是中国最早的介绍中罗关系的文字。1965年，世界知识出版社资料室翻译出版了旅美的罗马尼亚最著名的历史学家约耐斯库（Ghita Ionescu）教授的《共产主义在罗马尼亚》（1944—1962），这是中国翻译出版的第一部罗马尼亚学者撰写的罗马尼亚史书。从建国初直到20世纪70年代初，中国有关罗马尼亚的出版物基本上都是以对罗和中罗关系的介绍和宣传为主，还谈不上对罗和中罗关系的研究。

自20世纪50年代中期起，两国驻对方的使馆先后开始编写题为“中罗关系”或“罗中关系”的资料，供内部参考。其中涉及历史、政治、经贸、文化与科技、新闻与出版等方面，有的篇幅相当长。虽然都是以介绍和综述为主，也为日后的研究提供了丰富的素材和重要的参考。1968年，罗外交部内部出版的《研究与参考》（*Studii şi referate*）第3期发表了吉蒂克（Eugenia Chitic）女士编写的长约40页的《1949年以前的罗中关系》（*Relaţiile romano-chineze pîna în anul 1949*），这是迄今所知的罗方关于早期罗中关系的最早的研究性成果。其中提到了1675年作为沙皇使臣的罗马尼亚人米列斯库（Nicolae Spătarul Milescu）到过中国，写了《中国漫记》（*Descrierea Chinei*）一书；1880年前后，中罗两国君主曾通过信件互致问候；20世纪30年代末两国政府通过谈判建立了外交关系，1941年又因罗方的原因而断交等等。

中罗关系在20世纪70年代进入了最好的发展时期，罗方开始通过追溯和研究罗中友好关系的悠久历史来宣传和推动罗中关系的深入发展，罗领导人在中国访问时越来越多地在讲话中强调罗中友好关系的历史渊源。1971年齐奥塞斯库访华后，罗共中央历史和社会政治研究所（大致相当于中国的中共中央党史研究室和当代中国研究所——著者）奉命研究罗中关系史。1973年，布加勒斯特政治出版社出版的《罗马尼亚人民声援中国人民和对中国人民友好的传统》（*Tradiţii ale poporului Român de solidaritate şi prietenie cu poporul Chinez*），就是这一研究的成果之一。该书选编了1900—1949年间发表在罗马尼亚各公开、半公开或地下的红色报刊上的反映中国的政局、介绍和声援中国革命斗争的文章159篇。尤其珍贵的是，编者撰写了一篇长达43页的绪言，“上溯罗中交往之渊源，下及两国关系之现状，列举了罗中关系史上许多重要的史实，以说明两国关系的深远，其中有些是鲜为人知的”。[③]这不但是罗方首次发表的研究罗中关系史的成果，而且内容较吉蒂克的文章又详尽了一些。

同年，政治出版社又出版了《罗马尼亚对外关系》（*Reprezentantele Diplomatice ale Romaniei*），其中第三卷（6，1948—3，1973）以专题方式分别介绍了罗马尼亚社会主义共和国与建交各国的关系发展情况。其中《中华人民共和国》专题长达24页。作者明确指出，罗中两个民族的最早交往是1675年米列斯库对中国的访问，他在中国的历史档案中被称为米果赖(Mi-Ko-Lai)。该书重在回溯1900—1949年之间的中罗关系，本专题则涵盖了17世纪至1972年的中罗关系发展史，而重点在1949年以后，二者正好互补。后者对1949年以后的中罗关系的叙述，虽然主要是概述两国的高层互访和公开的讲话及声明，但毕竟是第一次对中罗关系史作了较为完整的概括。

与此同时，中国对罗历史和中罗关系史的研究也开始起步，涌现出第一批研究者，其代表人物之一就是现任社会科学文献出版社顾问的陆象淦研究员，他被认为是中国的罗马尼亚历史研究的开山之人。1981年，他在罗马尼亚完成了以“罗马尼亚舆论与19世纪末和20世纪初的中国革命运动”为题目的博士论文，并获得了罗克鲁日大学的博士学位。

随着“文化大革命”的结束和改革开放的实施，为了给中国的现代化建设和执政党的建设提供借鉴，中国对罗的介绍和研究出现了全面的繁荣，出版物甚多。由中国人民大学教师郭庆云选编，中共中央党校科研办公室1986年印发的《罗马尼亚四十年——文献资料选编》中，载有“研究罗马尼亚问题的参考书目（限于中文版）"，收录了1949年以后中国出版的90种有关罗马尼亚的书目，可资查阅。1987年由新华社资深记者张汉文等人编写、上海辞书出版社出版的《罗马尼亚》，简单介绍了中罗关系。1988年由韩念龙主编、中国社会科学出版社出版的《当代中国外交》，是第一部公开出版的新中国外交史。其中专门论述中罗关系史的篇幅虽然不到2000字，却是中国第一篇公开论述中罗关系史的文字。

1999年是中华人民共和国成立50周年，也是中罗建交50周年。从1994年到1999年，世界知识出版社陆续出版了由外交部组织编写的3卷本的《中华人民共和国外交史》。在全书1400页的篇幅中，专门论述中罗关系史的内容占了约38个页码，如果合在一起，可以看作是一部1949年至1978年的中罗关系简史。该书上溯在中国的抗日战争时期，罗共和罗人民对中国人民的支持和援助，下迄1978年两国最高领导人的互访，中罗关系"达到新的高峰"。首次披露了大量重要的历史资料，比较实事求是地概述和评价了30年间的中罗关系。该书认为，罗马尼亚是"中国同社会主义国家关系中除朝鲜外波折最小、友好合作持续时间最长的国家"，"中罗关系不失为共产党执政的社会主义国家如何处理党际关系和国家关系比较成功的范例"。④该书是目前研究中罗关系史的最重要的中文参考书之一。此后，不断地有研究中国外交的书籍辟专节介绍中罗关系。虽然其内容大体雷同，却也说明中罗关系已经引起中国学者的更多关注。

在罗方，由亚历山德鲁·欧什卡（Alexandru Oşca）和瓦西里·波帕（Vasile Poppa）编写的《罗马尼亚：铁幕上的窗口》（*România, o fereastrâ în cortina de fier*），1997年由罗马尼亚的Vrantop出版社出版。主要是论述中苏大论战期间的罗中及罗苏关系，附有同期罗、苏、中三党之间的往来信件和电报等文件。

1999年，由罗中友好协会编辑、布加勒斯特Ion Cristoiu出版有限公司出版了罗中建交50周年纪念文集《浓情挚意万万千，罗中关系三百年》（*Evantaiul celor 10000 de gânduri: România şi China: trei veacuri de istorie*）。全书收入了多篇两国外交官和学者关于罗中关系的纪念文章和研究论文。中国驻罗大使刘古昌用这样一句话作为他的文章标题：《中罗关系是最好的国家关系》。该书内容偏重于对两国友好交往、中国的文化与建设成就的回忆与介绍，研究性的文章较少。2004年是中罗两国建交55周年，该书又出版了续集。本书在某种意义上可以说是一部专题体裁的中罗关系史。与

《中华人民共和国外交史》一样，两书各有千秋，都是两国专家的力作，但也都存在两个重大不足：一是基本上没有使用对方国家的历史资料，尤其是档案资料；二不是专门的中罗关系史著作。

在此前后，罗马尼亚针对其社会主义时期的对外关系史，整理发表了一些前领导人的回忆录和对他们的访谈，其《历史杂志》（*Magazin istoric*）等期刊上经常刊登这样的文章。1997 年，布加勒斯特著名的百科全书出版社把前罗共中央书记、部长会议副主席，曾分工主管罗中关系，后来又主持罗中经济技术合作委员会 20 年的尼古列斯库—米齐尔（Paul Niculescu-Mizil）近年来接受媒体采访的记录汇编成书，以《永存的历史》（*O istorie trăită*）的书名出版，2002 年又出版了该书的修订版。其内容广泛涉及 20 世纪 50 年代到 1964 年前后罗马尼亚的许多重大事件和内外政策。该书的第 2 卷是他的个人回忆录，2003 年由民主出版社出版。主要涉及 1965—1968 年间罗在国际共运中的活动和罗苏关系，也包括罗中关系。该书在罗国内外引起了广泛关注。与此同时，阿波斯托尔（Gheorghe Apostol）和维尔德茨（Ilie Verdeț）等前罗共领导人也出版了个人的回忆录，不过对研究中罗关系帮助不大。

2004 年，罗前驻华使馆文化参赞布扎杜（Ion Buzatu）大使编写的《罗中关系史：从远古至今》（*Istoria relațiilor României cu China：din cele mai vechi timpuri până în zilele noastre*）一书由流星出版社出版。这可以说是世界上第一本研究罗中关系史的著作，但其论述有失肤浅，内容有些杂乱，对中国的介绍远多于对罗中关系的研究。该书出版后没有引起有关人士更多的关注，罗方学者多认为它不能算是严格意义上的学术著作。然而，这毕竟是件可喜可贺的事。

1989 年后，中罗关系进入低潮时期，中国原有的研究罗马尼亚问题的学者或退休，或改行，后继无人。

20 世纪 60 年代初，由于中苏关系的恶化和罗在中苏争论中引人注目地严守中立，并在苏联东欧集团中坚持独立自主的外交立场，进一步刺激了西方对罗的研究兴趣。1965 年，英国著名学者 David Floyd 在伦敦的 Pall Mall 出版社出版了《罗马尼亚：俄国持不同政见的盟友》（*Rumania：Russia's Dissident Ally*）一书。约耐斯库这一年在巴尔的摩出版了《苏联帝国在东欧的解体》（*The Break-up of the Soviet Empire in Eastern Europe*）一书。1967 年，美国最著名的罗问题专家费希尔—盖拉蒂（Stephen Fischer-

Galaţi）在麻省理工学院出版社出版了《新罗马尼亚：从人民民主到社会主义共和国》（*The New Rumania：from People's Democracy to Socialist Republic*）。该书至今仍被各国的罗马尼亚问题研究者奉为经典。这3本书都资料丰富，分析精辟，并且都程度不同地论述了中罗关系对当时罗苏关系的影响。

1972年，罗马尼亚问题专家Robert R. King在《比较共产主义研究》（*Studies in Comparative Communism*）的第4期上发表了《罗马尼亚与中苏冲突》（*Rumania and the Sino-Soviet Conflict*）一文。作者主要研究了20世纪60年代初至70年代初10年间中罗苏三角关系中的罗中关系，以及它对罗苏关系的影响。这是迄今为止本人所发现的唯一一篇专论中罗关系的英文学术论文。King还写了《罗马尼亚共产党史》（*A History of the Romanian Communist Party*）一书，1980年由美国的Hoover Institution Press出版，有些参考价值。《东欧研究季刊》（*East European Quarterly*）的第7卷，1973年秋季号上发表的David W. Paul写的《罗马尼亚特别的外交立场，中国作用的个案研究》（*Romania's Special Diplomatic Position, A Case Study of China's Role*），实际上主要论述的是1966—1970年间罗与苏联和华约的关系，参考意义不大。

1978年，曾为美国国家安全委员会的雇员和自由欧洲电台（RFE）的罗马尼亚问题高级分析家的Aurel Braun博士，在纽约的Praeger出版社出版了《1965年以来的罗马尼亚对外政策：自治的政治与军事局限》（*Romanian Foreign Policy Since 1965：The Political and Military Limits of Autonomy*）。在西方研究罗对外政策的著作中，这是比较早问世的一部，其中论述了直到20世纪70年代中期的中罗关系。上述研究成果的发表也表明，从20世纪60年代中期起，国际罗马尼亚研究的中心在美国形成。

1989年东欧的政治大风暴过后，西方学术界和出版界以前所未有的速度和规模，出版了一大批研究罗的著作。其中英国伦敦大学教授Dennis Deletant所著的《共产主义统治下的罗马尼亚》（*Romania under Communist Rule*），1999年由设在罗的The Center for Romanian Studies与Civic Academy Foundation合作出版。该书从1921年5月罗共成立一直写到齐奥塞斯库垮台，实际上是一部新版的罗共党史。他引用了许多罗媒体近期披露的历史资料，借鉴了大量近年来国际上的研究成果，在许多地方涉及了中罗关系。但是该书对社会主义时期的罗马尼亚予以全盘否定，影响了该书的学术价值。

近年来，随着冷战的消逝和罗国际地位的迅速下降，美国对罗的研究兴趣大减，研究队伍青黄不接，鲜见新的研究成果问世。不过，美国的罗马尼亚史专家 Paul Michelson 教授仍认为，国际罗马尼亚研究的中心仍在美国。⑤

比较中罗两国和欧美有关中罗关系的研究成果，可以发现：中罗两国的研究成果都是叙述性、结论性的文字较多，罗还出版了大量的档案资料；欧美的成果则是分析性、研究性的论述较多，并且资料丰富，分析精辟。不过，中国学者很少使用外文的档案资料，罗和欧美的学者也很少使用中文的档案资料。

中罗关系与中苏关系、罗苏关系密切相关，经常呈现出互动的关系。研究中罗关系，必须熟悉中苏关系和罗苏关系。1999 年以后，中国出现了一批较高质量的研究中苏关系的著作，可作为研究中罗关系的重要参考。吴冷西著的《十年论战——1956—1966 中苏关系回忆录》，上下册，1999 年由北京的中央文献出版社出版。作者在这 10 年期间任新华社社长和人民日报总编辑，经常列席中共中央书记处和中共中央政治局会议，参与起草了中国在中苏论战中几乎所有的重要文章，因而该书的内容极具权威性。名为回忆录，实际上既是部 1956—1966 年的中苏关系史，又是部没有注释和引号的档案文件汇编。本书最引人注目之处，是翔实地记述了 1964 年罗马尼亚派团来中国调停中苏论战的全过程。只是人们在参考本书时不应忘记，这毕竟是一本个人色彩浓厚的回忆录。

由华东师范大学教授、国际冷战史研究中心主任沈志华教授主编的《中苏关系史纲》（1917—1991），2007 年由新华出版社出版。该书使用了大量的俄罗斯国家档案，由国内近年来部分最为活跃的研究中苏关系史的著名学者执笔，其论述对了解中罗关系的背景和认识中罗关系的一些重大问题颇有启发。该书由中国前驻俄大使李凤林作序，值得一提的是，李大使在 1991—1995 年也曾任驻罗大使。

关于苏联与东欧各国的关系，中国的研究很薄弱，但也有几部值得一提的著作。第一部是中国著名的苏联东欧研究专家、华东师范大学的姜琦和张月明两位教授合著的《国际共产主义运动中的党际关系史》（1848—1988），1991 年由华东师范大学出版社出版。该书分别介绍了东欧各国党与苏共关系的发展史，是中国第一部研究这一问题的著作。其中辟专章论述了罗苏关系，似乎为国内仅见。1993 年，广西人民出版社出版了王乃禧等人主编的

《前苏联东欧关系》（1945—1991），其论述罗苏关系的部分基本是照抄姜著。

第二部是时为武汉大学副教授的李兴根据其博士论文修改的著作《从全面结盟到分道扬镳——冷战时期的苏联与东欧关系研究》，2000年由武汉大学出版社出版。

第三部是沈志华教授主编的《冷战时期苏联与东欧的关系》，2006年由北京大学出版社出版，大体上按国别论述苏联与东欧各国关系，比较精辟，但没有涉及罗苏关系。这三部书都没有提到中罗关系及其影响。

罗马尼亚关于罗苏关系的著述颇多，但研究战后罗苏关系史的专著屈指可数。其中对研究中罗关系史较有参考价值的，是布加勒斯特大学历史系教授，也是我的博士论文导师之一莱泰甘（Mihai Retegan）所著的《在布拉格之春的阴影里》（*In the Shadow of Prague Spring*），2000年由The Center for Romanian Studies出版。本书大量使用了罗和东欧各国当时刚刚解密的国家档案和美国国会档案，重点论述了1968年捷克斯洛伐克事件前后，罗与苏联和华沙条约组织的关系演变，特别是在1968年布达佩斯会议期间，罗坚决反对对中国等拒绝出席会议的党进行攻击，以至于退出了会议的过程。

研究中罗关系必须要熟知罗的历史与国情。1976年由商务印书馆出版的、M. 康斯坦丁内斯库教授等人主编的《罗马尼亚通史简编》上中下册，是陆象淦等人根据该书罗文版1971年的修订版翻译的。前几年，由罗科学院编写、百科全书出版社陆续出版了8卷本的《罗马尼亚史》（*Istoria Românilor*），是目前最为详尽和权威的多卷本罗通史著作。

由中国社会科学院原苏联东欧研究所刘祖熙研究员主编的中国国家哲学社会科学基金八五重点研究课题《东欧剧变的根源与教训》，1995年由东方出版社出版。该书以时期为编，以国别为章，论述了东欧各国从共产党建立到1989年前后政坛巨变的历史过程和经验教训。不但便于对各国进行比较研究，如果把有关罗的各章连接起来，就又成了一部篇幅不算小的战后罗马尼亚简史。1989年以前罗出版的战后罗马尼亚史，包括在中国翻译出版的罗通史著作的战后部分，都是“假大空”充斥；1989年以后出版的罗战后历史著作，对共产党执政时期又大都全面否定。该书观点比较客观，对研究中罗关系有参考价值。

由已退休的该所副研究员李秀环编写、被列入“列国志”丛书的《罗马尼亚》，2006年由社会科学文献出版社出版。该书是我国迄今出版的最翔实的罗马尼亚百科全书，主要是综合了近年来国内外有关罗的较新的资料和数据，对一些历史问题也作了追溯。

关于历史文献，目前已向国内外公众公开的罗方历史档案有，国家中央历史档案馆的罗共中央办公厅档案（Arhivele de Naţionale Istorice Centrale (ANIC)，fond C. C. al PCR cancelarie.），至 2005 年已开放至 1975 年；罗共中央对外关系档案（Arhivele de C. C. al P. C. R. -Secţia relaţii externe）(1949—1973)。外交部档案馆（Arhivele Ministrului Afacelilor Externe (AMAE)）的巴黎卷档案（1879—1931）；中国卷档案（1920—1975）。也就是说，距今 30 年以前的罗马尼亚国家档案，大部分都已或即将对公众开放。

中方的开放档案，主要是第一和第二国家历史档案馆馆藏的晚清和民国时期的有关档案，以及自 2004 年起陆续整理开放的外交部档案馆部分档案(1949—1960)，前不久又开放了 1961—1965 年的部分档案。这些开放档案对于中罗关系史的研究来说，只能是杯水车薪。中国似乎更愿意通过公开出版物化整为零地披露历史档案，用这种方式开放的档案要远远多于系统开放的档案。其实，在两国近年出版的许多历史著作中，都会不时抛出一些尚未或即将正式解密的档案文件，只要细心阅读，常会有惊喜的发现。

2004 年，由科特努什（Dan Cătănuş）主编的《周旋于北京和莫斯科之间：罗马尼亚与苏中冲突》（*Între Beijing şi Moscova：România şi conflictul sovieto-chinez*），由罗科学院“国家极权主义研究所”（Institutul Naţional pentru Studiul Totalitarismului）出版。该书主要收录了 1960—1964 年间罗工人党中央政治局和中央全会有关讨论中苏冲突的会议记录等档案资料，配有编者的分析，较翔实地反映了罗党在当时的中苏冲突中的内部看法和调解活动。我国驻罗大使徐坚出席了该书的首发式。不惜篇幅地重复附录前罗共中央档案，是近年来许多罗当代史著作的一大特点。

由罗马尼亚外交部和国家档案馆联合组织编纂的《罗中关系文件集》(1880—1974)（*Relaţiile Româno-Chineze，1880－1974，documente*），经过主编、罗前驻华大使罗明（Romulus Ioan Budura）等学者 5 个寒暑的辛勤劳动，终于在 2005 年底问世了。罗总统亲自出席了该书的首发式，以示重视。该书收录了 467 篇历史档案，长达 1300 页，绝大部分是第一次公诸于世。2008 年 9 月，罗明主编的第二部罗中关系档案汇编《罗马尼亚独立政策与罗中关系 1954—1975 年文献》，又在罗外交部举行了首发式，中国大使刘增文出席。该书收入了 30 篇有关罗中关系的重要文献，包括罗中两国高级领导人谈话和会谈纪录，还附有近 50 张反映罗中两国关系重要时刻的珍贵历史照片。罗明透露，第三部罗中关系史文献汇编也已开始筹划。[6]这些消息真是令人又兴奋又汗颜。

近年来在网上创立的国际冷战史项目虚拟档案馆（Cold War International History Project Virtual Archive），收录有许多中国和原苏东国家在冷战时期的国家安全档案的英文译文，许多都涉及中罗两国的对外关系，使用起来很方便，而且其内容还在经常补充和更新。

中罗双方在已披露的公开档案中，注意到了保护历史档案本身应有的客观性和真实性。如中国外交部的开放档案中，有几件是反映 20 世纪 50 年代末中罗关系中出现的一些不和谐现象、以及中国内部对罗方不满的文件。罗方出版的《罗中关系文件集》中，也收录了不同时期的几件反映因罗方产品质量等问题造成贸易摩擦的档案，等等。

但是，即便是档案资料，其客观性也有其局限。首先，从浩如烟海的原始档案中整理出部分档案向公众开放或出版，整理者的主观意图就会不可避免地影响到档案的选择和处理。如中国外交部的开放档案中，偶尔可以看到一些关键档案的关键部分被涂黑。《罗中关系文件集》收录的大部分档案是首次公开的，但其中多数是罗驻外使馆发回外交部的以汇报工作为主要内容的电报，反映罗领导层的重大决策的过程和内容的决议和会议记录等却很少。如 1956 年 9 月毛泽东与乔治乌—德治的谈话、1963 年两国领导人分别与对方大使的谈话等，双方都没有公开，使读者仍然难以了解这些重大事件的核心内容。

其次，研究者在使用档案时，受档案资料的不完整、研究者学术研究能力和主观意识的局限，也有可能自觉或不自觉地限制档案资料的客观性。这是难以完全避免的，但却可以通过研究者的努力尽力减少这一影响。本书可以说是首部中国学者利用罗方档案资料写成的学术著作，并且努力遵循了史学研究的学术规范和史学工作者的职业道德。这一方面已经得到了罗马尼亚同行的认可和尊重，本书的前身，即本人博士学位论文的英文版“Sino-Romanian Relations：1950's—1960's”已在两年前被罗马尼亚科学院先行公开出版。

为纪念周恩来诞辰 100 周年，1997 年，中央文献出版社编辑出版了 3 卷本的《周恩来年谱》（1949—1976）。连同世界知识出版社 1993 年出版的、外交部外交史研究室编辑的《周恩来外交活动大事记》（1949—1975），为研究中罗关系提供了许多史实依据和新资料。为纪念邓小平诞辰 100 周年，中央文献出版社又在 2004 年编辑出版了 2 卷本的《邓小平年谱》(1975—1997),也披露或印证了一些重要史料,正好与前书相衔接。

1979—1983 年,人民出版社相继出版了根据布加勒斯特政治出版社于 1975—1985 年相继出版的《齐奥塞斯库:前进在建设全面发展的社会主义社会道路上的罗马尼亚》(*Nicolae Ceaușescu*, *România pe drumul construirii societâții socialiste multilateral dezvoltate*)1—24 卷所选译的《齐奥塞斯库选集》(1965—1968)、(1969—1973)、(1974—1980)、(1981—1983),共 4 卷,也为研究提供了方便。

另外,从中国的《人民日报》、《参考消息》等报纸上,可以查找到大量的新闻资料。《火花报》(*Scânteia*)是当年的罗共中央机关报,现在想要看到该报稍为完整的收藏,就是在布加勒斯特也是极为困难的。

近年来,一些原在罗工作的中国退休外交官,发表了自己的外交生涯回忆录,具有一定的史料价值。世界知识出版社在 1996 年出版了云水根据中国首任驻罗大使王幼平的经历写成的《出使七国纪实:将军大使王幼平》。曾长期担任毛泽东、周恩来等中国领导人的罗语翻译,后任中国驻摩尔多瓦使馆临时代办,《中国漫记》的第一个中文全译本的译者蒋本良撰写的外交回忆录《多瑙河之波》,2004 年由成都的四川人民出版社出版。他的第二本回忆录《给共和国领导人作翻译》,2007 年又由上海辞书出版社出版。他在退休后被聘为外交部研究室的特约研究员,写作两书时都参阅了档案资料,使其更具有参考价值。

当事人的回忆录等二手资料,可以印证和充实第一手资料,使我们的研究成果更加丰满和生动。在第一手研究资料,特别是档案资料缺失的情况下,二手资料有时可以顶替第一手资料。但是,由于回忆录等资料是当事人事后的追忆,不可避免地带有很强的主观色彩,有意无意地存在着失实,在使用中须特别留意,注意去粗取精、去伪存真。尼古列斯库—米齐尔的回忆弥补了许多因档案资料缺失造成的研究资料缺口,但它的一些讹误也是显而易见的,个别地方多少有拔高自己之嫌。蒋本良的回忆录在许多地方使用了档案资料,史料价值大增,但他的语言又带有过多的那个时代的风格,又在一定程度上冲淡了其客观性。

对一些重点问题研究的说明

中罗先民最早的交往。对 1949 年以前的中罗关系,目前中国的出版物里连间接的涉及都很少，罗方间接的论述稍多些。是谁最早实现了中罗两个民族间先民的交往？罗马尼亚的史书认为始于1675年的米列斯库访问中国。我认为，对两国先民的界定，应考虑到中华民族是在几千年的历史进程中，由多个曾在这片土地上生活过的古代部族和民族融合而成的这一事实。任何一个较深入地参与过这一进程的部族或民族与罗马尼亚先民的交往，都可以视作中罗两国先民的交往。因而我把目光上溯到公元4—5世纪从古代的中国北方西迁而来并统治过半个欧洲的北匈奴人（即西方人所说的Huns，这是当今大多数中外学者的共识——著者）与古罗马尼亚人，即达契—罗马人的接触。这一观点得到了中央民族大学历史系的中国民族史专家和南开大学历史系的元史专家的认可。

最后，我的《1949年以前的中罗关系述略》一文又被送交中国匈奴史研究的泰斗林幹教授审定。林幹教授研究匈奴史已近50年，享誉海内外。1999年10月，他应匈牙利古代史研究会和匈牙利人世界联合会的邀请，出席了在布达佩斯召开的关于匈牙利族源问题的国际学术讨论会。他在会上作的题为《关于中国匈奴的西迁及其与匈牙利族源关系的探索》的报告，提出了“中国西迁的匈奴人为匈牙利人祖先的一部分”的论点，引起了会议和匈牙利主要媒体的轰动。[7]经他的审改后，我的这篇论文在《内蒙古大学学报》发表。文中有关的文字被修改为：“两个民族的祖先最早的接触也许可以追溯到公元4世纪，即原先生活在古代中国北方的匈奴人在西迁欧洲的过程中，似曾在古代罗马尼亚地区，即达契亚及其周边地区，实行过短暂的统治。”[8]本书第一章在最后定稿时，删去了其中的“似曾”二字。

罗马尼亚科学院院士、布加勒斯特大学历史系教授、我的博士论文答辩委员会的委员之一久雷斯库（Dinu Giurescu）对此的异议是：Huns是群野蛮的游牧民族，比中原民族落后得多，把他们视为中国古代先民与罗人祖先最早交往的使者，实在不妥。[9]但我仍然认为对这个问题还是应持历史主义的态度。

对米列斯库的评价。对于米列斯库和他的著作，多数中国学者评价较低。这一是因为绝大多数中国学者长期以来不认为米列斯库是罗马尼亚人，二是因为他1675年的中国之行给中国人留下了坏印象。实际上，多数罗马尼亚人也是在1956年他的著作在罗首次以罗文出版之后，才认识到他及他的著作对推动中罗关系的作用，从此重视起对他及他的著作的研究的。

1978年，《人民日报》首次提到了米列斯库和他的《中国漫记》，这也许是中国的主流媒体首次提到米列斯库和他的著作。1982年，蒋本良先生和夫人开始把布加勒斯特的密涅瓦出版社1975年再版的罗文版《中国漫记》译成中文，并由中华书局列入“中外关系史名著译丛”在1990年予以出版。2000年，中国工人出版社又把它列入“海外中国报告”丛书予以再版，译者为此又撰写了详尽的“重印题记”。从这以后，越来越多的中国人才知道，米列斯库是罗马尼亚人而不是俄国人，更不是希腊人，他的著作不仅对中罗关系有重要影响，而且对中西文化交流也有过重要影响。此后，一些研究中外关系史的书籍才越来越多地从正面介绍和评价米列斯库及其著作。2008年由人民文学出版社出版的、由北京外国语大学欧洲语言文学系主任丁超教授撰写的《中罗文学关系史探》一书，主要根据罗马尼亚的研究资料，更加详细地说明了米列斯库对中罗关系的影响。

罗方关于米列斯库研究的近期力作，当推原罗科学院的维尔加蒂（Radu Ştefan Vergatii）教授所著的《尼古拉·斯帕塔鲁·米列斯库——生平、旅行、著作》（*Nicolae Spătarul Milescu-viaţa，călătoriile，opera*），1998年由Paideia出版社出版。

目前，中国学者对米列斯库问题的评价有两种意见。一种是多数中外关系史研究者多年来所持有的传统观点，他们更多地着眼于米列斯库的中国之行。认为他充当了当年俄国侵略中国边疆地区的探子，既无益于中俄关系，更无从谈起对中罗关系的推动。另一种是目前许多中外文化交流史学者和罗语学者的观点，他们更多地着眼于米列斯库的著作的客观影响。认为他的著作对中国与中华文明的描述和赞美，不仅对中罗关系有重要影响，而且对中西文化交流也有过重要影响，同意称他是实现中罗文化交流的第一人。现在，越来越多的研究中外文化交流史的书籍从正面介绍和评价米列斯库及其著作。

本书的看法是：作为沙皇使臣的米列斯库，他的中国之行对中国来说是不成功的，是不受欢迎的。但作为一个学者的米列斯库，他及他的著作为他的同胞以及整个欧洲了解中国和中国文化，作出了具有开拓性的贡献。罗马尼亚学者强调，作为沙皇的使臣，米列斯库使华尽职尽责，无可厚非。他的实现中罗文化交流的第一人和欧洲早期著名的汉学家的地位是应该被更充分地认识的。他们认为我的研究成果中对米列斯库问题的论述和评价都还很不够，希望我能够在中国多宣传米列斯库及其著作。罗明却认为，他不过就是个沙皇的使臣，不应把对他的评价抬得过高。[10]

两国最早的官方交往。为研究 1880 年前后中罗两国的官方信件往来和 20 世纪 30 年代两国一度建交这两件事，我曾遍访中国第一、第二历史档案馆、外交部档案馆、故宫博物院图书馆、中国国家图书馆、中国社会科学院近代史研究所图书馆等处，都未能找到任何有关的档案原件的线索。据有关人员推测，这些档案可能存放在台北。至今，中国的出版物找不到任何关于两国君主互致信件一事的记载。至于 1939 年中华民国曾与罗马尼亚王国建交一事，大陆版的中国史书也鲜有提及者。

我又多次到罗外交部档案馆和罗已出版的有关档案文件汇编中查找，也没有找到关键档案的原件。就连主编《罗中关系文件集》的罗明也不清楚那些原始档案到底存放在何处。近 30 年来，罗有关的出版物倒是大都记载了上述两件事。

罗安东内斯库政府在 1940 年以后悍然承认日本在中国扶植的两个傀儡政权，迫使中华民国政府不得不在 1941 年与罗断交之事，在中国第二历史档案馆和罗外交部档案馆却都可以随意看到大量的档案原件。对于此事，连罗马尼亚的史书也很少提及，想必是有意回避。本书的第一章称之为中罗关系史上“不堪回首的插曲”。罗明也认为“这一承认的后果是无法挽回的”。[11]久雷斯库却认为：作为一个小国，罗此举无可厚非。如果中国处在当时罗的位置上会怎样做呢?[12]蒋本良认为：不宜公开议论此事，建议略而不提。[13]我想学术研究还是应该尊重历史，故在本书第一章尽可能详尽、准确地记述并评论了这件事。

20 世纪 60 年代的中罗关系。这时期的中罗关系曾经出现过两次较大的起伏，相关的研究资料和研究成果最为丰富。对于 1966 年周恩来对罗的访问，King 的看法是，这次访问“使两国关系不但没有更加接近，反而更加疏远”。[14]当事人罗明认为我对这次访问的研究和评价是准确的、客观的。不过，他和另一个当事人、时任罗共中央书记的尼古列斯库—米齐尔都不同意我说的，这次访问是“成败参半”，“疏远了两国关系”的看法（见本书第四章——著者），认为还是基本成功的。[15]蒋本良先生也认为，访问期间发生的“讲话稿之争”没有影响到中罗关系的大局。我还指出，1966 年以后的中罗关系有所趋冷。蒋本良先生则认为，“文化大革命”前期的中罗关系仍然在稳步前进，只是在表现形式上与以往有所不同；极左派对中罗关系有阻挠，那只不过是暂时的。[16]其实，只要指出中国直到 1970 年才恢复称罗马尼亚人为同志，才不再回避称罗为社会主义国家这个事实，就不难对 20 世纪 60 年代后半段中罗关系的走势作出和我一样的判断。

不过，尼古列斯库—米齐尔倒是同意我在书中所言，主要受中国的“文革”的影响，中国在20世纪60年代后期对中罗关系史有些消极，而罗马尼亚显得有点“单相思”。一个突出的例证，就是两国对同期召开的几个共产党国际会议截然不同的态度。在中国的史书中几乎看不到对这几个会议的介绍。罗是在中国对这几个会议和罗方在会上采取的言行无动于衷的情况下，在国际共运内部几乎是孤军奋战地维护中国的利益。我在本书中再现这段历史，既是让国人了解这段历史，也是为了对罗在中国最困难的时候给予的帮助表示感谢。

罗马尼亚在20世纪60年代末中美关系解冻的最初阶段充当了两国间秘密对话的渠道之一，这是一段中美罗三国之间的秘密外交，信息主要是通过口头传递。也许主要是因为这个原因，中美两国的史书在30年后的今天对这一外交活动仍语焉不详，罗方则直到2002年以后才偶见研究的文字。

上个世纪，特别是齐奥塞斯库时期，罗方总爱津津乐道罗在中美关系解冻过程中的特殊角色，认为罗方对此起了非常重要的作用。我的研究结论是：在为中美关系解冻开通的几条主要渠道中，罗马尼亚渠道“不是最重要的、作用最大的渠道，却确实也起到了比较重要的、并且在某种意义上是不可替代的作用”。[17]罗明对此有不同看法：过低评价罗渠道的作用是不符合历史的，这主要是受了基辛格和他的回忆录的影响。当年美国与中国的秘密外交通过两个系统进行，国务院主要借助罗马尼亚渠道，白宫主要借助巴基斯坦渠道。由于国务院和白宫之间的尖锐矛盾，基辛格处处排斥国务院，罗马尼亚渠道及其作用因而受到了刻意的贬低。他的看法是否符合历史实际，恐怕只能由有关专家来回答了。

20世纪70年代的中罗关系。这阶段的中罗关系是历史上最好的时期。然而其中至少有两件大事，对两国和中罗关系都曾产生了深远的双重影响。一是罗受到中国“文革”的影响，在国内开始实行小“文革”。此举进一步密切了当时的中罗关系，却促使罗的社会发展走向反面。二是罗经济与社会发展的经验为中国在1978年开始实行改革开放提供了动力和借鉴，但罗自身却对此越来越持保留和批评的态度。虽然缺乏相关的档案资料和研究成果，但这毕竟是两个重大的、难以回避的问题。本书竭尽所能，在第六、七章尽可能实事求是地论述了这两个问题。

在记述和赞扬中罗双方共同努力，使中罗关系得到全面发展的同时，本书也没有忽略国际因素的斗转星移，以及两国在各自选择的经济和社会发展道路上的渐行渐远对中罗关系的负面影响，在第七章和结语中对此作了分析和论证。

本书是以我 2005 年在布加勒斯特大学历史系通过答辩的博士学位论文"*China-Romanian Relations Between 1950's—1960's*"的基础上扩充完善而成的。本书研究的上限之所以定在 1880 年，如上所述，是因为在这一年前后，两国有了第一次官方往来。其下限之所以定在 1980 年，一是因为两国的国家档案不久前最晚只开放到 1975 年，二是因为个人能力所限，在中罗建交 60 周年前夕只能把这一课题的研究进行到这里。实际上，根据中罗关系发展的具体情况，本书最后一章的内容一直延伸到 1982 年。此后直到今天的中罗关系，包括 1989 年罗马尼亚"革命"前后的中罗关系，在本书的后记中有简单的介绍和总结。

参考文献

①《人民日报》，2004 年 6 月 14 日。

②Liu Guchang，*Relaţiile chino-române sunt cele mai bune relaţii de stat*，*Evantaiul celor 10000 de gânduri*：*România şi China*：*Trei veacuri de istorie*. Editura “Ion Cristoiu” SA，Bucureşti（刘古昌：“中罗关系是最好的国家关系”，见《浓情挚意万万千，罗中关系三百年》，Ion Cristoiu 出版有限公司，布加勒斯特），1999，p. 237.

③雨池：“一部中罗人民友谊的珍贵文献”，《东欧》，1990 年第 1 期，第 44 页。

④王泰平：《中华人民共和国外交史》，第三卷（1970—1978），世界知识出版社，1999 年版，第 258 页。

⑤2007 年 4 月在哥伦布市美国东南欧研究协会（SEESA）双年会上米歇尔森与本人的谈话——著者。

⑥中国驻罗马尼亚大使馆网站，2008 年 9 月 12 日。

⑦《内蒙古日报》，2000 年 2 月 17 日。

⑧刘勇：“1949 年以前的中罗关系述略”，《内蒙古大学学报》，2004 年第 4 期，第 21 页。

⑨2005 年 10 月久雷斯库在布加勒斯特与本人的谈话——著者。

⑩2005 年 12 月罗明在布加勒斯特与本人的谈话——著者。

⑪Romulus Ioan Budura，*Introduction.* Ministerul Afacerilor Externe & Arhivele Naţionale，*RELAŢIILE ROMÂNO-CHINEZE*（*1880－1974*），*DOCUMENTE*. Coordonator：Ambasador Romulus Ioan BUDURA（罗姆鲁斯·扬·布杜拉：《引言》，见外交部 & 国家档案馆：《罗中关系文件集》（1880—1974），主编：罗姆鲁斯·扬·布杜拉大使），2005，Bucureşti，p. 30.

⑫同注释⑨。

⑬2005 年 3 月蒋本良与本人的谈话——著者。

⑭Robert R. King，*Rumania and the Sino-Soviet Conflict*. *Studies in Comparative Communism*. Winter，No. 4，1972，p. 379.

⑮2005 年 12 月尼古列斯库—米齐尔和罗明在布加勒斯特与本人的谈话——著者。

⑯同注释⑬。

⑰刘勇：“罗马尼亚渠道和中美关系的解冻”，《中国青年政治学院学报》，2005 年第 3 期，第 55 页。

第一章

源远流长：1949年以前的中罗关系

古代和中世纪的中罗关系

中国是人类四大文明古国之一，已有5000年有据可查的历史。而古希腊的历史学家、西方历史学之父希罗多德在记述波斯国王大流士一世公元前514年在多瑙河北岸的活动时，就首次提到了在罗马尼亚土地上生活着的哥特人。这是有历史记载的罗马尼亚先民的最早的活动。由于两国相隔9000公里，在2500年以前的人类文明水平的局限下，两个民族的祖先之间还不可能有直接的接触。根据本人迄今的目力所及，两个民族的祖先最早的接触大约可以追溯到公元4世纪，原先生活在古代中国北方的匈奴人在西迁欧洲的过程中，曾在古代罗马尼亚的土地上，即达契亚地区，停留过一段时间。

匈奴是中国北方的古代游牧部落之一，又称胡。公元1世纪，已走向衰落的匈奴分裂为南北两部，南匈奴归降于汉朝，与汉民族最终融为一体。北匈奴在汉朝和南匈奴的夹击下，其中一部于1世纪末辗转西迁中亚。4世纪中叶，匈奴灭掉了奄蔡（即阿兰国，在今顿河以东的南俄草原——著者）并据有其地。[①]此事在中国史籍《魏书》中有简略的记载，只是把奄蔡与粟特（Sugdiana）混为一谈："粟特国，在葱岭之西，古之奄蔡，一名温那沙。居于大泽（今亚速海——引者），在康居西北，去代一万六千里。先是匈奴杀其王而有其国，至王忽倪，已三世矣。"[②]忽倪即匈奴王阿提拉的少子忽奈克（Hemac）。[③]

400年前后，北匈奴人越过东喀尔巴阡山，经喀尔巴阡山的山口或瓦拉几亚平原占据了匈牙利平原，并扩张到多瑙河南岸，[④]与东罗马帝国及当地的达契亚人发生了直接的接触。从此，罗马的史书开始有了关于匈奴人的记载。当时，占领达契亚地区的匈奴人领袖是乌尔丁，罗马的史书称他为"多瑙河以外一切蛮族之领袖”。5 世纪初，匈奴人又以路阿为首领，他“宣布凡多瑙河以北之部落，皆应臣属于他，并要求罗马人正式废止以前和这些小部落分头订立的一切协定，此后所有这种协定都应该向匈奴朝廷去谈判”。[⑤]到了路阿的儿子阿提拉为匈奴王时，他建立了一个以蒂萨河上游为中心，东起南俄草原、西到莱茵河，北至波罗的海，南抵多瑙河的大帝国，达契亚地区也在其中。451 年，阿提拉率大军进攻西罗马帝国，其中就有来自达契亚地区的哥特人和格庇特人。[⑥]

453 年，阿提拉暴卒，他的帝国迅速瓦解。他的几个儿子向罗马人要求土地，罗马人把他的一个儿子安置在多布罗加，另外两个儿子安置在麦西亚。468 年，他的另一个儿子邓直昔克又在多瑙河下游附近进犯东罗马帝国，兵败被杀。从此，阿提拉一系的匈奴人便从史册上消失了。[⑦]匈奴人的主体退回南俄草原，逐步同化于当地民族。

对于匈奴人在达契亚地区的活动，罗马尼亚的史书有简略的记载。首先，确认 Huns 在欧洲的活动“是亚洲部族对欧洲的第一次入侵”，[⑧]并确认在 5 世纪上半叶，阿提拉率领的 Huns 是“从中欧到北 Pontic 草原的广大地区的无可置疑的统治者。喀尔巴阡—多瑙河地区在匈奴的政治—军事统治之下，这有在这一地区发现的零星的匈奴遗物作证明”。这些人对达契亚地区的统治“是军事—政治型统治，而不是殖民化统治，这也可以从他们很少在罗马尼亚地区留下建筑遗迹的事实反映出来”。[⑨]其次，认为阿提拉的统治对达契亚的积极影响是：“在将近半个世纪的时间内保证了这些地区的政治稳定。”[⑩]其消极方面是，“直接延缓了土著的达契—罗马人的经济、社会和文化的发展进程”。[⑪]

然而，自从 3 世纪“罗马军队撤离达契亚以后，关于这些地区的史料就开始越来越少，直到几乎全部消失。近代研究工作者长期无法准确而全面地了解从公元三世纪末到十世纪在古代达契亚所发生的历史过程的实际内容”。[⑫]而 5 世纪前后的欧洲，也“正在一个几乎完全没有文献可征的时期中”。[⑬]因此，对匈奴在达契亚地区统治的上述两种评价，后者的依据显然具有更多的不确定性。

这些横行于 4—5 世纪的欧洲、被西方史学界称之为 Huns 的东方游牧民族，是否就是 3 个世纪前从古代中国的北方大地上消失了的北匈奴？中国历史学界对此基本没有疑义。在西方，“除个别学者尚有异论外，一般的都是赞同公元五世纪在欧洲展开大规模活动的匈人，原来就是公元一世纪由中国西迁的匈奴。因此这个问题，在西方，可以说早已解决了”。[14]而之所以仍有一些人对此持有异议，一个很重要的原因，是因为在西迁的过程中，匈奴人的“周围没有文化较高的邻居把他们的活动和冒险记录下来，我们对他们的历史一无所知。直到公元 4 世纪，当他们进入欧洲，与罗马世界发生关系时，我们才又听人说起他们”。[15]

关于匈奴在传播文化上的作用，中国历史学家方豪指出：

> 自匈奴活跃之时代及迁徙之路线观之，匈奴最初之文化，应为纯西伯利亚式，其后受秦、汉之影响，乃加入中国文化；及西侵月氏，西域诸国皆归所属，则又加入西徐亚文化。于是公元前 1 世纪，盛行于黑海以北之青铜文化，即所谓西徐亚文化，乃随匈奴之势力而流入蒙古与西伯利亚。其后，匈奴裂南北为二，南匈奴徙中国内地，完全汉化；北匈奴则迁往欧洲，而同化于希腊、罗马。故匈奴本身无独特文化，然于东西文化之传播，则自有其贡献也。[16]

在长达 300 年的西迁和在欧洲近一个世纪的征战中，匈奴人客观上扮演了欧亚大陆上的游牧民族和农耕民族间文化交流的使者。匈奴对古罗马尼亚当地文化的影响尽管很有限，却毕竟是作为第一支来自古代中国北方的部族拜访了达契亚人。

不久，另一支来自古代中国北方的部族再次拜访了欧洲，拜访了达契亚人。这就是 7 世纪前后一度称霸中东欧的阿瓦尔人。阿瓦尔人的祖先是原古代中国北方的游牧部族柔然。5 世纪初，柔然统一了大漠以北的各部族，建立起一个强大的政权，多次与中原政权发生战争。555 年，在中原政权和兴起的突厥汗国的夹击下，柔然灭国，余众辗转西迁。迁往何处，中国史籍没有记载，自古以来，中外学者对此莫衷一是。最早把柔然称为阿瓦尔人的史学家是希腊人普利斯库斯。自从 18 世纪法国学者得居内发表《匈奴、突厥、蒙古与西方鞑靼的通史》以后，阿瓦尔人就是从亚洲西迁的柔然人的结论便获得了越来越广泛的认同，[17]“至今几乎已成定论”[18]。

不过，至今没有发现确切的资料，说明柔然人究竟何时西迁并进入欧洲的。据罗史书记载：

> 约 561 年，以巴彦汗（约 558—约 605）为首的在多瑙河下游的阿

瓦尔部族被［史书］首次提到。阿瓦尔人是起源于蒙古高原的、具有突厥血统的游牧部族，6世纪初期出现在高加索地区，随后从这里涌入欧洲，来到拜占廷帝国的边界地区。[19]［阿瓦尔人］建成了一个异常辽阔的‘帝国’，自黑海草原直伸至亚得里亚海。7—8世纪，阿瓦尔人出现在达契亚，但数量不太大；这已为考古发现证实。……虽然他们的统治也不是真正有效的统治，但他们的物质文化对土著人和斯拉夫人的文明有相当大的影响。[20]

阿瓦尔人在亚洲被称为柔然，……在直到800年的约二个世纪的时间里，他们对达契亚土地上的土著达契—罗马居民和残余的罗马化了的东日耳曼人部族实施了统治。考古学家已在特兰西瓦尼亚的Mitrovita发现了一个阿瓦尔人的重镇遗址，并发掘出一些阿瓦尔首领的墓穴。[21]

阿瓦尔人在很长一段时间内是一股可怕的军事力量，经常单独或同斯拉夫人一起攻略拜占庭帝国的疆界，但在8世纪过程中日趋衰弱。8世纪末，法兰克人和保加利亚人的进攻终于结束了阿瓦尔人的统治；阿瓦尔人败北，分散成小股，逐渐被其他居民同化。[22]

柔然的西迁和阿瓦尔人的扩张，也在客观上起到了欧亚之间的文化使者的作用。“注意到匈牙利的阿瓦尔人的这些遗物与在黄河河套地区、鄂尔多斯草原上发现的、属于匈奴、柔然和突厥时期的类似的青铜器之间的紧密的连续性是特别有趣的。”值得强调的是，“很有可能是阿瓦尔人把马镫的使用传入了欧洲”[23]。

13世纪中叶，古代中国北方的蒙古人建立起横跨欧亚大陆的大帝国，蒙古铁骑踏上了古代罗马尼亚的土地。1235年，蒙古国窝阔台汗决定发兵征讨欧洲的钦察、斡罗斯（今俄罗斯——著者，下同）诸国。蒙古军于1237年秋征服了摩尔多瓦公国，随即又用3年时间征服了斡罗斯的大部。1241年春，蒙古军兵分两路，分别入侵马扎尔（今匈牙利）和孛烈尔（今波兰），古罗马尼亚也遭到了蒙古铁骑的蹂躏。据罗史书记载：

一只鞑靼军队从东摩尔达维亚南下到多瑙河三角洲，以保护蒙古军的侧翼免受保加利亚人可能的威胁。第二只鞑靼军队在南摩尔达维亚越过锡莱特河并穿越喀尔巴阡山的奥依图茨关口，沿途摧毁了那里的库曼教区。在特兰西瓦尼亚，蒙古军打败并杀死了一个不知名的罗马尼亚统帅或大公，掠夺并焚烧了卢皮亚、西吉什瓦拉、阿尔巴—尤利亚，和泰尤斯等特兰西瓦尼亚城镇，幸存者纷纷逃入深山。据遗存下来的文字记载，1241年4月11日，在瓦拉几亚，另一只蒙古军沿奥尔特河穿越图尔努·罗舒山口进入特兰西瓦尼亚，劫掠了弗格拉什、阿姆拉什等城镇，就连壁垒森严的锡比乌也未能幸免。蒙古的铁骑向北一直到达奥勒什蒂耶、德瓦、阿拉德，并在伊格尼斯烧毁了一个建于11世纪的西多会修道院。洗劫一直延伸到比斯特里察、奥拉迪亚和严密设防的罗德纳。到1241年的暮春，摩尔达维亚的大部、瓦拉几亚的北部和特兰西瓦尼亚从蒂萨河到穆列什河间的平原地区，都已在蒙古人的牢牢控制之下。㉔

1242年，蒙古军追击马扎尔国王贝拉四世至亚得里亚海滨，已成强弩之末。适逢窝阔台的死讯传来，拔都便率军经瓦拉几亚和摩尔多瓦东还。1243年，以萨莱为都城，建立了钦察汗国。此后的一个时期，古罗马尼亚的大部分地区处在钦察汗国控制之下，摩尔多瓦则被纳入钦察汗国的版图。“这些地区受到向鞑靼可汗们交纳贡税的剥削，但享有一定的自治权，从而能缓慢地向前发展。”㉕

蒙古西征，一方面，给沿途各民族人民的生命、物质文化和精神文化都带来巨大的损失。另一方面，又造成了欧亚大陆上广泛和空前的人员交流、民族交融和文化传播。著名的法国学者雷纳·格鲁塞评论说：

> 蒙古人几乎将亚洲全部联合起来，开辟另外洲际的通路，便利了中国和波斯的接触，以及基督教和远东的接触。中国的绘画和波斯的绘画彼此相识并交流。马可·波罗得知了释迦牟尼这个名字，北京有了天主教的总主教。将环绕禁苑的墙垣吹倒，并将树木连根拔起的风暴，却将鲜花的种子从一个花园传播到另一个花园。*从蒙古人的传播文化一点说，差不多和罗马人传播文化*一样有益。对于世界的贡献，只有好望角的发现和美洲的发现，才能够在这一点上与之比拟。这是一个足称为马可·波罗的世纪。㉖

米列斯库使华

由于历史的原因，罗马尼亚人踏上中国的土地要更迟一些。第一位踏上中国土地的罗马尼亚人，一般被确认为是尼古拉·斯帕塔鲁·米列斯库，[27]即我国清朝史籍中所称的“尼果赖”或“米果赖”。

米列斯库（1636—1708）出生于今天罗马尼亚的瓦斯卢伊。其原籍为希腊的伯罗奔尼撒半岛，是当地的阿罗马尼亚族人，后其家族移居摩尔多瓦。[28]米列斯库曾先后就学于雅西和君士坦丁堡，通晓 14 种语言，博学多才，而且长于应对。回国后，他在罗马尼亚两公国历任宫廷文书、兵部总管、常驻奥斯曼帝国使节等职。被罗马尼亚公国君主授予“御前侍卫”的官职和爵号，其罗语发音即“斯帕塔鲁”，其俄语发音为“斯帕法里”。为了让别人确信他的贵族出身，从此他便总是以“斯帕塔鲁”为姓，以至于以往多数中外学者都将“斯帕塔鲁”误认为他的姓。[29]1668 年他因阴谋篡位的嫌疑而被割去鼻腔内的软骨。1671 年他被推荐到沙俄的外务衙门任希腊语、拉丁语和罗马尼亚语的翻译，不久就被提升为首席翻译。1675 年，他作为沙皇的高级使节出使中国清朝，次年在北京觐见了康熙皇帝。

俄罗斯本是个欧洲国家。15 世纪末俄罗斯摆脱了钦察汗国的统治，16 世纪末开始越过乌拉尔山，向西伯利亚地区扩张。1639 年，俄军就抵达了鄂霍茨克海岸。1654 年，俄国军队侵入黑龙江流域。1658 年，清朝军队在黑龙江中下游暂时肃清了入侵的哥萨克。

17 世纪 70 年代，急于与中国建立和发展官方的经贸关系、开辟中俄商路的沙俄，向中国派出了尼果赖使团，即以米列斯库为特使的约 160 人的庞大的俄国使团，“其地位和权力高于以前派来中国的任何使团”。[30]1675 年 3 月，米列斯库一行自莫斯科启程，于次年 5 月 20 日抵达北京。米列斯库使团拒不按中国朝廷的礼节递交国书，与清廷的代表、礼部侍郎马喇僵持甚久。[31]又对清朝提出的停止侵扰黑龙江地区和引渡叛逃到俄方的通古斯索伦部族的首领根特木尔的要求避而不谈，甚至撒谎。但康熙皇帝念其远道而来，而且“贡献方物，甚属可嘉”。[32]仍然对俄罗斯使团优礼有加，曾 5 次赐宴，2 次邀赴御宴。[33]

由于中国政府的要求得不到答复，康熙皇帝命转告来使：“使臣尼郭莱执拗不娴典礼，不应给予敕书。惟晓谕来众：既欲和好，应将本朝脱逃根特木尔等送回，另简良使，遵中国礼者，仍行贸易，否则使臣不必往来。”[34]实际上是拒绝了俄方的要求。9 月，在中方的一再催促下，米列斯库使团离京回国。

可见，中国对于米列斯库的表现很不满意。特别是中方在得知米列斯库通过笼络为使团作翻译的耶稣会在京传教士南怀仁，获取中国的国家机密[35]之后，更是难以容忍。连后来有的罗马尼亚学者都认为，南怀仁之举是“确确实实的叛逆行为，因为他把中国的全部国家机密都向这位大使泄露了”。[36]对中国来说，米列斯库之行，可以说是不成功和不受欢迎的。有中国史书评论说：“尼果赖态度傲慢、撒谎欺哄、规避谈判边境争端，又在暗中进行阴谋活动，使中俄交涉陷于僵局，清政府对他很不满意。”[37]

米列斯库离去不久，哥萨克就重在黑龙江流域为非作歹。清军被迫出击，在1685年（清康熙二十四年）的雅克萨之战中大败俄军。沙俄只得在1689年与中国签订了《尼布楚条约》。

1712年，清廷派图里琛出使土尔扈特蒙古部，康熙皇帝在给使臣的谕旨中，仍对此耿耿于怀：“尔更需向汗（指彼得大帝——引者）使言：从前尔国米果赖到中国时。行止悖戾，我等断不如此。”[38]罗学者对此也有同感：“根据旅华日志，从这位摩尔多瓦人在中国的处境来看，似乎他的外交使命是不成功的，仅仅因为一个礼节形式问题而未能与中国人达成协议。”[39]

因此，长期以来，中国人提起尼（米）果赖，想到的只是一个沙皇使臣的一次令人不快的中国之行。而且，并不是中国所有的重要史籍在述及早期中俄关系时都提及尼果赖。在20世纪90年代以前，很少有中国人知道尼果赖是罗马尼亚人，甚至有的权威的中国史书把他的希腊祖籍误认为是他的族籍。[40]很少有中国人认为他对中俄关系起过多少积极作用，更不用说知道这个历史上第一个到过中国的罗马尼亚人对中罗关系曾起过什么作用。

可是，对于当时的俄国来说，他却是一个出色的外交使臣。虽然俄国最期望的俄中贸易关系并没有因此建立起来，但米列斯库对远东和中国广泛而又细致的考察所获得的丰富的资料以及他与中国人的谈判经验，却帮助后来的俄国人在与中国人的交往中处于优势地位。“因而对这支使团的作用不可低估。”[41]

米列斯库回到莫斯科后，针对沙皇交予的3项使命，先后呈交了3份报告，即《西伯利亚纪行》（或称《旅经西伯利亚日志》，米列斯库在西伯利亚的旅行记述）（*Itinerar siberian*）、《出使中国奏疏》（或称《官方文件》、《出使报告》，此行的正式报告）（*Stateini spisok*），和《中国漫记》（对中国国情的综合介绍）（*Descrierea Chinei*）。沙俄政府视这些报告为至宝，“最初被作为国家机密，只能在克里姆林宫的俄罗斯帝国的极少数政要中传阅”。[42]

17世纪末，当上述报告被解禁后，立刻就有多种抄本在俄罗斯流传，该书的价值开始为世人所了解和承认。这 3 个报告只是米列斯库此行的副产品，却使米列斯库及其中国之行的影响越出了俄罗斯国界，获得了广泛的声誉，尤其是在罗马尼亚。1910 年，俄罗斯的喀山第一次公开出版了古教会斯拉夫文体的《中国漫记》。20 世纪 50 年代，罗用这个版本首次翻译出版了罗文本的《旅华日志》和《中国漫记》，以后又多次再版。罗著名学者科尔内柳·伯尔布勒斯库为它作了序。

《中国漫记》是对 17 世纪及以前中国社会的较为全面的综合性介绍，包括中国的社会结构、思想意识、民间艺术、传统习俗、神话传说，人种特征、地理概况，以及经济生活，等等，“写作风格十分严谨，表现了米列斯库对中国人民的赞赏和仰慕”，被誉为“中国古老文明的一幅才华卓绝的壁画”。除了个别地方有曲解和贬低外，书中处处充满着对中国和中国人民的美誉，他在与中国政府交涉时的那种傲慢的态度在这里荡然无存。书中有一段是这样写的：“中国大地，从沿海到内陆，一片欢乐，数不尽的山川河流，阡陌纵横，田塍井然。你找不到还有哪一个国家，能有如此辽阔的原野，像中国人这样精耕细作、技忆高超。中国景色之优美、物产之丰盛是无与伦比的。总之，别国的稀有景象，在中国这里却俯拾即是，再找一个象中国这样的国家，只能是枉然。”㊸

与欧洲同时代的同类著作相比，《中国漫记》提供了更为广博的关于中国的知识，论述也更为详细和系统。如果我们把它与 17—18 世纪欧洲来华传教士们所写的著作对照来读，就会感到米列斯库的见识和敏锐以及学识和文采都略胜一筹。对于刚开始与中国交往且又对中国所知甚少的俄国人来说，米列斯库的作品更具有特别的意义和价值。而且，米列斯库此行还首次将中国皇帝致俄国沙皇的国书译成俄文，从此还开始了中俄两国的文字之交。㊹

由于米列斯库的贡献，罗马尼亚人民对中国的了解和好感从此有了一个质的提高。可以说，作为一个学者的米列斯库，为他的同胞和整个欧洲了解中国和中国文化，作出了具有开拓性的贡献。在罗马尼亚，米列斯库被誉为作家、地理学家、神学家和外交家，㊺被尊为欧洲最早的汉学家之一，“具有世界影响的人文主义学者之一”，开辟中罗关系的先驱。

实际上，多数罗马尼亚人也是在 1956 年他的著作在罗首次以罗文出版之后，才普遍认识到他及他的著作对推动中罗关系的作用，从此重视起对他及他的著作的研究的。1957 年初，在罗文联招待来访的中国作家的宴会上，罗著名作家萨多维亚努曾把米列斯库作为罗中文化交流最早的使者向中国作家作了介绍。[46]但是好像没有引起中国方面的注意。

20世纪70年代起，为宣传两国源远流长的友好关系，罗广泛介绍并高度评价米列斯库及其著作，并再版了他的著作。1978年，中共中央主席华国锋在罗访问期间，《人民日报》发表文章，歌颂中罗友谊的新篇章，首次提到："早在三百年前，罗马尼亚有名的旅行家尼古拉·米勒斯库（即米列斯库——著者）就访问了中国，写下了他的名著《中国游记》。他的著作就是中罗两国人民历史友谊的最好见证。"[47]这也许是中国主流媒体首次提到米列斯库和他的著作。

1981年，商务印书馆翻译出版了英国学者巴德利的《俄罗斯·蒙古·中国》。该书收录了《中国漫记》的第4、5章及附录，以及《西伯利亚纪行》的大部和《出使中国奏疏》。这实际上是米列斯库著作的第一个中文节译本。但是，当时中国人仅仅把这本书看作是关于早期中俄关系史的著作。对于米列斯库和他的著作，多数中国学者过去一直评价较低。一是因为绝大多数中国学者长期以来不认为米列斯库是罗马尼亚人，二是因为他1675年的中国之行给中国人留下了坏印象。

可以说，直到1990年中国外交官蒋本良夫妇翻译的中文版《中国漫记》问世后，米列斯库及其《中国漫记》才逐渐为中国人民所了解，并把他和这本书与中罗关系，与罗马尼亚人第一次造访中国联系起来。现在，越来越多的中国学者已经从正面认识和评价米列斯库及其著作，把他的著作列入中外关系史名著之列。[48]

2004年胡锦涛主席在罗马尼亚议会发表演讲时，第一次代表中国官方确认："中罗两国人民的友好交往有着悠久的历史。早在17世纪，一位名叫斯帕达鲁的罗马尼亚人就来到中国，撰写了《中国漫记》一书，成为史料记载中第一位与中国交往的罗马尼亚人。"[49]

中罗官方往来之始

从15世纪起，罗马尼亚就先后处于奥斯曼帝国和奥地利的统治之下。罗诸公国为了获得国家和民族的独立，进行了长达几个世纪的不懈的斗争。1877年爆发俄土战争，罗遂宣布摆脱奥斯曼帝国的统治，宣布独立。1878年3月，欧洲列强在《圣斯特法诺条约》中承认了罗的独立。刚刚获得独立的罗急于赢得国际社会的广泛承认，从 1880 年 4 月起，罗国王卡罗尔一世先后致信 27 个国家通报此事，其中包括中国。[50]

19 世纪 80 年代的中国，正是清朝末年，它的国家状况与新生的罗马尼亚恰恰相反，正在一步步地沦为欧美列强的半殖民地。1880 年初，中国为讨回被沙俄强占的伊犁地区，撤换了原驻俄公使崇厚，另派驻法国公使曾纪泽兼驻俄公使，赴彼得堡与俄国谈判。就在曾纪泽从巴黎动身赴任前夕，7 月中旬，罗历史上最著名的政治家之一、时任罗驻法国公使的考格尔尼恰努受命将卡罗尔一世致中国皇帝的信交给曾纪泽，通告他罗已获国家独立。8 月 3 日，曾纪泽到达彼得堡，即于 7 日拜会罗驻俄公使，托他转交中国光绪皇帝对“卡罗尔一世亲王殿下关于罗已获得独立与主权一事的通告”的紧急信件。

1881 年 1 月 13 日，罗驻巴黎使馆又将中国皇帝的第二封复信转交卡罗尔一世国王。信中说：“已通过中国驻彼得堡的公使曾侯爵获悉，因皇上幼冲，特通过皇叔恭亲王殿下，以及帝国的其他一些高级要人，转达中国皇帝对罗国家和人民最热烈的祝愿，祝他们繁荣幸福。”[51]

上述两国君主之间的信件往来证明，中国承认了新生的罗马尼亚国家的主权和独立，两国元首相互表达了友好的意愿。由于条件尚不具备，两国并没有从此建立外交关系。处在 19 世纪末列强角逐，以瓜分殖民地为主旋律的历史中，中国这个弱国和罗马尼亚这个小国之间的初次交往，实在无法引起世人的关注，在中国的史书中迄今尚未找到任何有关的记载。但这毕竟是两国历史上的第一次官方的直接接触，其意义不可低估。

1918 年 12 月，随着第一次世界大战的结束，长期处于奥匈帝国统治下的特兰西瓦尼亚地区终于回归祖国，罗马尼亚实现了民族统一。统一后的罗国力和国际影响在两次世界大战期间有了明显的提高。中国在 1911 年爆发了辛亥革命，推翻了清王朝，建立了中华民国。1924 年又爆发了国民党和共产党联合发动的国民革命，推翻了由旧军阀控制的北京政府。于 1927 年在南京建立的国民政府随后向各国提出了“改订新约”、实现关税自主的要求。经过近一年的交涉和谈判，各国在 1928 年底先后和中国签订了新的关税协定，并借此表示了对中国新政府的承认。[52]

据罗外交部的档案，1928 年也被罗认为是与中国建交的契机。但作为一个小国，罗必须等到列强承认中国的新政府之后。7 月，罗驻日公使瓦西里乌奉命就此分别向中国政府和日本政府探询。中国政府表示，中罗两国应首先缔结一个友好条约。日方则“明确表示：现时此举表明罗方过早承认南京政府，罗政府此愿望的实现不会使日本方面感到高兴”[53]。然而，罗驻日公使馆临时代办斯托依切斯库却对与中国建交持积极态度。这年1月，他向外交部提出了自己的建议。外交部答复说：“我们会不会因此而冒损害我国在远东的重大利益，即保证日本批准比萨拉比亚条约的风险？”[54]

显然，罗不愿意冒得罪苏联和日本两个强国的风险与中国建交。第一次世界大战后，特别是比萨拉比亚重归罗以后，罗苏关系就一直紧张。而罗日关系则比较密切。罗早在1917年就与日本建交，1921年和日本互在对方首都设立了公使馆，罗国王还在这一年访问了东京。但是，日本在日俄战争之后被公认为世界强国，其野心膨胀，意欲独霸中国。1927年后，日本竭力阻挠中国的统一，又顽固抵制南京政府的“改订新约”。罗这时在与邻近日本的中国建交的问题上，就要先看看日本的脸色。

更重要的是，日本国会尚未批准1920年的承认比萨拉比亚归罗所有的巴黎议定书。1917年底，趁沙皇俄国垮台和俄国十月革命之机，比萨拉比亚地区首府基希讷乌的议会宣布独立，并在次年宣布回归罗马尼亚王国。1918年12月1日，罗大国民议会在阿尔巴—尤利亚召开，宣布特兰西瓦尼亚与已经收回了比萨拉比亚的罗马尼亚合并。这一天因而成为今天罗马尼亚的国庆日。第一次世界大战结束后，在1920年11月的巴黎和会上，英、法、意、日和罗的代表签订议定书，承认了罗对比萨拉比亚的主权。[55]但该议定书又规定，只有所有签字国的议会批准后该议定书才能生效。这时，其他国家的国会都已先后批准了该议定书，只有日本国会迟迟没有批准。[56]

1930年2月5—7日，中国驻德公使蒋作宾访罗，罗外长表示“甚愿派一代办至中国，以联两国之友好”。[57]随后，蒋作宾与罗驻德公使就两国建交事进行了会谈。3月1日，罗公使向国内报告说，中国驻柏林公使得到了中国政府的授权，先与罗公使签订一个友好和和解仲裁条约。中国公使恳请罗公使尽快向外交部送交条约草案，指出中国政府将会尽快签署。

罗政府认为，首先签订一项友好条约，作为中罗建立外交关系的先决条件，“此举不会给罗马尼亚带来任何好处。相反，在任何一个领域接近中国，特别是签署一项这样的条约，可能被苏联看成是一种反苏挑衅，而这种情况是罗不愿看到的”。[58]罗方又提出，两国一旦建交，想由罗驻日公使兼任驻华公使。当然，这首先要征得日本政府的同意。[59]这实际上进一步强化了中罗建交问题上的日本因素，使中罗建交更难以实现。

一方面是双方意见有分歧；另一方面是两国政局在这时又出现了动荡。在罗马尼亚，4年前已宣布放弃王位继承权、携情妇出国定居的卡罗尔一世国王的儿子卡罗尔，在1930年6月突然回国，从他儿子米哈依一世手中夺回了王位，成为卡罗尔二世，造成国内的政局不稳。在中国，1930年爆发了中央政府与几大地方军阀之间空前的军阀混战；1931年9月，日本又发动了侵华战争，占领了中国的东北地区。也许是这些原因，使中罗两国的建交之事第二次被搁浅。

尽管如此，两国的代表仍经常在各种官方场合保持接触，尤其是在国联。罗20世纪最著名的外交家蒂图列斯库在1931年连任国联大会主席时，适逢日本发动侵华战争。他在国联大会的讲坛上谴责了日本对中国的侵略，[60]呼吁各会员国共同遵守盟约第10条，即“保持所有联盟各会员国之领土完整及现有之政治独立，以防御外来的侵犯”，[61]受到了中国人民的赞赏。1932年3月，在国联于日内瓦召开关于日本侵略中国的特别大会期间，中国驻国联首席代表颜惠庆交给蒂图列斯库一封照会，内有一件来自上海商会的感谢电，表示尽管对国联宪章的信心已被完全动摇，我们却“听到了来自罗马尼亚的正义之声”。[62]但是，当国联准备提名蒂图列斯库为满洲问题委员会的主席，并得到了中日双方的认可时，他却不想“危及罗马尼亚在国联内争取到的良好的地位”，拒绝了这一提名。[63]他在大会发言中表示：中日两个大国“都是我们大家的朋友，在我们看来，两国都有古老的文明和历史，在国际活动中都同样有着重要的作用。……两国都是国联行政院的成员，将来我们之间如果出现争端也要由行政院来裁判的”。[64]也就是说，罗不想得罪任一方。

后来，罗外交部长彼特雷斯库又对中国驻法公使顾维钧进一步解释道：他对遭受外国侵略而处于水深火热之中的中国及其人民，深表同情。但是，罗是欧洲的一个小国，它和中国没有贸易往来和利害关系。因此，如果他在许多在远东有重大利害关系的大国面前，对中国问题采取某种令人瞩目的立场，将会显得滑稽可笑。在外交问题上，罗必须与英国、法国，以及巴尔干协约国各成员协调立场。只要不超过这一限度，他将尽最大努力来支持中国。

20世纪30年代中期以后，世界大战即将爆发的阴云笼罩着全球，中罗两国都希望通过扩大对外交往来平衡外部的压力。顾维钧当时经常作为中国出席国联大会的代表赴日内瓦与会。1938年5月13日，他会晤了出席国联大会的彼特雷斯库。彼特雷斯库表示：假如中国能够在布加勒斯特设立一个公使馆，那就好了。同时，这位公使也可以担任驻小协约国和巴尔干协约各国的公使，而以布加勒斯特为中心。这位中国公使每年可以在上述各国巡回和留驻几个月。这样做，公使馆的费用要不了许多。他说，罗可以向中国派遣一位总领事，以便开展贸易关系和推动商业联系。他非常希望中方能够考虑他的建议。顾维钧表示一定向政府转告。5 月 24 日，中国政府回复说，完全同意这次会谈的内容，建议双方签订一个友好通商条约。同日，顾维钧就将这一信息转告给彼特雷斯库。[65]

1939 年 7 月，罗政府表示，同意接受梁龙为中华民国驻罗特命全权公使，并认为没有必要再缔结一个初步的友好条约形式的协定。梁龙（1893—?），中国广东省人，毕业于英国剑桥大学。曾任外交部官员、大学校长。1928 年任中国驻德国使馆一等秘书，1933 年起历任中国驻捷克斯洛伐克使馆一等秘书、代办、公使。[66]1939 年 3 月德国占领布拉格后，中国使馆于 7 月 15 日撤馆。同日，中国政府任命他为驻罗马尼亚国特命全权公使。

1939 年 9 月 7 日，梁龙抵达布加勒斯特。10 月 18 日，梁龙向罗国元首递交了国书。梁龙在递交仪式的演说中说："自古以来，中国人民就对罗马尼亚人民表现出强烈的兴趣和好感，这有助于增进国际间的和平与相互理解。……作为第一个中国的官方代表来到贵国，本人感到不胜荣幸。这体现了我们两国多年来对国际和平和相互理解的不懈追求。"[67]随后，中国驻布加勒斯特公使馆正式开馆。

然而，罗拟议中的以驻日本公使兼驻中国公使，向南京国民政府派出外交使节的计划却一直没有兑现，中日处在交战状态不能不是最主要的原因。1940 年 6 月 4 日，梁龙在拜见罗外长吉古尔图时，再次表示希望"罗马尼亚向中国派出一个新的公使"。吉古尔图说，他"对此没有任何异议，只是直到目前还难以找到一个能够经受得起这样困难的旅行（从罗马尼亚来中国）的人来"[68]。

直到 1930 年初，罗在远东地区没有任何经济代表。但是，巨大的中国市场不能不吸引罗。罗驻日公使馆曾向外交部建议："有必要在中国派驻经济代表，他们既应掌握美国的经营方式，又能'适应在中华民国商务中心'的工作。"1931 年 10 月 23 日，原中国驻德公使、现任中国驻日公使的蒋作宾再次向当时的罗外长米洛奈斯库提出两国建立政治和经济关系的建议。他同时提出：如果从罗购买小麦的运费不超过从美国购买的运费的话，中国打算大量购买。[69]

1938年5月13日，中国驻巴黎大使顾维钧在日内瓦与罗外长彼特雷斯库进一步讨论了建立中罗商贸关系之事。彼特雷斯库说，罗渴望扩大它的贸易，而中国是个广大的市场。他确信，如果两国间的关系得以建立起来，并得到发展，则双方可以在广大领域内进行合作。顾维钧说，罗是小麦和石油的主要输出国，仅这一点就足以形成和中国进行贸易的基础。中国虽然是个农业国，但它每年还是要进口大量谷物和其他粮食，小麦就是中国主要进口货物之一。石油是另一项进口商品。中国的石油消耗量每年都在增长。[70]

顾维钧还会见了罗驻巴黎公使并表示，在未来的中罗贸易中，中国既可以以易货的方式购买罗产品，也可以支付外汇。罗公使则对本国丰富的资源作了简介，表示可安排布勒依拉、加拉茨和康斯坦察作为对华贸易的港口。1939年10月，中华民国首任驻罗外交代表梁龙所递交的国书中也提到："中罗两国都拥有丰富的自然资源，它们不但能够而且应该为了双方的经济繁荣和协调互补而发展商贸往来提供有效的保障。"

罗驻东京公使馆的商会在中罗两国最初的商贸活动中起了重要作用。但在罗整个对外贸易中，中罗两国的贸易量和贸易额都非常少。[71]罗马尼亚人民共和国对外贸易部部长扬·库恩曾在中国的人民日报上撰文说，1937年罗对华出口货物不到10吨。1938年罗由中国进口15吨货物，而对中国则没有任何的出口。[72]这既是由于两国相距遥远，也有运输的困难。由于数量太少，中罗贸易只能归入"与其他国家的贸易"一类作统计。"从中罗两国开始通商起直到1944年，罗中商贸往来既无简单的统计表格，也无具体的数额。"[73]

中华民国与罗马尼亚王国断交

随着1939年3月罗德经济条约的签定，德国在罗的影响得到了迅速的加强。德国入侵波兰之后，罗20年来努力寻求的欧洲集体安全体系便荡然无存。1940年6月，先是与罗关系密切的法国在抵抗德国入侵6个星期后战败，向德国投降；紧接着是苏联向罗发出最后通牒，随即占领了罗的比萨拉比亚和北布科维纳。这使得一直在大国的夹缝中走钢丝的罗最终选择了投入德国的怀抱以寻求苟安。

9月，罗安东内斯库将军受命组阁。11月28日，罗加入德、意、日三国条约。3天后，安东内斯库政府就承认了日本在中国东北地区扶植的傀儡政权"满洲国"。1941年5月27日，罗又以驻日公使伯古列斯库[74]兼任驻

“满洲国”公使。“满洲国”在这一天为伯古列斯库举行了“极为隆重的递交‘国书’仪式”，双方还互授勋章。

由于“满洲国”派不出几个像样的外交官，一直拖到10月，“满洲国”驻德国“公使”吕宜文才先后到罗马尼亚、保加利亚、洪牙利（即匈牙利——著者）和斯洛伐克等国递交“国书”，充任巡回“公使”，同行的还有另1个中国外交官、1个日本人和1个德国人。20日，吕宜文抵布加勒斯特。29日，吕宜文在锡纳亚的王宫向米哈依一世国王递交了“国书”，并得到了国王授予的勋章。[75]

1937年12月日本占领了中华民国的首都南京，国民政府迁至重庆坚持抗战。日本便于1940年3月在南京扶植成立了以汪精卫为首的伪国民政府，并在11月30日予以正式承认。1941年7月1日，罗与德、意在同一天承认了汪伪政权。不久后的7月30日，就在罗任命伯古列斯库兼任驻汪伪政权的“特命全权公使”的同日，伯古列斯库到南京向汪精卫递交了“国书”。从10月8日起，应罗的要求，在上海又设立了罗“名誉领事馆”，由汪伪政权推荐的中国公民 Bao Jingguo 出任名誉“领事”。[76]汪伪政权向罗派出的“特任公使”李芳则于9月16日到任。[77]安东内斯库对罗承认两个伪政权解释说，这“完全是迫于罗马尼亚当时的政治—军事盟国的压力”[78]。

早在1933年初，国联就已经通过了不承认伪满洲国的议案。中国政府也曾多次明示各国，坚决否定任何傀儡政权。1940年3月30日，汪伪国民政府在南京成立。国民政府外交部又为此照会各国驻华使节，深信“世界上有尊严的国家必定能维护国际间的法律与正义，对中国境内的日本傀儡组织决不予以法律上或事实上的承认。无论任何行为涉及任何方式的承认，既属违背国际公约与条约，也将被中国政府视为对中华民族最不友谊的行为，凡承认者应负因此而起的全部后果”。[79]然而，罗安东内斯库政府在德国和日本的引诱和逼迫下，仅仅在中罗两国建交一年后，就先后承认了日本侵略者在中国制造的两个傀儡政权。而且，这个时间正值中国抗日战争的最困难关头，即1941年前后。

1941年7月10日，中国公使梁龙约见罗外长克列恰努，受权“最强烈地抗议罗政府承认由日本占领军武装扶植的南京傀儡政权”，并宣布“与罗马尼亚的外交关系已不可能继续维持”，“美国政府将代表中国在罗马尼亚的利益”。克列恰努答复说：“由于美国没有承认南京政府，罗马尼亚政府不能接受美国代表‘中国的利益’。”[80]中华民国政府从此与罗马尼亚王国政府正式断交。由于没有任何一个国家驻罗的代表机构表示要代理在罗中国公民的利益，“罗外交部承担了负责管理重庆政府在这个国家为数不多的公民的利益，为他们前往其他国家提供方便”。[81]

1944 年 8 月，罗国王米哈依一世联合罗共等力量发动武装起义，推翻了安东内斯库的亲德政权，立即投入了反法西斯战争。10 月，罗与日本断交。

第二次世界大战尚未结束，罗新政府就开始打算与中国恢复外交关系。1945 年 8 月 20 日，罗部长会议副主席、外长特特勒斯库致信盟国驻罗联合监督委员会主席助理苏塞科夫上将，请求“把罗马尼亚政府希望与中华民国建立全权公使级外交关系的建议转告给中华民国政府”。[82]时间一个月一个月地过去了，罗方没有得到任何回复。迄今没有发现任何资料证明，究竟是苏联方面根本就没有把罗方的愿望传递给中方，还是中方得到了信息而迟迟未能答复。如果原因在苏联方面，罗明认为，“可能的解释是苏联领导人有意拖延了罗马尼亚的努力，以等待中国的人民革命即将到来的成功”。[83]直到 1949 年 10 月，中华人民共和国中央人民政府在北京宣告成立，新中国和罗马尼亚人民共和国才重新建立了两国之间的外交关系。

对上述这段历史，中国几乎所有的史书和罗马尼亚的大部分史书都尽量避而不谈，都一致声称中罗外交关系始于 1949 年。直到 20 世纪末，一些中国出版的关于中华民国史的个别工具书中，才可以找到当年这段历史的蛛丝马迹。

中国驻罗大使馆在 1959 年撰写的《中罗十年关系总结》中称：1949 年以前，两国之间“无任何关系”。但紧接着又指出：“中国的革命给了地下斗争的罗共以很大的鼓舞，同时也获得了罗共领导的劳动人民的支持，1927 年 5 月起罗共地下出版的报刊就一再发表文章支持我国的革命斗争。”[84]

罗马尼亚医生与中国的抗日战争

与此同时，罗共和罗马尼亚人民则以不同的方式给中国的抗日战争以道义上和物质上的援助。罗共曾在一些城市举行群众集会反对日本侵略中国，并组织“行动委员会”在全国各地募集款项和药品，支援中国人民的抗日战争。在中国人民解放战争期间，罗马尼亚人民也给予了声援。这是本文必须要特别提到的。

1939 年，总部设在伦敦的国际援华医药会招募援华医疗队到中国去支援抗日战争。有两个来自罗马尼亚的医生加入了医疗队。他们一个叫杨库（Iancu David，中国人都习惯于叫他的中国名字杨固——著者）；另一个叫柯列然（Clejan Bucur）。二人都是罗共党员，都曾参加过西班牙内战期间的国际纵队，因而中国人习惯地称他们是“西班牙大夫”。9月，医疗队来到中国。在以后的6年里，在中国红十字会救护总队的指导下，杨固和柯列然分别先后在湖南、广东、江西、广西、湖北、云南和四川等地的抗日部队的军、师一级的战地医院工作过。他们的工作主要是两方面，一是对所在部队和驻地附近平民的伤病员进行救治，一是协助创办军医院和卫生学校，提高所在部队的医疗水平。

他们的生活条件是恶劣的。他们还要克服水土不服、饮食不习惯和语言不通等困难，在几乎没有人懂得欧洲的语言和文化的环境里生活工作。他们辛勤和有效的工作，不但大大降低了部队的死亡率和非战斗减员数，还提高了部队的士气。一些高级军官因而逐步转变了原来的抵触态度，允许他们和救护队独立地开展工作。

柯列然的妻子柯兰芝（Clejan Gizela，也是罗共党员。中国人民对外友好协会提供的国际援华医疗队的名单把她的名字拼成 Ms. Kranzdorf。有的中国文件叫她柯芝兰——著者）在柯列然的影响下，也在1941年6月来到中国和他一道工作。她以自己对病人悉心照料的模范行动，在短时间内就赢得了周围人的尊重和爱戴。由于过度疲劳，又染上了回归热，柯兰芝不幸于1943年3月14日在云南病逝，年仅39岁。部队官兵为她举行了隆重的葬礼。他们用花环装点灵台，在挽联上写下这样的辞句：“淋惠遽云亡，南国同声失慈母；伤残未尽起，西方何处觅美人。”[85] 中国红十字会昆明分会在向总部的报告中，评价柯兰芝“非常富有责任心且工作十分出色”[86]。

罗马尼亚医生所在的救护队不但为军队服务，也力所能及地为当地的平民服务，还把一些卫生观念和习惯带到了部队及其驻地。这方面的工作特别受到各方面的好评。每当他们离开一个部队去一个新的岗位时，部队指挥官都要授予他们勋章，还赠送给他们写有部队官兵的签名的军旗，以示赞赏和表彰。

1945年，中华民族的抗日战争和世界反法西斯战争取得了最后胜利。在6年的时间里，罗马尼亚医生为中国的民族解放战争，为中国军队的医疗卫生保健工作，为中罗人民的友谊，作出了不可忽视的贡献，有人甚至献出了宝贵的生命。2004年6月，胡锦涛在罗议会宫的讲演中特别指出：“20世纪

30、40年代，布库尔·柯列然夫妇和达维德·扬库三名罗马尼亚医生远离亲人和祖国，冒着生命危险到中国支援中国人民抗击日本侵略者，为中国抗日战争的胜利作出了宝贵的贡献。柯烈然的妻子为救助伤员不幸染病，为中国人民的解放事业献出了年轻的生命。中国人民将永远铭记他们的不朽业绩。”

战后，杨固回到了罗马尼亚。柯列然又应中国红十字会之邀参加了联合国善后救济总署在中国的救济工作，这再次表明中国红十字会和中国人民对他过去6年在华工作的肯定和赞赏。联合国善后救济总署在中国的任务，是要确保把救济物资分发到中国大陆的整个原日本占领区。柯列然被任命为联合国善后救济总署监督向黄泛区运送救援物资的负责人，当时大部分黄泛区由共产党控制。国民党军队阻止向黄泛区运送修建黄河河堤的建筑物资，柯列然和同事们便配合中国解放区救济总会（会长是董必武——著者）的代表，想方设法把这批物资运往黄泛区。他经常通过他的一个同事赵靖璞护士与总会的中共代表保持联系。1946年，他与赵靖璞喜结良缘，成就了中罗友谊的又一段佳话。柯列然又作为联合国善后救济总署的医官，负责监督黄泛区的医院建设，在黄泛区建起好几个医院，并对开封和商丘地区已经出现的霍乱等瘟疫采取了大规模的防疫措施。

中国内战全面爆发后，联合国善后救济总署于1947年被撤销。此后，他又在上海行医了一段时间。1948年4月，新生的罗马尼亚人民共和国外交部通过瑞典驻上海的领事馆重新核发了他的护照。在中国生活和工作了9年之后，他终于可以满载中国人民的赞誉和祝愿回祖国了。

1972年，应中国人民对外友好协会的邀请，柯列然、赵靖璞夫妇曾来中国作长达近3个月的参观和访问。柯列然大夫于1976年去世，他的中国妻子赵靖璞目前在上海定居。1979年中国国庆30周年之际，中国对外友协会长王炳南在撰文赞颂中国与世界各国人民之间的友谊时，特别提到了“罗马尼亚的柯列然”，把他与“美国的史沫特莱、斯特朗，印度的柯棣华”和“奥地利的罗生特，日本的中岛健藏”等中国人民所熟悉的国际友人相提并论。

杨固大夫回国后，在布加勒斯特从事公共卫生工作。1978年4月，王炳南率中国人民对外友协和中罗友协代表团访罗期间，会见了这位中国人民的、同时也是他的老朋友。这一年的《人民日报》简要介绍了杨固大夫在中国的事迹。1979年5月，杨固夫妇应王炳南的邀请，到中国进行了为期4周的参观访问，受到全国人大常委会副委员长姬鹏飞的接见。1982年，他再次应邀访华。1990 年 5 月 9 日，享年 80 岁的杨固大夫因长期患病逝世。新华社特为此发布了消息，称他是“罗马尼亚著名内科医生、中国人民的老朋友”。

2004 年胡锦涛访罗前，得知了这 3 位罗马尼亚友人的事迹，立即派人将记载有他们事迹的那一期《人民画报》从档案中找出来，专门定做了一个用红丝绸镶裱的精致封夹，把这本画册装在里面，带到了罗马尼亚。在会见长期从事中罗友好事业的老朋友及为中罗友谊做出重要贡献的友人的后代时，他亲手把这份“最珍贵的纪念品”赠给了杨固大夫的二女儿塔尼亚·杨固，并邀请她和她的兄弟姐妹们在方便的时候到中国去：“你在中国会受到亲人般的接待。”[57]当年 8 月底，塔尼亚和她的 3 个兄弟姐妹应邀访问了中国。

在中华人民共和国成立前夕，1948 年 12 月，中共领导的解放区妇女代表团出席了在布加勒斯特举行的第二次国际妇女代表大会并进行了访问。1949 年 7 月，中华全国总工会副主席刘宁一率领中国职工代表团访罗，罗部长会议主席格罗查（Petru Groza）予以接见。9 月，以肖华为团长的中国民主青年代表团也访问了罗马尼亚。

参考文献

①林幹：《匈奴通史》，人民出版社，1986 年版，第 114—118 页。 《中国大百科全书·中国历史》（缩印本），中国大百科全书出版社，1994 年版，第 842—843 页。 李喜所：《五千年中外文化交流史》，第一卷，世界知识出版社，2002 年版，第 76 页。

②《魏书》，卷一〇二：《西域传》。

③林幹：《中国古代北方民族通史》，鹭江出版社，2003 年版，第 331 页。

④［法］勒内·格鲁塞：《草原帝国》，商务印书馆，1998 年版，第 110 页。 ［罗］米隆·康斯坦丁内斯库：《罗马尼亚通史简编》，上册，商务印书馆，1976 年版，第 157—158 页。

⑤［美］W. M. 麦高文：《中亚古国史》，中华书局，1958 年版，第 186 页。

⑥齐思和："匈奴西迁及其在欧洲的活动"，《历史研究》，1977 年第 3 期，第 137 页。

⑦［法］勒内·格鲁塞：《草原帝国》，商务印书馆，1998 年版，第 114 页。 ［美］W. M. 麦高文：《中亚古国史》，中华书局，1958 年版，第 198—199 页。

⑧Andrei Oţetea，*A Concise History of Romania*. St. Martin's Press, New York, 1985, p. 138.

⑨Constantin C. Giurescu，*Chronological History of Romania*. Bucureşti：Editura Enciclopedică Româna（康斯坦丁 C. 久雷斯库：《罗马尼亚编年史》，罗马尼亚百科全书出版社），1974，pp. 36，35.

⑩［罗］米隆·康斯坦丁内斯库：《罗马尼亚通史简编》，上册，商务印书馆，1976 年版，第 158 页。

⑪同注释⑨，p. 35.

⑫［罗］安德烈·奥采特亚：《罗马尼亚人民史》，商务印书馆，1981 年版，第 46 页。

⑬同注释⑤，第 185 页。

⑭林幹：《匈奴通史》，人民出版社，1986 年版，第 274 页。 其代表人物和著作有：美国的麦高文，奥地利的敏岑海尔芬（Otto J. Maenchen-Helfen）的 *The World of The Huns*. University of Califonia Press, Berkeley and Los Angeles, Califonia, 1973；法国的得居内（J. de Guignes）的 *Historie, Generale des Huns, des Turcs, des Mongols, et des Autres Tartares Occidentaux*（《匈奴、突厥、蒙古与西方鞑靼的通史》）. Vol. 1, Paris, 1756；德国的夏德（Friedrich Hirth）的 *Uber Wolga-Hunnen und Hinug-Nu*（《论匈奴与中国人的关系》）. Munich, 1900. ——著者。

⑮［法］勒内·格鲁塞：《草原帝国》，商务印书馆，1998 年版，第 106 页。

⑯方豪：《中西交通史》，岳麓书社，1987 年版，第 85—86 页。

⑰周伟洲：《敕勒与柔然》，上海人民出版社，1983 年版，第 86—88 页。 《中国大百科全书·中国历史》（缩印本），中国大百科全书出版社，1994 年版，第 549 页。

⑱陶克涛：《毡乡春秋·柔然篇》，内蒙古人民出版社，1997 年版，第 398—409 页。李喜所：《五千年中外文化交流史》，第一卷，世界知识出版社，2002 年版，第 115 页。

⑲同注释⑨，p. 39.

⑳同注释⑩，第 159 页。

㉑Radu R. Florescu，*Essays on Romanian History*. Iaşi：The Center for Romanian Studies，1999，p. 48.

㉒同注释⑩，第 159—160 页。

㉓同注释⑮，第 227、228 页。

㉔同注释㉑，p. 59.

㉕同注释⑩，第 214—215 页。

㉖［法］雷纳·格鲁塞：《蒙古帝国史》，商务印书馆，1989 年版，第 278 页。斜体字为原文所有——著者。

㉗据米列斯库：《中国漫记》，中华书局，1990 年版。 中国多数 20 世纪 90 年代以前出版的史籍都以为他是俄国人，并仿照前苏联的史籍，称呼他的俄语名字尼古拉·加夫里洛维奇·斯帕法里等——著者。

㉘同注释㉗，第 2 页。

㉙［英］约·弗·巴德利：《俄国·蒙古·中国》，下卷，第一册，商务印书馆，1981 年版，第 1259 页。

㉚北京师范大学清史研究小组：《一六八九年的中俄尼布楚条约》，人民出版社，1977 年版，第 136 页。

㉛同注释㉙，第 1413、1467—1468、1565—1566、1568—1570 页。

㉜《清圣祖实录》，第 61 卷，康熙 15 年 5 月丙戌。

㉝［俄］尼古拉·班蒂什—卡缅斯基：《俄中两国外交文献汇编》（1619—1792），商务印书馆，1982 年版，第 49 页。

㉞中国第一历史档案馆：《清代中俄关系档案史料选编》，第一编上册，中华书局，1981 年版，第 41 页。

㉟同注释㉙，第 1469、1552、1554、1576—1577 页。

㊱P. P. Panaitescu，*Nicolae Spăthar Milescu. Melanges de'Ecole Roumaine en France*（P. P. 帕纳依泰斯库：《尼古拉·斯帕塔鲁·米列斯库》，见《法国罗马尼亚问题研究文集》），Paris，1925. Quoted from Michel N. Pavlovsky：*Chinese-Russian Relations*. New York：Philosophical Library，1949，p. 117.

㊲同注释㉚，第 146 页。

㊳图里琛等：《异域录/朔方备乘札记》，中华书局，1985 年版，第 2 页。

㊴同注释㉗，第 12 页。

㊵王绍坊：《中国外交史》（1840—1911），河南人民出版社，1988 年版，第 14 页。

㊶黄定天：《东北亚国际关系史》，黑龙江教育出版社，1999 年版，第 29 页。

㊷Iolanda Ţighiliu，*La orizontul imaginarului*，*Evantaiul celor 10000 de gânduri*：*România şi China*：*Trei veacuri de istorie.* Editura "Ion Cristoiu" SA，Bucureşti（约兰达·齐吉柳：《在想象的地平线上》，见《浓情挚意万万千，中罗关系三百年》，Ion Cristoiu出版有限公司，布加勒斯特），1999，p. 30.

㊸同注释㉗，第14、11、29页。

㊹武斌：《中华文化海外传播史》，第三卷，陕西人民出版社，1998年版，第2050—2051页。

㊺Kurt W. Treptow & Marcel Popa，*Historical Dictionary of Romania*. The Scarecrow Press，Inc.，Lanham，Md.，& London，1996，p. 134.

㊻《大公报》，1957年5月1日。

㊼《人民日报》，1978年8月18日。

㊽纪宗安：《中外关系史名著提要》，中国华侨出版社，2002年版，第232—235页。

㊾同注释㊼，2004年6月15日。

㊿Fundaţia Europeană Titulescu，*Istoria politicii externe româneşti în date*. Coordonator：Ion Calafeteanu，Editura Enciclopedică，Bucureşti，2003（欧洲蒂图列斯库基金会：《罗马尼亚对外关系编年史》，主编：扬·卡拉佛迪亚努，百科全书出版社，布加勒斯特，2003年版），p. 186.

51 Arhivele Ministerul Afacerilor Externe（AMAE），Fond Paris，vol. 8/1880－1881，nepaginat（外交部档案，巴黎档案，第8卷/1880－1881，无页码）.

52 石源华：《中华民国外交史》，上海人民出版社，1994年版，第346—347页。何茂春：《中国外交通史》，中国社会科学出版社，1996年版，第584页。

53 1930 martie 11，<Tokyo>. *REFERAT AL LUI ION AUREL VASILIU，TRIMIS EXTRAORDINAR ŞI MINISTRU PLENIPOTENŢIAR AL ROMÂNIEI LA TOKYO，CĂTRE MINISTERUL AFACERILOR STRĂINE PRIVIND LIPSA DE OPORTUNITATE A ÎNFIINŢĂRI UNEI LEGAŢII ROMÂNE ÎN CHINA*. Ministerul Afacerilor Externe & Arhivele Naţionale，*RELAŢIILE ROMÂNO-CHINEZE*（*1880－1974*），*DOCUMENTE*. Coordonator：Ambasador Romulus Ioan BUDURA（1930. 3. 11，大约是东京。[罗马尼亚驻东京特命全权公使扬·奥莱尔·瓦西柳就认为不宜在华建立罗马尼亚公使馆，给外交部的报告]。见外交部 & 国家档案馆：《罗中关系文件集》（1880—1974），主编：罗姆鲁斯·扬·布杜拉大使，2005年，布加勒斯特），p. 163.

54 同注释㊺，pp. 41—42.

55 陈晖：《1933—1941年的苏德关系》，南京大学出版社，2005年版，第333页。

56 *REFERAT*. AMAE，Fond 71/China，Anul 1929－1943 [《报告》（1930. 1. 14.），外交部档案，第71卷/中国，1929—1943年]，Vol. 3.，p. 204.

57 《蒋作宾日记》，江苏古籍出版社，1990年版，第143页。

58 Ministerul afacerilor externe，Direcţia VI relaţii，*RELATIILE DINTRE ROMA-*

NIA SI CHINA INAINTE DE PROCLAMAREA REPUBLICII POPULARE CHINEZE LA 1 OCTOMBIE 1949. AMAE，1276/17，III 965.（外交部对外关系第六司：《1949年10月1日中华人民共和国成立以前的罗中关系》。外交部档案，1965年3月17日，第1276号），p. 1.

(59)Eugenia Chitic，*Relaţiile român-chineze*（*1880－1949*）（欧金尼娅·吉蒂克：《罗中关系》（1880—1949））. *Evantaiul celor 10000 de gânduri*：*România şi China*：*Trei veacuri de istorie.* Editura "Ion Cristoiu" SA，Bucureşti，1999，p. 72.

(60)康春林：《罗马尼亚纪念尼·蒂图列斯库》，《世界史研究动态》，1991年第9期，第55页。

(61)《国际条约集》（1917—1923），世界知识出版社，1961年版，第270页。

(62)同注释(59)，p. 77.

(63)1932 februarie 25，Geneva. *TELEGRAMĂ A LUI NICOLAE TITULESCU CĂTRE REGELE CAROL II PRIVIND DECLINAREA PROPUNERII CE I S-A FACUT DE A PREZIDA ADUNAREA GENERALA EXTRAORDINARĂ A SOCIETĂŢII NAŢIUNILOR CONSACRATĂ DISCUTĂRII CONFLICTULUI DINTRE JAPONIA ŞI CHINA*（1932. 2. 25，日内瓦。《尼古拉·蒂图列斯库就拒绝就任讨论日中冲突的国联特别总委员会主席给国王卡罗尔二世的密码电报》）. Ministerul Afacerilor Externe & Arhivele Naţionale，*RELAŢIILE ROMÂNO-CHINEZE*（*1880－1974*），*DOCUMENTE* Coordonator：Ambasador Romulus Ioan BUDURA，2005，Bucureşti，p. 168.

(64) 1932 martie 7，Geneva. *DISCURS ROSTIT DE NICOLAE TITULESCU ÎN CADRUL ADUNĂRI GENERALE EXTRAORDINARE A SOCIETĂŢII NAŢIUNILOR ÎN PROBLEMA CONFLICTULUI CHINO-JAPONEZ*（1932. 3. 7，日内瓦。《尼古拉·蒂图列斯库在关于中日冲突的国联特别总委员会上的发言》）. Ministerul Afacerilor Externe & Arhivele Naţionale，*RELAŢIILE ROMÂNO-CHINEZE*（*1880－1974*），*DOCUMENTE.* Coordonator：Ambasador Romulus Ioan BUDURA，2005，Bucureşti，p. 169.

(65)《顾维钧回忆录》，第三卷，中华书局，1985年版，第113—114、117页。

(66)徐友春：《民国人物大辞典》，河北人民出版社，1991年版，第873页。

(67)同注释(59)，p. 73.

(68)*NOTĂ asupra convorbirei avute în ziua de 4 Iunie 1940 de Dl. Ministerul Gigurtu cu Dl. Lione Liang, Ministerul Chinei la Ministerul Afacerilor Străine*（《1940年6月4日部长吉古尔图先生在外交部与中国公使梁龙先生的谈话记录》）. AMAE. Fond 71/China Anul 1929－1943，p. 15.

(69)同注释(59)，p. 78.

(70)顾维钧，第113页。

(71)同注释(59)，p. 78，p. 79.

(72)同注释(47)，1958年12月30日。

⑬同注释㊾，p. 79.

⑭国民政府的文件一般称之为“巴布列斯哥”或“巴古列斯哥”——著者。

⑮刘国铭：《中华民国国民政府军政职官人物志》，春秋出版社，1989 年版，第 894 页。 Eugenia Chitic，*Relaţiile român-chineze*（*1880－1949*），*Evantaiul celor 10000 de gânduri*：*România şi China*：*Trei veacuri de istorie.* Editura “Ion Cristoiu” SA，Bucureşti，1999，p. 76. 王替夫：《见过希特勒与救过犹太人的伪满外交官》，黑龙江人民出版社，2001 年版，第 189—191 页。

⑯Romulus Ioan Budura，*Introduction*（罗姆鲁斯·扬·布杜拉：《引言》）. Ministerul Afacerilor Externe & Arhivele Naţionale，*RELAŢIILE ROMÂNO-CHINEZE*（*1880－1974*），*DOCUMENTE.* Coordonator：Ambasador Romulus Ioan BUDURA，2005，Bucureşti，p. 31.

⑰同注释⑮，第 939 页。

⑱同注释⑯，p. 31.

⑲陈志奇：《中华民国外交史料汇编》，（台湾）国立编译馆、渤海堂文化公司，无页码。

⑳1941 iulie 10，Bucureşti. NOTĂ PRIVIND CONVORBIREA ÎNTRE ALEXANDRU CRETZIANU，MINISTRU AL AFACERILOR STRĂINE，ŞI LONE LIANG，MINISTRU AL CHINEI LA BUCUREŞTI，REFERITOARE LA RECUNOAŞTEREA DE CĂTRE ROMÂNIA A GUVERNULUI PROJAPONEZ DE LA NANJING（1941. 7. 10，布加勒斯特。《外长亚历山德鲁·克莱恰努与中国驻布加勒斯特公使梁龙就罗马尼亚承认南京亲日政权的谈话记录》）。Ministerul Afacerilor Externe & Arhivele Naţionale，*RELAŢIILE ROMÂNO-CHINEZE*（*1880 － 1974*），*DOCUMENTE.* Coordonator：Ambasador Romulus Ioan BUDURA，2005，Bucureşti，p. 186.

㉑*RELAŢIILE ROMANO-CHINEZE PÎNĂ ÎN ANUL 1949.* Întocmit：E. Chitic，Ministerul Afacerilor Externe，*STUDII ŞI REFERATE*. u. z. Intern Nr. 3，1968（《1949 年以前的罗中关系》，编写：E. 吉蒂克。刊于外交部：《研究与评论》，内部参考，1968 年第 3 期），AMAE，p. 20.

㉒*1945 august 20*，*Bucureşti. SCRISOARE A LUI GHEORGHE TĂTĂRĂSCU，VICEPREŞEDINTE AL CONSILIULUI DE MINIŞTRI ŞI MINISTRU AL AFACERILOR STRĂINE，CĂTRE GENERAL COLONEL IVAN ZAHAROVICI SUSAIKOV，LOCŢIITOR AL PREŞEDINTELUI COMISIEI ALIATE DE CONTROL，PRIVIND PROPUNEREA GUVERNULUI ROMÂN DE A RESTABILI RAPORTURILE DIPLOMATICE CU REPUBLICA CHINA*（1945. 8. 20，布加勒斯特。《罗马尼亚部长会议副主席、外交部长格奥尔基·特特勒斯库致联合监督委员会主席助理伊万·扎哈洛维奇·苏塞科夫上将关于罗政府与中华民国重新建立外交关系的建议的信》）. Ministerul Afacerilor Externe & Arhivele Naţionale，*RELAŢIILE ROMÂNO-CHINEZE*（*1880－1974*），*DOCUMENTE.* Coordonator：Ambasador Romulus Ioan BUDURA，2005，Bucureşti，

p. 192.

⑧③同注释⑦⑥，pp. 31－32.

⑧④《中罗十年关系总结》，外交部开放档案，109－00909－07，《驻罗马尼亚使馆关于中国和罗马尼亚1949至1959年关系总结》，1959年8月29日，第41页。

⑧⑤《罗马尼亚》，1975年第10期，布加勒斯特：《罗马尼亚》画报社，第6页。

⑧⑥Institutul de studii istorice şi social-politice de pe lângă C. C. al P. C. R., *Tradiţii ale poporului Român de solidaritate si prietenie cu poporul Chinez*. Editura Politica, Bucureşti（罗共中央历史和社会政治研究所：《罗马尼亚人民声援中国人民和对中国人民友好的传统》，布加勒斯特，政治出版社），1973，p. 433.

⑧⑦《人民日报》，2004年6月15日，1979年9月30日，1978年8月16日，1990年5月12日，2004年6月15日。

第二章

承上启下：20 世纪 50 年代的中罗关系

第二次世界大战后，经过短时间的政治动荡，中国和罗马尼亚都先后建立了由共产主义政党执政的新国家政权，并在这个新基础上重新建立了两国的外交关系。在 20 世纪 50 年代的社会主义大家庭里，在苏联的带领下，中罗两国和睦相处，友好往来。这一阶段的中罗关系基本上从属于“和平与社会主义阵营国家总体关系的一个组成部分，没有什么与众不同之处”，发展比较平稳，在中国与东欧其他 7 个社会主义国家的关系中甚至排在偏后的位置。但是，这一阶段的中罗关系在两个民族千余年的关系史上起着承上启下的作用，延续并在新的基础上发展了两个民族的友好关系，又“为使后一个时期在罗中之间建立在总体上超越‘和平与社会主义阵营’内部联系的特殊关系，打下了基础”。[①]

中华人民共和国与罗马尼亚人民共和国建交

第二次世界大战后，罗马尼亚政权几经更迭。在苏联占领军的帮助下，罗马尼亚共产党逐步控制了国家政权。1947 年底，米哈依一世国王被迫退位，罗马尼亚的君主制被废除，国名改为罗马尼亚人民共和国，开始实行社会主义制度。随着东西方冷战的开始，随着东欧的阿、保、波、德、捷、罗、南、匈等国先后走上社会主义道路，以苏联为首的社会主义阵营初步形成。东欧 7 国（南斯拉夫除外）不但按照苏联模式建立了各自的政治经济制度，在外交政策上也大体上追随苏联，罗马尼亚更不例外。

第二次世界大战后，中国成为战胜国。国民党领导的国民政府随即又发动了旨在消灭中国共产党的内战，却遭到了彻底的失败。中国共产党遂在1949年10月建立了中华人民共和国，加入了社会主义阵营。此前，毛泽东为制定新中国的外交政策，先后提出了三大外交方针。具有新中国临时宪法性质的《中国人民政治协商会议共同纲领》肯定了这三大方针，在对外政策上提出："中华人民共和国联合世界上一切爱好和平、自由的国家和人民，首先是联合苏联、各人民民主国家和各被压迫民族，站在国际和平民主阵营方面，共同反对帝国主义侵略、以保障世界的持久和平。"[②]

新中国一成立，各社会主义国家就对新中国采取了鲜明的热情支持的态度，迅速予以承认。中国同它们都是没有经过谈判就建立起了外交关系。在当时的历史条件下，这样做，对巩固新中国，恢复和发展其饱受战争创伤的国民经济"具有重大意义"。[③]1949年10月2日，即中华人民共和国成立的第二天，苏联就宣布予以承认，并在10月3日与新中国建交。同日，罗马尼亚人民共和国外交部长鲍克（Ana Pauker）照会中国中央人民政府外交部长周恩来："罗马尼亚人民共和国政府在研究了中国中央人民政府十月一日的公告中的建议之后，已决定建立罗马尼亚人民共和国与中华人民共和国之间的外交关系。深信这些关系将对以我们共同的伟大的朋友苏联为首的民主、和平与社会主义阵营的加强，有特别的贡献，同时也有助于这一阵营所进行的反帝国主义、争取和平、民族独立与民主的斗争。"

10月5日，周恩来复电鲍克："中华人民共和国中央人民政府热忱欢迎立即建立中华人民共和国与罗马尼亚人民共和国之间的外交关系，并决定互派外交代表。"

从这一天起，中罗两国就在新的基础上建立起了外交关系。1950年2月17日，罗首任驻华大使鲁登科（Theodora Rudenco）到达北京。鲁登科早在学生时代就积极参加罗共的革命活动，曾与罗共领袖乔治乌—德治（Gheorghe Gheorghiu-Dej）一起被长期关押在多夫塔纳监狱。罗马尼亚人民共和国建立后，曾任驻南大使，兼任驻阿公使，1950—1951年和1957—1958年先后两任驻中国大使。3月10日，鲁登科向中国中央人民政府主席毛泽东递交了国书。

1950年6月8日，中国政府任命王幼平为中国首任驻罗大使。王幼平参加过中国工农红军的长征，曾任中国人民解放军第五兵团政治部代主任。他曾担任中国驻外大使30年，连续担任过7任大使，是中国任驻外使节时间最长、任次和首任任次都是最多的大使。8月8日，王幼平乘列车经苏联抵达苏罗边境，为的是赶在罗解放节前到任。罗政府破例派外交部礼宾司司长乘专列，到距首都布加勒斯特近 600 公里之遥的边境城市雅西迎接，并在雅西和布加勒斯特分别举行了热烈的欢迎仪式，“情绪至为热烈”。30 日，王幼平向罗大国民议会主席团副主席尼库里（Nikuliu）递交了国书，“仪式甚为隆重”。④

1954 年底，王幼平即将离任回国，罗大国民议会主席团主席格罗查博士刚刚访华归来，特设家宴为他饯行。1956 年 9 月，王幼平在驻挪威大使的任上收到了格罗查博士寄来的记述他访华观感的著作《在六亿人民的国度》。书的扉页上有他的亲笔题词：“为纪念那些为了我们两国人民的友谊在布加勒斯特紧密合作的年代，为热烈感激在促成我在自由中国不可忘记的旅行所给与［予］的帮助，特赠送此书，它包括那些所看到的很多的、充满了无价的教益的事物的片断。致以老的不变的友谊问候。”⑤

1951 年底，罗外交部拟调鲁登科回国，另有任用，以郭佐文（Iacob Coţoveanu）继任驻华大使。但直到 1952 年底，两位大使才完成了交接，郭佐文大使正式向毛泽东主席递交了国书。鲁登科回国后即升任外交部副部长。1957 年底他再次来华任驻华大使，成为罕见的两任驻华大使。

在整个 20 世纪 50 年代，中罗关系一直是友好热烈的，在政治、经济、文化等各方面都得到了平稳的发展。中国驻罗大使馆的工作得到了罗政府的多方协助。在 1950 年的《驻罗马尼亚大使馆工作日记》中有这样的记载：“我们在罗马尼亚的这种兄弟亲密、团结像一家人的情况，将使我们一切工作都会很顺利与得到帮助。”⑥

中国大使馆开馆之初，罗方为使馆配备了一名洗衣工桑达。她是一位天真活泼的小姑娘，工作尽责，与使馆人员结下了深情厚谊，在使馆一直工作到退休。1981 年 8 月，应中国政府邀请，桑达率一家来华观光旅游，又见到了王幼平等人，不禁老泪纵横。后来王幼平回忆起这段往事时感慨地说，中罗关系 45 年如一日，桑达的经历就是例证。⑦

参加对方国家的国庆（解放）日的庆祝活动

首先要说明的是，1944 年 8 月 23 日，是罗马尼亚从法西斯统治下获得解放的日子，这一天被定为罗国家解放日。1947 年 12 月 30 日，罗废除了君主制，改国号为罗马尼亚人民共和国，这一天被定为罗国庆日。由于罗的解放与反法西斯战争的胜利、与罗共成为罗政治生活的主角、与苏联和社会主义都有更为密切的关系，所以罗对解放日的庆祝活动要比对国庆日的庆祝活动隆重得多，实际上就相当于一般国家对国庆日的庆祝活动。直到 1965 年以后，罗把 8 月 23 日改称为国庆日。这是罗不同于其他许多国家的地方。

中罗两国高层领导人的互访开始得较晚，但通过出席本国举办的对对方的国庆日或解放日的庆祝活动，或委派本国大使出席对方国家的国庆日或解放日的庆祝活动，也比较早地实现了两国政府级的友好交流。1950 年 8 月 19 日晚，鲁登科大使紧急转告中国政府，罗部长会议主席格罗查邀请中国派代表团参加罗解放 6 周年的纪念活动。由于时间过于仓促，中国来不及派遣代表团，毛泽东主席特复电致歉，中国政府指派王幼平大使作为代表参加了纪念活动。[8] 8 月 23 日，毛泽东应邀出席了罗驻华使馆举办的庆祝罗解放 6 周年的招待会。应邀与会的还有中央人民政府副主席刘少奇、政务院总理兼外交部长周恩来等众多中国要人。

从 1950 年到 1959 年的 10 年间，每逢双方的解放日、国庆、执政党的成立纪念日或执政党代表大会的召开，双方领导人都要互发贺电。1954 年以前的贺电一般由双方最高领导人署名，此后由主要领导人联署。罗驻华大使举行解放日招待会时，中方一般都由中央人民政府副主席或国务院总理出席（只有 1958 年是由国务院副总理贺龙元帅代表出席）。罗方则一般由大国民议会主席或部长会议主席等人出席中国使馆的活动，1957 年至 1959 年，则是由罗最高领导人、罗工人党第一书记乔治乌—德治出席。在整个 20 世纪 50 年代，除个别年份外，每年代表本国出席对方国庆活动的，一般都是本国驻对方的大使。

1951 年，罗来电邀请中国派代表团出席罗解放日的纪念活动，中国以当年东欧各国的解放日或国庆日中国都没有派团参加，和中国正在进行抗美援朝战争、领导人军政事务繁忙为由婉拒，仍以王幼平为政府代表出席。[9] 在当年中国的国庆节期间，以伊丽安娜·拉契亚努为首的罗人民观礼代表团应邀到北京参加了国庆活动。[10]

1952 年，中国政府又以相似的理由婉拒了罗方同样的邀请，8 月 5 日，毛泽东特为此发电向罗方致歉。[11] 但在 8 月 23 日，仍有一个中国派出的政府代表团出现在布加勒斯特的国庆庆典上。[12] 这是新中国成立后向罗派出的第一个政府代表团。10 月 1 日，中国驻罗使馆举行国庆宴会。罗工人党中央的第一、二、三书记都已经到莫斯科出席苏共十九大了，但工人党在国内的全体中央政治局委员及各部委负责人却都应邀到场。中国大使馆认为，“这也证明罗方对我国的尊重”。在宴会的前几天，罗外交部交际司副司长曾表示：“我们对中国大使馆宴会人数的估计是困难的，虽然有些人一般地是不愿赴宴会，但他们对中国的宴会是愿出席的。”[13]与此同时，正在中国访问的罗军队歌舞团在北京出席了中国的国庆活动。

1953年罗马尼亚解放日前夕，中国政府主动向罗方询问今年国庆的计划。罗方答复说今年不准备邀请外国代表团，但欢迎中国派一名记者来参加有关活动。中国于是照此办理。[14]1954年是罗解放10周年。罗只邀请了苏联代表团参加庆祝活动。中国大使馆事先主动向罗方了解并得知了这一情况。[15]1955年的罗国庆节，“我国虽因罗方通知时间较晚，而路途又遥远，未派政府代表团来”，便指派柯柏年大使为政府代表参加。但罗方对柯柏年“礼遇亦极为隆重，……均与其他政府代表团团长相同，表现罗马尼亚对我国地位的重视”。[16]

1958年9月，由罗工人党中央政治局候补委员、罗武装力量部部长萨拉扬率领的罗军事代表团访问了中国并参加了中国的国庆活动。毛泽东会见了代表团。

1959年8月，中华全国总工会的代表马纯古率中国工会代表团赴布加勒斯特，参加了罗解放15周年的庆祝活动。9月，中国国庆10周年时，罗派出工人党第三号领导人、部长会议第一副主席波德纳拉希（Emil Bodnăraş）率党政代表团参加了庆典。

1958年9月30日，中罗友好协会等10个中国与其他社会主义国家的友好协会同时成立。中罗友好协会的会长是刘芝明（文化部副部长、中国文联副主席）。

两国之间的高层互访

1954年9月，罗工人党第一书记阿波斯托尔（Gheorghe Apostol）率罗政府代表团应邀来北京参加新中国成立5周年庆典并访问中国。这是战后中罗两国建交以来，两国之间派出的第一个高级代表团。因为是5周年的庆典，各社会主义国家都向中国派来了高级代表团。在东欧7国的代表团中，只有波兰和罗马尼亚的代表团是以执政党的第一书记率领的。毛泽东主席会见了罗代表团。阿波斯托尔在离开中国时表示：“代表团谨对中国人民、中国共产党和中国政府，对我们在所参观过的城市、工厂、农村和艺术文化机关中所受到的热烈欢迎及兄弟般友好的款待表示衷心而真切的感谢。”[17]

罗代表团成员中有罗大国民议会主席团主席格罗查博士，他是应毛泽东主席的特邀随代表团来访的。在中国期间，他除了随代表团参加中国的国庆活动外，还到南京、上海、杭州、重庆、昆明等地访问，同当地的工商界和民主人士进行座谈。回国后他写出了 35 万字的 *Prin ţara celor şase sute de milioane*：*China de ieri şi de azi*，1956 年由罗国家文学艺术出版社出版，向罗人民介绍中国和访华观感。1959 年，中国的三联书店以《在六亿人民的国度》的书名出版了该书的中译本。

中罗之间的第一次高层互访对中罗关系是个很大的推动。驻罗大使馆在当年的《对外交际联络总结报告》说：“一年来，中罗友谊日臻密切，自罗政府代表团访华后，这种友谊更进一步发展。其具体表现是驻在国外交部对我馆的活动甚为重视。”1954 年年底，中国副总理李先念参加阿尔巴尼亚解放 10 周年的庆祝活动途经布加勒斯特时，被当作贵宾接待，罗部长会议副主席亲往机场迎送。[18]

1955 年 12 月，中共中央书记处书记朱德元帅率中共代表团出席了罗工人党第二次代表大会并访罗。“罗方此次对我党代表团极为重视。”时为工人党政治局委员的阿波斯托尔和武装力量部部长萨拉然（Leontin Sărăjan）等人亲到边境迎接。工人党第一书记乔治乌—德治亲率全体政治局委员和 5000 多名群众到布加勒斯特车站热烈欢迎。在大会主席台上，朱德的座位紧挨着乔治乌—德治。当他在会上宣读祝词，谈到我国在农业合作化和对资本主义工商业改造方面所取得的胜利时，“全场响起了极其热烈的掌声”。[19]这篇祝词被刊登在罗各大报纸的第一版上。在会外参观访问中，主人安排了一些从来不对外开放的企业，如 Filoret 电力工厂和斯大林联合化工厂供中国代表团参观。报刊报道中国代表团的活动时，“亦多单独发表，而不与其他各代表团列在一起。最后，朱副主席离罗时，乔治乌—德治同志偕全体中央政治局委员亲至朱副主席寓所话别，气氛极为亲切，并仍由中央政治局委员萨拉然偕达利亚等陪送至边境”。[20]

1956 年 6 月，毛泽东在接受罗新任驻华大使乔洛尤（Nicolae Cioroiu）递交国书的仪式后，曾对乔洛尤说：“如果能在北京欢迎乔治乌—德治同志来访，我将感到十分高兴。”乔洛尤分析，毛泽东的意思“是想邀请乔治乌—德治同志出席中国共产党代表大会”。[21] 9 月，罗工人党第一书记乔治乌—德治率领罗工人党代表团来到北京，出席中共八大并访问中国，这是20世纪50年代中罗两国之间最重要的一次访问。罗代表团被安排在各兄弟党向大会致词的第一天，即与苏、波、德党的代表团同一天发言。乔治乌—德治在致词中指出：

在罗马尼亚人民共和国和中华人民共和国之间已经建立了合作、互助、交流社会生活各方面的经验的密切的友好关系。这生动地体现了社会主义国家之间的新型关系。罗中两国人民友谊的基础，是我们两党具有一致的愿望和目的，具有共同的社会制度，都有坚定不移的决心来加强社会主义国家的国际主义团结和巩固国际和平。这样的友谊是真正牢不可破的！

我国人民在建设社会主义的斗争中，得到了苏联、人民中国和其他社会主义国家的全面帮助。[22]

大会期间，中共八大一时“成为罗国宣传的中心”，罗各大报“均发表社论或专论祝贺大会的召开”。[23]

中国全国人大常委会副委员长彭真率中国全国人大代表团和北京市人民委员会代表团出访苏联和东欧5国期间，于1956年12月底至1957年1月初访问了罗马尼亚。

1957年4月，罗大国民议会主席帕伏列斯库（Constantin Pârvulescu）率罗大国民议会和布加勒斯特市人民会议代表团访华，这是对彭真不久前访罗的回访，也是东欧国家访华的第一个议会代表团，受到了“格外真诚热烈的款待”。代表团团员贝不基亚努是罗工人党斯大林州（今布拉索夫县——著者）第一书记，他说，他们“深深的感到中国从最高领导以至一般群众对罗马尼亚人民是友好的”。毛泽东等中国领导人会见了帕伏列斯库。代表团认为：“可以确信地说这次访问为拉近罗中两国人民，加深他们之间的了解作出了重要贡献，同时也继续巩固和发展了两国人民不可动摇的友谊以及强大的社会主义阵营中的多边合作。”[24]

1958年3月31日至4月10日，罗部长会议主席斯托依卡（Chivu Stoica）率罗政府代表团访华。周恩来在与代表团会谈时，着重介绍了中国国内的整风、反右派斗争的情况，毛泽东关于不断革命的理论和建设社会主义的总路线。双方就国际形势，其中包括匈牙利事件、南斯拉夫等问题交换了看法，并就两国的合作交换了意见。周恩来赞扬罗在1956年的匈牙利事件中“做了排乱解纷的工作，使当时紧张的匈南关系趋向缓和”。[25]毛泽东在武汉会见了代表团。毛泽东对斯托依卡说：“你们的政治路线我们是赞成的。以乔治乌—德治为首的党的路线我们觉得很好，是社会主义的、国际主义的。”[26]谈话持续了两个半小时。

> 谈话时，气氛非常活泼，融洽。中间曾有几次，看来谈话已可结束，但对方似毫无立即起身离去的样子，结果一个话题一引，就又继续谈了下去。次日基伏同志和波德纳拉希同志在汽车中相互交谈时都说，这次到武汉来很有意思，特别是能见到毛泽东主席很有意义。昨夜的谈话不知不觉就到12点了，而且谈得都很热情。[27]

毛泽东问斯托依卡等人，“是否会在罗马尼亚政府代表团访问中国结束后，发表一个共同宣言。当得到一个确定的答复时，他说我们之间还是很容易沟通的嘛”。[28]“由于双方看法完全一致，两国政府联合声明的谈判十分顺利”，[29]这一《联合声明》是两国政府之间发表的第一个联合声明。对于中罗关系，联合声明指出：“双方满意地注意到，中华人民共和国和罗马尼亚人民共和国之间的友好合作关系正在顺利地发展着。事实证明，这种友好合作关系十分有利于两国社会主义建设事业。双方将继续采取措施以进一步发展两国间的政治、经济和文化方面的合作。”[30]

斯托依卡“恳切面邀”[31]周恩来和彭德怀访罗，二人都接受了邀请。一年后，中共中央政治局委员、国务院副总理兼国防部长彭德怀率中国军事友好代表团访罗。但是，由于这两年中国的国内形势风云变幻，周恩来根本抽不出时间回访罗马尼亚，加上两国关系的波动，一直拖到1966年，双方的这一愿望才得以实现。

斯托依卡的访问标志着这一时期中罗关系的发展达到了顶峰。双方对这次访问都很满意，对中罗关系的未来充满信心。周恩来在欢迎斯托依卡的宴会上用诗一样的语言祝愿说：“让中罗两国人民的友谊像松柏一样长青，像春天的花朵一样盛开在我们两国的大地。”[32]中罗关系在这时出现蒸蒸日上的大好形势，既是因为两国政府和人民的耕耘，也是由于1957—1959年“是中国同东欧社会主义国家紧密团结和友好合作的鼎盛时期”[33]这一大背景的促动。

1959年9月，罗工人党中央政治局委员、部长会议副主席波德纳拉希率领罗党政代表团来中国参加了中国国庆10周年的庆典并访问了中国。毛泽东和中国新任国家主席刘少奇分别会见了他，周恩来与他举行了会谈。

经济贸易往来

在中罗建交后的头一年，两国尚未开设贸易往来。鲁登科大使向罗外交部抱怨道："罗马尼亚仍旧是既没有在北京派驻任何经济代表，也没有派经济代表团来缔结经济协定的唯一的人民民主国家。……我们处于一个令人难堪的看客的位置。"[34]这一年的10月，两国开始建立政府间的贸易关系，最初采取的是记账贸易方式。当年两国贸易额仅27万美元，几乎完全是罗马尼亚对中国的单向贸易[35]，中国得到了"大大低于求购量的石油产品"[36]。1951年，两国签订了第一个贸易合同。1952年7月，中国第一个贸易代表团访罗，并签订了两国之间的第一个贸易协定——中罗1952年交换货物及付款协定。此后，两国每年都签订年度换货、付款协定。1958年7月，两国又签订了1958—1962年的长期贸易协定，为两国长期稳定的贸易发展提供了一个保证。

新中国外交主要有两个目的：一是为了争取和平；二是为了打破封锁和禁运。后者主要是大力发展与社会主义国家的贸易。从1952年起，中罗贸易额有了迅速的增长，当年的贸易额较1951年增长近5倍。1956年两国的贸易额达3106万美元（1.1亿卢布），1960年达到5952万美元。[37]中罗贸易额的增长速度快于中国与东欧其他国家的贸易额，1958年时已接近罗与东德和捷克斯洛伐克的贸易额，在罗与各社会主义国家的贸易额中居第四位。中罗贸易主要采取以货易货的方式，不用结汇。两国的进出口物资都是对方所必需的，中国从罗方进口的商品最初主要是石油，以后主要是机器设备，如石油钻探设备、电站设备、水泥厂设备、拖拉机等。这些产品既是中国所需要的，也是罗方努力出口的。到20世纪50年代末，中国从罗方进口的机器设备占了中国从罗进口额的70%—80%，占罗全部机器出口额的近40%。中国则在困难的条件下向罗出口了罗亟需的商品，主要有：稀有金属、棉花、橡胶、黄麻、皮革制品，以及纺织品、大米等。其中有很大一部分是中国用自由外汇购买的转口商品，1954年这类商品竟占了对罗出口额的64%。后来有所下降，但在1958年仍有23%以上。[38]

在对口贸易中，双方都尽可能地满足对方的要求。1953 年，中国抢运麻种 1800 吨，帮助罗及时完成了春播；中国还紧急调拨植物油 300 吨，帮助罗解决了当年组织世界青年联欢节的急需。罗一直希望中国扩大贸易额，使中罗贸易额能达到罗与各社会主义国家贸易额的第二位。因为罗可以对中国出口不易为德、捷等国接受的机器设备，并进口不易从德、捷等国进口的原料。[39]中国尽量满足罗方的这一要求。1958 年斯托依卡访华时，对周恩来说罗缺钢铁。周恩来说中国可以供给你们，转口供给也可以。斯托依卡回答说，罗方可以用石油来换。[40]这既是友好互助，也是两全其美的事。中方有时调整进口货物的清单和数量，而且要得很急，“罗方也尽量满足我方要求”。[41]

尽管双方都有发展双边贸易的愿望和需求，但是中罗贸易又受到许多条件的制约：

一是两国的经济发展水平都还比较低，而且比较接近。比如，双方都不能制造大型的精密机器设备；罗可以出口的机器设备等，中国因外汇缺少不能大批购买；中国能够出口的轻工业产品罗又不要，却想多进口中国也缺少的棉花、橡胶、黄麻等。

二是两国距离遥远。中国需要罗的石油，罗需要中国的煤炭和铁矿砂，都受到运输距离遥远、成本太高的限制。

三是罗方时有供货不及时和产品质量等问题。罗明认为：“与中国的产品质量与交货及时比起来，罗方的这些缺点显得尤为突出。”[42]1953 年 8 月，郭佐文大使在给罗外长的信中指出，中方供货及时，“有些商品中方甚至提前供货并且同意提供我们提出的协议以外的货物”，“由此可见中方在供货方面所表现出的友善”，而罗方的许多供货已经延误。其他兄弟国家已经向中方提交了 1954 年度的供货清单，罗方也没有提交。大使为此向国内催要，强调要遵守合同，“这关系到我们的共同利益”。[43]1958 年斯托依卡在会见毛泽东时提到：“听说你们对我们的石油钻探机器的质量不够满意”。“我们的石油工业部副部长曾到这里来过三次，就是专门为谈这些问题的。”但陪同会见的周恩来回避了此事。[44]“大跃进”期间的 1958—1960 年间，中罗贸易额增长迅猛，但由于中国出口产品的质量有所下降，罗方在 1959 年向中方提出了 15 起索赔。[45]

四是两国的相互了解还很不够。罗很多人认为中国是个十分落后的国家，除了原料外，可以进口的东西不多。实际上中国的许多商品是可以满足罗的需要的，如电讯器材、某些机械设备（如罗只能生产几十种，而中国已能生产几百种)、某些仪器仪表、日用品、染料等。[46]中国使馆为此多次建议政府增加对中国出口能力和商品的宣传，举办大型的经济展览会。

罗马尼亚帮助中国发展石油工业

罗马尼亚是世界上最早盛产石油的国家之一。据说早在公元3世纪，罗马尼亚人就在喀尔巴阡山的南麓发现并开始使用石油。1857年，在普洛耶什蒂建造了全国第一座炼油厂。不久，布加勒斯特等城市就开始使用煤油灯照明，据称是世界上第一个用煤油灯照明的城市。在20世纪70年代英国的北海油田全面投产之前，罗一直是欧洲第二大产油国，石油化学工业比较发达。

20世纪50年代初，中国开始从罗进口一定数量的石油。由于美国的封锁禁运，又曾一度停止进口。当时，中国的石油工业很落后，不具备石油钻井设备的制造能力，钻机数量不足，主要靠从苏联和罗马尼亚进口大、中、小型钻井设备。同时，聘请苏、罗钻井队同中国钻井队合作钻井，取得经验后，向全国各地的钻井队推广。当年中国最重要的油矿玉门油田还派出优秀职工到罗进修。

1954年2月，正是玉门油田天气最冷的时候，根据中罗技术合作协定，罗工程师莫依塞为首的罗钻井工作组一行11人到达玉门油田，帮助中国改造被中国视为“中国石油钻井之母”[47]的玉门油田。[48]他们克服了气候恶劣、生活不习惯、器材不足、伤病等困难，放弃了休假，努力完成所承担的青4井的钻探任务。中国石油管理总局和玉门油矿多次指示有关部门，“要使大家认识，青4井胜利完成，不仅是一个井的问题，而且是关系到石油工业发展速度和中罗两国间的信任和友谊问题”，“工作中必须全部尊重罗方的意见”。并且发慰问电给罗钻井队说：“中罗两国人民的深厚友谊，更具体的体现在您们对我们石油工业的援助上，您们这种友谊的援助，对我国石油工业的发展上有着重大的意义，更加强了中罗两国人民之间的伟大团结，……总局全体职工向您们这种友谊援助致以衷心的祝贺。”[49]

罗钻井队在中国一年多的时间里，不论白天黑夜、刮风下雪，都坚持在野外工作，并通过“友谊之井”的钻凿，把罗系统的钻凿深探井的技术和经验传授给我国的钻井工人，“使中国的石油钻井技术上了新的台阶”。[50]他们对酒泉钻探处的工作，也提出了不少宝贵的建议。[51]1957年7—8月，罗钻井总工程师德诺塞斯库等 3 位专家还来玉门油田，进行了一个多月的讲学和指导。[52]

1957 年 5 月，毛泽东对来访的帕伏列斯库指出，中国开发石油的任务很艰巨，然而我们得到了“来自苏联和罗马尼亚的帮助”。“帕伏列斯库同志向毛泽东同志保证说，这种帮助在将来一定会继续下去的，罗马尼亚有很多石油开发方面的专业人才，可以培训这个领域里的中国工人。”[53]

1958 年 4 月，毛泽东在与斯托依卡会谈时，问陪同的柯柏年大使在罗学会“石油”没有，并说“在罗马尼亚就要学石油，我们同罗马尼亚没什么更多的外交可讲，所以要把‘石油’好好学学，要多学些如何把‘石油’管好”。柯柏年说我们现在有七、八个留学生在罗学习石油。毛泽东说：“应该多些。这么几个太消极了，是保守主义”。“应和外贸部、石油工业部谈一下，‘石油’固然要向苏联学习，但也应多向罗马尼亚学习。”他笑着对斯托依卡说：“这样看来我们今天的会谈算是有了一个结果了，方向搞清了。印度都要向罗马尼亚学习‘石油’，我们怎能不向罗马尼亚学习。”[54]

周恩来在欢迎斯托依卡的宴会上再次表示：“几年来，罗马尼亚供给我国许多机器和工业成套设备，派遣不少专家来我国提供技术援助，特别是在发展石油工业方面给我国很大帮助。我愿意乘着这个机会，代表中国政府和中国人民向罗马尼亚人民共和国政府和罗马尼亚人民表示诚挚的感谢。”[55]

几年以后，中国的国民经济遭遇了严重困难。1960 年，全国原油需求量为 1000 万吨，而国内生产能力仅有 500 万吨，又拿不出足够的外汇进口石油。[56]北京市的公共汽车只好背上了煤气包。苏联原是中国石油工业的最主要援助国，这时又与中国的关系开始恶化。在这个关键时候，罗对中国石油工业的帮助的意义就凸显出来了。

科学技术与文化领域的交流

中罗两个民族之间直接的文化上的交流，如果从米列斯库算起，也有 300 多年了。但是，由于两个民族相距遥远，并且罗长期以来遭受异族的统治和压迫，也由于中国近 300 年来实行闭关锁国政策，后来也受到西方列强 100 多年的侵略与控制，因此两个民族在历史上的文化交往是有限的，相互的了解因而也是有限的。1949 年两国建交以后，两国在社会主义阵营内部的相互交流和相互了解大大增加。然而中国的历史和文化是这样的悠久丰富，中罗两种文化的差异是这样的明显，短短几年的交流是远远不能消除相互之间的陌生感的。我国大使馆在1957年的工作汇报中就坦率承认：“我们对于罗工人党的情况就知道得很少。”说到罗马尼亚：

> 罗国的干部和人民，对我国是不甚了解的。举例来说，罗国的□□戏会□的广告画，把我国五星旗画成大星；贸易部的装中国茶叶的纸盒，把中国人画成戴红缨帽留长辫子的样子；罗国家博物馆中国部分摆着鸦片烟具（经向外交部提出后，现已撤去）；罗某名人在家中还把中国的三寸宫鞋做［作］为小摆设；我馆女同志最近参观布加勒斯特纺织厂时，有人问中国有没有楼房；——这些误解，不是出于恶意，而是由于无知。因此必须继续努力宣传我国的各方面的现况。

科学技术和文化具有全世界通用的表达方式和记录符号，对增进两国人民的相互了解和交流有着决定性作用。20世纪50年代两国科学家的互访在这方面起了很好的作用。大使馆的工作汇报中说：“罗方人士（尤其是深受法国影响的老的高级知识分子）很多虽然对中国友好，但仍以为中国没有学术成就可言，听了这些演讲，才知道他们过去的看法是错误的，原来中国在学术上也有不少的成就。”[57]而中方最初对罗方的科学研究水平的估计也较低，在罗科学院院士、病毒学家尼古劳两次访华后，中方才逐步转变了认识。

1953年1月，两国在北京签订了第一个《科学与技术合作协定》。同年9月，成立了两国科学合作联合委员会并举行了第一次会议。联合委员会由中国组和罗马尼亚组组成，从1953年到1957年每年举行一次会议。到1959年，联合委员会共通过并执行了241项决议，其中中方提出139项，罗方提出102项。双方的合作方式有所改进，从单纯的资料交换，发展到既交换资料又互派实习生和专家，以及两国相应科技机构之间的直接合作。[58]5年间，两国互派专家考察，交换资料，交流经验。中国在农业、轻工业、桥梁建筑等方面帮助罗方，罗方主要在石油化工、微生物应用等方面帮助中国。例如，中国帮助罗利用多瑙河三角洲盛产的芦苇造纸，使罗解决了一个有重要经济价值的问题。罗则派专家和技术人员帮助中国发展石油化工业，这对中国是有战略意义的事情。[59]中方认为，“在科学方面，罗马尼亚给予我国的帮助，较之我国给予罗马尼亚的帮助是更多的”[60]，罗方指出，科技交流“在罗中关系中占有很大的分量”[61]。

1955 年 7 月，两国还在布加勒斯特签订了《邮政和电信合作协定》。

1951 年 12 月，两国在北京签订了文化合作协定。“这一协定签订的目的在于通过密切的文化合作方式，加强两国人民间的友好关系，促进两国人民间的相互了解，巩固与发展在保卫世界和平事业中的合作。协定规定了交流中罗两国文化、教育、科学、艺术等各方面的建设经验，并促进两国文化教育科学研究机构间的合作。”中国文化部长沈雁冰和罗教育部长杜列亚努分别代表本国政府在协定上签了字。[62]该协定自 1952 年 6 月起生效，为期 5 年，期满后可再延长 5 年。[63]此后，每年两国都轮流在对方国家首都商签年度执行计划。届时双方对上年度的执行计划进行认真的回顾，个别因故未能执行的项目，经双方协商后，一般都列入新的年度计划。1953 年和 1954 年，两国还分别签订了广播合作协定和电影发行权及新闻片素材交换协定。中罗文化交流随后全面展开，双方互相举办规模宏大、内容丰富的文化艺术展览会，互相派遣大型艺术表演团体，互相举办电影周等。

1950 年 9 月，即新中国成立 1 周年前夕，“向社会主义迈进的罗马尼亚人民共和国”展览在北京开幕。这是战后罗在国外举办的仅次于在苏联举办的第二大展览会。[64]展品包括珍贵的绘画、雕塑、模型设计和各种图片等。中国中央人民政府副主席朱德、政务院总理周恩来等出席了开幕式。

同年 12 月，罗对外文化协会举办的新中国展览会也在布加勒斯特开幕。举办这一展览会，可以说是罗方力邀的结果。9、10 月间，中国在布拉格举办了新中国展览会，在当地引起较大反响。据中国驻罗使馆报告，罗方“对文化交流普遍关切，要求展览介绍。对外贸易冶金部长对通商兴趣颇浓，主要提出石油及石油机器，铁路器材及机车”。“我在捷克展品哄传此间，建议捷克展毕，首到布加勒斯特，以答谢罗马尼亚在北京展览及此间人士殷切之盛意。”[65]于是中国改变计划，在展览会撤展后，立即将展品转运到布加勒斯特继续展出。[66]在 23 日展览会开幕那天，罗大国民议会副主席康斯坦丁内斯库和尼库里，部长会议主席格罗查，副主席乔治乌—德治等领导人都应邀出席。

为帮助罗读者了解中国，中国驻罗使馆出版了罗文版的“新闻公报”，每月的发行量在 1955 年曾达到 1.5 万份。“罗对我馆公报是重视和欢迎的，罗不少干部通过我馆公报了解我国研究我国。”[67]1957 年起，罗方在中国大使馆的帮助下也出版了中文版的《罗马尼亚画报》月刊。

1952 年 8 月起，罗军队歌舞团一行 204 人访华演出两个半月之久，先后访问了中国的11个大中城市，观众达25万人次。中国领导人毛泽东等出席观看。由于歌舞团访华获得了巨大的成功，所以当歌舞团回国时，“罗方迎接仪式颇隆重，自返抵罗边境后即改换专车，在首都贵宾车站下车。……据与文工团负责同志交谈中得知其对中国人民非常热爱。对毛主席的接见、对我国的殷勤招待、对我国的成就及人民的热情念念不忘。罗文工团的访问中国，不只是加强了中罗两国文化艺术上的交流，在促进友好团结上起了极大的作用”。[68]乔治乌—德治曾专门用4个小时听取歌舞团团长对中国情况的报告。[69]

1954年9月，中国人民解放军歌舞团一行270人访罗演出，精彩的演出博得罗举国上下一致的好评。乔治乌—德治观看了演出并两次接见歌舞团主要负责人。10月5日，罗大国民议会破例向歌舞团人员分别授予一至五级“罗马尼亚人民共和国之星”勋章，“以表彰歌舞团在罗马尼亚访问演出一个月来对于促进罗中两国文化交流和增进两国人民及其军队之间的友谊和团结所作的巨大贡献”。[70]

1956年起，两国的文化交流开始“朝向着深度发展，这就是说，双方已经由派遣一般性的代表团进行友好访问，转变为派遣专业性的代表团进行考察研究”。[71]双方互访的团体有所减少，但交流的收获却增大了。这一时期，两国在教育、科学、体育、卫生、新闻、广播等各方面都有多起互访。相比之下，中方在文化交流方面的工作比罗方要显得被动一些：重视不够，执行计划不严格，派出团体目的不明确，资料不能按时送出，等等。[72]

1949年前，由于相距遥远、国家动荡、人员及经济文化交流少等原因，两国之间的相互交流和了解主要借助法语、俄语、英语等通用语种。两国建交后互派首任大使的国书、颂词等重要外交文件，很多使用的都是俄文。这种状况，当然不利于两国的交流与交往。1950年秋，两国开始互派留学生各5人，学习对方的语言文学，罗著名的汉学家、曾任罗驻华大使（1990—1996）的罗明就是首批罗留学生之一。根据两国1952年签订的文化合作协定，双方在各自国家的高等院校开设对方的语言文学专业。1956年9月，中国第一个罗语教学研究单位——北京外国语学院罗语专业成立，迄今近60年间培养出近200名专业人才。

1954年，两国分别在对方国家举办了电影周。罗影片《边寨擒谍》、《多瑙河三角洲的警报》、《奇普里安·波隆贝斯库》、《权力与真理》等都受到中国观众的赞赏，其中《边寨擒谍》的观众达到600万人次。中国影片《白毛女》、《中华女儿》、《翠岗红旗》等也给罗观众留下了难忘的印象，《白毛女》的观众也达200万人次之多。我国作家参加了1951年1月罗举办的纪念著名剧作家卡拉迦列诞辰100周年纪念活动，名剧《一封遗失的信》曾在我国上演。同年10月，我国歌剧《王贵与李香香》也在罗上演。

从1949年到1958年，中国共翻译、出版罗书籍约70种，印行80万册以上，其中大部分是文学作品。同期，罗马尼亚也翻译、出版了50多种中国的著作，其中既有毛泽东选集，也有古代和现代著名作家的作品。[73]

乒乓球被誉为中国的国球。20世纪上半叶，由于国运衰微，乒乓球运动在中国并不景气。新中国成立后，国家重视体育运动，并积极向各社会主义的体育强国学习，成绩迅速提高。1953年3月，中国乒乓球队第一个出访的国家就是罗马尼亚，参加了在布加勒斯特举行的第二十届世界乒乓球锦标赛。1957年初，中国乒乓球队应邀到罗训练了一个月，在罗专家的耐心指导下，在技术上有了很大提高。[74] 1959年4月，中国乒乓球队参加了在德国举行的第二十五届世界乒乓球锦标赛，21岁的容国团获得了男子单打世界冠军，这是新中国获得的第一个体育项目的世界冠军。在容国团夺冠的同一天，国际乒联决定，第二十六届世界乒乓球锦标赛在北京举行。[75]

互相学习互相支持

中罗两国的国情有许多相似之处：都是落后的传统农业国家，都曾长期遭受外国的入侵与统治，都是第二次世界大战后新生的国家，都属于社会主义阵营，在20世纪50年代初都是百废待举，对外交往也都处在起步阶段。因此，两国都很需要借鉴别人的经验、得到别国的支持和帮助。国情的相似之处使中罗两国更易于互相学习和互相支持，这是这时期中罗关系的一个很重要的方面。

对于当时的中国来说，罗虽然也是一个落后国家，但由于地处欧洲，还是要比地处亚洲的中国更先进一些。作为一个比较落后的社会主义国家，罗发展工业的经验是很值得中国学习借鉴的。1950年9月，“向社会主义迈进的罗马尼亚人民共和国的展览会”在北京举办。《人民日报》为此发表署名文章表示：“今天罗马尼亚的人民正满怀信心地向社会主义的道路迈进，他们在六年中从苏联学习来的建设社会主义的经验，可以作为今天正在埋头进行经济建设的中国人民的借镜。他们六年来所走的道路，也正是我们今天所要走的道路。”[76]在这以后，中国领导人在许多场合都经常强调在学习苏联的同时，也要向罗等东欧兄弟国家学习。

1953年斯大林去世后，各社会主义国家都开始思考和探索适合本国国情的经济和社会发展道路。由于两国的高层互访始于1954年，两国之间较明显的相互学习大致也是从这以后开始的。

中国是社会主义阵营的第二大国，中国共产党是世界上的第二大共产党。罗工人党很看重这两点，看重中共的历史与经验。罗党的成立比中共还要早2个月，但是后者的历史要比前者辉煌得多：

一是中共长期坚持武装斗争，在中国人民中有崇高的威望和广泛的群众基础，在夺取全国政权时已拥有党员448.4万，占当时全国人口5.4亿人的0.85%。[77]而罗党只有很短的进行零星的游击战的经历，又长期存在内部的宗派斗争，群众基础很薄弱，在1944年参与发动“八·二三”武装起义时只拥有1600个党员，占当时全国人口的不到1‰。1954年2月，中国使馆邀请不久前访问中国归来的《火花报》记者格兰（Călan）谈他的访华观感。他说：

> 印象特别深刻的是你们党与人民间的联系很密切和党在人民中有很高的威信。这是我一切印象的总出发点……。在这一方面，是罗马尼亚工人党所不及的，……虽然与全国人口比较，中国共产党党员数量并不多，比罗国党员与人口的比例数还小，但它有大量经过长期斗争而经验丰富的干部。这是中国各种建设工作得以顺利开展的有利因素，对此我很羡慕。而在罗马尼亚很多党的州、县委员都是1944年8月解放后才培养起来的。[78]

二是中共几乎完全是靠自力更生夺取了全国政权，而罗党几乎完全是靠苏共和苏军的帮助才掌握了全国政权。三是虽然中罗两党都曾长期受共产国际领导，但自从毛泽东成为中共的领袖后，他创造性地把马克思主义运用于中国革命，最后取得了成功，并根据这些经验写了很多理论著作。而罗共不仅长期直接由外国籍领袖领导，而且长期存在国内和国外（即莫斯科支部）两个平行的领导机构，战后，罗又经历了苏军的14年占领。在这种情况下，长期以来，罗国内外政策只能基本上是追随苏联，难以有什么独创。

自从中国加入社会主义阵营和与罗建交后，罗越来越多地了解了中国和中国革命，对中国的兴趣和好感也越来越大，很早就翻译出版了毛泽东的著作。1951 年中国国庆两周年之际，罗方通过驻华使馆转赠给毛泽东一本罗文版的《毛泽东讲话和文章选集》（*Discursuri şi articole alese*）。[79] 1953 年后，罗方陆续翻译出版了《毛泽东选集》1—4 卷。[80]

1954 年 9 月阿波斯托尔访华时，中国正在进行社会主义改造。应代表团的要求，中国的一个副总理先后 3 次向他们介绍了中国农业的社会主义改造情况。[81]阿波斯托尔回国后的第二天就召开会议，介绍访华的情况，并立即组织人把他带回的有关中国农业合作化的文件翻译成罗文。斯托依卡听了代表团对中国情况的介绍后说："中国在组织农业互助合作方面有很多经验。罗马尼亚在一开始农业的社会主义改造时，就着手组织集体农庄，而忽视了较低级的互助合作组织形式，因而失败了。目前也开始用这些较低形式的组织，返回头来按中国的道路走。"[82]

随阿波斯托尔访华的格罗查，曾经是罗马尼亚的一个"红色资本家"。他在南京、上海、杭州、重庆、昆明等地访问时，与当地的工商界和民主人士进行了多次座谈，交流参与社会主义改造的亲身体会。在即将结束对中国长达一个多月的访问前，毛泽东等中国领导人又与他就中国的社会主义改造等问题进行了交谈。[83] 回国后，格罗查对中国记者谈到了自己的访华观感："我是带着一些经验到你们伟大的国家里去的，因为我们的人民民主制度比中国建立得早一些。但我肯定地是作为一个小学生回来了，我在你们的国家里，学了很多东西。我感到自己有责任把我所看到的在我国尽量广泛地传播。"[84]

1954 年，在罗庆祝苏联十月革命 37 周年的晚会上，乔治乌—德治对在场的工人党政治局委员和书记处书记们、苏联驻罗大使和我国大使王幼平说："中国党是在苏联党之后的第二党。过去德国党曾一度居第二位，但事实和生活表明中国党已跃居第二位。中国党从斗争的火焰中锻炼出来，开放出鲜艳的花朵"。"中国党在理论与实际结合方面有显著的优点，无论大小问题的著作，都叙述的［得］明确透彻，事理分明真切。"[85] 在罗工人党二大的闭幕词中，乔治乌—德治说："我们怀着最深的兴趣研究着英勇的中国共产党在社会主义建设事业中的经验。"[86]

1956 年 9 月，乔治乌—德治在向中共八大致词时，称赞中共"是根据本国特殊的历史条件创造性地运用和丰富马克思列宁主义学说的榜样"。"我们感到很兴奋，能够参加你们的代表大会，能够了解中国共产党活动的光辉成果，了解中国共产党在进行各种巨大的改革的年代里积累起来的历史经验和教训，了解中国共产党提出的未来的任务。”[87]罗工人党中央政治局在听取了以乔治乌—德治为首的工人党代表团出席中共八大的报告后，根据代表团的建议作出决定：

1. 由部长会议主席团负责组成染织工业专家小组，派赴中国学习印染技术及经验。

2. 派遣一个印刷工业专家小组赴中国，学习杂志和插图的彩印技术。

3. 派遣一队工程技术人员和桥梁专业技师到中国一个桥梁工地工作一段时间，掌握中国的桥梁建筑新技术。

4. 派遣一个陶瓷专家小组赴中国，学习优质陶瓷的制作技术。

……[88]

1956年年初，苏共二十大召开，赫鲁晓夫在会后宣读了“秘密报告”。年底，主要受这一事件的冲击，东欧先后发生了波兰事件和匈牙利事件，给东欧各国和整个国际共产主义运动带来了巨大的震动。中共中央对此先后发表了《论无产阶级专政的历史经验》和《再论无产阶级专政的历史经验》两篇文章，对中共党内消除一些思想混乱、提高认识起了很大作用，对东欧各党澄清一些思想认识也有积极作用。罗各大报均予以转载或摘要发表，并翻译出版了罗、匈、德、塞4种文字的单行本，印发了4万册。[89]对“一论”，

罗各界负责同志对该文反应均很好，罗外交部副部长及交际司长均称该文为各兄弟党中分析得最深刻的一项文件。罗国际联络部副部长和理论性杂志‘阶级斗争’编辑等亦称该文之理论分析极为深入，阶级斗争编辑并猜该文是毛主席亲笔写的。罗巴洪大学教授亦要求学生研读该文。工人党中央则已将文件布置到州委和区委进行学习。驻罗苏大使及捷大使也盛称此一文件。[90]

1957年帕伏列斯库在与毛泽东的会谈中，“高度评价了中国共产党在处理匈牙利事件问题上的立场”，认为“中共在正确理解匈牙利事件方面作出了巨大的理论贡献”。毛泽东谦虚地说，你“过奖了”。[91]

1956 年 12 月，彭真应邀访罗，“目的是介绍中国统一战线和工商业改造政策，了解东欧国家社会主义建设成就和经验”。[92] 在访问中，他赞扬罗人民“已经取得了辉煌的成就，积累了很多宝贵的经验”，表示“我们这次来访问是为了加强相互间的了解，学习你们各方面的先进经验”。他还对格罗查说：“中国国大，但多年来因为受压迫而落后了，罗马尼亚在很多方面帮助了中国。中国才只有七岁。罗马尼亚已经有十多岁了，所以罗是大国。”[93] 乔治乌—德治和斯托依卡先后会见了中国代表团，就工商业者的团结和改造及匈牙利事件等交换了看法。

1957 年 4 月帕伏列斯库对中国的访问，正值中国刚刚基本完成生产资料所有制的社会主义改造，进入了社会主义社会。在建国后短短的 7 年内，新中国就基本完成了如此深刻的大规模的社会改造，在当时的社会主义阵营中被公认为一个奇迹。帕伏列斯库的代表团在访问期间很注意了解这方面的情况，东道主尽量满足了他们的要求。“罗马尼亚客人们所到之处，都有工作人员向他们详尽的讲解，帮助他们更深更广的了解在中国所见到的一切。”[94]

在告别招待会上，帕伏列斯库称赞道：“我们特别牢记着你们在解决农业社会主义改造、资本主义工商业的和平改造，以及与民主党派的合作问题方面的创造性。同时，我们也牢记着你们在为了把全体中国人民的团结一致提到更高的水平所进行的斗争中，解决人民内部矛盾的特有的办法。这些都是创造性地把马克思列宁主义运用到中国革命的条件中。”[95]

回国后，帕伏列斯库在 6 月 5 日的《火花报》上发表文章再次表示：

> 中国共产党在长期的革命斗争和不倦地为人民服务的工作中积累起了丰富的经验，但同时也——如它的领袖们屡次指出的一样——不断学习光荣的苏联共产党和人民民主国家及其他国家的兄弟党的经验，学习一切国家人民的经验。但它不单纯地抄袭这些经验，而是在保卫马列主义原则的纯洁性的基础上发展这些经验，根据中国的具体条件及历史、经济、政治和社会特点创造性地运用这些经验。因而，这个和大陆一般大的国家的社会主义建设具有着中国自己的特色。[96]

罗在东欧是经济文化比较落后的国家，但其经济文化发展的总体水平还是高于新中国的。中国大使馆是了解和学习罗的窗口，使馆领导为此经常告诫大使馆的员工，虚心向东道国学习，防止和克服大国主义。使馆 1955 年的工作总结中有这样一段话：员工中的“大国主义的思想被批评，并在很大程度上克服了看不起驻在国的错误思想。当然，这并不是说，大国主义思想已被肃清”。[97]外交部也不时提醒使馆，“注意防止和克服大国主义的情绪”。[98]随着新中国在短短的几年内就取得了举世瞩目的成就，特别是“大跃进”的发动，中国主要领导人产生了严重的骄傲自满情绪，幻想中国的社会发展会呈现出人类前所未有的速度，这自然会影响到使馆对罗的看法和评价。使馆在1959年的工作计划中，认为“罗马尼亚有几个颇严重的问题”，其中第一个就是“在经济发展速度上甘居中游，满足于工业每年增长10%”。称罗马尼亚“在波匈事变时国内比较稳定，因此相当自负，变成为思想包袱，遇事总是‘稳重’有余，‘进取’不足，甘居中游，怡然自得。再加上民族自尊心颇强，不论政府代表团也好，军事代表团也好，在访问中国时都急于宣传自己而不急［于］研究我国情况和经验。因此，他们对不少问题的看法和我们有一定的距离”。[99]

当年，罗被国际公认为是世界上经济发展速度最快的国家之一。但是中国的一些人竟然以“大跃进”为标准，批评罗“保守”，可见这些人当年头脑发热到了什么程度。幸亏中国外交部的有关领导头脑尚比较清醒，立即对这种观点予以批评：

> 对罗马尼亚的这种看法能否完全成立，希望使馆再深入研究讨论。在讨论中要注意从驻在国的客观具体情况出发，避免以我们的经验尺度去衡量和要求驻在国。
>
> ……
>
> 一定要注意宣传工作必须从加强团结的愿望出发，警惕大国主义的情绪和避免造成强加于人的印象；绝不可炫耀我们自己的成绩，要谦虚谨慎、实事求是；要注意在宣传的同时，认真学习别人的先进经验。[100]

外交部的这一批评，也与国内形势一定程度上的变化不无关系。1958年11月以后，毛泽东开始意识到“大跃进”和人民公社化运动中的一些问题，在党内的一系列会议上开始“降温”、“泼冷水”。此后召开的中共八届六中全会决定降低1959年的工业生产指标，1959年4月召开的中共八届七中全会，又“较大幅度”降低了工业生产指标。这一纠“左”的趋向一直持续到7月的庐山会议前期。

柯柏年大使随后向外交部检讨了自己的错误："很显然，这是大国情绪的表现，以中国大跃进的尺度来衡量别国。使馆为彻底纠正这一错误，发动全馆研究罗国的1959年的新气象，开了一次讨论会，大家都认为不能说罗国是甘居中游。稳当，确是罗国的一大特点。但稳重并不一定是甘居中游。事实上，罗国是很善于吸收别的兄弟国家的经验的。"[101]

对重大国际问题和两国对外政策的重大举措，两国都是互相支持的。在中国抗美援朝期间，罗通过各种方式予以支援和配合，罗援朝的部分物资则是在中国的协助下免费转运到朝鲜的。[102]罗早在1955年底被接纳为联合国成员国之前，就经常向国际社会呼吁恢复中国在联合国的合法席位。在这以后，罗和苏联及东欧其他国家一道，在历届联大上都发言继续支持我国重返联合国。为了更好地在这一问题上配合我国，罗方还主动要求我国提供有关官方立场和法律依据等资料。[103]在1956年12月3日发表的苏罗两国政府联合声明中，有这样一段话：

> 苏联和罗马尼亚认为，联合国的创始者之一的中国被剥夺了在这个组织里据有自己合法位置的权利的情况，是令人不能容忍的。排除六亿中国人民的政府的代表参加联合国和联合国各种机构，是对联合国宪章的原则最粗暴的破坏，并且也严重地影响到这个组织的工作。因为，如果没有中华人民共和国参加，就不能解决任何一个牵涉到和平和各国安全的重大国际问题。应该刻不容缓地恢复中华人民共和国在联合国的合法权利。[104]

罗明确支持中国在台湾问题上的立场。1958年第二次台湾海峡危机期间，东欧各国先后发表政府声明声援中国，罗等国还借庆祝中国建国9周年之机，破例举行庆祝大会声援中国。11月，针对美国政府请求罗劝说我国"放弃在台湾地区使用武力"，罗政府提出措辞强硬的照会予以驳斥。对中国参加并发挥了积极作用的1954年日内瓦国际会议和1955年第一届亚非会议，罗报刊也给以高度评价。《火花报》对后者发表评论说："会议的成就在极大程度上应归功于中华人民共和国代表团的光辉活动。"[105]在中美两国宣布将在华沙举行大使级谈判后，罗舆论界也纷纷予以积极的评价。

对罗开展与东南亚国家的关系，中国给予了"尽可能的帮助"。1958年2月10日，罗部长会议副主席波德纳拉希接见柯柏年大使，说他代表罗党中央政治局向大使传达斯托依卡即将访问印度和缅甸的活动计划，请大使“转告我党中央、毛主席、周总理，请提意见和指示，协助罗有效完成此行任务”。但中方考虑“不便表示意见，仅提供情况材料一份供罗方参考”。[106]

1958 年发表的罗中两国政府的联合声明指出：“双方对所讨论的问题取得完全一致的看法。”这其中包括：完全支持苏联关于举行最高级会议的建议和停止核试验的决定；在欧洲和亚洲的军事集团应当取消，而代之以集体安全体系；完全支持波兰政府提出的在中欧建立无原子武器区的建议；中国政府完全赞同罗马尼亚政府关于召开巴尔干国家最高级会议的和平倡议；坚决支持印度尼西亚人民为维护国家主权、反对外来颠覆活动和阿尔及利亚人民为争取民族独立所进行的英勇斗争；美国和其他参加联合国军队的国家应当毫不拖延地从朝鲜撤出军队；加强以苏联为首的社会主义阵营的团结和合作；双方将继续采取措施以进一步发展两国间的政治、经济和文化方面的合作。[107]

1957 年 9 月，罗向巴尔干地区各国提出建议，召开首脑会议，商谈签订保证巴尔干地区和平和繁荣的共同协定。次年的中罗《联合声明》宣布，中国政府完全支持罗的这项合理建议。1959 年，罗政府发表声明，建议巴尔干各国签订集体安全条约。《人民日报》为此发表社论，认为这个倡议是对欧洲安全和世界和平的积极贡献。[108]

中罗关系在两国对外关系中的地位

从总体上看，20 世纪 50 年代中罗关系的发展及走向，主要受到全球冷战、意识形态、与苏联的关系等因素的影响，同时也受到两国国家利益的制约。

第一，冷战和意识形态因素。冷战形成了东西方两大阵营。中罗同属以苏联为首的社会主义阵营，具有相同的社会制度和意识形态。面对着西方阵营的敌视和封锁，社会主义阵营的成员国必须首先要实现相互的建交和通商，加强内部的团结和协作，这在西方阵营里也是同样的。所以，最早与新中国建交的前 11 个国家都是社会主义国家，而东欧集团国家除南斯拉夫外，都在新中国建立后的两个月内与新中国建立了外交关系。从 1952 年起，中国与社会主义国家之间的年贸易额占国家总贸易额的比例，都保持在 70%以上。[109]同期罗与社会主义各国的年对外贸易总额占罗马尼亚年外贸总额的比例，也总在74%以上。[10]

第二，与苏联结盟是两国对外关系的核心。新中国对外政策的核心，即要站在以苏联为首的和平民主阵营一边。通过毛泽东和周恩来访问苏联而建立起来的中苏关系，不但是中国经济建设的基本保障，也是新中国外交的基石。毛泽东曾在1957年说过："巩固同苏联的团结，巩固同一切社会主义国家的团结，这是我们的基本方针，基本利益所在。"[11]在这个基础上，中国与东欧国家发展外交关系，实际上是中国与以苏联为首的社会主义阵营发展关系，是中苏关系的延伸。罗不但是以苏联为首的社会主义阵营的一员，而且由于以下三个原因，使罗在内政和外交上都自觉或被迫地追随苏联：与苏联接壤，两国的边界线占罗陆地边界线的三分之一强；反法西斯战争胜利后，苏军在罗驻扎长达14年；罗共是在苏联的帮助下取得全国政权的。在整个20世纪50年代，罗领导人在阐述对外政策时，经常强调"和苏联、中国及其他社会主义国家的兄弟般的友好团结是罗马尼亚外交政策的基本因素"。[12]

第三，两国国力和国家利益的差异，以及在这一时期的社会主义阵营内部事务中所处地位的不同。在20世纪50年代，中罗关系在中国与东欧各国的关系中并不占有突出和优先的地位，在罗与社会主义阵营各成员国的关系中也是如此。除了两国都把相互关系放在从属于与苏联的关系的位置上这个主要原因外，还要看到，两国同时又都是从本国当时的国家利益出发来发展两国关系的。

总的来看，在当时的东欧7国中，与中国关系最为密切的当属波兰。这首先是因为波在东欧7国中国土面积最大，经济较发达，国力最强，中国对发展与波的关系更为重视。1950年7月，中国首任驻波大使彭明治在中国驻东欧各国大使中第一个递交了国书。1954年7月，周恩来总理访问了波兰。此后，两国的高层领导人频繁互访。1950年2月，中国与波兰签订了与东欧各国的第一个易货贸易协定。在1960年以前，中波贸易额在中国与东欧7国的贸易额中位列第三。其次是在1956年的波兰事件中，中国支持由波兰自己来解决问题，并批评了苏联在对社会主义国家的关系中的大国主义做法。在1957年的莫斯科会议期间，毛泽东曾与波领导人哥穆尔卡单独进行了3次长谈，既批评苏联，也劝说波兰承认"以苏联为首"。此后，中波关系更加紧密。1958年5月，波兰在东欧国家中率先成立了民间的波中友好协会，会员达30万人之多。另外，波是联合国的创始会员国之一，为抵制美国操纵联合国、干涉中国内政起了更大的作用。

在东欧国家中，与中国经济关系最密切的是德意志民主共和国。这主要是因为东德是社会主义阵营中最发达的国家，所以中国较为重视。其次，是因为“东德处于同西方斗争的前线”。[113]在20世纪50年代，东德在中国对外贸易中的地位仅次于苏联，居第二位；中国在东德的对外贸易中占第四位。1950年7月，中共中央委员、中国首任驻苏大使王稼祥作为中共的代表，参加了德国统一社会党的代表大会，这是中共向东欧国家派出的第一个高级代表团。1954年7月，周恩来在参加日内瓦国际会议的休会期间访问了东德。1955年12月，两国在北京签订了《中德友好合作条约》，这是中国与东欧国家签订的第一个友好合作条约。

早在新中国建立前夕，匈牙利政府就对发展与中国的政治、经济关系表现出浓厚的兴趣。[114]1950年4月，中国派驻苏使馆武官边章五将军率代表团应邀参加了匈国庆活动并访匈，这是中国派往东欧的第一个代表团。1956年匈牙利事件后，周恩来于1957年1月访问布达佩斯，随后又提供贷款1亿卢布，给卡达尔政府以大力的支援，进一步密切了两国关系，卡达尔称这是对匈“具有特别重大意义的贡献”。[115]1957至1959年，中国还用自由外汇从西方进口橡胶、棉花、黄麻等战略物资转口供给匈。1959年5月，两国签订了友好合作条约。在20世纪50年代，两国的贸易额在中国与东欧各国的贸易中位列第四。

1950年1月14日，捷克斯洛伐克首任驻华大使魏斯科普在北京到任，成为第一个到任的东欧国家驻华大使。1952年4月，捷副总理柯别茨基率政府代表团访问了中国，这是东欧国家向中国派出的第一个政府级高级代表团。访问期间，两国签订了文化、邮政、电信、科技等一系列合作协定。1953年5月，中国政务院财经委员会副主任李富春应邀参加捷解放8周年庆典并访捷。捷作为联合国的创始会员国，为恢复中国在联合国的合法席位也作了不懈的努力。1957年3月，两国在北京签订了中捷友好合作条约。作为一个世界工业强国，在20世纪50年代，捷是中国的第三大贸易伙伴，[116]对中国的经济建设有较大的帮助，曾先后向中国提供了37项比较先进的成套设备和技术。

和以上4国与中国的关系比，中罗关系是比较逊色的。中罗两国互派大使、两国政府级的特使或代表团的互访都要稍晚，两国最高领导人的互访是到1954年以后才开始的。中罗两国的经贸往来虽然开始较早，但1950年和1951年的贸易额几乎只是象征性的。在整个20世纪50年代，中罗贸易额在中国与东欧各国的对外贸易额中位列第五，仅仅排在在保加利亚和阿尔巴尼亚之前。[117]中罗之间也没有签订友好合作条约。对于中国来说，罗只是东欧7个社会主义国家中的一个，不但其共运的历史和社会主义建设的经验没有更多的特色，其综合国力和经济发展水平也是较低的，能够给中国提供的借鉴和援助十分有限。罗是在1955年被接纳为联合国会员国的，在国际舞台上支援中国的能力也很有限。中国似乎更多地是把发展中罗关系看作是发展中苏关系的延伸。

相对来说，罗对罗中关系要更重视一些，因为罗把中国看作一个大国，把中国和中共看作是社会主义阵营中的老二。当然，这并不主要是由于中国的综合国力，而主要是由于中共的历史和中国社会主义建设的特色经验。特别是由于抗美援朝的胜利、中国社会主义改造的成功、波匈事件的平息，以及1957年莫斯科会议的召开，使中国在社会主义阵营中的地位明显提升，使东欧各国都对中国刮目相看，以至于连赫鲁晓夫也不得不借助中共的帮助来巩固自己在党内和阵营内的领袖地位。1956年到1959年的4年间，每年都有一位罗核心领导成员访问中国，在20世纪50年代，罗几乎所有最重要的领导人都到中国访问过。

但这并不是说，罗中关系在罗对外关系中也位列第二。由于历史和地理上的原因，罗优先发展的是与东欧社会主义阵营各国的关系。中国的经济发展水平远低于东欧各国的平均水平，甚至低于罗，而且中罗两国相距遥远，因此罗也不是非常重视发展与中国的商贸关系。加上中国长期被排斥在联合国之外，限制了它在国际舞台上发挥作用。在这一时期，罗中关系及其影响在罗的对外关系中也是处于相当次要的位置的。[118]

罗苏关系与中罗关系

20世纪50年代的中罗关系在随着中苏关系变化的大背景而几乎共进退的同时，中罗两国对自身利益的重视与维护和罗苏关系的潜移默化，也开始对中罗关系产生微妙的影响。

虽然罗在战后是以苏联为首的社会主义阵营的一员，并加入了苏联控制的华沙条约组织和经济互助委员会。但是，罗苏两个民族在历史上形成的宿怨却总是萦绕在罗人的心头。形成这种宿怨的主要是两件事：一是比萨拉比亚问题；二是第二次世界大战后苏联把罗当作战败国，占领长达14年。

1806年，爆发了俄土战争。到1812年，由于拿破仑法国参与进攻俄国，俄国只得与奥斯曼帝国在5月签订了布加勒斯特和约。土耳其将其统治的摩尔多瓦的东半部分，即德涅斯特河与普鲁特河之间的土地割让给俄国，俄国遂将这块土地称之为比萨拉比亚。1917年底，比萨拉比亚议会宣布回归罗马尼亚王国，国际社会随后对此予以承认。第二次世界大战爆发前夕，苏德签订了互不侵犯条约。苏联据此在1940年6月向罗政府发出最后通牒，要求罗立即出让比萨拉比亚和北布科维纳。走投无路的罗只得接受，并最终决定投靠德国法西斯以寻求自身安全。大战中，罗安东内斯库政权追随轴心国，参加了反苏战争，虽然收回了比萨拉比亚，却在战争中损失惨重。

顺便一提，在中华民国尚未与罗马尼亚王国断交的1940年5月3日，中华民国驻罗公使梁龙曾拜会罗外交部礼宾司长斯特内斯库，试图帮助罗方与苏联谈判解决比萨拉比亚问题。梁龙说，他跟苏联驻罗临时代办交谈过，该临时代办表示："如果罗马尼亚决定要开始谈判，苏联不会有异议，愿意同罗方就此进行具体安排。"梁龙问罗方是否同意这一倡议，他是否能够就此通报苏联代办。他强调说："中国希望巴尔干地区保持和平，中国不愿看到苏联卷入一场欧洲冲突，因为这样一来，中国自己同日本的战争中获得苏俄支持的指望就会落空。"[119]

1944年，轴心国的战败只是个时间问题了。安东内斯库开始有意与希特勒分道扬镳。在苏军即将对罗展开强大攻势的情况下，8月23日，罗国王米哈依一世在罗共等力量的帮助下发动了武装政变，逮捕了安东内斯库。50万罗军调转枪口，加入了反法西斯战争，付出了17万人流血牺牲的代价，加速了同盟国的胜利。[120]但在罗倒戈后，苏军仍在与罗签订停战协定前20天的时间内，从罗夺取了约20亿美元的战利品。[121]战后，罗又被当作战败国，不但再次失去了比萨拉比亚，还要在6年内向苏联赔偿价值3亿美元的物资。[122]更为严重的是，苏联军队从此在罗驻军长达14年之久，成为14年间罗人民和领导人既是肩上，也是心中的沉重负担。

两件事极大地伤害了罗的民族自尊心，伤害了罗俄民族关系。以至于即使在20世纪50年代罗苏关系最为亲密（至少表面上是这样）的时候，罗对此仍是耿耿于怀。而对罗工人党来说，在走向罗政治舞台的中心时还面临着另外两个难题，两个都与苏联有关的难题：一是罗工人党主要是靠苏联的帮助和扶持才掌握了全国的政权，在人民中缺乏广泛和深厚的基础；二是在战后初期，工人党的实权掌握在"莫斯科"派的领导人、中央政治局委员鲍克和卢卡手中，乔治乌—德治只是名义上的总书记。

乔治乌—德治懂得，要想巩固工人党的政权，得到人民的支持，必须顺应民心，打民族主义的牌；要想巩固自己的统治，就要和莫斯科保持距离，首先要削弱“莫斯科”派。1952 年 5 月，鲍克和卢卡先后在工人党中央全会上被解除党和政府内的最高职务，标志着罗党内的莫斯科集团在罗政治生活中的影响的完结。这件事究竟是受到莫斯科的指示还是乔治乌—德治个人意志所为，究竟是权力斗争的结果还是走自治道路的需要，至今仍是迷雾重重。但可以肯定的是，这次党内斗争，至少在客观上使苏联对罗党的控制有所削弱，加强了罗党领导核心的团结，对罗后来公开走自治道路有积极影响。不管鲍克和卢卡的真正背景是怎样的，他们在工人党内的荣与辱，至少对罗来说是具有象征意义的，而乔治乌—德治的国内工作背景和他的罗族血统则帮了他的大忙。

1953 年斯大林的去世，对国际共运意味着一个旧时代结束了，一个新时代开始了。各国共产党敢于想问题、说话、做事情了。罗工人党几乎是迫不及待地要减轻苏联压在自己身上的负担。就在斯大林去世后仅仅第 3 天，即 3 月 7 日，工人党政治局开会，讨论把部分苏罗混合股份公司（SOVROMS）的企业变为罗的国有资产，强调“苏联的工程师、这些工厂的厂长必须把他们的工作移交给我国的代表”。[13]罗一直认为，1945 年 7 月成立的 SOVROMS 是苏联人强加给罗的，是苏剥削罗的工具。1954 年 9 月 25 日，SOVROMS 发表公报说，将 SOVROMS 中的苏方股份移交给罗。

与罗相类似，中苏之间也有着很深的民族宿怨。1840 年中英鸦片战争后，中国遭到西方列强的共同侵略，沙皇俄国趁火打劫，从中国夺取了超过 150 万平方公里的土地。而且这种夺取，直到十月革命后仍在继续。另一方面，中共的建立和中国革命，从一开始就得到了苏联和共产国际的帮助和指导，但也深受苏联的民族利己主义、大国沙文主义和共产国际的错误指导的危害，曾因此几乎彻底失败。第二次世界大战结束后，斯大林甚至否认中共是真正的共产党，劝阻中共不要将革命进行到底，以免引起美国干涉中国革命，导致第三次世界大战。

1949 年底毛泽东访问苏联，在一个较为平等的基础上与苏联建立了新的外交关系。但是两国之间的不平等仍然存在，如在苏联的坚持下，双方又签订了一个秘密的《补充协定》，规定苏联在中国的东北地区和新疆有特权；双方还决定在中国建立 4 个中苏股份公司。毛泽东对此深为不满，称前者是苏联在中国的“两处势力范围”，[124]后者是对中国搬用对待东欧各国的那一套。

1954 年 9 月底，就在苏联同意将 SOVROMS 中的苏方股份移交给罗的几天后，斯大林的继任者赫鲁晓夫率团访问了中国。他主动提出将旅顺海军基地交还中国，并同意将 4 个中苏股份公司中的苏联股份从 1955 年起全部移交给中国。客观地讲，这些公司对中国的经济发展“起过积极的作用”。但是由于当时中国对中外合办企业的问题不大理解，总觉得它有损于国家主权；再加上苏方确有不尊重中国主权的表现，甚至想把这些公司办成独立于中国主权以外的经济实体，故中方总是希望早日收回这几个公司。[125]

中苏股份公司和 SOVROMS 的几乎同时被撤销，在当时的情况下，不大可能是由于中罗两国暗中串通后一齐向苏联发难的结果，迄今也尚未发现有关的档案资料。但是，社会主义阵营各国不满于斯大林时代与苏联关系的模式，中罗等国不愿意继续接受与苏方的混合股份公司，却是客观存在，赫鲁晓夫对此也是心中有数的。类似的股份公司，斯大林在波、保、捷和德都建立过。但斯大林去世后，这些企业就解散了。取消 SOVROMS 对罗苏关系的直接影响几乎可以说是微不足道的，但却是具有象征意义的一个开端，即罗向苏联的控制要自治权的开始，也可以说是在与苏联的大国主义和大党主义的抵制斗争中，中罗相互默契的开始。从 1954 年底起，乔治乌—德治赞美中国的言论明显增多，评价也有所提高。[126]

罗依赖苏联的主要经济原因，是罗经济的落后。为了减少经济上对苏联的依赖，尽快地发展经济、实现工业化，就必须努力扩大与西方及其他国家的经济联系。1954 年 8 月 22 日，乔治乌—德治在罗解放 10 周年庆祝大会上说：我国“现在已和四十多个资本主义国家签订了贸易条约和贸易协定。罗马尼亚人民共和国愿意在完全平等和互利的条件下和任何一个国家开展贸易”。[127]1953 年起，罗与西方国家的贸易额开始有明显的增长。1952 年，罗与资本主义国家的贸易额只占其贸易总额的 16%，有贸易联系的国家为 36 个。到 1957 年这一比例变为 26%，国家发展到 63 个。与此同时，罗苏贸易额占罗外贸总额的比例，从最高的 1954 年的 52.7%降为 1957 年的 45.2%。[128]

由于新中国的建立和进行抗美援朝，美国为首的西方国家对中国实行经济封锁和禁运。为打破封锁和禁运，也为了减少对苏联援助的依赖性，早在 1949 年底毛泽东访问苏联时，毛泽东就在莫斯科致电中共中央：“你们在准备对苏贸易条约时应从统筹全局的观点出发，苏联当然是第一位，但同时要准备和波、捷、德、英、日、美等国做生意。”[129]尽管在 20 世纪 50 年代，中国与社会主义国家的贸易额在中国对外贸易总额中基本上都占到70%以上，但是到1957年，中国已与83个国家和地区建立了贸易关系，并同其中24个国家签订了政府间贸易协定或议定书，[13]其中多数是非社会主义国家。

1956年来华出席中共八大的乔治乌—德治曾与毛泽东就“学习资本主义的管理和技术问题”交换了看法。毛泽东说：

> 目前的国家局势是好转了，我们估计战争很难打起来。没有战争，资本主义国家就会有经济困难。我们的门是开着的，几年以后，美国、英国、西德、日本等将与我们做生意的。他们有技术，我们需要技术，他们的经济有困难，就会向我们出口技术了。资本主义在经营、管理上有许多地方比我们好，我们也要学习他们的好的东西。[13]

两人甚至谈到了社会主义国家内部的矛盾和罗苏关系问题。在谈到3个月前的“共产党和工人党情报局”宣布解散之事时，毛泽东说，情报局只有命令主义，没有什么民主讨论，现在解散了就好了，今后也不需要这样的组织。当乔治乌—德治说到罗马尼亚顶住苏联大国主义的压力时，毛泽东说，你们做得对，你们没有听斯大林的话。当乔治乌—德治谈到两国今后互相学习和交流经验时，毛泽东说，很好，不过我们的经验只能供参考。

这可能是中罗两国之间第一次谈到对苏关系问题，中国第一次直接了解了罗苏矛盾。这可能也是波兰事件和匈牙利事件以前中国与东欧国家之间第一次谈到对苏关系问题。因而，这次两国最高领导人的谈话，对日后“中罗关系的发展有着重要影响”。[13]这次谈话使毛泽东对乔治乌—德治有了一个良好的印象。1971年6月，当乔治乌—德治的继承人齐奥塞斯库（Nicolae Ceaușescu）访问中国时，毛泽东又回忆起了这次谈话：“乔治乌—德治同志到中国来了，我同他谈了一次话。他跟我讲了一些真话，实在受不了啊！那个时候不是撤销了政治情报局嘛！做到这一点要有点勇气才行……”

1956年10月，东欧接连发生了波兰事件和匈牙利事件，充分暴露了东欧各国与苏联之间尖锐的民族矛盾。中共中央副主席、中共第二号人物刘少奇立即应苏联之邀，到莫斯科商谈对策。刘少奇向苏方转达毛泽东的建议说，苏联共产党能否对兄弟党、兄弟国家不论大小、不论人数多少、历史长短、功劳大小，都应一律平等，互相尊重。他特别强调：苏联对东欧国家是不是可以采取一项根本的政策，在政治上、经济上放手，让他们自己来搞，不干涉他们，不仅对波兰、匈牙利，而且对保加利亚、罗马尼亚等，都满足他们独立自主的要求；军事方面，可以主动撤回驻在那里的苏军。[133]他建议苏共公开发表一个声明，表明自己在对待兄弟党关系上的态度和国际问题上的主要立场。他特地强调："我听毛泽东同志讲过，在社会主义国家之间，也可以实行和平共处五项原则。"[134]经过长时间的讨论，赫鲁晓夫最终接受了建议。

于是，"中苏双方共同起草了《关于发展和进一步加强同其他社会主义国家的友谊和合作的基础的宣言》"，并以苏联政府的名义于10月31日发表在《真理报》上。[135]宣言采纳了中共上述意见，承认苏共在与其他社会主义国家的关系上犯了错误，并表示"苏联政府准备同其他社会主义国家的政府共同来讨论一些措施，保证进一步发展和加强社会主义国家之间的经济联系，从而消除破坏国家主权、经济上的互利和平等这一原则的任何可能性"。中国和罗等社会主义国家的政府纷纷发表声明予以支持。不知为什么，这个宣言没有引起西方广泛的关注。

《人民日报》随后发表《中华人民共和国政府关于苏联政府1956年10月30日宣言的声明》，第一次明确地正式提出"社会主义国家之间也应该遵守和平共处五项原则"："社会主义国家都是独立的主权国家，同时又是以社会主义的共同理想和无产阶级国际主义精神团结在一起的。因此，社会主义国家的相互关系就更应该建立在五项原则的基础上。只有这样，社会主义国家才能够真正实现兄弟般的友好和团结，并且通过互助合作实现共同的经济高涨的愿望。"[136]

和平共处五项原则提出的初衷，主要针对的是社会主义国家与非社会主义国家之间，以及非社会主义国家之间的关系。赫鲁晓夫等苏联领导人曾长期认为，和平共处五项原则只适用于社会主义国家同资本主义国家之间的关系，不适用于社会主义国家间关系。[137]而早在1954年10月印度总理尼赫鲁访华期间，毛泽东与他的谈话中已提出："应当把五项原则推广到所有国家的关系中去。"[138]只是这五项原则同样适用于社会主义国家之间的关系的意思还不是很明确。就目前本人所看到的资料，在社会主义各国领导人中，最早把和平共处五项原则与社会主义国家间关系的基本准则相提并论的，是乔治乌—德治。1955年8月，在布加勒斯特举行的罗解放11周年庆祝大会的讲话中，他明确指出："我们人民民主国家的外交政策的基本原则，完全符合于周恩来和尼赫鲁在中印两国会谈中达成协议的五项原则"，"我国外交政策的主要目的是实行和捍卫这些原则。”[139]

此后，罗的民族主义意识得到了进一步提升。在1957年罗解放日的庆祝会上，波德纳拉希的讲话以1/3的篇幅叙述了1933—1945年期间，罗共领导人民所进行的反法西斯斗争。斯托依卡在宴会上的祝酒辞与国庆口号与往年也有所不同，首先提罗人民与军队，然后提苏联。国防部长萨拉扬在庆祝大会上的讲话，也是首先赞扬罗士兵与爱国分子在反法西斯斗争中所表现的英勇。节日期间，布加勒斯特街头只悬挂乔治乌—德治、格罗查、斯托依卡的画像，没有苏联领导人的像。在庆祝会上也是第一次不再演奏苏联国歌。[140]

从1955年起，罗开始考虑解决影响罗政局和罗苏关系的最大问题——苏联在罗驻军。罗深知这是一个极为敏感，又极为棘手的问题，必须择机行事。

1955年5月，接连发生了几件对罗至关重要的事。5月5日，《巴黎协定》生效，西德作为主权国家加入北约并被重新武装，加剧了东西方的对立。9天之后，苏联和东欧7国在华沙缔结《友好合作互助条约》，并在6月4日正式生效，成立了与北约抗衡的东方军事集团——华沙条约组织。华约组织的成立大大加强了苏联和东欧各国内部在外交和军事上的一致性，加强了苏联对东欧7国的控制。5月14日，苏、美、英、法和奥在维也纳签署了《重建独立和民主的奥地利的国家条约》，即对奥和约。条约结束了苏联等4大国战后对奥的占领，有助于欧洲局势的缓和。由于苏军要撤出奥，苏联原以保护通向奥的军事通道为由而在战后一直在罗和匈的驻军，就失去了继续存在的依据。5月25日，中苏发表联合公报宣布，苏联军队已从与中国军队共同使用的中国旅顺口海军基地撤走。5月26日至6月2日，赫鲁晓夫访问南斯拉夫，与铁托会谈后发表了《贝尔格莱德宣言》，初步恢复了苏南关系。6月3日，赫鲁晓夫在回国途中顺访了罗马尼亚，与罗、保和捷的领导人在布加勒斯特就与南的关系问题交换了意见。这在斯大林时期是从未有过的事。赫鲁晓夫离境时，乔治乌—德治亲自陪送至边境。

这几件看似没有很多内在联系的事，却给罗提供了向苏联提出撤走驻罗苏军的契机。首先，罗不与任何北约国家接壤，因而在苏联东欧的战略防御体系中不处在第一线，奥地利和约的签订和苏南关系的恢复使苏联在罗的直接驻军更减少了必要性。其次，罗工人党的表现使苏联对罗的忠诚没有任何疑问（这种信任一直延续到20世纪80年代），华约组织的建立在军事和外交上对此提供了进一步的保障。再次，从罗这样不太关键的地区撤走苏军，符合苏联减少在外国的驻军、与西方缓和关系、推行和平共处的基本政策，有助于改善苏联的外交形象。再其次，苏联正在努力改善和调整社会主义国家内部关系，中国已经成功地成为第一个让苏军全部撤走的社会主义国家，为其他国家作出了表率。

8月，罗工人党中央政治局讨论了苏联军队从罗撤走的问题，决定在赫鲁晓夫前来参加罗解放11周年庆典时，由苏联“绝对信任”的波德纳拉希向他当面提出。赫鲁晓夫听到这个提议时的反应是可想而知的，他愤怒地离开了罗。当年的苏联国庆节，乔治乌—德治称病，没有应邀去莫斯科。[140]但代替乔治乌—德治去莫斯科的波德纳拉希却带回了惊人的喜讯：苏联同意从罗撤军。当然，赫鲁晓夫要找回一些面子：“但这不是由于你们提出了要求，而是因为我们自己认为有必要这样做。”[141]波德纳拉希得到这一答复后，立即迫不及待地乘飞机返回布加勒斯特，一走下飞机就把这一喜讯告诉给来接他的人。1958年7月25日，[143]罗宣布全部驻罗苏军共2个师已撤走。[144]

与此同时，中国政府也在进行中国人民志愿军全部撤出朝鲜的工作。波匈事件发生后，朝鲜领导人金日成突然“担心中国会像苏联一样利用驻军干涉朝鲜的内部事务”起来。1957年1月，周恩来在访问莫斯科时，把中国决定从朝鲜全部撤军之事告诉了苏方。赫鲁晓夫表示同意，但又说苏联不会效仿，从东德撤军要看条件和时机。[145]11月，毛泽东在出席莫斯科会议期间，向金日成提出了全部撤走中国人民志愿军问题。1958年10月，中国人民志愿军全部撤出了朝鲜。

就在这一年4月，斯托依卡访问了中国。在两国发表的联合声明中，

> 双方重申下列主张：在欧洲和亚洲的军事集团应当取消，而代之以集体安全体系；在别国领土上建立的军事基地应当取消；在别国领土上驻扎的军队应当撤出。
>
> 两国政府完全支持朝鲜民主主义人民共和国在一九五八年二月五日提出的关于和平解决朝鲜问题的合理建议。罗马尼亚人民共和国政府对于中国人民志愿军决定在一九五八年年底以前完全撤出朝鲜这一主动措施表示热烈欢迎，并且认为这项措施对于和缓远东和世界紧张局势是一个重要的贡献。双方认为，美国和其他参加联合国军队的国家也应当毫不拖延地从朝鲜撤出他们的军队。[146]

一些研究者猜测，斯托依卡在此时访华，与苏军从罗撤出和中国人民志愿军从朝鲜撤出不无关系。有人认为，中国帮助罗对苏联从罗撤军一事施加了压力。[40]苏军从罗撤出和中国人民志愿军从朝鲜撤出，两件事都发生在社会主义国家，都是从一国撤出他国的驻军，都发生在几乎同一时间。中国人民志愿军适时地从朝鲜全部撤出，与苏联在东欧多数国家驻军和动辄利用驻军干涉各国内政的政策形成了鲜明的对照。

中国人民志愿军从朝鲜撤出，不过是中国和平外交政策的一个体现。而苏军从罗撤出，却是战后罗苏关系中最重要的事件之一，不仅对罗苏关系有重大影响，对罗的对外政策更有着深远影响。苏军的常驻，使苏罗关系成为主仆关系。苏军的撤出，使苏罗关系从主仆关系变为父子关系。它对罗民族和执政者的影响，既是抽象的心理上的，也是具体的政治和外交上的。20世纪50年代以来，罗经济增长率持续高涨，是东欧各国中最快的。在对外贸易上，罗已开始逐渐减少对苏贸易的依赖性，这又使罗的经济有了“自己的脚”。这两件事，给罗走自治之路提供了最基本的条件。因而许多研究者都认为，1958年是罗走自治之路的起点。

罗中两国在重申国家主权，选择适合自身的经济—社会发展道路，维护民族尊严和要求国际关系中的民主权利的斗争中，不可避免地走到了一起。

中苏关系与中罗关系

中罗两国同属以苏联为首的社会主义阵营，中罗两国外交取向的相似点如此之多，在整个20世纪50年代，苏联是影响中罗关系最为显著的因素。而中国是社会主义阵营中仅次于苏联的第二大国家，罗又与苏联有着更为紧密的关系，因而中苏关系对中罗关系有着比罗苏关系大得多的制约作用。当中苏关系顺利发展时，中国与东欧各国的关系，包括中罗关系也会随之顺利发展。1957年莫斯科会议期间，中苏关系的发展达到这个年代的顶点，1957年和1958年，就成了“中国同东欧社会主义国家紧密团结和友好合作的鼎盛时期”。[41]中罗关系也在这时出现全面的发展。当然，这也是由于中国在1956年的波匈事件中和1957年的莫斯科会议上为维护以苏联为首的社会主义阵营的团结所作出的贡献，极大地提高了自己在阵营中的地位和威望，各国都更加重视与中国的关系。

1958年，中苏之间发生了不公开的争吵，1959年苏联又对中国的内政外交诸多方面公开表示了不同意见，中苏关系中的裂痕加深，中国与东欧各国的关系随即开始受到影响。而在这一年中国开始的“大跃进”和人民公社化，对中苏关系和中国与东欧各国的关系也产生了重要影响。

从某种意义上说，中国的“大跃进”与苏联当年的“超美”经济战略有着一定的关联。毕竟高速度在当时被普遍认为是社会主义的特征之一，而高积累是实现高速度的必要条件之一。苏联对中国“大跃进”的态度经历了一个怀疑——赞成——怀疑的变化过程，罗等东欧国家对“大跃进”的态度也经历了一个怀疑——赞成——怀疑的变化过程。[149]据中国大使馆报告，1958 年上半年，“我国内生产上大跃进的喜讯不断传来。一部分罗方同志听到感到非常的兴奋。很多人钦佩我国人民的干劲和高度的觉悟，对我国建设速度如此之快感到惊奇。但有些人怀疑这些情况的真实性”。[150]罗对中国“大跃进”最初的谨慎与怀疑的态度，与罗经济建设上曾经有过的经验教训有着直接关系。20 世纪 50 年代初，罗曾片面强调发展重工业，贪大求快，忽视轻工业和农业，造成了国民经济比例失调，市场混乱，投机黑市成风。1956 年以后，特别是波匈事件以后，罗明显地放缓了经济发展速度，把积累率从平均 30％左右降低到 15％，强调稳步前进。[151]

1958 年 8 月初，赫鲁晓夫在北京与毛泽东会谈时称赞了“大跃进”。不久，中共中央在北戴河召开了政治局扩大会议，把“大跃进”推向高潮。毕竟高速度在当时被普遍认为是社会主义的特征之一，而高积累是实现高速度的必要条件之一。此后，罗官方对“大跃进”的态度也逐步由将信将疑变成了肯定和赞成的态度。《自由罗马尼亚报》评论说：在钢产量超过了一千万吨以后，中国将在钢产量上占世界第六位，那时它就将跻身于工业强国之列。……中国人民一定会在预定的时间内完成党所提出的关于提高钢产量的新任务。这里的关键在于中国共产党的英明领导和已获得了巨大成就的群众性的创造高潮。[152]

北戴河会议同时还决定，在全国大办人民公社。然而，苏联高层对人民公社却持谨慎和批评的态度。1959 年 1 月，赫鲁晓夫在苏共二十一大上影射中国的人民公社化是搞平均主义，“破坏共产主义的声誉”。7 月，他在波兰更是以苏联建立初期建立公社的失败来影射中国的人民公社化。《真理报》随后全文发表了这篇讲话。东欧一些国家曾一度想效仿人民公社，[153]罗最初也对人民公社持观望和好奇的态度，但“从 1958 年底，情况有了变化。报刊很少提人民公社。摘登有关材料时，亦多加删节”。[154]罗从 1947 年就开始实行农业合作化，但进行得不顺利，到1959年还有24%的农户没有实现合作化。乔治乌—德治指出“农民工作不能操之过急”。罗外交部新闻司副司长明确表示，人民公社“不适合罗马尼亚情况。过多宣传人民公社组织形式会不利于罗马尼亚农民”。[155]

1959年8月以后，在苏联的影响下，“罗报刊刊载我国经济建设的消息显著减少。领导人讲话和报刊文章均回避提及总路线、大跃进、人民公社”。[156]9月，波德纳拉希在中国参观北京的卢沟桥人民公社时，该公社的党委书记向他征求意见。他在称赞中国的建设成就的同时，也委婉地指出：你要我提意见，我想对你说，要关心人。马克思和列宁从理论上阐明社会主义的优越。我们要在实践中证明社会主义的优越。通过什么来证明这点呢？那就是要使人民生活提高，使人民生活越过越好。[157]

赫鲁晓夫发表上述讲话的时候，正值中共中央在庐山召开政治局扩大会议。在毛泽东看来，彭德怀的万言书和赫鲁晓夫攻击人民公社的讲话是遥相呼应地向中国共产党发难。他指示将赫鲁晓夫的讲话等材料印发与会代表，并批示：“一个百花齐放，一个人民公社，一个大跃进，这三件，赫鲁晓夫们是反对的，或者是怀疑的。……这三件要向全世界作战，包括党内大批反对派和怀疑派。”[158]此话足见毛泽东对于怀疑和否定“大跃进”和人民公社的观点的愤怒和对抗到底的决心。对苏联尚且如此（2个月后，赫鲁晓夫与毛泽东等人在北京的会谈中几乎翻脸——著者），对追随苏联观点的罗的看法也可想而知。

受上述原因影响，中罗关系从1959年起出现了一些冷淡的迹象。据中国有关部门观察，罗报刊在上半年

> 选登我新华社消息是兄弟国家中最少的。对有关我国的活动，一般都有所控制，使不太突出，有意把中国放在除苏联以外其他兄弟国家一般的地位。今年在报刊上已少见“苏联、中华人民共和国和其他社会主义国家”的提法而代之以“苏联和其他社会主义国家”。“五一”和“八二三”的游行行列中，我国领袖像较往年减少。对我十周年国庆虽给予一定重视，但仍有所控制。

中国大使馆在另一份报告中又指出：罗方“对我国庆十周年，庆祝的隆重程度，领导人出席的阵容，人数，反不如历年国庆”。[159]这其中有一件离奇

的事：按照惯例，罗方一般是在9月30日给中方发来国庆贺电，中方由于时差的关系，是在10月1日收到，2日见报。在建国后的10年间，有的年份罗方会提前一两天发来贺电，保证贺电能在中国国庆节当天见报，这是一种友好的表示。按说对于1959年的中国国庆节，各社会主义国家都应该有些与常年不同的表示，罗方也的确向中国派来了以罗第三号人物波德纳拉希为团长的党政代表团访华。但是，外交部在9月30日印发的《罗马尼亚党政代表团简报》第五号中，却抱怨说“罗马尼亚党和政府，至今晚尚未给我打贺电来，代表团一直未提此事，至今尚无动静”。[160]然而《人民日报》却还是在10月2日刊登了罗领导人联名发来的贺电，并且注明是发于9月30日。究竟发生了什么，又为什么会发生，令人摸不着头脑。

为在中国举办1959年庆祝罗国庆的活动，罗驻华使馆曾与罗外交部之间发生了小小的争执。罗使馆认为，今年国内庆祝中国国庆的规模，“要比在中国的8.23庆祝活动规模大得多”。中方以“今年有一系列社会主义国家的‘整数’周年的庆祝活动”为由，有意限制了对罗国庆的庆祝活动。但是使馆经过力争，增加了活动，扩大了规模。罗外交部批评使馆说，这是“过分之举”，罗新任驻华大使扎哈列斯库（Barbu Zaharescu）却坚持认为自己的“所作所为都是得体的”。[161]

1959年中国国庆10周年时，全世界11个“社会主义兄弟国家”都派来了高级党政代表团。罗代表团回国后，在罗工人党中央政治局会议上介绍了在中国的见闻。从与会者的发言来看，他们对中国的“大跃进”和人民公社很不以为然，尤其对公社生产工具的落后和社员生活水平之低印象深刻，和苏联代表团对中国的看法非常相似。[162]10月下旬，赫鲁晓夫对罗进行非正式访问，与罗领导人在“十分热烈和诚挚的气氛中”进行了交谈。[163]对中国的看法不会不是一个主要话题。

鉴于中罗关系在这一年出现了这些不利的苗头，6月新到任的中国大使许建国代表大使馆向国内提出了维护和巩固中罗关系的几点建议：1. 派团参加将于1960年春召开的罗工人党第三次代表大会；刘少奇副主席和周恩来总理分别顺访或访问罗马尼亚。2. 根据罗领导人曾表示愿以私人访问的方式来华作较长时间的调研，“建议主动邀请波德纳拉希同志去我国休养访问一较长时间，这对增进罗对我了解和中罗友谊将起很大作用”。3. 建立中罗友好人民公社，“并且借此促进罗建立罗中友好集体农庄”。[164]

从中国外交部对驻罗使馆的有关汇报的批复中可以看出，外交部是主张在维护“中苏团结和以苏联为首的社会主义阵营的伟大团结”的前提下，对中罗关系上出现的一些不良倾向坚持原则，坚持斗争的。[165]可见中国当时对中罗关系的基本态度是维护团结与坚持原则并重的。

几乎与此同时，罗驻华大使馆也给罗外交部提交了一份长达 33 页、内容非常翔实的 1959 年工作总结，对我们了解当年罗方对我国的了解程度、基本看法和主要对策，很有参考意义。下面仅选择几个较有特色或有一定见第的方面作一介绍。

第一，对“大跃进”中的中国的看法。认为在中共党员中，“‘游击战’思想和党的领导干部由过去的革命经历而来的一定的政治的局限是存在的”；中国农民中的“集体所有制的觉悟距离社会主义所有制的观念还是有一定距离的，他们更多的还是平均主义者。这种农民的心理仍然存在在党的干部，特别是地方干部的身上”，这是导致 1959 年党的中央全会所说的失误的一个重要原因。但是该报告仍“认为人民公社给中华人民共和国的经济产生了积极的影响”。这倒是和当时中国的官方宣传一致。

第二，对中苏关系的评价。认为“中国与社会主义国家，首先是与苏联的关系总的来说是友好的”。但“中国同志不是在所有问题上都与其他社会主义国家完全一致”。

第三，对中国炮击金门事件的分析。令人惊奇的是，罗驻华使馆的分析竟和今天中国史学界的看法基本一致：“中国同志这一举动的目的是，支持蒋介石对美国寻求在台湾建立第二个中国意图的抵制。我们感到中国领导人没有放弃利用蒋介石集团尚有的民族感情，‘和平解决’台湾问题的希望。他们解释说，虽然中国人民解放军没有占领沿海岛屿，由于靠近大陆，它们可以起到［大陆与台湾的］中介的作用。然而目前把蒋介石的军队赶回几百公里外的台湾，就会中断［大陆与台湾的］这种联系。这可以看作中国同志在炮轰中作出的一个‘姿态’。”

第四，对中罗关系的评价。“我国与中国的关系是真诚的、密切的、友好合作的关系，这是社会主义国家之间应有的关系。”认为中罗贸易额 10 年来虽然发展迅速，但总量与两国的经济实力相比是偏低的。中国是个工业化的国家，可向罗出口的工业产品很多，而罗对华出口的产品结构对罗也是很有利的，所以中罗贸易还大有可为，罗“可以对中国的工业化作更多的贡献，同时也可以使我们自己受益”。对于中罗关系中出现的一些矛盾，“这种不信任的流露并不是现在才有的。我们感到他们对其他社会主义国家，甚至对苏联也存在这种不信任”。报告充满信心地说：“对这些分歧不必特别的在意，也不必为此要特地做些什么。”“重要的是要尽最大努力增强与中国和中国人民的友谊，增强社会主义阵营的团结。”报告建议邀请刘少奇主席访罗。

第五，关于使馆的工作。报告认为一年来做了很多工作，但由于以下原因影响了工作质量的提高：一是扎哈列斯库同时还兼任驻越南的大使；二是缺少高级别的外交官，在保、匈、朝、捷、波、德、越、罗的驻华使馆中，罗使馆是唯一没有参赞级外交官的，而且全使馆只有一个一秘和三个随员；三是只有一个外交官懂中文。[166]

罗外长杜米特列斯库（V. Dumitrescu）在给扎哈列斯库大使的指示中说，上述报告“是一篇严肃、有意义和有益的文件。尤其是有些章节，在详实资料的基础上，加上了您个人的见解（总的来说都是正确的），受到特别评价”。指示强调：“您报告中谈到罗中关系的章节，我们完全同意您的意见。必须继续加强和全面发展我国同中华人民共和国的友好关系，这些目标是使馆工作的基础。”[167]由此看来，罗政府这时对罗中关系还是基本肯定的，对发展罗中关系还是比较积极的。但是，这时的罗驻华大使馆居然只有区区这样几个外交官，似乎又很难说当时的罗政府是重视罗中关系的。

在整个 20 世纪 50 年代平稳发展的中罗关系，到这时已开始“树欲静而风不止”了。中罗关系就是在这样的情况下迈进了 20 世纪 60 年代。

参考文献

①Romulus Ioan Budura，*Relaţiile româno-chineze*（*1949－1999*）. *Evantaiul celor 10000 de gânduri*：*România şi China*：*Trei veacuri de istorie.* Editura "Ion Cristoiu" SA，Bucureşti（罗姆鲁斯·扬·布杜拉：《罗中关系》（1949－1999）。见布加勒斯特，Ion Cristoiu 出版有限公司，《浓情挚意万万千，罗中关系三百年》），1999，pp. 88，90.

②《中华人民共和国对外关系文件集》，第 1 集，世界知识出版社，1957 年版，第 2 页。

③韩念龙：《当代中国外交》，中国社会科学出版社，1988 年版，第 9 页。

④《人民日报》，1949 年 10 月 6 日，1950 年 8 月 31 日。

⑤云水：《出使七国纪实：将军大使王幼平》，世界知识出版社，1996 年版，第 24—25 页。

⑥《驻罗马尼亚大使馆工作日记》。外交部开放档案，109－00041－01，《我国驻罗大使王幼平赴任后向外交部的历次报告》，1950 年 8 月 13 日—11 月 9 日，第 24 页。

⑦同注释⑤，第 14—15 页。

⑧外交部开放档案，109－00042－01，《罗马尼亚邀请我国政府派代表团参加罗国庆的有关文件》，1950 年 8 月 19 日—8 月 23 日，第 3—5、9 页。

⑨外交部开放档案，109－00099－01，《中罗互派代表团参加两国国庆活动的有关文件》，1951 年 7 月 31 日—11 月 5 日。

⑩同注释④，1951 年 10 月 1 日。

⑪《毛主席就罗邀请我国派代表团参加罗国庆 8 周年的复电》。外交部开放档案，109－00189－02，《毛主席就罗邀请我国派代表团参加罗国庆 8 周年的复电》，1952 年 8 月 5 日，第 1 页。

⑫同注释④，1952 年 8 月 26 日。

⑬《驻罗大使馆对外活动日记》。外交部开放档案，109－00229－01，《我驻罗马尼亚使馆对外活动报告》，1952 年 1 月 1 日—12 月 31 日，第 68 页。

⑭外交部开放档案，109－00334－03，《关于我国庆祝罗国庆 9 周年的有关文件》，1953 年 8 月 7 日—12 月 30 日。

⑮《1954 年 7 月份对外活动日志》。外交部开放档案，109－00484－01，《我国驻罗使馆报回 1954 年 1—12 月对外交际交涉日记》，1954 年 1 月 2 日—1955 年 1 月 31 日，第 37 页。

⑯同注释④，1956 年 4 月 3 日。驻罗马尼亚大使馆：《一九五五年罗马尼亚的外交动态》，第 7—8 页。

⑰同注释④，1954 年 10 月 16 日。

⑱驻罗马尼亚大使馆：《驻罗马尼亚大使馆 1954 年对外交际联络总结报告》，1954 年 12 月 30 日。外交部开放档案，117－00371－08，《驻罗马尼亚使馆 1954 年交际工作总结

报告》，第3页。

⑲《1955年11、12月份罗马尼亚动态报告》。外交部开放档案，109－00668－02，《我国驻罗马尼亚使馆报回1955年7—12月罗动态和大事记》，1955年7月1日—12月31日，第56—57页。

⑳驻罗马尼亚大使馆：《1955年罗马尼亚的外交动态》，1956年4月3日，第6页。

㉑1956 iunie 28，Beijing. *NOTĂ A LUI NICOLAE CIOROIU，AMBASADOR AL ROMÂNIEI LA BEIJING，CĂTRE MINISTERUL AFACERILOR EXTERNE PRIVIND DISCUŢIA PE CARE A AVUT-O CU PREŞEDINTELE MAO ZEDONG ŞI PREMIERUL ZHOU ENLAI CU PRILEJUL PREZENTĂRII SCRISORILOR DE ACREDITARE.* Ministerul Afacerilor Externe & Arhivele Naţional. *RELAŢIILE ROMÂNO-CHINEZE（1880 － 1974），DOCUMENTE.* Coordonator：Ambasador Romulus Ioan BUDURA，2005，Bucureşti（1956.6.28，北京。《罗马尼亚驻北京大使尼古拉·乔洛尤就递交国书时与毛泽东主席和周恩来总理的谈话给外交部的谈话记录》。见外交部 & 国家档案馆：《罗中关系文件集》（1880—1974），主编：罗姆鲁斯·扬·布杜拉大使，2005年，布加勒斯特），p.304.

㉒同注释④，1956年9月18日。

㉓《一九五六年罗国动态报告第十五期》，1956年9月22日。外交部开放档案，109－01078－01，《驻罗马尼亚使馆电告罗外交和国内形势动态》，第46页。

㉔1957 mai ＜post 13＞，Bucureşti. *NOTĂ PRIVIND VIZITA DELEGAŢIEI MARII ADUNĂRI NAŢIONALE A REPUBLICII POPULARE ROMÂNE CONDUSĂ DE CONSTANTIN PÂRVULESCU，PREŞEDINTELE MARII ADUNĂRI NAŢIONALE，ÎN REPUBLICA POPULARĂ CHINEZĂ ŞI ÎNSEMNĂRI REFERITOARE LA ÎNTREVEDEREA MEMBRILOR DELEGAŢIEI ROMÂNE CU MAO ZEDONG，PREŞEDINTELE C.C. AL P.C.C.*（约1957.5.13以后，布加勒斯特。《关于由大国民议会主席康斯坦丁·帕伏列斯库率领的罗马尼亚人民共和国大国民议会代表团对中华人民共和国访问的记录，以及罗代表团成员与中共中央主席毛泽东的会谈记录》）. Ministerul Afacerilor Externe & Arhivele Naţionale，*RELAŢIILE ROMÂNO-CHINEZE（1880 － 1974），DOCUMENTE.* Coordonator：Ambasador Romulus Ioan BUDURA，2005，Bucureşti，pp.330，334－335.

㉕外交部：《周总理便宴罗政府代表团谈话记录》，1958年4月3日。外交部开放档案，204－00061－02，《周恩来总理同罗马尼亚总理斯托依卡会谈记录》，第27页。

㉖外交部：《毛泽东主席同罗马尼亚总理斯托依卡会谈记录》，1958年4月5日。外交部开放档案，204－00061－01，《毛泽东主席同罗马尼亚总理斯托依卡会谈记录》，第19页。

㉗外交部国宾接待办公室：《接见罗马尼亚代表团情况简报》（第5号），1958年4月6日。外交部开放档案，204－00060－05，《外交部接待罗马尼亚政府代表团访华工作

简报》，第 4 页。

㉘1958 mai 28，Beijing. *NOTĂ PRIVIND CONVORBIREA DINTRE DELEGAŢIA GUVERNAMENTALĂ ROMÂNĂ DE STOICA CHIVU，PREŞEDINTE AL CONSILIULUI DE MINIŞTRI ŞI MAO ZEDONG，PREŞEDINTE AL C.C. AL P.C.CHINEZ，PREŞEDINTE AL R.P.CHINEZE.*（1958.5.28，北京。《以部长会议主席斯托依卡·基伏为首的罗政府代表团与中共中央主席、中华人民共和国主席毛泽东的谈话记录》）. Ministerul Afacerilor Externe & Archivele Naţionale，*RELAŢIILE ROMÂNO-CHINEZE*（*1880－1974*），*DOCUMENTE.* Coordonator：Ambasador Romulus Ioan BUDURA，2005，Bucureşti，p. 359.

㉙《每周通报第 122 期》。 外交部开放档案，109－01896－01，《外交部关于罗马尼亚总理斯托依卡访华情况的通报》，1958 年 4 月 25 日，第 1 页。

㉚同注释④，1958 年 4 月 9 日。

㉛同注释㉙。

㉜同注释④，1958 年 4 月 3 日。

㉝王泰平：《中华人民共和国外交史》，第二卷，1957—1969，世界知识出版社，1998 年版，第 283 页。

㉞1950 septembrie 19，Beijing. *TELEGRAMĂ A LUI TEODOR RUDENCO，AMBASADOR AL ROMÂNIEI LA BEIJING，CĂTRE MINISTERUL AFACERILOR EXTERNE PRIVIND NECESITATEA ÎNFIINŢĂRII UNEI REPREZENTANŢE ECOMONICE ROMÂNEŞTI LA BEIJING.*（1950.9.19，北京。《罗马尼亚驻北京大使提奥多拉·鲁登科就在北京设立罗马尼亚经济代表处的必要性给外交部的电报》）. Ministerul Afacerilor Externe & Archivele Naţionale，*RELAŢIILE ROMÂNO-CHINEZE*（*1880 － 1974*），*DOCUMENTE.* Coordonator：Ambasador Romulus Ioan BUDURA，2005，Bucureşti，p. 222.

㉟沈觉人：《当代中国对外贸易》，北京：当代中国出版社，1992 年版，（上），第 290 页；（下），第 380 页。

㊱Romulus Ioan Budura，*Introduction*（罗姆鲁斯·扬·布杜拉：《引言》）. Ministerul Afacerilor Externe & Archivele Naţionale，*RELAŢIILE ROMÂNO-CHINEZE*（*1880 － 1974*），*DOCUMENTE.* Coordonator：Ambasador Romulus Ioan BUDURA，2005，Bucureşti，p. 35.

㊲沈觉人：《当代中国对外贸易》，（下），当代中国出版社，1992 年版，第 381 页。

㊳《中罗十年关系总结》。 外交部开放档案，109－00909－07，《驻罗马尼亚使馆关于中国和罗马尼亚 1949 至 1959 年关系总结》，1959 年 8 月 29 日，第 4 页。

㊴裴坚章：《中华人民共和国外交史》，第一卷，1949—1956，世界知识出版社，1994 年版，第 51 页。

㊵外交部国宾接待办公室：《接待罗马尼亚政府代表团工作简报》（第 2 号）（1958 年

4月2日）。外交部开放档案，204—00060—05，《外交部接待罗马尼亚政府代表团访华工作简报》，第4页。

㊶《1956年中罗友好关系的增进——驻罗大使馆1956年工作总结的第二部分》。外交部开放档案，109—00782—01，《驻罗马尼亚使馆1956年工作总结和外交部的批复》，1957年3月1日—5月9日，第11页。

㊷同注释㊱，p. 36.

㊸1953 august 14, Beijing. *SCRISOARE A LUI IACOB COŢOVEANU, AMBASADOR AL ROMÂNIEI LA BEIJING, CĂTRE SIMION BUGHICI, MINISTRU AL AFACERILOR EXTERNE, PRIVIND RELAŢIILE ECONOMICE ŞI COMERCIALE ÎNTRE R. P. ROMÂNĂ ŞI R. P. CHINEZĂ.*（1953. 8. 14，北京。《罗马尼亚驻北京大使雅科布·郭佐文就罗马尼亚人民共和国与中华人民共和国的经贸关系给外交部长西蒙·布吉齐的信函》）. Ministerul Afacerilor Externe & Archivele Naţionale, *RELAŢIILE ROMÂNO-CHINEZE (1880—1974), DOCUMENTE.* Coordonator: Ambasador Romulus Ioan BUDURA, 2005, Bucureşti, pp. 257—258.

㊹同注释㉖，第14页。

㊺《驻罗使馆1959年工作总结》，1959年12月15日。外交部开放档案，109—00909—04，《驻罗马尼亚使馆1959年工作总结》，第8页。《中罗十年关系总结》。外交部开放档案，109—00909—07，《驻罗马尼亚使馆关于中国和罗马尼亚1949至1959年关系总结》，1959年8月29日，第11页。

㊻驻罗使馆：《罗马尼亚概况》，1958年12月，第C17页。

㊼《中国石油钻井》编辑委员会：《中国石油钻井·综合卷》，石油工业出版社，2007年版，第40—41、46、53页。

㊽同注释④，1954年4月2日。

㊾石油管理局办公室专家工作室汇编：《罗钻井队在华工作情况简报》，1954年2—8月。外交部开放档案，109—00550—03，《关于罗马尼亚钻井队在我国工作的情况简报》，第22、13页。

㊿同注释㊼，第48页。

(51)同注释④，1955年4月13日。

(52)同注释㊼，第49页。

(53)同注释㉔，p. 338.

(54)同注释㉖，第18—19页。

(55)同注释④，1958年4月3日。

(56)贺耀敏、武力：《五十年国事纪要·经济卷》，湖南人民出版社，2000年版，第325页。

(57)《驻罗马尼亚使馆1957年工作总结》。外交部开放档案，109—00818—01，《驻罗马尼亚使馆1957年工作总结》，1958年2月5日，第28、21、25页。

(58)同注释㊳，第 6、44—45 页。

(59)同注释㊻，第 C17 页。

(60)同注释④，1958 年 4 月 3 日。

(61)同注释㊱，p. 36.

(62)同注释④，1951 年 12 月 13 日。

(63)中华人民共和国文化部对外文化联络局：《中国对外文化交流概览》(1949—1991)，光明日报出版社，1993 年版，第 198 页。

(64)同注释④，1950 年 9 月 12 日。

(65)《罗八月份工作报告及九月份工作计划》，1950 年 9 月 13 日。外交部开放档案，109－00041－01，《我国驻罗大使王幼平赴任后向外交部的历次报告》，第 6 页。

(66)同注释④，1950 年 12 月 27 日。

(67)同注释㊳，第 2 页。

(68)《驻罗大使馆对外活动日记》。外交部开放档案，109－00229－01，《我驻罗马尼亚使馆对外活动报告》，1952 年 1 月 1 日—12 月 31 日，第 79 页。

(69)《罗马尼亚乔治乌—德治同志在欢迎我文教考察团宴会上的谈话摘要》，1953.4.11。外交部开放档案，109－00281－01，《罗马尼亚乔治乌—德治同志在欢迎我文教考察团宴会上的谈话摘要》，第 2 页。

(70)同注释④，1954 年 10 月 8 日。

(71)同注释㊶，第 11 页。

(72)外交部国宾接待办公室：《中罗两国关系简况》（供接待罗马尼亚政府代表团时领导同志参考），1958.3.17。外交部开放档案，204－00602－01，《中国同罗马尼亚关系简况》，第 2 页。

(73)《新中国对外文化交流史略》编辑委员会：《新中国对外文化交流史略》，中国友谊出版公司，1999 年版，第 92—93 页。

(74)同注释④，1958 年 4 月 3 日。

(75)齐鹏飞、杨风城：《当代中国编年史》(1949.10－2004.10)，人民出版社，2007 年版，第 217—218 页。

(76)同注释④，1950 年 9 月 13 日。

(77)赵生晖：《中国共产党组织史纲要》，合肥：安徽人民出版社，1987 年版，第 243 页。

(78)《罗马尼亚记者格兰访华后的报道材料》，1954.3.6。外交部开放档案，116－00096－01，《罗马尼亚记者格兰访华后的报道材料》，第 2 页。

(79)1951 octombrie 22, Beijing. *ADRESĂ A LUI TEODOR RUDENCO, AMBASADOR AL ROMÂNIEI LA BEIJING, CĂTRE ANA PAUKER, MINISTRU AL AFACERILOR EXTERNE, PRIVIND TRADUCEREA ÎN LIMBA ROMÂNĂ A LUCRĂRII LUI MAO ZEDONG INTITULATĂ "DISCURSURI ŞI ARTICOLE ALESE"*

(1951.10.22，北京。《罗马尼亚驻北京大使提奥多拉·鲁登科就将毛泽东的著作《讲话与文章选集》译成罗文之事给外交部长安娜·鲍克的信函》). Ministerul Afacerilor Externe & Archivele Naţionale, *RELAŢIILE ROMÂNO-CHINEZE*（*1880 — 1974*), *DOCUMENTE*. Coordonator: Ambasador Romulus Ioan BUDURA, 2005, Bucureşti, p. 243.

⑧⓪同注释⑤⑦，第15页。

⑧①同注释③⑨，第49页。

⑧②驻罗马尼亚大使馆：《罗政府代表团访华后的初步反映》，1954.11.12，第4页。

⑧③同注释③⑨，第49页。

⑧④同注释④，1957年5月11日。

⑧⑤同注释⑧②，第2—3页。

⑧⑥驻罗马尼亚大使馆：《一九五五年罗马尼亚的外交动态》，第8—9页。

⑧⑦同注释④，1956年9月18日。

⑧⑧*PROTOCOL Nr. 51 al şedinţei Biroului Politic al cc al PMR din ziva de 12 octombrie 1956*. Arhivele de Naţionale Istorice Centrale（ANIC)，fond C. C. al PCR cancelarie, dosar 117/1956（《1956年10月12日罗工人党中央政治局会议第51号决议》。国家中央历史档案馆，罗共中央办公厅档案，第117卷/1956年)，pp. 1－2.

⑧⑨同注释④①，第10页。

⑨⓪驻罗使馆：《罗对"无产阶级专政的历史经验"的反应》，1956.4.18。外交部开放档案，109－01079－01，《驻罗马尼亚大使馆电告罗对人民日报"论无产阶级专政的历史经验"文章的反应》，第2页。

⑨①同注释②④，p. 337.

⑨②同注释③⑨，第50页。

⑨③同注释④，1956年12月24日，12月25日。

⑨④同注释②④，p. 331.

⑨⑤同注释④，1957年5月13日。

⑨⑥康·帕伏列斯库、阿·布纳丘：《罗中兄弟关系继续加深道路上的卓有成效的活动》。外交部开放档案，109－01187－01，《关于接待罗马尼亚议会代表团访华情况及罗方反应的电文》，1957年4月6日—6月6日，第75页。

⑨⑦《驻罗马尼亚使馆一九五五年工作总结》，1956.3.19。外交部开放档案，109－00969－12，《驻罗马尼亚使馆一九五五年工作总结》，第9页。

⑨⑧外交部：《外交部苏欧司批复驻罗使馆一九五六年工作总结》，1957.4。外交部开放档案，109－00782－01，《驻罗马尼亚使馆1956年工作总结和外交部的批复》，第23页。

⑨⑨驻罗使馆：《1959年规划要点》，1958.12.24。外交部开放档案，109－00909－02，《驻罗马尼亚使馆电告1959年使馆工作规划要点和外交部的批复》，第3页。

⑩外交部：《批复驻罗使馆1959年规划》，1959.1.7。同上，第7页。

⑩《1959年5月6日柯柏年大使向外交部党委会汇报罗马尼亚情况和驻罗使馆情况的记录》。外交部开放档案，109－00909－08，《驻罗马尼亚大使柯柏年向外交部汇报罗情况和驻罗使馆情况纪要》，1959年5月6日，第1—2页。

⑩外交部开放档案，199－00144－02，《我国协助罗转运援朝物资的往来文书》，1951.4.9—5.4。　109－00336－01，《外交部官员同罗驻我国使馆官员谈关于罗援朝物资过境，中罗科技联合委员会的规则草案等问题的谈话记录》，1953.3.28－12.26。109－00548－01，《关于罗援助朝鲜物资过境的有关文件》，1954.3.27－12.25。

⑩同注释⑫，第2页。

⑩同注释④，1956年12月5日。

⑩同注释㊳，第2页。

⑩《中罗关系资料汇编》（1956—1960），第二部分。外交部开放档案，109－01603－01，《中国罗马尼亚关系资料汇编》（1956—1960），第79页。

⑩同注释④，1958年4月9日。

⑩同注释㉝，第二卷，第298页。

⑩同注释㊲，（上），第19页。

⑪中国驻罗使馆：《罗马尼亚概况》，1960.5，第84页。

⑪中华人民共和国外交部 & 中共中央文献研究室：《毛泽东外交文选》，中央文献出版社 & 世界知识出版社，1994年版，第284—285页。

⑪同注释④，1957年2月3日。

⑪同注释㉝，第二卷，第291、307页。

⑪同注释㊴，第一卷，第52页。

⑪同注释㉝，第二卷，第285页。

⑪同注释㊴，第一卷，第58页。

⑪同注释㉝，第二卷，第291页。

⑪同注释①，p. 88.

⑪MINISTERUL AFACERILOR EXTERNE，DIRECŢIA VI RELAŢII，*RELATIILE DINTRE ROMANIA SI CHINA INAINTE DE PROCLAMAREA REPUBLICII POPULARE CHINEZE LA 1 OCTOMBIE 1949.* 3.16，1965，AMEA，1276/17 III 965（外交部对外关系第六司：《中华人民共和国成立以前的罗中关系》，1965.3.16。外交部档案，1276号/1965.3.17）. p. 2.

⑫［罗］吉塔·约耐斯库：《共产主义在罗马尼亚》（1944—1962），世界知识出版社资料室编印，1965年，第104、98页。

⑫R. L. Wolff，*The Balkans in Our Time*（*1956*）. pp. 345，101.　Constantin Hlihor，Ioan Scurtu：*The Red Army in Romania*. Iaşi：The Center for Romanian Studies，2000，p. 195.

⑫同注释⑩，第104页。

⑬A NIC，fond C. C. al PCR cancelarie，Dosar Nr. 20/1953. f. 2.

⑭《毛泽东文集》，第七卷，人民出版社，1999年版，第370页。

⑮孙其明：《中苏关系始末》，上海人民出版社，2002年版，第184页。

⑯Stephen Fischer-Galaţi，*The New Rumania*：*from People's Democracy to Socialist Republic*. M. I. T. Press，Cambridge，Massachusetts，1967，p. 52.

⑰同注释④，1954年8月25日。

⑱驻罗使馆：《罗马尼亚概况》，1958.12，第85页。

⑲《建国以来毛泽东文稿》，第一册，中央文献出版社，1987年版，第197页。

⑳同注释㊲，（上），第23页。

㉑李健：《天堑通途——中国共产党对外交往纪实》，下册，当代世界出版社，2001年版，第487页。

㉒同注释㊴，第50页。

㉓黄铭：《1956年波匈事件与中国》，《人文杂志》，1996年第1期，第94页。

㉔逄先知、金冲及：《毛泽东传》（1949—1976），（下），中央文献出版社，2003年版，第604页。

㉕沈志华：《中苏关系史纲》（1917—1991），新华出版社，2007年版，第171页。

㉖同注释④，1956年11月1日，11月2日。

㉗［前苏］安·葛罗米柯：《和平共处——苏联对外政策的列宁主义方针》，三联书店，1956年版，第3页。

㉘《毛泽东文集》，第六卷，人民出版社，1999年版，第362页。

㉙同注释④，1955年8月24日。

㉚驻罗使馆：《罗国动态报告》第13期，1957.8.28。外交部开放档案，109－01191－01，《驻罗马尼亚使馆关于罗1957年政治、经济、外交动态报告电文》，第46—47页。

㉛Constantin Hlihor & Ioan Scurtu：*The Red Army in Romania*. Iaşi：The Center for Romanian Studies，2000，p. 176.

㉜*Retragerea trupelor sovietice*，*1958*（《1958年苏军撤离罗马尼亚》）. Edited by Ioan Scurtu，Bucuresti，1997，p. 222.　Constantin Hlihor & Ioan Scurtu：*The Red Army in Romania*. Iaşi：The Center for Romanian Studies，2000，pp. 173－176.

㉝*The Red Army in Romania* 根据档案认为这个日期应是8月15日——著者。同上，p. 187.

㉞Dennis Deletant，*Romania under Communist Rule*. Iaşi：The Center for Romanian Studies，1999，p. 96.

㉟杨闯、高飞、冯玉军：《百年中俄关系》，世界知识出版社，2006年版，第186页。

㊱同注释④，1958.4.9.

㊲*Romania*：*A Historic Perspective*. Edited by Dinu C. Giurescu and Stephen Fischer-

Galaţi, New York, Columbia University Press, 1998, p. 453.

⑭⑧同注释㉝，第二卷，第 283 页。

⑭⑨《中罗关系资料汇编》（1956—1960），第 65、106 页。 外交部苏欧司整理：《罗马尼亚对我国社会主义建设三大法宝的反映》（供参加罗工人党三大的中共中央代表团参考），1960. 6. 3。 外交部开放档案，109－01599－04，《罗马尼亚对我国国内建设的看法及中罗关系情况》，第 1—4 页。

⑮⓪驻罗大使馆：《上半年来罗国形势报告》，1958. 8. 4，第 16 页。

⑮①外交部苏欧司整理：《中罗关系的若干情况》（供参加罗工人党三大的中共中央代表团参考），1960. 6. 1。外交部开放档案，109－01599－04，《罗马尼亚对我国国内建设的看法及中罗关系情况》，第 7 页。

⑮②同注释④，1958 年 9 月 5 日。

⑮③同注释⑬⑤，第 244 页。

⑮④外交部苏欧司整理：《罗马尼亚对我国社会主义建设三大法宝的反映》（供参加罗工人党三大的中共中央代表团参考），1960. 6. 3。同注释⑮①，第 3 页。

⑮⑤同注释⑮①，第 7 页。

⑮⑥同注释⑮④，第 2 页。

⑮⑦外交部：《罗代表团参观人民公社》。外交部开放档案，204－00363－03，《接待罗马尼亚党政代表团活动简报》，1959 年 9 月 25 日—11 月 2 日，第 28—29 页。

⑮⑧《毛泽东给王稼祥的信》，1959. 8. 1。

⑮⑨同注释⑮①，第 5—6 页。

⑯⓪《罗马尼亚党政代表团简报》，第五号。外交部开放档案，204－00363－03，《接待罗马尼亚党政代表团活动简报》，1959 年 9 月 25 日—11 月 2 日，第 20 页。

⑯①*CATRE DIRECTIA VI RELATII*, 17 noiembrie 1959. AMAE, Nr. 38. Dosar 20/60 R. P. Chineză（《致外交部对外关系第六司办公室的信》（1959. 11. 17）。外交部档案，中华人民共和国卷，第 20 卷/1960 年，第 38 号），pp. 1－4.

⑯②*Stenograma şedinţei Biroului Politic al cc al PMR din 9. 10. 1959*（《1959 年 10 月 9 日罗工人党中央政治局会议速记稿》）. A NIC, fond C. C. al PCR cancelarie, Dosar Nr. 37/1959, pp. 15－16, 19－20.

⑯③同注释④，1959 年 10 月 26 日。

⑯④同注释㊺，第 14—15 页。

⑯⑤驻罗使馆党委：《对关于五九年工作总结和六〇年工作规划的意见》，1960. 2. 9。外交部开放档案，109－00909－03，《驻罗马尼亚使馆电告对外交部 1959 年工作总结和 1960 年工作规划（草稿）的意见》，第 1—2 页。

⑯⑥B. Zahalescu, *RAPORTUL GENERAL DE ACTIVITATE AL AMBASADEI RPR DIN PEKIN PE ANUL 1959.* 15 ianuarie 1960（扎哈列斯库：《罗人民共和国驻北京大使馆 1959 年工作总结》，1960. 1. 15）. pp. 1－8, 17, 18, 19, 23, 33, 27, 32, 29,

30. 无档案号——引者。

[167]V. Dumitrescu，*Către AMBASADA R.P.R. -PEKIN*. AMAE，1960.3.8. NR. 9090/DR. VI. Dosar20/60（外交部副部长 V. 杜米特列斯库：《给罗人民共和国驻北京大使馆的指示》，1960.3.8. 外交部档案，第 20 卷/1960 年，第 9090 号），pp. 1，3.

第三章

柳暗花明：20 世纪 60 年代前期的中罗关系

从 20 世纪 50 年代末期开始，主要是受中苏关系恶化的影响，中国与东欧各国，包括与罗马尼亚的关系也开始变得冷淡起来。随着中苏关系发展到公开论战和罗苏矛盾的日益激化，中罗两国在反对苏联的大国沙文主义、维护民族利益和党的主权等问题上有了越来越多的共同语言，双方联手抵制苏联。两国关系从 1963 年起有了明显的改善，双方在政治、经济、文化、军事等方面的交往深度大大超过 20 世纪 50 年代的水平。罗马尼亚因而在苏联阵营内部获得了更大的活动自由，也提高了自己的国际地位。

布加勒斯特会议和 1960 年莫斯科会议

中共和苏共在意识形态上的分歧始于 1956 年召开的苏共二十大。在 1957 年召开的莫斯科会议上，中共和苏共在国际形势、战争与和平以及和平过渡等问题上也有分歧。不过这些分歧最初并没有明显地影响中苏国家关系，只是到了 1958 年，两国在国家利益问题上产生了尖锐对立后，国家利益上的矛盾与两党意识形态上的分歧交互作用，才导致了中苏关系在 20 世纪 60 年代初迅速恶化起来。

从 1960 年起，中苏之间的争吵愈演愈烈，并走向了公开化。6 月初，世界工会联合会（世界工联）在北京召开第 11 次理事会，中苏两国代表在中国众多领导人在场的情况下发生争执。半个月后，苏共在布加勒斯特会议上发动了对中共代表团的围攻。正如苏共中央政治局委员苏斯洛夫所言：布加勒斯特会议的召开，是由于有北京的世界工联理事会。[①]

本月初，苏共向中共建议，利用罗工人党举行第三次代表大会的机会，在布加勒斯特召开12个社会主义国家的兄弟党会议，就当前的国际问题交换意见。中共中央表示同意。虽然尚不清楚会议的议程，但似乎已预见到在会上将会有激烈的争论，于是决定由级别更高、能力更强的政治局委员、书记处书记、北京市委书记彭真代替原定的政治局委员、上海市委书记柯庆施率领中共代表团去布加勒斯特。[②]临行前，毛泽东为代表团提出的方针是："坚持团结，坚持原则，摸清情况，后发制人，据理辩论，留有余地"。

中共代表团抵达布加勒斯特时，机场上的欢迎场面冷冷清清。会前，中共代表团多次向苏共代表团询问布加勒斯特会议究竟怎样开，后者总是含糊其辞。到达布加勒斯特后，中共代表团被与其他党的代表团隔离开，罗方派给中共代表团的联络员既不告诉这些代表团的住处，也不给安排相互的拜会。[③]6月22日，当彭真在罗党三大上致词时，"全场起立，热烈地、长时间地鼓掌，高呼'乌拉'。在彭真同志讲话时，会场上不断响起热烈的掌声。彭真同志讲话结束后，全场再次起立，掌声经久不息。"似乎仍旧是一派团结景象。[④]直到会议召开的前一天，中共代表团才拿到了苏共中央给中共中央的通知书，终于证实了苏共借会议要整中共代表团的怀疑。后来毛泽东曾说，赫鲁晓夫布置好了包围圈，是骗我们到布加勒斯特去的。[⑤]

6月24日，布加勒斯特会议开幕，赫鲁晓夫指定乔治乌—德治主持会议。乔治乌—德治后来在罗党中央全会上说："我是在赫鲁晓夫同志的请求下，才主持会议的，于是我成了一些成心来吵架的人的会议主席。"[⑥]他是名义上的主持人，实际上他"不得不受制于赫鲁晓夫的股掌之中，弄不清赫鲁晓夫在搞什么名堂"。[⑦]赫鲁晓夫始终坐在他身旁交头接耳，不时加以指点，遇到他难以应付的局面，赫鲁晓夫就直接出面干预。他要讲话，站起来就讲，从不征得会议主席的同意。在苏共的率领下，其他与会党的代表依次发言，直接攻击中共。乔治乌—德治在发言中也指名批评了中国：

> 我们必须明确指出，中华人民共和国出版的题为《列宁主义万岁》一书中发表的一系列讲话和文章中阐明的观点是非常错误的。
>
> ……
>
> 中华人民共和国驻我国大使馆的做法是错误的。该使馆在未征得我党中央同意的情况下，擅自将《列宁主义万岁》一书用罗文版印刷4500册在罗马尼亚散发，是不适宜的。这些做法，以及对我们党的干部就国

际问题和社会主义建设问题进行意识形态游说，是与我们两党和两国关系的性质格格不入的，是对独立自主决定我国政治和思想路线的罗马尼亚工人党内部事务的干涉。[8]

不过，和其他党的发言比起来，这个发言还算是比较温和的。只是不知他为什么不称“中国共产党”，而称“中华人民共和国”。

讨论会议公报时，彭真提出了修改意见，赫鲁晓夫一口咬定：“公报一个字不能改。”[9]当天休会前，乔治乌—德治宣布，大家都呼吁中国共产党和它的主席毛泽东同志能够为着团结，同意代表团签字。[10]6 月 25 日，在罗党三大的最后选举结束后，乔治乌—德治向代表们通报了 2 天来布加勒斯特会议上中苏冲突的情况，认为“中苏分歧已经发展得很尖锐了”，中国代表团“的行动现在已经成为国际工人运动中的分裂主义活动”。[11]

布加勒斯特会议的召开及其散发出的浓烈的火药味，几乎吸引了毛泽东的全部注意力。[12]会议期间，他几乎天天召开中共中央政治局常委会议商议对策。25 日晚 23 时，中共中央给中共代表团发来指示，要求代表团约见乔治乌—德治，告诉他中共中央同意会议发表一个公报，但要求在会议上提出修改意见。如遭乔治乌—德治或赫鲁晓夫拒绝，应据理力争。

彭真立即要中国驻罗大使许建国请求约见乔治乌—德治。[13]26 日凌晨 2 时，彭真和伍修权在乔治乌—德治的官邸拜会了他。出乎中国人意料的是，罗几乎所有的主要领导人都来了。彭真首先表示了来意，并为深夜的打搅而致歉。乔治乌—德治回答得很好：我们像士兵一样，任何时候有需要就要立即出发。接着他发表了一大篇热情颂扬中国人民的伟大成就，深情回忆起 1956 年毛泽东会见他的往事的讲话。

彭真说，我们对乔治乌—德治同志，对罗马尼亚党中央有深刻的认识，毛泽东同志经常讲到同乔治乌—德治同志有过一次较深刻的谈话。从北京出发时，毛主席就告诉我们一定要坚持团结，坚持原则。我们路过莫斯科时，同科兹列夫等同志会谈了 8 小时。他们提出了一些意见，我们也作了答复；但是，是采取建议的形式，目的是在主要分歧问题上取得谅解，但未能达到目的。赫鲁晓夫在你们三大讲话中批评我们，我再三考虑，还是决定不修改我的讲话，不给你们党增加麻烦。今晚赫鲁晓夫在宴会上，当着资本主义国家的记者骂我们。他讲完后，我走过去给你们敬酒，也同赫鲁晓夫碰了杯。乔治乌—德治表示赞许：彭真同志，你做得好，是为了我们的大局。

彭真向他转达了中共中央的意见，希望在26日上午先召开12个社会主义国家兄弟党代表会议，中国代表团将提出对会议公报的修改意见，并有所声明。但不管有多少意见被会议采纳，中国都将在公报上签字。⑭

乔治乌—德治听后连声说："中国共产党真伟大，在这种情况下，能够采取顾全大局的步骤。"⑮他说，要冷静，各人脾气不同，水平不同。有的火烈，有的粗暴，但总得保持冷静。对整个局势我们都负有很多责任。苏联代表团散发的通知书，我们收到的时间和你们一样，也没有足够的时间研究，直到会议开始前苏共才告诉我们怎样开。再加上我们还要忙于自己的代表大会。不要太重威信了，我们也不止一次地处于这种情况下。莫洛托夫、贝利亚、马林科夫、卡冈诺维奇那时候，苏联让我们签一个文件，竟连拿到手里仔细阅读的机会也没有，文件远远地摆在我面前，叫我签字（按这应该是指1948年2月4日乔治乌—德治被叫到莫斯科，与苏联领导人签订《罗苏友好互助合作条约》之事——著者）。斯大林活着的时候我不止一次受到他当面的批评，有时拳头都举到我额头前，说"我不相信你"。⑯他实际上是在告诉彭真，他们也是苏联大国沙文主义的受害者，他们在会议上的言行实属出于无奈，只能对中国表示同情。

会见结束时已是26日凌晨4时30分。晨7时，彭真把对公报的修改意见交给了罗党中央的联络员罗明。上午，布加勒斯特会议决定不再讨论中国代表团的修改意见。于是彭真把代表团的声明散发给另外11个代表团。中国代表团用这种方法，既顾全了大局，保证了会议的顺利结束，又谴责了苏共的老子党行径。这时乔治乌—德治连忙出来打圆场说，时间不早了，公报草案已经通过了，中国也同意签字了，于是宣布会议闭幕。⑰

布加勒斯特会议并不是第一次把中苏分歧暴露在社会主义阵营里，而是第一次把中苏分歧暴露于社会主义阵营之外，因为参加布加勒斯特会议的还有前来参加罗党三大的几十个非社会主义国家的党的代表。会议的目的和严重性在于，赫鲁晓夫发动整个社会主义阵营的力量，企图压服中共。

20天后，咽不下这口气的赫鲁晓夫乘中国经济极为困难的时候，宣布立即撤走全部在中国的苏联专家，率先把党际分歧扩大到国家关系上，使中国当时经济上的严重困难又雪上加霜，伤害了中国人民的感情。在布加勒斯特会议上，保、德、捷党的代表追随苏联最积极，在会后反华也更为激烈。而阿尔巴尼亚代表坚决抵制对中国的攻击，朝鲜和越南代表则呼吁苏中团结。

罗党没有完全追随苏联，作为东道主，对缓和会议气氛，维护社会主义国家各党的团结，做了力所能及的工作。对此，中国代表团充分理解罗的难处，多次向罗方表示过谢意。1971 年齐奥塞斯库访问中国，与毛泽东会谈时，毛泽东又提到了这件往事："1960 年，召开布加勒斯特会议，那是强加于你们的。乔治乌—德治同志实在困难啊！能够怪你们么?"齐奥塞斯库说："那次会是在我们那里召开的，在一定程度上我们也有过错，因为当时我们也可以不同意在我们那里召开这个会。现在和今后在罗马尼亚都不会再召开这样的会了。"毛泽东谅解地说："那个时候人家要在你们那里开，也难拒绝。"[18]

布加勒斯特会议后，毛泽东得出了"赫鲁晓夫现在是修正主义的代表，向马克思列宁主义进攻，向社会主义阵营和国际共产主义运动进攻"[19]的结论。但并不认为中苏关系已无可挽回地恶化了，仍然认为只要与苏联的错误坚决斗争，就能防止事态进一步恶化。抱着这个目的，这一年 11 月，以刘少奇为首的中共代表团参加了在莫斯科召开的 81 国共产党和工人党代表会议。

会前，苏共代表团又向各代表团散发了给中共中央的一份"答复书"，全面攻击中共。会议开始后，许多代表团纷纷点名指责中共搞分裂，连罗、波、匈党的代表团也加入了指责中国的行列。与会的中共中央候补书记杨尚昆在日记中愤愤地写道：11 月 18 日上午的发言内容，包括德治的，"都很坏"；他在 24 日的发言，与当天发言的其他的 25 人一样，"均是一套定型的语言，明白地攻击我党"。[20]乔治乌—德治在发言中说：

> 邓小平同志的讲话完全拒绝了与会者对中国的批评。更有甚者，在我们看来，在这次讲话中，中国同志走得更远了，没有向其他绝大多数共产党的立场靠拢，相反同他们之间的裂痕加深了。
>
> 在不同的场合，中国同志已经声称，中国共产党不想在国际共运中担当与众不同的角色。但是那些试图宣称中国共产党是国际共运拯救者的言论又该如何理解。我们认为，中国共产党这种过分的要求对于国际共运的团结非常危险。而他们关于共产主义运动形势的评论，不仅对于我们的整个运动，而且对于我们每一个兄弟党都是一种耻辱。众多发言者已经充分证明，这种评论是违背事实真相的错误言论。
>
> 我们觉得，中国同志采取的是公开破坏共产主义运动团结的立场，其目的是制造工人运动中的另一条路线。这将对我们运动的团结产生严

重危害。

同其他兄弟党一样，我们在这次会议上也指出了中国同志所犯的错误：违反列宁主义关于党际关系的规定，凌驾于其他兄弟党之上，试图从一些兄弟党中间吸收支持他们立场的新成员，在国际群众组织中拉帮结派。㉑

中共代表团顽强抗争，莫斯科会议陷入空前激烈的争吵，大有国际共运从此分裂的势头。这时，刘少奇让中国驻苏大使刘晓向波兰和罗马尼亚驻苏联大使提出，请他们分别“影响”哥穆尔卡和乔治乌—德治，“使他们在会议最紧张时能出面缓冲一下”，中共代表团将予以“合作与协助”。这一做法“对缓和当时紧张形势起了良好的作用”。㉒12月1日是会议的闭幕日，就在多数人都认为中苏关系就要破裂之时，中苏两党领导人却又握手言欢，中共代表团在宣言上也签了字，使会议在团结的气氛中结束。次日，刘少奇以中国国家元首的身份正式访问苏联，获得圆满成功。毛泽东和赫鲁晓夫对莫斯科会议的这个结果都比较满意，中苏关系于是又出现了一段较为缓和的时期。

但是，这只是暂时现象。

中罗关系的波折

据中国驻罗使馆报告，布加勒斯特会议以前，“罗对我保持一般的兄弟关系，不冷也不热”。会后，不但中苏关系明显地恶化，中国与东欧各国的关系，除阿尔巴尼亚外，也都程度不同地出现了冷淡或恶化倾向，罗方对中国的态度也“发生了急剧的变化”。㉓

布加勒斯特会议后，东欧各党纷纷发表对会议的决议或公报，支持苏共的立场。罗工人党中央的决议说：“反对帝国主义，争取和平和社会主义斗争胜利的保证，……在于坚定地反对修正主义以及宗派主义和左倾教条主义，他们低估和平及社会主义力量、使它们涣散和迷失方向，错误地估计共产党和工人党所面临的任务。”㉔不指名地批评了中共的立场。接着，乔治乌—德治又“迫于苏联的压力”致信毛泽东，阐述罗党对争论问题的观点，批评中共在会上散发的声明。但据该信的执笔人尼古列斯库—米齐尔回忆说：“信中所表明的态度很含糊，也没有什么指责的言辞。”当时乔治乌—德治还说了这样一句话："我们不再是 1949 年的罗马尼亚了。"他所指的是 1949 年罗追随苏联谴责南斯拉夫的事，事实证明那是错误的。他这句话的意思是，罗在党际关系问题上不能再对苏联亦步亦趋了。[25]参加了罗党三大的扎哈列斯库大使（罗工人党中央候补委员——著者）提前回到中国，要求将此信向毛主席面呈。后来此信交由李富春代转。[26]

据中国有关部门报告：

自 6 月下旬各国共产党、工人党布加勒斯特会议以后，罗方对我态度上总的说是较前冷淡，但也表现有冷有热，冷中有热的情况。目前罗方在其 8 月中央全会之后已根据其决议精神向其全体党员进行了传达，据悉在传达时主要是污蔑我为反对和平共处和反对苏联损害了社会主义阵营的团结等，颠倒是非妄图丑化我党（一般党员在听了传达后理解为我如铁托主义分子）。近来罗工人党机关报——《火花报》又转载了《苏真理报》针对我不同观点的文章如《和平共处是生命的必需》由此可见罗是在配合苏对我施加压力，对我采取冷遇的态度可能日有所增，但估计在各国共产党、工人党预定的 11 月莫斯科集会前，不至于有更多更大的变化。罗方将希望寄托在莫斯科会议，故在目前将尽可能维持两国间的正常关系，在对外活动中罗方控制极严，对彼此分歧的问题则采取避而不谈。

中国驻罗使馆向国内报告，罗在内部"组织了一个规模巨大的、旨在把我涂黑和企图深入灌注修正主义思想，以政治上、思想上巩固其内部巩固其领导地位的宣传运动"，以便"加强对我的限制封锁、防止我正确观点、路线及建设成就对其广大干部和广大群众的影响"。其"规模、深度、持续性这几方面总起来说在罗是少见的"。在内部传达中主要攻击中国：1. 反苏，与苏联争夺对共运的领导权。2. 骄傲自大、忘恩负义，"踢走了苏联专家"。3. 好战，反对缓和国际局势，反对和平共处。4. 干涉罗内政，散发《列宁主义万岁》等三篇文章。5. 违反马列主义搞国内建设，搞糟了，人民公社脱离实际。[27]

莫斯科会议后，乔治乌—德治先召开了党中央政治局会议，交流并研究了工人党代表团在莫斯科会议上的见闻。乔治乌—德治称中共已经"偏离了马克思列宁主义，对国际共运构成了巨大威胁"。"他们的错误立场尽人皆知，他们的分裂活动已被揭露，如果国际共运和工人运动内纵容这样的行为和方式，将会严重威胁运动本身”。[28]与会者对他的发言表示赞同。随后，他又向党中央全会作了关于工人党代表团出席莫斯科会议的报告，对“我党在与中国同志的诋毁苏联共产党、削弱共产主义运动的团结的错误企图作斗争的考验中表现出的原则性和坚定性感到极大的满意”。[29]

不过，由于在莫斯科会议闭幕前中苏两党都作了一定的妥协，“中共做出的让步更大”，[30]中苏关系在会后反而有所缓和，因而中罗关系在莫斯科会议后也出现了一定的缓和。中国驻罗使馆对此分析说：“一年来，罗对我态度显然基本上以苏联态度为转移，故估计此次对我态度的改变也主要是由于苏联最近做法的影响。”[31]

1961年9月，罗新任驻华大使乔治乌（Dumitru Gheroghiu）向中国国家主席刘少奇递交了国书，刘少奇与他进行了坦率的谈话：

刘少奇同志指出，我们两国是友好国家，即使有不同的观点，也仍是坦诚相见的。

乔治乌同志回答说，我们认为，这些观点上的分歧是不正常的，是不利于加强我们两国人民的友谊的。……

刘少奇同志强调，观点上的分歧不要影响我们两国和两国人民的关系。

由于两国有不同的国情，在一些问题上有时存在认识上的分歧是正常的。

乔治乌同志辩驳说，认识上有分歧是允许的，但不能在基本问题上有分歧。

刘少奇同志说，用马克思列宁主义分析现实情况是有可能得出不同的结论的。主观必须服从客观，然而主观并不总是服从客观的。[32]

从谈话记录来看，乔治乌总在强调两党之间的分歧，而且认为是原则分歧。而刘少奇则强调这是正常的，中罗两党和两国可以求同存异。这与当时中国对苏联的态度，甚至对东欧其他国家的态度显然是有差异的。

10月，苏共二十二大召开，周恩来率代表团出席。这次大会再次大批斯大林，重申苏共二十大提出的和平共处、和平竞赛和和平过渡的观点，并指名抨击阿尔巴尼亚领导人。虽然中苏两党都尽力维护莫斯科会议后双方关系上的缓和气氛，不互相直接攻击，但中共不想掩饰对大会的愤懑，周恩来提前回国，毛主席亲自到机场迎接，以强调对周恩来的赞许和对苏联的怨恨。在这次大会上，尽管乔治乌—德治与赫鲁晓夫在罗的国内政策上有争吵，但罗工人党仍明确地支持了苏联的对华立场。会后，罗又追随苏联，与阿尔巴尼亚断交，与中国拉开了更大的距离。美联社评论说，罗是苏共二十二大后“正式地摇摇摆摆地跟在莫斯科后面的除了阿尔巴尼亚以外的最后一个共产主义卫星国”。[33]此后，中罗关系明显地降了温。

据罗驻华使馆报告，在1961年第4季度，“显然中国新闻界对我国的宣传继续减少，这是由中共在苏共二十二大后对欧洲社会主义国家（阿尔巴尼亚除外）的基本态度决定的”。[34]罗驻华使馆又在其工作总结中说：

> 中华人民共和国同我国的关系，从总体上讲，与它同其他社会主义国家的关系没有大的区别。
>
> 从去年下半年起，中国同志们减少了同我们使馆的情况通报，同其他社会主义国家的外交代表机构也一样。
>
> 中国同志出席我们使馆举行的各种活动的级别也很低。即使是费了很大周折总算在一些场合与相当级别的中国同志见了面，也往往无法同他们进行实质性的交谈。同中国同志的私下见面也很困难。促使中国同志采取这种措施的主要原因是，政治和意识形态的分歧使中国同志全面削减同社会主义国家的关系，包括同我国的关系。[35]

据中国有关部门报告：

> 自［苏共］22大以来，罗对我态度显然是更为冷淡了，十月革命节前后，罗高级领导人甚至还正面对我挑衅（中下层干部一般都不涉及这方面的问题），遭我严辞顶回。最近在外交活动和个别接触中，罗对我虽仍采取冷淡态度，但还保持着一般的外交礼遇，近几日来还未再对我正面挑衅。我们同罗有关方面的文化和商务交涉来往还较正常，罗在接待我代表团态度表面上一般也还友好，但避免涉及政治问题。对我的封锁、限制有所加强，……

1962年初，中国使馆对这一趋向有了更多的报告。1月份的一个报告反映说："罗对我态度趋向更冷封锁更严。"

> [去年] 12月29日罗外交部新闻司招 [召] 见我馆新闻随员提出要求我今后向罗方单位分发材料时注意，不要分发与罗方观点不同的材料。他们提到《北京周报》。另外过去街上报摊还有少量《人民日报》、《北京周报》等。22大后除《人民画报》外其他中国刊物都看不见了。致 [至] 于罗方报纸报导我国消息也日已 [益] 减少，年终罗报综合报导社会主义国家成就时，根本没有提中国、阿尔巴尼亚及越南。电视社会主义国家节目中也没有中国的。

6月份的一个报告又反映："6月初许大使到外地参观，遭到冷遇。罗方态度极不友好。参观不表欢迎，招待甚差，有的单位连水都不给喝。原计划参观的重型机械厂，到时向我要证明，有意刁难，不给安排参观。这是几年来从未有过的极不礼貌的事件。"

对于罗方的所作所为，中方没有采取对抗行动，但对罗方的态度也比较冷淡。1961年3月25日，刘少奇等中国领导人致电乔治乌—德治等罗领导人，祝贺他们担任国务委员会主席等职务。但在11月8日乔治乌—德治的60岁寿辰之时，中国却没有给他发贺电。

1960年中国驻罗使馆举办国庆酒会，由临时代办王鲁明主持。罗方出席的是部长会议主席斯托依卡。1961使馆的国庆酒会由大使许建国主持，罗方出席的却只是部长会议副主席波德纳拉希。而同年中国使馆在东欧其他国家举办的国庆招待会，出席的却一般都是驻在国的执政党主席、议长或政府首脑。耐人寻味的是，《人民日报》在报道中国使馆这两次活动的气氛时，仍然分别用了"极其热烈友好"和"宾主频频举杯热情祝贺"的词句。[36]

在这期间，中罗贸易额急剧下降，从1960年最高峰的5952万美元一下子跌到1961年的2490万美元和1962年的1290万美元，二年间跌幅达300%！罗使馆报告说：两国"1961年的议定书规定的换货额比上一年减少了30%。在1961年罗马尼亚人民共和国对中国的900万新卢布的出口总额中，90%是1960年签约的。……中华人民共和国没有向我国供应棉花和橡胶。至于1962年，中方既迟迟不提交他们打算进货的清单，也迟迟不开始同我方谈判"。[37]虽然有分析说，两国贸易额的下降"主要是由于中国连续遭受自然灾害。罗方对于中方提出撤销合同的要求，采取了谅解的态度"。[38]但是，两个兄弟国家的贸易额在一两年内跌幅如此之大，与两国关系的波折不可能没有直接的关系。

中罗关系的这次波折，大约从 1960 年持续到 1962 年下半年，时间不长，却可以说是两国 50 多年关系史上的最低谷。导致这种情况的原因，主要在于中苏关系和罗苏关系的一冷一热。一方面，是罗党在意识形态问题上与苏共的观点类似，有共鸣，与中共分歧较大。1959 年以后，在赫鲁晓夫一再强调各社会主义国家都要和苏联“对表”，严惩敢于支持中国的阿尔巴尼亚的高压下，在罗苏关系尚无重大利害冲突产生的前提下，罗自然会继续在意识形态问题上，特别是在对华关系上追随苏联。而中共中央在这时已认定苏共是修正主义政党，这种认识必然会影响到中罗关系。另一方面，是从 20 世纪 50 年代末起，罗的经济发展已进入快速增长的轨道。罗党三大通过了关于雄心勃勃的经济六年计划和十五年远景规划的决议，因此罗这时特别需要增加外援。在西方的援助尚不能满足要求时，作为罗最大的贸易国苏联的援助对罗就显得更加重要，罗必须更密切罗苏关系，以便尽可能多地及时获得苏联的援助。

1961 年 8 月，乔治乌—德治率领党政代表团访问了莫斯科，罗苏关系被两国媒体炒得炙手可热。罗报纸称刚披露的《苏联共产党纲领草案》是“我们时代的共产党宣言”。苏联领导人则在讲话中称乔治乌—德治是“苏联的伟大朋友”。赫鲁晓夫说：“苏罗友谊是建立在两党看法一致的基础上。”据中国有关部门分析：

> 苏之所以在这个时机选罗充当歌颂的角色。可能是由于罗在历次斗争中都比较“稳健”，比较“审慎”，留有余地，不像捷、德、保那样暴露无遗。罗以前还未公开明确地表示死心塌地跟赫鲁晓夫到底，只在这次才表态说决心“像可靠的同志和不可分离的兄弟那样”，跟着赫的脚步“并肩前进”。这样，用罗来歌颂作用更大，此外罗在东欧也是个大国，近年来国内建设也搞出了一定成绩（工业发展速度比其他东欧兄弟国家快，比例也高），因此对东欧社会主义国家也有一定影响。

1960 年 11 月莫斯科会议期间，两国签订了 1961—1965 年长期贸易协定。根据这一协定，今后 5 年内两国之间的贸易额将比过去 5 年的贸易额增加 40%左右。[39]这次乔治乌—德治访问苏联，主管外贸的部长会议副主席伯尔拉德亚努（Alexandru Bărlădeanu）也随团而来。乔治乌—德治的讲话和罗报刊发表的社论都强调两国的经济合作和苏联援助对罗经济发展的重要性。从最后发表的两国联合公报来看，罗至少是部分地如愿以偿。

综上所述，中罗关系的这次波折，主动方似是罗。从罗方的所作所为来看，多是一些细枝末节的小事情，基本上没有对中国公开的恶意中伤和谩骂。与当时东欧其他几国与中国的关系恶化相比，中罗关系仍然还是比较好的，甚至还要好于同期中国与波兰的关系。中罗两国在某些方面还能够继续过去的一些做法。1960年8月罗驻华使馆举行的国庆招待会，既没有祝酒词，也没有奏国歌。“在社会主义国家使馆举行的国庆招待会中”，“这还是第一次”。但是，“中国同志很重视我们的国庆”，尽管得到了招待会程序变化的通知，中国领导人仍按计划参加了使馆的招待会。[40]

10月6日，乔治乌—德治率罗代表团出席联合国大会并作发言时，再次呼吁恢复中华人民共和国在联合国的合法席位：“现在已经很清楚，如何对待承认伟大的中国人民在联合国组织中的合法代表权问题，归根结底，反映出每个国家对待联合国宪章的原则和根本目标是否具有诚意和坚持不渝。……怎么能够在口头上说联合国组织必须是普遍性的而在实际行动中却阻挠一个拥有占人类四分之一人口的大国参加活动呢?”

峰回路转

从1962年下半年开始，中罗关系又渐渐出现了峰回路转，罗有意向中国靠拢，中国也积极予以回应的迹象。8月23日，乔治乌大使举办庆祝罗解放18周年招待会，中国国家副主席董必武和副总理陈毅出席，出席的规格和《人民日报》的报道都恢复到了1960年以前的水平。乔治乌大使在讲话中祝建筑在马列主义和社会主义国际主义原则基础上的罗中两国的友谊和兄弟般的合作继续发展和加强。陈毅在讲话中说：“中国人民十分珍视同罗马尼亚人民的友谊。”

9月，在为东德领导人乌布利希访罗举行的欢迎宴会上，乔治乌—德治主动招呼中国大使许建国过去和他碰杯。他向许建国祝愿说：“为了加强社会主义国家间的团结一致，为了贵国的繁荣，为了中国人民。”又把手按在胸口两次重复道：“我是真心诚意的。”

10月1日，许建国大使为中国国庆13周年举办酒会，罗党中央政治局委员、书记处书记斯托依卡等人应邀出席。以往驻社会主义国家的中国大使在各驻在国举办国庆招待会，《人民日报》都是用一个大标题予以综合报道。但从这次开始，《人民日报》用专门的标题报道中国驻罗使馆的国庆招待会。报道中还提到，“酒会是在热烈友好的气氛中进行的”。当晚，许建国大使还分别在布加勒斯特的广播电台和电视台发表了讲话。[41]这又是与以往不同的。

从1962年11月到1963年1月，工人党代表团先后参加了东欧5国执政党的代表大会。在这些会议上，又出现了对中共和阿党的群起围攻。但是，“在所有这些党的代表大会上，罗马尼亚代表的发言都小心翼翼地避开了所有的争论。”[42]1963年1月，乔治乌—德治没有率团出席东德党的代表大会，而是让斯托依卡代替他去了柏林。斯托依卡虽然在致词中也批评出席会议的“中共代表在这里作的演说中所表示的立场，无益于消除兄弟党之间的分歧意见和巩固它们的团结”。[43]但比起其他党的发言来要温和得多。

1962年12月，齐奥塞斯库与来访的印度共产党主席丹吉进行了会谈。就在两个月前，印度挑起了中印边界冲突，被中国军队击退。齐奥塞斯库在会谈中一再强调，对中印冲突要“用谅解的态度来解决问题”。丹吉最后问：“在论战中你们的报刊是否公开发表对中国立场的评论？”齐奥塞斯库回答：“我们已在我们的报刊上，包括在近来召开的保加利亚、捷克斯洛伐克、意大利党的代表大会上，多次表达了对那些问题的看法。”“我们不认为有必要再扩大这些争论。我们的报刊有足够多的重要问题要进行争论。”[44]

1963年起，罗方有意改善中罗关系的迹象更为明显。3月8日，罗外贸部长会见许建国大使，“就贸易谈判交换意见，态度较友好，他希望贸易额有所增长，并代表党和政府强调要在莫斯科宣言和声明的基础上加强中罗友谊。据各方了解，罗领导已将我反修的几篇文章翻成罗文并在司局长以上干部中研究讨论。……报纸社会主义国家栏也开始登载我国经济建设消息。”中国有关部门立刻敏锐地觉察到：“罗所采取的措施看来不是单纯的表面姿态”，建议说：

> 在罗正在发生变化的情况下我们应该在不超出罗尚存顾虑的限度范围内，积极地展开活动，多做工作，一方面积极进行对修正主义的斗争，扩大他们之间的矛盾，……欢迎罗领导采取的任何有利于国际共产主义运动团结的行动，以促进罗与以赫［鲁晓夫］为首的修正主义集团的进一步分野；另一方面，也要注意灵活运用策略，避免做一些使罗领导认为为难的事，照顾他们的困难也是必要的。我们并建议党中央和政

府在适当时机在政治经济文化方面采取一些必要的相应措施，以推动罗向健康方面发展。

4月9日，中罗1963年换货和付款协定在布加勒斯特签字。当年两国的实际贸易额比1962年增长了140%，达到3148万美元。[45]在中国与东欧各国的贸易中，这一增长幅度仅次于中阿贸易额的增长。据罗驻华使馆报告：

本年度，中方继续良好地履行了合同的诺言，甚至根据罗方请求和自己主动地超过合同规定提供某些商品。同样在某些方面，提高了出口产品的质量。

中国同志态度的改善，还表现在1963年科技合作协定和议定书的谈判过程中。这些谈判是在友好和相互谅解的气氛中进行的。中方有兴趣在此领域继续发展合作关系，并称赞罗马尼亚对中国的支持。同时，中方还对我国在社会主义建设中取得的成就，以及我们国家的领导给予了正面评价。[46]

4月，乔治乌大使受罗党领导委托，要求向中共中央通报有关情况，中共中央指定由彭真会见。在会见中，乔治乌详细介绍了罗苏分歧，特别是罗苏在经互会中的矛盾，再次解释乔治乌—德治在1960年主持布加勒斯特会议并非出于本愿。第二天，陈毅副总理兼外长受周恩来委托会见并宴请了乔治乌，作了进一步的交谈。

7月5日，周恩来约见了乔治乌。他赞扬乔治乌—德治没有出席前不久东德党的代表大会是英明的。在这次会议上，赫鲁晓夫第一次用起哄的办法鼓动与会的各党代表，指名攻击中共。乔治乌—德治主要是因为自他1962年10月访问苏联并悻悻而归以后，不愿意再见到赫鲁晓夫，同时也不想参与围攻中国，故没有去柏林。周恩来表示：我们反对赫鲁晓夫强加于人，也不会把我们的意见强加给兄弟党，我们理解罗马尼亚的处境，希望两党今后增加相互了解。他请乔治乌把上述谈话转报罗党中央。会见后，周恩来指示中国对外经济联络委员会主任方毅会见罗大使，商讨给罗经济援助的问题。[47]

6月14日，中共中央发表了《关于国际共产主义运动总路线的建议——中国共产党中央委员会对苏联共产党中央委员会一九六三年三月三十日来信的复信》。19日，罗党政治局候补委员勒乌图会见了许建国大使，一方面再次强调“求同存异。促使我们团结的因素分量要重得多，比分歧点要重要得多”。另一方面又指出：

> 大使同志知道，我们党最近一段时间坦诚地、原则性地阐明了自己对社会主义国家之间经济合作的一些问题的观点。如果我们不这样来做，我们就不配是共产党人。有人在谈论指挥棒问题。我们决不跟着别人的指挥棒演唱，我们有自己的指挥棒。我们党的领导是一位好的指挥，能指挥任何歌剧作品，而不论它的难度有多大。这无论从我们的国内政策，还是我们对国际问题的立场，都可以看出来。

许建国“表示完全理解”勒乌图的这番话，他高兴地表示：“任何时候需要，只要你们向我发出邀请，我都会高兴前来。”[48]

7月底，经互会第18次会议和华约政治协商会议同时在莫斯科召开。由于罗等国的反对，经互会没有能够建立拟议中的超国家机构，华约组织也没能采纳苏联的建议接纳蒙古国为成员国，[49]而后者显然是针对中国的。后来乔治乌—德治对中国大使刘放谈起这一问题：“去年，在华约政治协商委员会会议上，接纳蒙古国加入该组织问题被写进了日程。我们表示反对，认为这无异于对中国挑衅。”我们问他们：

> 如果中国质问，而且它有一切权利质问，蒙古为什么加入华约组织，我们将如何回答？我们回答说：我们担心美国对蒙古发动攻击吗？……我们请求将此问题从会议日程上删去，因为它不合情理。……如果这个问题不能从会议日程上删去，至少也要延期讨论。葛罗米柯问：推迟到什么时候？我回答说：我无法说，因为也许甚至根本不会再讨论这种问题。无论如何，我们不清楚为什么要把蒙古拉进华约组织。第二天，赫鲁晓夫同志表示，这个问题将从议程中删去。[50]

11月7日，在布加勒斯特庆祝苏联国庆节的大型宴会上，趁着罗许多领导人正在簇拥着苏联驻罗大使，乔治乌—德治走近许建国大使，约他过些天晤谈。[51]12月12日，许建国拜会了乔治乌—德治，与他进行了6个多小时的交谈，后者详细阐述了罗党对国际共运内部分歧的态度，以及罗苏关系中存在的问题。他说，在布加勒斯特会议上他是被迫当了主席，事后才逐步了解到“不是中国开始攻击的”；罗参与批评、指责中国是错误的，请予谅解。毛泽东同志是伟大的领袖，不许任何人污蔑他，我们对有些人的恶劣态度非常愤慨；罗今后不会参加没有中共参加或对中共不利的会议；建议两国加强高层来往，双方在许多重大问题上的立场是一样的，“应该有更系统化的接触方式，高级领导人可以交换意见”。同时他希望双方的这些交往不要过分声张。

4天以后，中共中央副主席刘少奇和总书记邓小平约见了乔治乌大使，表示中共中央完全同意乔治乌—德治对赫鲁晓夫、对苏共领导人、对兄弟党和兄弟国家关系的准则和对斯大林问题的看法，感谢他对毛泽东主席和中共的评价。中共赞扬罗党处理兄弟党、兄弟国家关系的原则立场和做法，同样希望增加两党领导人的接触。1964年1月24日，中共中央又就如何建立两党高级接触问题答复了罗方。[52]从1963年起，两国主要领导人经常召见对方国家的大使进行长谈，传递一些内部的信息，交流一些真实的想法，用这种方法保持双方密切的高层往来。乔治乌—德治要求罗驻华大使把每次与中国主要领导人的谈话报告都直接送他审阅，不要经他人转交。[53]

从这一年起，罗各报刊都不再发表针对中国的论战性文章，中国驻罗使馆也停止在罗散发“反修”的小册子。[54]中罗两国开始在外交上默契配合，与苏联的控制和干涉作斗争，共同推动两国关系的发展。

罗苏关系日趋紧张

仅仅经历了两年的低谷，中罗关系就迅速地得到恢复，并且更加密切。最主要的原因，还是中苏关系和罗苏关系变化的影响。显而易见的是，中罗关系开始走出低谷之日，正是中苏关系和罗苏关系日益趋于紧张之时。1962年中旬以后，罗独立自主地发展民族经济的愿望与苏联利用经互会干涉各成员国经济发展的政策之间的矛盾，苏联共产党以老子党自居，任意干涉他国、他党内政，与罗党坚持独立自主、在中苏分歧中严守中立的立场之间的矛盾明显激化，甚至也爆发了激烈的争论。

罗马尼亚是经济比较落后的国家。为尽快改变落后面貌，第二次世界大战一结束，罗就制定了通过优先发展重工业，尽快实现工业化和国家现代化的发展战略。乔治乌—德治早在1945年就说：“恢复与发展重工业应该是恢复与重建国家的基础”，“我们在未来所面临的几乎全部经济问题都是与发展重工业相联系的。”[55]20世纪50年代，罗国民经济发展得很快，从1944年算起，“仅在十五年的时间内，就变成了拥有强大的工业和正在沿着社会主义道路发展的农业的国家”。在罗解放15周年时，德勒吉齐总结说：

> 在这方面起决定作用的是执行了列宁主义的社会主义工业化政策，这是合乎人民的切身利益、社会发展的客观要求以及建立新制度的物质技术基础的需要的政策。罗马尼亚人民通过本身的经验检验了这一点，即社会主义工业化、优先发展重工业是保证迅速战胜经济落后、发展整个经济、为不断提高人民的生活水平创造牢固的基础的唯一道路。[56]

1958年11月，刚刚摆脱了苏军占领，罗党中央召开全会，决心以加快经济发展、加强经济实力来支持自己走独立自主之路。[57]在党的三大上，又提出了“多方面的迅速工业化”的六年计划。“计划草案规定加强国家的社会主义工业，以便在最短的期限内在按人口平均计算的生产和消费水平方面赶上那些比较发达的国家。……在最近十五年内，工业生产平均每年增长速度为百分之十二，粮食年产量将达到二千万到二千二百万吨。”[58]该计划的核心项目就是规模宏大的加拉茨钢铁联合企业。之所以敢于提出这样雄心勃勃的经济计划，一个重要原因是，从20世纪50年代末以来，罗的经济形势很好，到20世纪60年代初，它的经济发展速度是东欧各国中最快的。某些工业领域——化学、采矿和建筑材料——的产量实际上在不到5年的时间里就有了成倍的增长。[59]

像罗马尼亚这样的落后国家，在获得民族解放后，采用优先高速发展重工业的战略来实现现代化，是不是最佳选择，今天的研究者是有不同意见的。罗经济在20世纪60—70年代长期保持的惊人的发展速度与此有关，而在20世纪80年代出现的严重衰退和90年代初的经济崩溃也与这个战略有关。这里不是要对此说三道四，而是要说，在现代社会里，每个民族都有自主选择走向现代化的道路的权力，每个国家都有自主制定经济发展战略的权力，任何人都不应任意干涉这种神圣的权力。苏联长期以来实行的就是优先发展重工业的经济战略。直到20世纪50年代前期，坚持这一战略的赫鲁晓夫把主张调整这一战略，注重发展轻工业和农业的马林科夫赶下了台。他为了苏联的经济利益和东欧其他工业较发达国家的利益，强迫罗等经济较落后国家放弃自己的经济发展战略，并试图通过经互会的干预达到这一目的。

经互会成立于 1949 年，目的在于对抗马歇尔计划，建立以苏联为首的苏东贸易圈，打破西方对苏联和东欧的经济封锁。最初它只是起一个“经济协调和统计机构的作用”，对东欧各国的经济没有多少影响和干预。斯大林对东欧的控制主要是采取政治、组织和军事手段，以情报局为主要工具，不太重视经互会。赫鲁晓夫执掌苏联政权后，意识到对东欧已不可能也不应该继续这样控制下去了，开始更多地运用经济和外交手段控制东欧各国，重视发挥和强化经互会对东欧各国在经济上的控制作用。在这个时期，苏联与东欧各国的恩怨，包括苏罗之间的恩怨，主要表现在经济领域，特别是在经互会内部。[60]

1954 年 10 月赫鲁晓夫第一次访问中国时，曾试探性地建议中国参加经互会。毛泽东回答得很干脆：“没有这个必要，这对中国的经济建设没有多大实际意义。相反，可能麻烦很多，纠缠不清，还会妨碍建设的发展。”赫鲁晓夫听后马上改变口气，放弃了原来的建议。1958 年 5 月，在莫斯科召开了社会主义国家高级经济会议。中共中央副主席、中共中央经济工作小组长陈云出席了会议。中共领导人随后再次研究了经互会问题，仍然认为在目前经济还很落后的情况下，中国不宜参加经互会。但为了加强与社会主义各国的经济联系，建议与东欧各国签订长期贸易合同，加强商品交流。这一年，中国先后与波、匈和罗签订了 1959—1962 年长期贸易协定。中国不加入苏联的“社会主义国家经济一体化”，显然令苏联不快。中苏关系恶化后，苏联指责中国“单干”，与此不无关系。[61]

此后，赫鲁晓夫越来越热衷于鼓吹“社会主义国际劳动分工”和“生产合作专业化”，并在 1959 年 12 月在索非亚举行的经互会第 12 次会议上把它写入了刚刚通过的经互会章程。按照苏联的意图，经互会中经济较发达的国家如德、捷、波主要发展工业，为其他成员国提供机器设备和技术援助；经互会中经济欠发达的国家如罗、保等主要发展农业，为较发达的成员国提供工农业初级产品，而经互会有权强制成员国执行这种分工。从理论上讲，超国家计划和广泛的国际分工有利于各国扬长避短，提高集团内部的经济效益。但是，苏联的建议绝不仅仅只具有经济上的含义，而是兼具利用经互会的超国家机构的权力控制各成员国的政治上的意义。

罗不愿意为了集团的利益，实际上是苏联等经济较发达国家的利益，牺牲本民族的利益，放弃自己初见成效的工业化战略，甘于仅仅充当经互会内部的“面包篮”。罗党机关刊物《哲学研究》1959 年 12 月号发表了霍罗维茨的一篇文章，指出："社会主义国家在走向共产主义的过程中，决不是在任何超国家机构的指示下得到发展的；而只有在每一个社会主义国家各自的共产党和工人党的领导下独立行动，而各国内部事务不受任何来自远方别国的干涉，才能够取得成就。"[62]在1960年，罗苏之间已经在这个问题上产生了矛盾。前面所说的1960年底签订的罗苏1961—1965年的长期贸易协定，其实早在春天就已草签，苏联却拖了半年多才予以批准，说明了当时罗苏关系的微妙。

1961年8月，华约成员国党的第一书记会议在莫斯科举行。在作出修筑"柏林墙"的决定的同时，赫鲁晓夫提出要把经互会变成超国家的组织，即要让经互会具有干预其成员国的经济计划的职能。在此前后公布的苏共章程草案中，也强烈地暗示了这一要求。罗对此进行了顽强的抵制。据路透社报道，1962年8月在莫斯科召开了经互会第16次会议，这是一次"极为秘密的"会议。[63]会议通过了《社会主义国际劳动分工基本准则》，把"国际分工"和"生产专业化"作为实现经互会经济一体化的途径，"实际上将把东欧的欠发达国家降到发达国家的原材料供应者的地位"。[64]由于罗等国的强烈反对，会议没能按照苏联的意图在经互会内建立一个权威的执行机构。《经互会章程》中有这样的一条规定："经互会的一切建议和决定，只有在得到经互会有关成员国同意后方得通过，且每一国家都有权对经互会讨论的任何问题声明与自己有无关系。"[65]罗正是利用了这一条款，顽强而有效地阻止了苏联的这一意图。大概是出于对等的原则，会议也拒绝了罗给其加拉茨钢铁联合企业建设予以贷款援助的请求。

会后，赫鲁晓夫立即访罗，试图说服乔治乌—德治。据美联社报道，行前，"这位苏联领导人的情绪很好。他微笑着挥动他的帽子，兴高采烈地接受孩子们献给他的花束，直到最后火车快开的时候，他才登上车"。据路透社报道，在罗为他举行的欢迎宴会上，他说苏罗关系是"好得不能希望再好"的关系。[66]

但整个访问期间，赫鲁晓夫始终情绪不佳，与上次访罗相比判若两人，精神萎靡，讲话无力。看演出时，赫鲁晓夫和乔治乌—德治并肩而坐，却长久闷闷不语，相互很少有亲切的表情。虽然两国首脑会谈的情况没有公开，但种种迹象表明，会谈很不成功，赫鲁晓夫在宴会上也掩饰不住自己的满腹牢骚："招待很丰富，吃得很饱，回国后不吃肉光吃蔬菜也够了。但我们认为，和好朋友会谈的好要比好的招待好得多。"双方在国际共运内部关系问题上显然有很多意见分歧，包括中国问题。双方在公开讲话中均未提到中国和阿尔巴尼亚。

12月，在布加勒斯特举行的经互会第17次会议发表的公报，只字未提建立超国家计划机构问题，这显然与罗的坚决抵制有关。一些研究者因此认为，罗是从1962年开始走上自治之路[67]，或叫独立自主之路的[68]。年末，罗转而与奥地利、英国、法国等国签订了对加拉茨工程的巨额贷款协议。

为了抗衡苏联和经互会的压力，实现民族的宏伟蓝图，罗领导人从两个方面出击。在经济上，努力扩大与西方国家的交往和贸易往来，以减少对苏联和经互会的依赖，挫败其对罗的要挟。在政治上，与苏联尽量拉开距离，更重要的是，在国内和国外同时寻找可以用来削弱和抵制苏联的控制和压力的力量。

第一个方面，在1961年，特别是在1962年，罗外贸部及其他有关机构为尽多尽快地扩大和西方的贸易额作了“狂热的努力”，“显示了相当大的主动精神和巧于变通”。[69]1955年，罗对外贸易中非共产主义国家所占的份额是20%，1964年增长为33%。[70]从1963年底到1964年底的一年间，罗先后将与英、法、日、美、瑞（典）、意和挪等西方大国的外交关系从公使级升格为大使级。

罗敢于在经济上向苏联和经互会挑战的一个重要条件，在英国《统计家》杂志看来，罗是“经济互助委员会中唯一不需要为城市和产业工人生产足够粮食发愁的成员国”。[71]另一个重要条件是，它有着丰富的能源资源。至少在20世纪70年代初以前，罗不会像东欧其他国家那样，在能源方面仰苏联的鼻息。引人注意的是，苏联曾想方设法知道罗有多少天然气以及其它能源。苏联格列奇科元帅在1964年11月访罗时，和在他之前来访的米高扬一样，反复询问乔治乌—德治关于这些方面的问题。[72]

在第二个方面，罗党首先在国内的各个机构中撤换由莫斯科训练出来的官员，代之以完全忠于罗党的年轻人，“虽然是慢慢进行的，但却是彻底的；虽然是在暗地里进行的，但却是坚决的”。罗官方开始重新评价谁是罗的解放者，强调是罗共利用了苏军节节胜利的形势，领导和发动了武装起义。1963年，罗又实施了一系列“非俄罗斯化”措施，如把布加勒斯特的俄罗斯学院改为新成立的外国语学院的4个系中的一个，俄语不再作为各级学校的必修课，用罗语的名字取代街道、公共建筑和团体的俄语名字，等等。[73]这些做法适应了罗人民当中深藏着的反俄民族情绪，使罗党的国内政策被涂上一层“民族共产主义”的色彩，得到了社会各阶层的广泛支持和拥护，从而加强了内部的团结。

乔治乌—德治曾多次调整罗党的核心领导成员，一是不让苏联有隙可乘；二是为培养接班人。他重点提拔齐奥塞斯库的原因之一，看来就是齐奥塞斯库更敢于抵制苏联。乔治乌—德治去世后，毛雷尔提名齐奥塞斯库接替乔治乌—德治的主要原因，同样也“是他认为齐奥塞斯库有勇气对抗俄国人”。[74]

1963 年 2 月，经互会召开执委会会议，罗同经互会各国，特别是同苏联之间的冲突又一次爆发出来。罗驻经互会执委会代表伯尔拉德亚努明确表示，罗不会为了区域一体化而同意对它的工业计划作任何实质的修改。社会主义的分工，只有在它不妨碍罗取得更加迅速的发展以便赶上比较先进的国家的情况下，对于罗来说才是可以接受的。工人党中央决定通过全体党员把这一冲突的内情告诉全国人民。[75] 3 月 5 日至 8 日，罗党召开了扩大的中央全会，出席者除中央委员和候补委员外，还有政府成员、党的州委第一书记和党中央各部负责人，甚至包括一些工矿企业的负责人和报社的编辑。全会听取了伯尔拉德亚努关于经互会执委会二月会议情况的报告，“一致赞同党和国家领导对罗马尼亚人民共和国代表所作的指示及代表的活动”。[76]实际上是一致赞同工人党所选择的自治道路。

会后，工人党把罗苏分歧问题传达给司局级以上干部。不久，有关消息就扩散到广大群众中。据中国驻罗使馆从阿驻罗大使等处了解到的信息，工人党中央的立场和策略得到了党内外的普遍理解和拥护。在得到了内部的有力支持后，罗立即开始寻求外部的支持，首先就是改善同苏联有分歧的中国和阿尔巴尼亚的相互关系，特别是与中国的关系。4 月初，罗在东欧各国中第一个让驻地拉那的大使返回大使馆。紧接着，就通过驻北京的大使与中国的高层领导对话，使中罗关系迅速得到恢复。

一方面是罗苏矛盾日益激化，一方面是 1963 年前后赫鲁晓夫在内政外交上接连受挫，使他在国内外的威信严重下降。再就是中苏矛盾的激化和中罗关系的回暖，使罗能堂而皇之地借助中国的力量抗衡苏联。而“赫鲁晓夫经不起再出一个阿尔巴尼亚”。[77]这三个因素就构成了罗在与苏联和经互会的抗衡中采取更加强硬的态度的 3 个支点。

6 月 14 日，中共中央给苏共中央发出了《关于国际共产主义运动总路线的建议》。该文被认为是“包含了对 1956 年以来赫鲁晓夫的政策和理论的全面的控告”。[78]《火花报》用一个版面近1/3的篇幅刊登了这封给苏共中央的复信的详细摘要，成为社会主义阵营中唯一转发这封信的国家。中共中央在这个文件中不点名地支持了罗在与苏联就经济发展战略的争论中的观点：

> 任何一个社会主义国家，如果只从本国的局部的利益出发，片面地要求别的兄弟国家服从自己的需要，并且借口反对所谓“单干”、所谓“民族主义”，来反对别的兄弟国家执行自力更生为主的建设方针，反对别的兄弟国家在独立自主的基础上发展经济，甚至对别的兄弟国家施加经济压力，那就是真正的民族利己主义的表现。
>
> 社会主义国家在经济上实行互助合作、互通有无是完全必要的。这种经济合作，必须建立在完全平等、互利和同志式的相互援助的原则基础上。
>
> 如果否认这些基本原则，假借“国际分工”、“专业化”的名义，把自己的意志强加于人，损害别的兄弟国家的独立和主权，损害别的兄弟国家人民的利益，那就是大国沙文主义。
>
> 如果把资本主义国家相互关系中的损人利己的做法搬到社会主义国家相互关系中来，甚至认为垄断资本集团为了争夺市场、瓜分利润而建立的所谓“经济一体化”和“共同市场”，可以作为社会主义各国经济互助合作的榜样，那更是极其荒谬的。[79]

在同一版面的下半部分，还全文刊登了苏共中央发布的、认为在苏联报刊上发表中共复信是不适宜的声明。罗此举引起了国际舆论的广泛关注。美联社称，“罗马尼亚在苏联集团中采取了一项史无前例的措施”。“这件事倒是反映了罗马尼亚同苏联在由莫斯科控制的经济互助委员会内对经济合作问题的分歧。”《泰晤士报》评论说：“罗马尼亚公布（中共）给苏联中央委员会的信引起了下面的问题，布加勒斯特政府在中苏争论中站在哪一边呢？是不是向北京靠近了一点呢？”“目前中苏争执肯定帮助他们享有更大程度的独立，他们正在利用这一点。”

6月底，乔治乌—德治没有出席借庆祝东德领导人乌布列希70寿辰之机在柏林举行的苏东各国党的第一书记会议。赫鲁晓夫本来是想利用这个机会，在即将于7月5日开始的中苏两党莫斯科会谈之前同其他党先进行磋商。罗马尼亚此举，既明确地表明不愿在中苏冲突问题上与其他党共谋，也是对指责罗的工业化是破坏社会主义分工的乌布列希的有意冷落。此外，从1963年起，罗不再允许华约组织在其本土进行军事演习。

为了缩小苏罗的分歧，5月24日，苏共中央主席团成员波德戈尔内访问了布加勒斯特。6月25日，赫鲁晓夫又对布加勒斯特作了一次罗后来称之为“狩猎之旅”的突然访问。据路透社分析，此次访问的原因，一是罗苏之间在经互会问题上的分歧，一是“罗马尼亚人最近发表了中国及其盟国在这场意识形态冲突中的一些言论，这些言论在‘忠于’苏联的其他东欧国家中从未发表过”。显而易见，这两次访问都未能达到说服罗的目的，罗马尼亚依然我行我素。

7月24—26日，经互会成员国最高首脑会议在莫斯科召开。会议公报强调的是各成员国要协调经济计划，而不是过去一年多来一直坚持的经济“一体化”。这是苏联在社会主义阵营内部第一次在重大问题上向成员国作出让步。会议也同意向加拉茨工程提供援助，罗终于获得了胜利。据英国《苏格兰人报》报道，愤怒的赫鲁晓夫在会议期间“私下里接见了其他所有的代表团，就是没有接见乔治乌—德治率领的罗马尼亚代表团”。[80]罗党中央政治局随后作出的决议说：“罗马尼亚工人党中央政治局认为，由乔治乌—德治同志率领的罗马尼亚人民共和国代表团出色地完成了党的领导所交付给的任务，并赞同其坚定、原则、一贯和建设性的立场，为从提交给会议的文件中删除那些有损于社会主义国家之间友好、合作和互助关系以及社会主义阵营团结的问题，做出了重要贡献。”[81]

会后，罗党中央又向全党通报了莫斯科会议的情况和罗代表团的立场。据英国《金融时报》报道，一个月后，在布加勒斯特举行的经互会石油和天然煤气工业会议上，罗又不顾东德等国的反对，“十分坚定地表示它要履行向中国输出石油的承诺”。[82]

赫鲁晓夫想到了阴谋撤换乔治乌—德治。关于苏联在1963年阴谋在罗恢复莫斯科统治的情况人们很少了解，只知道确有其事。知道赫鲁晓夫在罗党的坚强团结面前，曾不顾一切地策动过这一阴谋。人们知道他9月左右秘密去过布加勒斯特，可能既是为了给乔治乌—德治下最后通牒，也是为了在罗共领导集团中寻找支持者。但是乔治乌—德治及其同事们不吃这一套。罗党各级机构中没有任何一个人准备参加这一政变。[83]乔治乌—德治等人还告诉刘放大使，近来苏联在罗苏边界“增加了军队部署”。“过去，苏联人在每公里的边境线上部署2.5名士兵，如今增加到每公里11名士兵”。“我们还不能说他们已经有了疯狂的想法，但很多事情他们都是干得出来的。他们既然能在要求赔款的名义下霸占了我们的北布科维纳，他们同样也可能占领整个罗马尼亚的”。[84]

赫鲁晓夫后来在他的回忆录中谈到了苏罗关系恶化的问题。他至死不承认这主要是苏联的原因，更不承认其中有自己的责任：

> 我们听到传说罗马尼亚同志在他们党的秘密会议上诽谤苏联。……我们深为不安地发现，我们的经济政策本来是为了适应罗马尼亚人的需要和满足他们的愿望，现在却遭到他们忘恩负义的对待。
>
> ……
>
> 就我们所知，我们和罗马尼亚人在中国问题上并无分歧，我甚至可以说我们有共同语言。因此，我们不能理解为什么罗马尼亚共产党在内部进行反对苏联共产党的宣传。
>
> 不管什么理由，罗马尼亚人在表面上保持友好的和彬彬有礼的态度，但是，在我们相互关系中一度存在过的热烈的和兄弟般的感情现在已经消失。根据我们同罗马尼亚各位领导人打交道时的观察，我们怀疑毛雷尔同志可能把乔治乌—德治推向了错误的方向。
>
> 从苏联共产党的角度来看，罗马尼亚共产党——尤其是它的外交政策——已经在一定程度上背离了共产主义国家之间关系上已经形成的准则。[85]

就在罗苏关系日益紧张的同时，中苏关系的裂痕也越来越深。1963年7月，苏共中央“非同寻常”[86]地发表了《苏共中央致各级党组织和全体党员的公开信》，对中共进行指名攻击。于是，从1963年9月到1964年10月，中共中央以《人民日报》编辑部和《红旗》杂志编辑部名义，相继发表了9篇评论苏共中央公开信的文章，通称“九评”。而苏联方面也连篇累牍地发表了大量文章，攻击中国。“双方都讲了许多空话。”[87]这场空前规模的大论战，最终导致了国际共运的分裂。

据路透社分析：

> 外交观察家们认为，在过去这一年里，罗马尼亚在中苏争端中一直采取谨慎和有些独立的态度。虽然罗马尼亚人在许多存在争论的重要问

题上赞同苏联的路线，但是他们在刊登中国的观点时给予较显著的地位，避免对中国党进行尖锐的谴责，并且显然是力图同中国保持国家之间的友好关系。

中国在过去这一年里对罗马尼亚的态度比对俄国其他东欧盟国的态度显然是要热情一些。

法国《世界报》进一步评论说："社会主义阵营的两大国的争吵有了发展，以致不知道布加勒斯特能否长期维持这种中立态度。但是，只要罗马尼亚和经互会其他成员国之间的争吵持续下去，在反对教条主义的斗争中，布加勒斯特的领导人无疑将避免站在苏联方面。"[88]

1964年1月，毛泽东在与美国友人安娜·路易斯·斯特朗谈话时说："实际上，赫鲁晓夫现在在社会主义阵营的13个国家中，支持他的并没有占多大的多数。罗马尼亚就同他不一致，波兰也只能算半个支持。他是要控制别人，像美国人一样。他要人家搞单一经济，这行不通，罗马尼亚不干，古巴也在同他吵。"[89]

"诚实的掮客"

1963年11月，毛雷尔在苏联东欧集团合办的理论刊物《和平与社会主义问题》上发表了《国际共产主义运动的团结不可动摇的基础》一文，第一次敦促莫斯科和北京停止论战，举行双边会谈，并建议推迟举行任何世界共产党会议，直到作好充分的准备。[90]文章的起草人之一尼古列斯库—米齐尔认为，这篇文章标志着罗马尼亚已经确立了对中苏论战的中立立场。[91]

1964年初，中苏论战达到白热化。2月4日，中国发表了《苏共是当代最大的分裂主义者——七评苏共中央的公开信》。苏共立即召开中央全会，苏斯洛夫在会上作了长篇反华报告。会议通过了对中共要"坚决反击"的决议，随后又致信除中国外的各社会主义国家执政党，提出要对中共采取"集体措施"。[92]罗工人党对此感到"极大的不安"[93]，担心会导致国际共运的分裂，而这意味着苏联将能对东欧国家更加为所欲为，"至少会严重削弱罗马尼亚的独立立场"[94]。于是立即在2月14日指派毛雷尔和波德纳拉希紧急约见中国使馆临时代办，面交工人党中央致中共中央的信和致苏共中央的信的副本，呼吁立即停止公开论战，建议罗中两党高级领导人立即会面。信中说："由现有分歧引起的论战的继续和尖锐化将使国际共运和社会主义阵营不可避免地完全分裂。""在当前国际局势的条件下，这种分裂将给共产主义运动的力量和社会主义阵营以沉重的打击，将给共产主义事业带来最严重的损害。"[55]

在罗马尼亚的坚决要求下，苏联暂时没有公开苏斯洛夫的报告，并同意罗作中苏之间的调停人。2月16日，中共中央复信罗党中央，也接受了罗的调停建议。[56]

2月17日和28日，罗党中央政治局先后召开两次会议，讨论有关问题，一致赞同乔治乌—德治提出的调停建议。第一次会议讨论了进行调停的罗代表团的组成和会谈的可能结果。会议认为，通过劝说中共中央，是有可能暂停中苏论战的。乔治乌—德治表示，如果毛泽东要参加会谈，他也愿意去中国参加会谈。他提议让访问过中国的斯托依卡和主管党务的齐奥塞斯库参加代表团。他提醒代表团，处理中苏关系"要比处理与帝国主义的关系和与帝国主义的斗争更为复杂和危险"。[57]在第二次会议上，乔治乌—德治告诫：

> 代表团要做好精神准备。当然，这不是一件轻而易举的事，对我们党来说，这是一个责任重大的举措。其结果如何，在很大程度上取决于我们代表团如何行动。需要具备更多的品质：如能力、机智、坚忍和耐心，等等，并且对任何可能发生的情况都有思想准备。
>
> 如果我们认为我们代表团受托前往中国是就论战的内容举行会谈，我们不如不派代表团去。苏联同志在[与中国人的]会谈中[就这些内容]已经谈过那么多次了，不可能再谈出什么新花样，这根本不现实。代表团的使命是十分明确的：使中国人同意停止论战至少6个月，以便有足够的时间为举行新的国际会议造成一种良性氛围。停止任何形式的论战，我们大家来控制局面。将会出现什么局面？如果苏联人和中国人以及其他卷入论战的人在一定时间内放弃[论战]会是一种不幸吗？难道就像毛泽东说的，草就不生长了，女人就不会生孩子了？让我们打开天窗说亮话，你们试一试，天不会塌下来，也不会有灾祸，任何时候都可以重开论战，只不过会比现在更不可开交。

但他又说："我相信我们会成功。"[58]与会者都认为，避免介入论战的具体问题，是成功的首要条件。会议最后作出决议：

在即将与中共代表团的会谈中，罗马尼亚工人党代表团将回避讨论中共中央与苏共中央之间有分歧的问题。

努力促使中苏双方接近，消除分歧，不再进行公开的论战。

为此，我代表团将提出我党领导人的建议，即由欧洲、拉丁美洲、亚洲和非洲的部分有威望的、没有卷入中苏论战的党，向中国共产党和苏联共产党以及其他共产党和工人党，发出一个热烈的倡议：在一定时间内（6个月或1年）放弃公开论战，以创造必要的条件，筹备召开一个新的共产党和工人党代表的协商会议。[99]

在这之前，因为中共中央准备答复苏共中央1963年11月29日的来信，向朝鲜等兄弟党征求意见。金日成觉得此事关系重大，就于2月27日亲率朝鲜劳动党代表团来到北京，亲自与毛泽东讨论了罗的调停之举。

毛泽东说，罗方本来说很快就来的，可是在我们同意他们来以后，他们又拖了半个月才动身，而且还放空气说谈不好不走。罗马尼亚代表团要达到什么目的？无非是调停，无非是要我们让步。当然为着照顾罗马尼亚，公开论战稍停一下也是可以的。金日成说，论战稍停一下是可以的。条件应该是停止论战以后，如果赫鲁晓夫再攻击中国党，那么罗马尼亚同志要站在我们一边反对赫鲁晓夫。毛泽东说，他们迟来半个月，看来是要跟苏联方面交换意见。对待他们不能采取对待赫鲁晓夫那样的态度，不能让他们空跑一场。他请金日成在北京留一段时间，帮助中共中央做做罗方的工作。金日成说，他和乔治乌—德治比较熟，乔治乌—德治曾在他面前流露过有些事情是迫不得已的意思。看来罗马尼亚同志可以争取。

2月28日晚，中共中央政治局常委开会讨论了与罗代表团会谈的方针。会议认为罗过去跟我们的关系还是不错的，虽然有过布加勒斯特会议那样的情况，但后来在1960年莫斯科会议期间，对我们还是不错的，经常给我们通气，它有这个资格出面调停，比起东欧其他社会主义国家的执政党更有资格一些。而且这样也可以抬高它的地位，来对付赫鲁晓夫。最后，毛泽东归纳大家的意见，决定与罗代表团会谈的方针是：

“在停止公开论战问题上寸土不让。坚持要求所有发表过文章、做过决议攻击过我们的党，都要公开承认错误，宣布撤销它们的决议。如果做不到就不能停。但是，为着对罗马尼亚表示礼貌，在中罗两党会谈期间，我们不发表批评赫鲁晓夫的文章。只是在这个期间不发表，过了这个期间我们继续发表。”“对罗马尼亚党和国家应该继续采取加强友好合作的方针，要体谅他们所处的困难地位，争取同他们共同行动，抵抗赫鲁晓夫的大国沙文主义。”[10]

西方媒体对罗的调停之举议论纷纷。法新社报道说：“宣布由部长会议主席扬·毛雷尔率领的一个重要的罗马尼亚代表团访问中国一事，在罗马尼亚问题专家中引起了十分强烈的惊奇。”合众国际社认为，罗此举“是进一步着重表明布加勒斯特政权越来越大的独立性”。路透社称：

> 许多观察家认为这是罗马尼亚领导人在当前使共产主义世界分裂的政策争论中采取的最大胆的公开行动。
>
> 这次访问可能是罗马尼亚企图作出调解努力的一部分。也可能部分地是出于民族利益考虑的一个策略性行动，其目的在于加强乔治乌—德治在据说他同赫鲁晓夫在罗马尼亚经济政策问题上发生的分歧中的地位。

英国《每日电讯报》的一篇评论认为：“这是自从阿尔巴尼亚倒向中国人以来，共产党世界中最惊人的事态发展。”可见，西方媒体对这件事以极大的关注，与其说他们关注的是此举将会给中苏关系带来什么变化，不如说他们关注的是此举会给国际共运造成什么震动。

罗工人党代表团3月1日从布加勒斯特启程，工人党在布加勒斯特的其他政治局委员，以乔治乌—德治为首，全都到机场送行。代表团于2日下午到达北京，法新社报道说，中国“对代表团表示了出乎意料的盛大的欢迎”。[11]罗党代表团团长是毛雷尔，成员有波德纳拉希、齐奥塞斯库、斯托依卡，包括了工人党除乔治乌—德治外的所有最重要人物，可见重视的程度。3月3—10日，以中共中央副主席刘少奇为首的中共代表团与以毛雷尔为首的罗党代表团在北京进行了会谈。中共代表团的成员有：邓小平、彭真、康生。这是自布加勒斯特会议以来，两国领导人第一次直接会谈。

在3月3日的第一次会谈中，刘少奇首先祝染病的乔治乌—德治早日康复。毛雷尔随后发言，表示罗与苏共是有矛盾的；他担心公开论战会导致中苏关系破裂；他希望加强罗中双边关系。接着波德纳拉希发言，希望中国党能够理解罗的地理环境，理解工人党的立场，要中共相信罗在中苏之间是不偏不倚的。在3月4日的第二次会谈中，刘少奇全面介绍了中苏分歧的由来和中方的基本观点，并说停止论战的主动权不在我们，而在赫鲁晓夫。从3月5日的第三次会谈起，开始由齐奥塞斯库唱主角，他滔滔不绝地讲了3个多小时。他说，我们坚决顶住了赫鲁晓夫的民族主权过时论。罗苏两党之间的内部争论很激烈，只是没有公开化，我们反对把经互会搞成超国家机构。他完全赞成中国党关于兄弟党关系准则的意见。他希望中国党能够真正理解罗的建议，采取主动行动，"紧急"停止公开论战。

当天晚上，毛泽东等人又与金日成会谈。金日成介绍了4日与罗代表团会见的情况，认为罗与赫鲁晓夫是有矛盾的，但不是属于理论原则问题，而是由于赫鲁晓夫干涉他们的内政，对他们施加压力。他们比1960年有进步，想对中苏争论保持不偏不倚的态度。看起来，他们想要形成一个中间势力。毛泽东说，罗同赫鲁晓夫有矛盾，但在思想上也有许多共同点。他们的地理位置没有东方国家好，这对他们不利。他们的贸易有40%要靠苏联，这是根本问题。刘少奇和邓小平则对齐奥塞斯库当天的发言表示了不满，认为话里有不少刺。毛泽东说齐奥塞斯库的发言代表了罗方的真正意图，讲得很直率，这也好，捅破了窗户纸，便于我们回答。

6日上午，罗代表团游览了故宫。下午双方举行了第四次会谈。波德纳拉希介绍了罗对南斯拉夫的态度。邓小平和刘少奇谈了中国对南斯拉夫、赫鲁晓夫和斯大林等问题的看法，指出中苏两党分歧的性质是马克思主义和修正主义的分歧。

晚上，中共中央政治局常委召开了会议。毛泽东说，罗马尼亚这个党，在思想上和赫鲁晓夫相同的东西很多。他们这次来调停完全是一种实用主义，不讲是非，只要停下来就行。但是它跟苏共还存在相当多的矛盾，它的民族情绪比较强烈，反抗苏联的大国沙文主义。要继续对罗做说服工作，口气不妨缓和些。但是问题要提得尖锐，要指出他们不公平。

7日，举行了第五次会谈。罗方一开始就表示，不谈分歧的问题，只谈停止公开论战问题。刘少奇便说，我现在代表中共中央正式答复你们：我们要求苏共中央公布2月全会的决议，要求苏共中央把2月致各兄弟党的信给我们看，要求他们拿出对中共"坚决反击"的"集体措施"，以便让我们知道赫鲁晓夫究竟有没有诚意停止公开论战。中国代表团的其他成员也向罗代表团提出了连珠炮式的质问，会场的气氛一下子非常紧张。刘少奇为了缓和气氛，又说，不管怎样，我们中国党对罗马尼亚党还是友好的。经过这次会谈，我们彼此更加理解了。这时，齐奥塞斯库仍坚持要中国先停止公开论战。彭真说，我们现在只能暂停论战，这是对你们表示的最高的礼貌。

会谈后，中共中央政治局常委又召开了会议。刘少奇说，罗苏之间的确存在不少的矛盾，一个要搞大国沙文主义，一个要维护民族利益，两个撞在一起了。所以我们就有可能对罗马尼亚党拉一把，使它跟我们在一定程度上共同反对赫鲁晓夫的大国沙文主义。

8日是星期日，会谈休息一天。9日晨，齐奥塞斯库紧急要求会见中国代表团。会见中，齐奥塞斯库转达罗党中央的最新建议，要求中国党延长暂停公开论战的时间，为中苏双方达成协议创造气氛。彭真忍不住说："1960年在布加勒斯特开会时，赫鲁晓夫组织一批人对我们围攻，打了我们一闷棍。当时你们劝我们要忍耐。如果我们照你们的劝说，忍下去，不抵抗，现在会怎么样呢？可以说，如果我们当时不坚决顶住赫鲁晓夫的大国沙文主义，阿尔巴尼亚的困难会更大，你们的情况也不会比那个时候更好。你们现在可以跑到中国来谈，那个时候你们敢这样做吗？所以我建议我们中罗两党共同来抵抗赫鲁晓夫的大国沙文主义。"

根据罗方的要求，10日上午，两党增加了一次会谈，即第六次会谈。会谈中，齐奥塞斯库再次要求中国党延长暂停公开论战的时间，为中苏双方达成协议创造气氛。刘少奇则坚持原定的立场，并表示不管哪一个党，不认错就无权要求我们停止答辩。这里当然包括当年罗追随苏联，对中共进行的攻击。

下午，毛泽东会见了罗代表团。毛泽东说，公开论战还要继续下去，死不了人。这次你们来得好，我们的共同观点比较多。你们跟赫鲁晓夫不同，你们可以跟我们发展友好合作。毛雷尔接着说，你们有许多问题的看法跟我们是一样的。你们讲了许多你们想的，你们过去的情况，过去跟苏联的关系，这对我们很有帮助。我们在过去一个星期里，也把我们的思想坦率地告诉了你们，也是很诚恳的，希望停止中苏论战。但是经过这么一个星期，一直到现在，看来我们没有能够把你和你的同志们说服，也正如你们也没有能够把我们给说服一样。齐奥塞斯库插话说，公开论战会带来许多不可弥补的损失。中国代表团的几个人一直认为齐奥塞斯库说话不公平，总要中国先停止公开论战，却闭口不谈中共先遭到了四十几个党的攻击。这时他们群起质问齐奥塞斯库，弄得齐奥塞斯库面红耳赤。毛泽东赶忙说，你们是不是要打架？

毛泽东说，你们过去也是赞成公开论战的。毛雷尔说，我们赞成公开论战的时候我们做错了。毛泽东说，但是你们没有公开声明，为什么你们不能在你们的报纸上宣布过去做错了呢？毛雷尔又说，这次交换意见，在一系列问题上表明我们的想法是相同的。毛泽东说，对，我们彼此更好地了解了，彼此把话都讲出来了。你们轰击他们，他们也轰击你们，但是并不伤害我们中罗两党之间的友谊。在反对那些狂妄自大、挥舞指挥棒、干涉别国内政的人这一点上，我们是跟你们接近的。毛雷尔说，我们也有相同的看法。[102]

会谈期间，中国的新闻界对会谈一直保持沉默。直到会谈结束之后，新华社才发表消息说："中国共产党代表团和罗马尼亚工人党中央委员会代表团三月三日至十日在北京举行会谈"。"双方就共同关心的问题交换了意见"。"会谈在友好的气氛中进行。"[103]后一个提法出自中方的建议。罗方则认为会谈的气氛"是相当冷淡的"。[104]罗明说，双方的"谈话进行得很艰难，出现了很多紧张的局面"。[105]

12 日，罗代表团动身前往朝鲜访问，刘少奇、邓小平等人率 2000 多群众前往机场欢送。代表团回国后认为："在整个访问过程中，尤其是最后一段，受到特别重视。离开北京时，场面非常热烈。"[106]从 3 月 2 日罗代表团到京之日起，中国报刊全部暂停发表论战文章，从 13 日起又恢复。

14 日，罗代表团离开朝鲜回国，途中在苏联黑海海滨的皮聪大作短暂停留，向苏联领导人介绍了"在中国的所见所闻"。赫鲁晓夫回忆说："我们进行了一次十分友好和热烈的谈话。"[107]

16 日，代表团回到布加勒斯特，乔治乌—德治又率在布加勒斯特的全体政治局委员到机场欢迎。随后他又约见中国驻罗使馆临时代办，面交罗党中央致中共中央和毛泽东的信，再次提出"共产主义运动的利益迫切要求停止公开论战以及为冷静的、耐心的和同志式的讨论现存分歧创造条件"，[108]建议中、苏、罗三党联合呼吁停止公开论战。建议没有得到响应。30—31 日，工人党中央政治局召开会议，听取了代表团访问中国和朝鲜的报告，批准了代表团就停止公开论战所从事的活动。[109]

罗最终没能说服中国无条件停止公开论战。双方却因此而增进了相互了解，找到了更多的共同点，中罗关系更加密切。表面上看，罗代表团是铩羽而归。法新社认为："罗马尼亚代表团早些时候访华之后，中国和苏联的各自的立场都更加强硬了。"[110]实际上，通过这次调停之举，罗向世人充分展示了自己在国际共运中独特的立场和作用，赢得了广泛的赞赏，收获颇丰。

收获之一：中罗关系更加密切

罗马尼亚主动提出到中国调停中苏论战的一个重要目的，是要表明自己与苏联及其亲密的追随者是不一样的，从而使中罗两国在对苏的立场上达成默契，实现“联华抗苏”。中国方面也看出了这一点。毛泽东在会谈开始前就指出，要体谅罗的处境，争取同他们共同行动，抵抗赫鲁晓夫的大国沙文主义，实际上也提出了“联罗抗苏”的想法。在会谈中，毛雷尔委婉地承认，过去和苏联一起攻击中国是错误的。刘少奇对罗方说，经过这次会谈，现在我们是更加接近了，而不是更加疏远了。毛泽东甚至建议罗方：在东欧，你们的朋友还不够多。包括波兰，也许还有匈牙利，甚至保加利亚这些国家，你们都可以去做工作，使他们跟你们的观点接近。[11]

从工人党中央政治局 3 月 30—31 日的会议记录可以看出，乔治乌—德治对中国和中国共产党的看法与以往有了一些明显的不同。他强调要注意中共的与众不同之处：“如果你想和一个中国共产党人讨论问题，一定不要把他混同于一个欧洲的共产党人。”“中国共产党代表的是 7 亿人民。”齐奥塞斯库接着说：“他们对整个亚洲都有影响，不仅在共产党和工人党中，对社会舆论也有影响。把中国开除出国际共运将意味着我们要与人类的一半疏远。”乔治乌—德治又强调说：

> 中国是一个巨大的市场。
>
> 要认识到中国已经步入了一个充满活力的新时代，它决心发挥一个大国的作用，从这一点出发，他们不想再受任何人的摆布。它认为自己能够扮演一个大国的角色，因为世界已经意识到，没有中国的参与，对任何国际事务采取行动都是毫无意义的。现在越来越多的人有了我这样的看法，这是理智的。虽然目前中国与美国、中国与苏联在物质、经济和科技方面还不可同日而语，但谁也不要以为，美国、英国、法国、苏联现在所拥有的，中国就是在将来也不会拥有。

他还明确承认：“我们反对过人民公社，我们做了一件错事。我们干嘛要干涉中国的内部事务呢？不应该的，正如我们也不喜欢别人干涉我们的事务一样。”[12]

一个党的最高领导人，在党内的秘密会议上长篇大论地对另一个党和国家进行赞美，甚至因而检讨自己，实在是不同寻常，但这绝不会是作秀。甚至在一个月前同样的会议上，乔治乌—德治还都没有这样的表白。

1964 年以后，罗对印度和中印边界冲突的认识也发生了转变。罗早在 1948 年就与印度建立了公使级外交关系，1957 年又把两国关系升格为大使级关系。由于印度是亚洲的大国和不结盟运动的创始国，同时苏联在对外战略中非常重视发展苏印关系，罗也重视发展与印度的政治和经济交往，1955 年与印度签订了贸易协定。在对非社会主义国家的新闻报道中，罗报纸经常把印度放在最显要的位置。1959 年 8 月发生了中印边界的第一次武装冲突后，东欧等国，包括罗，追随苏联的立场，对中印冲突“保持沉默”。罗当时也大幅增加了与印度的贸易额，据印度报业托辣斯报道，1961 年两国贸易额为 0.6 亿卢比，1962 年增加到 1 亿卢比。

1962 年，罗报纸热烈地称赞印度的“爱好和平的外交政策”，对印度的报道大大超过对中国的报道；对中印边界问题不作公开报道和评论，在内参上却大量刊登印度和西方对中国的攻击性言论。据印度报业托辣斯报道，10 月，乔治乌—德治亲自访问了印度，并与印度领导人发表了联合公报：“号召一切有关方面‘继续忍耐和容忍’，为通过和平谈判解决一切国际问题而‘加倍努力’。”[113]就在他离开新德里的当天，印度对中国发动了大规模武装进攻。

自 1964 年起，随着对中印边界冲突真相和对中国外交政策的深入了解，随着罗在外交上与苏联等国拉开距离，更随着中罗关系的日益改善，罗对印度和中印边界冲突的认识也发生了转变。在 3 月 30 日的工人党中央政治局会议上，乔治乌—德治在谈到帝国主义国家时说：“他们根据什么说中国要发动战争？就因为发生了中印冲突吗？……我去过印度，亲眼看到了他们是多么好战，多么傲慢。难道他们仅仅是和中国有边界争端吗？如果我们以为印度人是摇着橄榄枝走路的话，那就太天真了。你们在印度看到了什么是耀武扬威，有多么可怕。”[114]

在 4 月 22 日召开的党中央全会上，乔治乌—德治又说：“印度人也有过错，他们并不是一些天使。我们很清楚，印度企图用武力确定边界线。可边界线是不能通过武力来确定的。”[115]8 月，他在会见来访的中共中央政治局委员、中国国务院副总理李先念，向他通报罗苏关系的近况时，说在对阿和中印边界问题上，罗曾被苏共引入歧途，承认批评中国是错误的。[116]联系到他在上述两次会议上的讲话，此言应是发自内心的。

4月，中国新任驻罗大使刘放到任。6月5日晚，刘放被悄悄接到乔治乌—德治的郊外别墅参加家宴，并与乔治乌—德治长谈了6个小时。乔治乌—德治告诉他，今后可每周左右一次面见罗党中央负责罗中关系的波德纳拉希，交流情况。[117]7月，阿波斯托尔和波德纳拉希再次约见刘放，首先表示："特别要感谢中国共产党对我们目前在'四面受包围'的处境中，解决我们同苏联共产党之间的难题，表示给予支持。"随后向中方通报了罗苏关系近期的最新动态。[118]

这一年的8月23日是罗解放20周年纪念日。21日，中共中央副主席朱德和总书记邓小平出席了罗大使馆举行的"盛大招待会"，高于往年的出席规格。中国又派出李先念率领的中国党政代表团到罗参加了庆典，有人认为："这是两国关系在60年代初受到中苏关系恶化短暂影响后走向改善的重大举措。"乔治乌—德治在"热烈友好的气氛中"与代表团举行了会谈。他说，从苏共二十大开始，"邪恶的幽灵就出笼了"，赫鲁晓夫"在世界各地造成混乱，把兄弟国家引入歧途"。[119]他表示愿意同中国发展政治、经济、文化、科技等方面的合作和群众团体间的来往。李先念说："我们赞赏罗马尼亚工人党的立场。"乔治乌—德治说："我们的处境非常复杂，必须十分小心谨慎。"李先念赞同地说："你们的情况跟我们的不同。"[120]

路透社评论说："中国今天庆祝罗马尼亚解放二十周年时所表现的热情，比对其他任何一个东欧国家今年的国庆节所表现的热情都要大得多。""这里的外交观察家们认为这种热情是又一个迹象，表明中国支持罗马尼亚目前在一定程度上不依赖苏联的倾向。"引人注意的是，赫鲁晓夫没有参加罗的庆典，却让米高扬在8月23日当天才突然出现在庆典的现场。[121]

为了增进两国人民的友谊，8月20日，北京市丰台区卢沟桥人民公社更名为"卢沟桥中罗友好人民公社"。10月4日，罗布加勒斯特州斯洛博济亚县蒙特尼—布泽乌乡集体农庄也被命名为"蒙特尼—布泽乌罗中友好集体农庄"。

10月1日是中国的国庆15周年。罗方也有意提高了出席中国的庆祝活动的规格，派出了由党中央政治局委员、政府首脑毛雷尔率领的党政代表团到北京参加庆祝活动，这是苏联东欧国家中向中国派出的级别最高的代表团。在确定代表团的级别和成员时，罗曾煞费苦心。按照惯例，每逢社会主义各国的5或10周年的国庆庆典，其他兄弟国家都应派出最高级别的代表团出席。但这次苏联和其他东欧国家都只准备派出由一个政治局委员率领的代表团来北京，如苏联派出的是米高扬，以示关系冷淡。罗左右为难："如果我们也派出相同级别的代表团，从一方面来说我们就成为了苏联阵营中的一员，同时这又意味着我们对中国国庆节的轻视。而从另一方面来说高级别代表团的派出可能会引起苏联的不满。"

最后由乔治乌—德治提出，工人党中央政治局批准，派出以毛雷尔为首的代表团访华。这个代表团的级别虽然高于苏联和东欧各国的所有代表团，却又兼顾了各方面：1. 表明这是罗独立自主作出的决定，"并没有受其他国家的影响"。2. 人员的组成便于分别与中国和苏联继续进行会谈。3. 代表团在中国之行后继续对缅甸、巴基斯坦和埃及进行国事访问，"这样代表团中包括政府总理就很正常了。这个来自于德治的精妙决定，目的是应对可能来自于苏联的任何负面反应"。除此之外，还决定让乔治乌—德治出席代表团的离开和抵达仪式，并参加中国驻罗大使馆的国庆招待会。"这些都明确地体现了我国*对于中国的重视程度*。"[122] 这一决定，确实使苏联无懈可击，无可奈何。

代表团在中国受到了高度重视。毛泽东会见了代表团，周恩来与毛雷尔举行了3次单独会谈，主要内容是社会主义国家之间和各共产党之间的关系等问题。这实际上是两国代表团1964年3月在北京和8月在布加勒斯特的会谈的继续。毛雷尔在会谈中承认，"我们有很长一段时间生活在苏联和苏共威信的影响之下。这使我们不能正确地判断问题"。"我们必须承认，如果没有中国共产党进行斗争，维护共产党和社会主义国家之间关系的正确准则，对我们来说，要捍卫我们认为必须捍卫的一些原则，即使不是不可能，也非常困难。这是上次来访时毛泽东同志说的，我们认为他说得非常正确。毛泽东同志问我们：'你们说要不是我们带头斗争，你们能来这里吗？'"[123]

10月1日晚，乔治乌—德治亲自率在国内的全体工人党中央政治局成员及大批政府高级官员出席了中国驻罗使馆举行的"盛大招待会"，并"同刘放大使进行了亲切的谈话"。[124] 这是他1959年以来的第一次，也是他生前的最后一次出席中国驻罗使馆的招待会。

曾在1990年8月—1996年3月任罗驻中国大使的罗明这样评论这一阶段的中罗关系：

在罗中两国领导人的交往中，罗马尼亚人以无可指摘的谨慎态度和坚持不懈的努力，避免触怒苏联。两国在国际交往中尊重国家主权的问题上有着共识，坚决反对对它的侵犯，本着这一精神，两国在实现现代化的过程中相互合作。相似的历史经历使两国加深了这种共识。可以说，到 1964 年底，罗中两国间已建立起特殊关系的模式。它的独特性，在“无产阶级文化大革命”时期，以及后来中华人民共和国处于特殊形势的岁月里，更加凸显出来。[125]

收获之二：中国和罗马尼亚联手抗苏

罗马尼亚的调停虽然没有达到第一个目的，即停止公开论战，却实现了其第二个目的，即与中国联手抗衡苏联，用中罗关系制约罗苏关系。

早在 1960 年的布加勒斯特会议上，虽然东欧一些国家积极追随苏联猛烈攻击中国，中国却抱着“豺狼当道，安问狐狸”的态度，只集中回击苏联的攻击。中国与这些国家的关系此后有所降温，但都没有中苏关系那样剧烈，中国把苏联与这些国家尽可能区别对待，尽量保持正常的国家关系。据罗驻华使馆 1962 年报告：

> 从今年 3 月份起，中国对社会主义国家，包括对与这些国家的文化关系的态度发生了变化。出于政治和经济上的考虑，中国同志们突然开始答复邀请，及时满足他们的请求（有些是好几个月之前提出的，都在 3 月上旬得到了答复），同他们进行较为有内容的讨论，谈话中尽管比较隐晦，但承认自己的工作中有缺点和错误，对于安排交流表现出兴趣和比较正确的态度，等等。这种改变原因，根据中方一些人士的解释，是“意识形态的分歧不应当影响国家之间的关系”。这个说法显然表明，中国同志想掩饰并在人们记忆中完全抹去此前中国的有关机构对社会主义国家和它们驻华大使馆曾有过的不友好的态度，并且从今往后采取正确的态度，企图把自己打扮成社会主义国家之间正确关系的倡导者。[126]

中国与东欧 5 国（德、捷、波、匈、保）的贸易在经过短暂的下降后，1963 年后开始回升。罗驻华使馆在其工作总结中曾提请国内注意：“捷克斯洛伐克社会主义共和国和德意志民主共和国在同中华人民共和国进行交往问题上的态度发生了变化，这就是，加紧努力以保持甚至加强在中国市场上的地位。”[127]

随着中苏关系的急剧恶化和毛泽东对苏联认识的恶化，毛泽东在 1963 年底至 1964 年初把他的“中间地带”国际战略思想发展成为“两个中间地带”的思想。其中一个显著的特点是把东欧与苏联对立起来，充分利用苏联与东欧各国的矛盾，在反苏斗争中最大限度地争取东欧各国的同情与中立，最大限度地孤立苏联。[128]而罗在中国的支持和争取下，已经在苏联东欧集团中（阿尔巴尼亚除外）首先做到了这一点。进一步地巩固和密切中罗关系，不仅成为中国对苏战略的一个组成部分，也成为中国此时外交整体战略的一个组成部分。

在毛雷尔率领罗代表团抵京之前，中共中央政治局常委会议就指出：老实讲，我们跟赫鲁晓夫公开论战，我们顶住赫鲁晓夫，对罗马尼亚有好处。如果我们让步，跟赫鲁晓夫妥协，那么赫鲁晓夫加在罗马尼亚头上的压力会更大。罗马尼亚同志来的时候，我们要把这个道理给他们讲清楚。刘少奇还特别强调，赫鲁晓夫这个人是欺软怕硬的。我们硬一点，罗马尼亚硬一点，他不见得会怎么样。但是，我们软下来，不仅我们吃亏，而且罗马尼亚也连带吃亏。当彭真在北京对罗代表团说出这番道理后，[129]毛雷尔深以为然。9 月当他再次访问中国并与周恩来会谈时，他又重提此事。[130]

中国的本意是要说服罗，公开论战和对苏联的强硬，都是可以迫使苏联让步的。在国际共运内部进行公开论战，这是罗所不赞成的；但是坚决抵制苏联的大国沙文主义，罗却与中国是英雄所见略同。不同的是，罗更注意策略和实效。由于国情的不同，罗更注重保护自己。而中国为了维护自身的利益，不惜与苏联公开论战，既做了罗等国与苏联抗衡的先锋，又成了他们的后盾。中国的存在使罗等国的安全感大多了，腰杆也硬多了，这就为罗解决了“敢不敢”抵制苏联的问题。中国认为：“罗虽不是‘反修’的同盟军，但在一定意义上是中国反对苏联大国沙文主义斗争中的间接同盟军，对罗应更多做工作。”[131]

罗调停失败；中苏论战愈演愈烈，赫鲁晓夫一意孤行地要召开把中共开除出国际共运的世界共产党大会，罗独立自主的空间受到苏联越来越大的挤压，却得到了中国明确的支持。在这种情况下，4 月 15 日到 22 日，罗党召开了扩大的中央全会，会后发表了《罗马尼亚工人党关于国际共产主义运动和工人运动中一些问题的立场的声明》。而与此同时的莫斯科，正在庆贺赫鲁晓夫的 70 岁寿辰。乔治乌—德治没有去莫斯科，而是在布加勒斯特主持起草“声明”。他要求说：

我们起草的文件篇幅可以大一些，内容丰富、论据详实一些，要集中介绍我们党承担的使命，我们在基本问题上的立场。……起草的文件不要让人觉得我们是在批评这些或那些人。……把过错归咎于任何一方都是不正确的。但是，必须批评那些导致我们分裂的不良风气和不正确的做法。这是我们党的领导所关注的问题。我们必须有原则地对待这些问题。在文件的末尾，要像一首悦耳的罗曼斯乐曲一样来表达我们对停止论战的呼吁。[132]

该声明进一步明确了工人党近年来一贯主张的社会主义国家之间党和国家关系的基本准则，坚决拒绝干涉他党内政的老子党作风：

社会主义各国可能会在一些问题上出现不同的观点；无论什么时候发生这样的事情，都应该以同志式的和本着相互谅解的精神分析和对待，不要使用评论和贴标签的方法，不要使用压力，不要采取歧视的手段。

由于社会主义建设条件的多样性，不可能存在统一的模式和处方，谁也不能为别的国家或别的党决定是与非。制定、选择或者改变社会主义建设的形式和方式，是每个马克思列宁主义政党的权力，是每个社会主义国家的一种主权。

在共产国际存在的最后时期清楚地显露出，由一个国际中心去解决这一个或那一个国家工人运动的问题已不再适应世界共产主义和工人运动的这一发展阶段。

没有，也不能有什么“老子党”和什么“儿子党”，“上级党”和“下级党”，但是有一个各国共产党和工人党权利平等的大家庭。

任何党都没有，也不能占据一种特殊的地位，都不能把它的路线和意见强加给其他党。

“声明”也表达了对苏联和中国继续公开论战的不满以及对国际共运面临分裂的危险的忧虑：

> 特别严重的是，即使在这种情况下，最大的兄弟党之一中国共产党的中央机关报仍坚持说，当前条件下的国际共运的分裂，不论在国家范围还是在各个党内，都是需要的和不可避免的，国际工人运动发展的辩证法是“团结、斗争甚至分裂，在新的基础上的新的团结”。在我们看来，这是在为分裂提供理论依据；这是在号召分裂。
>
> 苏联共产党和中国共产党由于其享有的威信，对恢复共产主义运动的团结负有责任和一种特殊的作用。我们向所有兄弟党，首先向苏联共产党和中国共产党两大党呼吁：让我们尽力团结起来，切断分裂的道路，维护社会主义阵营、世界共产主义和工人运动的团结一致。[133]

“声明”既坚决支持赫鲁晓夫的和平外交政策，又指责经互会破坏社会主义的法则；既批评中国坚持与苏论战的强硬立场，又附和中国对社会主义阵营内部党和国家之间关系准则的观点，对中国和苏联基本上是各打五十大板。也许正是为此，苏联、中国以及各社会主义国家对该声明都反应冷淡，中国的媒体未作任何转载。但是西方媒体对它的评价普遍比较高。《泰晤士报》评论说：“罗马尼亚共产党人显然相信他们也可以解释列宁学说，并参加意识形态辩论，而其观点既不是莫斯科的，也不是北京的。”《苏格兰人报》则明确地说：“这篇声明等于是宣布罗马尼亚的独立，宣布罗马尼亚在苏联要用他们所能获得的一切支持进行争论时拒绝站在苏联一边。”甚至说：“声明是罗马尼亚经济、政治及意识形态的独立宣言。”[134]

罗马尼亚人普遍对它给以高度评价，认为声明反映了罗对外政策的基本立场，是相当于工人党“总路线”的一个“历史性文件”。从此以后，罗党在其重要文件中经常引用其中的段落或观点。西方称之为“四月纲领”或“独立宣言”。参与起草的尼古列斯库—米齐尔认为：“宣言是集体创作的，是在德治的创议和领导下进行的。因而我认为它是德治的政治遗嘱。”[135]现在，中国学者也认为，“‘声明’第一次从理论上详尽地阐述了罗马尼亚独立自主对外政策的基本原则”，“标志着罗马尼亚独立自主对外政策的基本形成”。[136]

3月，毛雷尔回国途经苏联时，苏联又向罗施加了新的压力。7月，阿波斯托尔和波德纳拉希等人在约见刘放大使时就此事向他通报说：当时“赫鲁晓夫同志突如其来地谈起比萨拉比亚，对我们说，这样的问题非常复杂，如果罗马尼亚提出要求［归还］，他马上可以在比萨拉比亚组织一次全民公决”。罗马尼亚被深深地刺痛了。

5月，斯托依卡访问苏联时，苏方又对罗提出了一连串的指责：

——通过和发表罗马尼亚工人党1964年4月声明，公开了不应当公开的经互会内部的许多问题；

——在党内组织讨论上述声明，大张旗鼓地讨论罗马尼亚工人党和苏联共产党之间的关系；

——在党和国家干部队伍中制造一种反苏气氛；

——在学校中取消俄语教学课程；

——取消了"马克西姆·高尔基"俄语学院；

——更换了街道名称；

——同罗马尼亚人结婚的俄罗斯妇女被迫加入罗国籍；

——罗马尼亚不再提苏联红军的解放者作用；

——罗马尼亚正在修改同苏联的关系基础；

——在外贸领域，罗马尼亚越来越倾向西方，没有意识到这样做是把灵魂出卖给了魔鬼；

——在传达讨论我党声明的各种会议上，赫鲁晓夫同志受到严厉批评。

通过这些指责，结论是：苏共和苏联国家的领导对罗马尼亚的事态非常担忧。[137]

7月初，毛雷尔率团访问苏联，对上述指责一一作了反驳。此前不久，几个在荷兰阿姆斯特丹的马克思恩格斯档案室工作的罗马尼亚学者发现了马克思的4篇关于罗马尼亚问题的手稿，大概写于1850年代。12月，罗把这些手稿以《关于罗马尼亚人的札记》的书名编辑出版，用马克思之笔谴责了沙皇俄国1812年对比萨拉比亚的侵占，令苏联非常难堪。第一版印发的2万册立即售罄。美国《华盛顿明星晚报》称："这一新的反俄运动可能成为这两个共产党邻国之间所发生过的最严重的争端。"据美国《纽约先驱论坛报》报道，几个月后，罗党中央党史研究所又发表了一封未曾披露过的恩格斯在1888年4月写的信，其中"激烈地批评俄国干预罗马尼亚的事务"。[138]

在这个问题上，中罗两国遥相呼应。随着中苏关系的逐渐恶化，中苏边境地区从1960年起开始发生武装冲突。双方于1964年2月起在北京举行边界问题谈判。中方在谈判中提出，可以以中国清朝与沙俄间签订的不平等条约为基础解决边界问题，但不会要求收回根据那些不平等条约被俄国割去的土地。苏方则拒绝承认那些条约是不平等条约。分歧也反映到了双方的论战文章中。

7月10日，毛泽东在会见日本社会党人士佐佐木更三等人时，提到了苏联对邻国领土的掠夺，把这一问题与日本对苏联的领土要求和罗等其它东欧国家对苏联的领土主张相提并论："苏联占的地方太多了"，外蒙古、千岛群岛、罗马尼亚的比萨拉比亚、德国、波兰、芬兰的一部分，"凡是能够划过去的，他都要划。有人说，他们还要把中国新疆、黑龙江划过去。……苏联领土已经够大了，有2000多万平方公里。100多年前，已经把贝加尔湖以东，包括伯力、海参崴、堪察加半岛都划过去了。那个账是算不清的，我们还没有跟他们算这个账呢"。[139]虽然毛泽东后来解释，他这样说，只是"采取攻势，说些空话"，并没有要改变边界现状的意思。[140]但"对罗马尼亚来说，中国对苏联的领土要求与罗马尼亚对比萨拉比亚的渴望相联系，也许至少能够使赫鲁晓夫意识到中罗纽带的存在"。[141]尼古列斯库—米齐尔认为，毛泽东的"这次会谈帮了罗马尼亚。同样，我们出版前面所说的［马克思的］手稿也是对中国的支持。我们都遇到了关系两国国家利益的重大问题。这时我们都努力推动罗中友好关系"。[142]

从苏联方面来说，由于加勒比海危机、中苏论战和国内农业大减产等诸多因素，使赫鲁晓夫在国内外的威信大打折扣，地位被削弱。苏联在社会主义国家当中已有了包括中国在内的3个对手，不愿意再看到一个公开与自己对立的盟国，不敢再过分刺激罗，以免为渊驱鱼，为丛驱雀。这又为罗解决了"能不能"抵制苏联的问题。正是在这样的背景下，反对中苏论战的罗马尼亚与苏联之间也展开了小型的公开论战，与中苏论战不同的是互相都没有指名。

1964年4月，苏联经济学家瓦列夫公开提出"多瑙河三角洲低地综合体"设想（即瓦列夫计划），要把罗的多瑙河三角洲和北多布罗加等地区纳入以苏联为主的一个跨国经济综合体，激怒了罗马尼亚人。6月5日，乔治乌—德治在与刘放大使谈话时痛斥苏联说：

> 他们把这叫做"国际主义"。而我们是"民族主义者"。我们带有"民族主义的狭隘性"，没有达到"杰出共产主义者"的高度！为什么？因为我们不愿意给他们天然气、石油和其他一些原料。他们早就像一群

"饿狼"似的觊觎我们的资源，恨不得立刻将它们控制在手里。如果我们答应他们，那我们国家的全部财富资源，包括小麦、玉米、天然气、原油等等，在几年之内将会被掠夺殆尽。

请原谅我使用了"饿狼"这个适合于帝国主义者的字眼。可有什么办法呢？因为我看不出帝国主义者同我们这些所谓的同志有什么不同。

他们是"国际主义者"，因为他们随心所欲地利用我们的所有资源，如果能够，甚至无偿利用；而我们还得为他们喝彩，同他们拥抱。

我们确实成了"民族主义者"，因为我们不愿意他们想要什么就给什么。

我们正面临着一项分裂罗马尼亚、使我们的国家和人民解体的计划。这已经不再只是一个简单的干涉内政的问题了。

他又揭露说，苏联人

想在我们国家，在我们党内有他们自己的人。他们有一班为数不少的人从事这种活动，并且还企图收买我们的军人和文职人员，为他们工作。

在莫斯科，他们跟踪我们的外交官，如同跟踪帝国主义分子一样。在我们驻华沙条约国组织军事代表的住处安装了窃听器。而这一切都是在无产阶级国际主义的名义下进行的！[43]

几天后，罗《经济生活》杂志第24期发表了一篇题为《违反社会主义国家经济关系的基本原则的概念：关于一般说来的"国家间经济综合体"，特别是关于这种综合体在"多瑙河"地区的具体化》的文章，对瓦列夫计划予以痛斥。文章说：

"在多瑙河下游国家间的综合体"的计划不单是企图侵犯一个同所有社会主义国家同样拥有平等权利的社会主义国家的民族主权的一个阴谋，它远不仅是直接干涉罗马尼亚人民共和国的内政，和打算剥夺罗马尼亚主权的一些职能的建议。这是一个旨在破坏罗马尼亚领土完整、肢解其民族与国家统一的计划。

在罗已开始和中国结成统一战线的情况下，苏联不得不在这个问题上向罗退让。7月4日，《消息报》发表了题为《更深入地探讨社会主义国家合作问题》的文章，承认瓦列夫的论文“在阐述社会主义国家经济合作问题时缺乏理论水平，脱离了迫切的实际需要和具体条件”。[144]中国的《人民日报》则在7月26日全文或摘要转载了上述3篇文章，用这种方式表达了对罗的支持。中国本来就对参加经互会兴趣冷淡，在这以后更是连有关的会议也拒绝参加了。[145]

10月，毛雷尔在会见毛泽东时，谈了罗工人党怎样坚决地顶住赫鲁晓夫的压力的一些情况，如反对把经互会搞成一个超国家的机构。毛泽东说，这一点我们完全支持你们，经互会要改组才行。[146]苏联领导人就是要控制我们这些社会主义国家，他当父亲来控制儿子，儿子长大了，照例不听父亲的话，一个家庭都如此，何况一个国家、一个党。[147]如前所述，中国曾多次谢绝了苏联要中国加入经互会的邀请。但是毛泽东这次却一再提到苏联从一开始就反对中国加入经互会，而回避了上述的事实。他还说：“再过半年，一年或者更长一点时间，我们将会发动一场进攻，我们将宣布：成立一个由13个社会主义国家在平等的基础上参加的经济互助委员会。”“这是对你们的支持，也是对我们的支持。”[148]

5月底，罗部长会议副主席、经济计划委员会主席马林（Gheorghe Gaston Marin）访问美国，与美国签订了广泛的经贸协定，由此引发了罗苏两国广播电台之间的一场广播论战。据法新社报道，莫斯科电台的罗语广播谴责了“那些采取自行其是的立场，转向资本主义国家寻求技术援助，耗费许多外汇的共产主义国家”。布加勒斯特电台“以相当猛烈的语调反击说：‘苏联电台的看法对发展社会主义国家之间的友好关系毫无建设性贡献’”。在此前后，斯托依卡和赫鲁晓夫做互访以试图说服或安抚对方，但无济于事。对此，法新社认为，“莫斯科和布加勒斯特就经济一体化问题最近出现的分歧，正在超过秘密的和影射性的讨论阶段，而变成公开论战”。罗的策略是，“通过同苏联方面为难，使罗马尼亚逐渐获得解放，因为苏联目前正被中国问题弄得不可开交”。英国《每日邮报》甚至认为：布加勒斯特电台广播的这种攻击，实际上是在意识形态上宣战。[149]

罗的强硬惊呆了西方观察家甚至铁托，后者曾私下警告乔治乌—德治说，这会激怒赫鲁晓夫，但是也没能阻止乔治乌—德治要取胜这场游戏。[150]据法新社报道，莫斯科电台的调门很快就降了下来，“因为这一争执的加剧只会使他们在同北京的尖锐冲突中的处境更加困难”。英国《观察家报》发表《赫鲁晓夫对罗马尼亚和解》一文说，赫鲁晓夫对当时正在苏联访问的斯托依卡表示，

> 愿意向罗马尼亚作出某种有深远影响的让步，这种让步可能在苏联同经互会国家的关系中树立一个具有重大意义的先例。
>
> 据一些东欧人士说，苏联向布加勒斯特提出的建议包括冲淡整个经互会一体化计划，承认国家的经济主权和同意进行双边磋商，而不去建立对经济计划的超国家的控制。
>
> 据说俄国还答应解除现存的罗马尼亚的战后债务，修改苏罗铀矿协定（罗马尼亚现在向俄国出口它的全部铀矿），最后是给予新贷款和设备来帮助扩大重工业——包括原子反应堆在内。[151]

7月25日，毛泽东召开中共中央政治局常委扩大会。与会者认为，“赫鲁晓夫处境很困难，想采取这样那样的办法来稳住他的地位。”“罗马尼亚跟我们谈了以后，对苏态度比过去强硬。赫鲁晓夫要压他们，但压不下来。”“在这种情况下，赫鲁晓夫的现行政策，面临众叛亲离、四面楚歌的危险。”[152]

10月14日，赫鲁晓夫被赶下台。乔治乌—德治立即抓住机会，在一星期后的21日召见苏联驻罗大使，请苏联召回克格勃驻罗的顾问。苏联人最初对此也是怒不可遏，乔治乌—德治和勃列日涅夫为此专门举行了会谈。最终克格勃的顾问还是在年底以前撤走了，但被允许带走他们征用的公寓内的所有物品。罗成为1989年以前华沙条约成员国里第一个和唯一一个撤走克格勃顾问的国家。[153]

收获之三：提高了罗马尼亚的国际地位

罗马尼亚是苏联的盟国，经互会的成员，却敢于向苏联的控制和干涉挑战；它与中、南、阿等苏联的政敌保持友好关系，与西方努力发展经贸关系，却始终不脱离苏联集团，始终以苏联为最重要的经济伙伴。罗的特立独行，使它在调停中苏关系中和沟通东西方关系中都扮演着不可替代、不可缺少的角色。罗在社会主义阵营中坚持独立自主的特殊立场，既维护了自身利益，也提高了自己的国际地位。

罗党主动提出要调停中国和苏联的公开论战，与其说是他们基于认为自己有这个能力，不如说是他们认为自己有这个面子。不过，促使他们如此迫不及待地想要停止公开论战，担任中苏之间的调停人，更主要的原因，是担心公开论战会导致中苏关系更加恶化，赫鲁晓夫会铤而走险地召开世界共产党代表大会，开除中共，导致国际共运的分裂。那时，无所顾忌的赫鲁晓夫将会给罗等具有独立倾向的党施加更大的压力，罗实施自治政策的空间会被大大压缩，罗苏矛盾会更加激化。城门失火，殃及池鱼，这才是罗最担心和最不希望发生的。按照罗马尼亚人的观点，他们的自治政策最好是在中苏分歧继续存在，但仍相互承认为社会主义阵营成员的前提下推行。[154]

对罗的调停之举，世界上多数共产主义政党都持谨慎的欢迎态度，苏共及东欧几个党既怀疑罗党的动机，更怀疑此举的效果，[155]甚至有的党认为罗工人党是机会主义者。[156]而中共从一开始就认为罗是受苏联指使而来的。直到中罗两党代表团在北京会谈了 5 次以后，中共中央政治局常委会仍认为：罗马尼亚同苏方有分歧是事实，但他们这次来华，的确像我们过去所分析的，是苏联策动的。最先是罗马尼亚害怕苏方加剧论战会导致分裂，要求苏共不要发表二月决议，不要发表 2 月 12 日给兄弟党的信。赫鲁晓夫趁这个机会，指使罗马尼亚党要求中国党停止公开论战。[157]

对此罗早有预见。代表团在前往中国的途中没有经停莫斯科，而是经停鄂木斯克，[158]“以消除所有的代表团是克里姆林宫的说客的猜想”。[159]毛雷尔在与中共的会谈中至少有 3 次特别申明，我们来中国不是受任何人指派的，而是基于我们自己的决定，自己的意志。乔治乌—德治事后在罗党中央政治局会议上也特别指出，“点明这件事非常好”。“我认为你们在那做得很好，首先是毛雷尔同志强调，此行是出于我们对这件事的担忧，是我们自己的想法。坚持说明这一点很好，因为他们认为这是赫鲁晓夫设的一个圈套”，[160]我们“被他们怀疑是赫鲁晓夫的信鸽”。[161]

当时西方通讯社已经洞悉了罗此举的动机与真实意图。法新社指出：“外国和东方专家认为，鉴于罗马尼亚在东欧社会主义阵营里所处的相当特殊的地位，以及它同北京、莫斯科甚至和贝尔格莱德都保持着同样良好的关系，毛雷尔到这里访问可能是在某种程度上充当几乎是自封的和非常初步的调解人的角色。”并确信：“这整个事情只是得到莫斯科的同意，而不是受到它的鼓励并且肯定不是它倡议的。”合众国际社也认为：“就像已经报道的那样，如果罗马尼亚人去中国试图在莫斯科和北京之间进行调解，那么看来他们的行动完全出于他们自己的主动。”

更多的西方媒体认为，罗此举其实是用自己选择的方式表达了独立自主的立场和意愿。如美联社称：“这次访问是自从阿尔巴尼亚脱离莫斯科阵营和共产党中国站在一起以来，苏联集团中的一员最大一次公开表现自己的独立。”英国的《经济学家》评论说：

> 布加勒斯特和莫斯科之间的冷淡关系起源于罗马尼亚人反抗莫斯科的东欧经济一体化计划所分摊给他们的任务。罗马尼亚人使得俄国人在这个问题上让步以后一直通过各种细小而重要的方式表示出，他们要独立于莫斯科的口味已越来越大了。本周的北京之行是强调这一点的一种突出方式，可也是俄国人难以公开反对的一种方式。[162]

由于中共等党对罗的“这一怀疑特别难以消除”，[163]使得中罗两党的会谈更加困难。由于没能制止中苏论战，罗对中苏关系的后果甚为悲观：“论战结果，将会在两党和两国人民之间造成一道历史上从未有过的鸿沟。”但乔治乌—德治又预言：“我们相信，论战会继续激化。我们同样相信，终有一天，问题会发生变化，今天相互谩骂的人们，将会拥抱亲吻。”[164]这个预言在当时似乎有些惊世骇俗的味道，然而在今天却的的确确变成了现实。这也许就是罗后来锲而不舍地在中苏之间作调解工作的一个潜在动因吧。

对中苏关系和国际共运前景的担忧，尤其是对罗在社会主义阵营和在国际关系中的地位和作用的忧虑，催生出了罗党的“独立宣言”，由此形成了罗特立独行的外交政策和国际形象。从这个意义上讲，正是由于中国因素的凸显，或者说是罗介入了中苏关系，而中国介入了罗苏关系，才导致了罗独特的外交政策和国际形象的形成。从这时起，“乔治乌—德治，他的政权，甚至罗马尼亚自身，被罗马尼亚人民和国外敏感的观察家视为国际社会受尊重的成员，视为国际共运中的‘第三种势力’，国际事务中最有影响的小共产党国家”。[165]尤其是罗党发表的“独立宣言”，在国际共运中，“这是第一次一个小党要对有关共产主义的大问题发表意见，敢于与大国以平等的身份对话”。[166]

1964 年 8 月，在布加勒斯特举行的庆祝解放 20 周年的大会上，发生了这样一个插曲：在大会主席台上，苏联代表团团长米高扬和中国代表团团长李先念被分别安排站在乔治乌—德治的左右两边。乔治乌—德治悄悄问李先念："你和米高扬同志握手了吗?"李先念说，他本来打算和米高扬握手，曾"有意走过米高扬面前，但米高扬没有伸手"。当时在场的波德纳拉希回忆说，李先念"为此很感慨并恼怒地告诉了我们"。"德治说别在意，便拉着李先念的手去和其他各国代表打招呼。来到米高扬面前，李先念和米高扬也相互致意，什么事也没有再发生"。[167]这其实是继 3 月在北京调停中苏论战失败后，罗调解中苏关系的又一次尝试。

也许是投鼠忌器，也许是赫鲁晓夫感到疲倦了，也许是他受到了来自党内的强大压力，在 10 月赫鲁晓夫下台前夕，罗苏关系似乎有所回暖。1964 年 9 月 27 日，罗党政代表团到北京参加中国 15 周年国庆路过莫斯科。虽然只是路过，赫鲁晓夫等苏联领导人仍亲自会见并设宴接风。宴会上的赫鲁晓夫显得有些忧郁，但"宴会中的气氛是相当友好的"。据尼古列斯库—米齐尔回忆：

赫鲁晓夫向我们询问了赴北京访问的情况。这正是毛雷尔所期待的。虽然几个月前在从北京归来的途中刚刚和赫鲁晓夫见过面，他还是借此机会再次详细陈述了我们对于工人运动的看法。同时，他还强调了通过谅解来解决双方争议的必要性。波德纳拉希和我也都各自补充了一些看法。

谈话间赫鲁晓夫的态度让我们感到有些意外。如果说在此之前每当提到与中国的关系时都会引起他的强硬论调的话，这次*他却没有这样做*。取而代之的是，他提出了一系列的问题。诸如：我们有没有可能和中国人达成谅解呢？他们的态度会是善意的吗？以后我们会真正达成共识吗？等等。当然，最后他也为自己的问题找到了出路："谁知道呢，也许你们说的是对的。"

柯西金在我们的交谈中显得非常积极，不断地插话进来。然而他的立场显而易见是与赫鲁晓夫相悖的，他一直在毫无掩饰地攻击中国人。我觉得他的这些话不是冲着我们说的，而是直接指向赫鲁晓夫的，好像是在回答赫鲁晓夫提出的那些问题。

……

当天晚些时候在去往北京的飞机上，毛雷尔，波德纳拉希和我就一天的所见所感交换了意见。我们仔细分析了赫鲁晓夫提出的问题，他的一举一动以及柯西金的所有插话。

> 最后我们三人达成了两点共识。首先我们认为*在赫鲁晓夫身上发生了一些什么事情*。有可能他正在考虑同中国恢复关系正常化。其次，*苏联的领导层在这个问题上产生了严重分歧*。这些想法很快就从我们这里转达给了乔治乌—德治。
>
> 我们详细地叙述了在莫斯科作短暂停留的情况以及与赫鲁晓夫的会谈，更多地讲了我们在会谈中的感受。我们真诚地希望中国领导人能够充分利用并受益于赫鲁晓夫在实现两个最大的社会主义国家之间关系正常化问题上的犹豫态度。[168]

后来，当获悉赫鲁晓夫下台的消息后不久，中国领导人中就有一种猜测，说“赫鲁晓夫对自己的政策表现‘把握不定’，想‘寻找出路’。苏斯洛夫等人对现行路线表现坚定不移，可能由于怕赫鲁晓夫动摇而将他撤职”。[169]尼古列斯库—米齐尔的回忆也许能为这种猜测提供一点儿佐证。

赫鲁晓夫在这次宴会上主动谈到了正在进行的苏中边界谈判，强调中国皇帝在历史上也侵占了许多土地。但是他又表示，“如果中方以现实主义的态度对待此事，……苏方将愿意把与中国的实际边界作一些调整”。[170]罗代表团在北京向中国领导人转达了赫鲁晓夫的上述意思，并提到在参加会谈的苏共领导人中间，不是赫鲁晓夫，而是“柯西金是最有战斗精神的一个”。[171]但是，在中苏大论战的气氛里，罗方传递的这些带有和解意味的信息似乎没有引起中国领导人多少兴趣。

赫鲁晓夫下台后，中共中央政治局常委多次开会讨论对策。在 10 月 29 日的会议上，毛泽东说，他和周恩来都认为，应建议 12 个社会主义国家都派代表团去莫斯科参加苏联的国庆，并进行接触。根据中国的有关书籍和当事人的回忆，这个会议应当是 29 日的下午召开的。当晚，周恩来约见朝、越、罗、阿、古驻中国的外交代表，通知他们上述建议。随后又单独约见苏联驻中国大使，正式告诉他，中共中央已经决定派以他为首的党政代表团去莫斯科。在 11 月 1 日的政治局常委会上，周恩来介绍了约见各国使节的情况，说“他们都非常赞成我们的建议”。[172]结果，除阿以外的 12 个社会主义国家都响应中国的建议，派出了高级代表团前往莫斯科。

但据当时罗代表团成员之一的尼古列斯库—米齐尔回忆，是罗方最先提出了这一建议：

> 我们认为有必要了解苏联新一届领导人的方针政策。我们有个想法，希望借11月7日的［十月革命］周年庆典之机，在莫斯科召集一次所有社会主义国家参加的共产党大会，并在此会议中促成中苏会晤，这样也许会比中苏之间单方面的见面容易一些。
>
> 设想成熟之后，波德纳拉希就分别向中国和苏联大使详细陈述了这次国际大会的构思。几天之后，北京方面决定他们将承担这次国际大会发起人的角色。同时，我们也接到了北京的邀请。[173]

研究历史，应当首先依靠第一手资料，在第一手资料不足的情况下，才能依靠第二手资料，如回忆录等。对上述这个历史细节的认定，也应当首先依靠中罗双方的有关档案资料。如果档案资料印证了尼古列斯库—米齐尔的上述回忆，那么罗就是在这个关键时刻再次主动扮演了中苏关系调解人的特殊角色。虽然目前本人还没看到双方有关的档案资料，但是中国的研究机构整理的第二手资料显然应该比罗的个人回忆录更准确一些。而且，中国的本意绝非如尼古列斯库—米齐尔所说，反对的只是由苏共召开世界共产党大会，想由自己来召集这个会议。而是反对仓促召开这样的会议，一贯主张在这之前首先由有关国家进行充分的协商。不过，无论是中国还是罗马尼亚发起了这次调停，结果都是由于苏联的原因而再次无果而终。

周恩来率团到莫斯科参加十月革命庆典，寻找与苏联改善关系的可能性。但是，苏联新领导人告诉周恩来，在中苏分歧的问题上，苏共中央内部甚至在细节上也是没有分歧的，并且仍坚持要召开赫鲁晓夫创议的为召开共产党与工人党国际会议而召开的26国兄弟党起草委员会会议。11月10日，毛雷尔与勃列日涅夫在莫斯科举行了会谈。在谈到中国问题时，毛雷尔说：

> 中国人在赫鲁晓夫下台后立即停止了论战，也没有向你们提出任何要求。我们都很明白这件事。我们认为世界上没有一个共产党认为赫鲁晓夫的离去对社会主义国家之间的关系和国际共运的发展毫无影响。苏联国内问题是其离去的唯一原因吗？是因其而始、因其而终吗？你们谁相信这些呢？正如您所说，赫鲁晓夫在国内犯了许多错误，难道他在党际关系上、在国际政治总路线方面就没有犯严重错误吗？我们可以举出我们知道的事例，那些发生在我们国内、涉及到与中国关系的事例，包括我们在布加勒斯特发言谴责中国的事例。我们希望所有这一切都应该

改变一下了，这些事都应该加以说明。

这时，勃列日涅夫推说要去会见东德代表团，便匆匆结束了会谈，回避了罗方的质问。[174]周恩来回国后谈到在莫斯科与毛雷尔会谈的情况时说，“罗马尼亚代表团这次表现很好，我们同他们会谈了3次。他们表示，如果苏共召开兄弟党国际会议，即使其他兄弟党都参加，罗马尼亚党也不参加”。[175]

11月底，苏共致信有关的26个党，确定于1965年3月召开筹备共产党和工人党国际会议起草委员会会议的第一次会议。罗工人党在复信中表示：

在1957年和1960年莫斯科国际协商会议共同通过的宣言的指引下，在重建共产主义运动的统一与团结的愿望的推动下，罗马尼亚工人党建议，26党起草委员会不应再次召集，而应进行双边和多边的协商，努力恢复共产党党际关系和社会主义国家关系的正常化，在一致赞同的基础上，在条件成熟时成立筹备委员会以召开新的国际协商会议。[176]

1965年2月柯西金访华期间，毛泽东和周恩来等人多次与他会谈，劝苏共取消这次会议，苏共不为所动。3月1日，共产党和工人党代表协商会议在莫斯科召开，被邀请与会的26个党中的罗、阿、越、印尼、中、朝、日7个党以各种原因拒绝出席。以这次会议为标志，中苏关系实际上已经名存实亡，或叫藕断丝连。[177]共同社认为：“可以说，这是想要摆脱苏联控制的罗马尼亚和反对苏联的‘大国主义’和‘修正主义’的中国的步调趋向一致的表现。”[178]

乔治乌—德治逝世与罗共九大的召开

1965年上半年，中罗关系继续顺利地发展。年初，中国主动提出周恩来访罗的建议。罗方表示：乔治乌—德治正患病，不能出面接待，容易引起外界猜测，建议推迟访问。没想到不久后的3月19日，乔治乌—德治就因患肺癌和肝癌病逝。中国领导人毛泽东、刘少奇、周恩来和朱德发去唁电，高度评价乔治乌—德治是“中国人民的亲密朋友”。《人民日报》发表社论“向罗马尼亚人民致以衷心的、深切的哀悼”：

罗马尼亚工人党和罗马尼亚人民共和国政府，坚持各国共产党和工人党一九五七年宣言和一九六〇年声明所规定的兄弟党、兄弟国家相互关系的准则，积极发展同社会主义国家的互助合作关系，对维护社会主义阵营和国际共产主义运动的团结，作出了积极的贡献。显然，这也是同乔治乌—德治同志分不开的。

乔治乌—德治同志一向十分重视巩固和发展中罗两国人民建立在马克思列宁主义和无产阶级国际主义基础上的友谊，他为促进我们两国在政治、经济、文化等方面的友好合作关系，作出了许多贡献。

乔治乌—德治同志与世长辞了。中国人民为自己失去这样一位亲切的朋友，为罗马尼亚人民失去这样一位爱戴的领袖，为国际共产主义运动失去这样著名的一位战士而感到无限悲伤。[179]

周恩来立即指示中国驻罗使馆，一定去参加葬礼，不必等罗方邀请，马上约见波德纳拉希告知此意。[180]随后，他亲率中国党政代表团赴罗参加葬礼。在送葬仪式中，在 3 月的春寒里，各国领导人都穿着厚重的大衣。已经 67 岁的周恩来却不穿大衣，随灵车走过几公里长的街道，“以此表达对乔治乌—德治的深切悼念。毛雷尔、波德纳拉希等人恳请说：‘请周总理穿上大衣，否则因为到我们这里送葬罹病，我们是担待不起的。’总理感谢毛雷尔的好意，但仍没有穿上大衣”，[181]一直坚持到几小时后葬礼结束。

7 月，罗共召开了第九次代表大会。[182]中共中央总书记邓小平率中共代表团应邀出席大会，受到热烈的欢迎。在致大会的贺词中，邓小平称赞说：

罗马尼亚共产党为了捍卫社会主义罗马尼亚的正当利益，捍卫兄弟党、兄弟国家关系的准则，捍卫国际共产主义运动的团结和社会主义阵营的团结，进行了不调和的斗争，作出了重大的贡献。

我们的斗争并不是孤立的。我们经常得到罗马尼亚、其他兄弟国家、一切友好国家以及全世界革命人民的国际援助和鼓舞，对此我们表示衷心的感谢。[183]

齐奥塞斯库在向大会的报告中重申，罗将坚持既定的内政外交基本方针。在这次大会上，齐奥塞斯库当选为罗共总书记。

大会期间，邓小平与齐奥塞斯库举行了会谈：

邓小平同志：……我们相信将再有机会访问罗马尼亚。我们也相信您还会访问我国，因为我们两党的关系发展得非常好。我们两党的关系是建立在共同的意识形态和共同的经验基础上的。两党和两国之间的关系不仅取得了正常发展，而且发展得非常好。当然这也不是说我们在所有国际问题上都有相同的观点。不同的观点是存在的，但是相同点是很多的，这是最主要的。

齐奥塞斯库同志：我们同意您的观点。我们两党的关系是好的。我们有共同发展的基础。对问题的共同观点决定了我们的合作必将是富有成果的。在合作中我们会找到有效方案，去解决我们持有不同观点的问题。

毛雷尔同志：我们已经找到了解决分歧的有效方法，那就是真诚、公开和同志般的讨论。我们以前和将来都会这样做。这是取得理解的基础。

……

邓小平同志：我们认为会议取得了很大成功。从会议报告和发言中我意识到罗共的方针政策十分正确。我们看到了所有代表都对罗共制定的政治路线和发展计划充满信心。我们看到了罗共是一个团结的政党。可以说，这在其他社会主义国家是不多见的。这就是我们对会议的评价。我们对此感到非常满意。我们注意到，在会议中您不仅总结了罗马尼亚的经验，还总结了有关处理社会主义国家之间关系和其它国际关系的经验。[184]

在罗领导人发生更换之时，这次访问有助于中罗两党和两国友好关系的继续发展，并推动中罗关系由乔治乌—德治时期向齐奥塞斯库时期平稳过渡。

经济与科技文化交流

受中苏关系恶化的影响，中罗经济和科技文化的交流在20世纪60年代初有短暂的冷淡，从1963年起又全面恢复，并且迅速达到一个新水平。据罗驻华使馆报告，在4月份两国签署了当年的换货议定书后，“中国一些官员表示出了兴趣并一再强调要扩大双方1963年的贸易额”。[185]1965年，双方互派了80多个经济和科技文化等方面的代表团，与同时期中国与苏联、东欧等国渐趋恶化的关系形成了鲜明的对照。1965年，两国的贸易额为4775万美元，比1963年增长52%；1966年达到7021万美元，比1965年又增长47%。[186]为支持罗反对苏联控制的斗争，中国在两国贸易中总是尽可能地满足罗方的要求。1965年，两国分别在对方首都举办大型经济展览，两国总理分别出席开幕式并剪彩，两国的主要领导人参观了展览。[187]1965年前后，罗向中国出口的主要商品是轿车、拖拉机、钻探设备及配套的零配件等，从中国进口的主要货物是日用消费品[188]和苏式的机器设备等。[189]

1961年4月，中罗两国科学院科学合作协定1961年执行计划在布加勒斯特签订。1962年7月，成立于1953年的中罗科学与技术合作联合委员会"在真诚友好和相互谅解的气氛中"在布加勒斯特举行了第七届会议。根据会议签订的议定书，中国将向罗提供科学技术资料，并接待罗专家考察轻工业和纺织工业等方面的生产经验；罗将向中国提供科技资料并接待中国专家考察化学、石油工业等方面的生产经验。1963年6月，两国政府在北京签订了新的科学技术合作协定。根据这一协定，两国将继续本着平等互利和同志式相互援助的原则，进行科学技术合作，以便双方更好地利用最新的科学技术成就。双方同时还签订了中罗科学技术合作委员会第八届会议议定书。7月，两国科学院科学合作协议和两国科学院科学合作协议1963年至1964年执行计划在北京签订。两国科学院1965至1966年科学合作执行计划于1965年12月在布加勒斯特签字。1964年7月，中罗科技合作联委会第九届会议在布加勒斯特举行，并签订了议定书，规定双方将在石油、化工、食品工业和农业等部门相互提供技术资料和互派考察专家。[190]第十届会议于次年5月在北京举行。1964—1965年，两国的双边科技合作项目为12项，1965—1966年跃升为22项。[191]

1966年1月，罗科学院还授予中国科学院院长郭沫若、副院长竺可桢名誉院士证书，授予中国科学院地理研究所所长黄秉维通讯院士证书。

如前所述，从20世纪50年代初起，石油工业就在中罗技术和贸易交流中占有特殊的重要地位。在20世纪60年代初任中国石油工业部副部长的周文龙，当时既兼任中罗科学技术合作委员会中国组的主席，又兼任中罗友好协会的副主席。1960年布加勒斯特会议之后，既受中苏关系恶化的影响，更受中国经济出现严重困难的制约，使中国的石油短缺到连首都北京的公共汽车都一度没有燃油供应的地步。中国决心走自力更生之路。在这个关键时候，罗加大了对中国石油工业的援助和石油产品的出口。1963年底，中国宣布石油产品基本自给。1964年4月，中国特地派出石油工业部副部长刘放任驻罗大使，以加强与罗在这方面的合作，可见中国的重视程度。在上述两国历年的科学技术合作文件的签字仪式上，也总会有双方石油化学工业部门的负责人出席。

1964年10月，正当毛雷尔中国访问之时，主人主动邀请罗贵宾去参观刚刚建成的大庆油田，由周恩来陪同[192]前往。此前，这个具有战略意义的油田只秘密地接待过一次外国贵宾，即金日成。[193]罗代表团成员之一的尼古列斯库—米齐尔回忆说："我们被告知说中国已经决定不对这个油田做任何宣传，并且不允许外国人参观。但我们这些罗马尼亚客人例外。这主要基于两点原因：一是罗中两国之间存在的良好关系；二是罗马尼亚在石油工业上有着丰富的经验。中方希望我们回去后不要对外界提起这个油田的事情。"在大庆，罗马尼亚人看到了"一个现代化的大油田"。当发现这里有些受过罗专家培训的技术工人"甚至能够结结巴巴地说出几句罗语来"时，他们倍感惊喜。回到北京后，毛雷尔向中国领导人建议，向世界宣传大庆，宣传中国自力更生的奇迹。[194]实际上，从这一年4月起，中国的主流媒体已经开始大张旗鼓地宣传大庆精神和经验了。

1965年初，经周恩来的亲自安排，中方又邀请罗科技代表团参观了仍"不为外界所知"的大庆油田，"表现出了特别的信任"。[195]

1961—1966年中罗文化合作协定的年度执行计划，都是轮流通过各自驻对方的外交代表机构与对方主管部门协商签订。1961年、1963年和1966—1967年的执行计划，由中国对外文化联络委员会负责人与罗驻华大使在北京签署，1962年和1964—1965年的执行计划由我国驻罗大使和罗副外长在布加勒斯特签署。这些计划规定，两国进一步发展在科学、教育、文化、艺术、广播电视、体育方面的合作，相互交换文化代表团、作家、艺术团和艺术小组、展览会、教学干部，互译两国文学作品；交换广播电视方面的材料；互派体育代表团，等等。1964年10月，两国签订了广播和电视合作协定。1965年5月，中国对外文委副主任李昌率领中国政府文化代表团访罗，并签署了中罗的第二个文化合作协定。

1964年，由中国文化部副部长胡愈之率领的中国文化代表团访罗。1965年，由国家文化和艺术委员会副主席莫拉鲁率领的罗文化代表团访华。两个代表团互访期间，主要与对方主管对外文化交流单位的负责人接触并考察对方的文化事业。这段时间，两国互访的大型艺术表演团体有：1963 年的罗“贝林尼查”民间歌舞团、中国中央歌舞团，1964 年的中国民族艺术团，1965 年的罗杂技团和中国人民解放军歌舞团，等等。

顺便一提，1969 年中国国庆 20 周年时演出的大型音乐舞蹈史诗《东方红》，被认为是新中国历史上思想性和艺术性俱佳的里程碑式的文艺作品，它的演出成功也借鉴了罗的经验。当年周恩来在北京会见毛雷尔时特地提到了此事：“10 月 2 日会有一场音乐演出。在演出的编排方面我们学习了你们。”[⑱]

综上所述，导致中罗关系在 20 世纪 60 年代前期出现短暂的波折，随后又得到迅速的恢复和进一步的发展的原因，主要是以下几个因素：

1. 中国与苏、东各国关系的变化。一般情况下，中罗关系从属于中苏（东欧）关系，随着中苏（东欧）关系的变化而起伏。1960 年前后中罗关系的变化与中苏关系的变化是完全同步的，两者成正比，只是中罗关系趋于冷淡的程度没有其他东欧国家那样大。

2. 罗苏关系的变化。在 20 世纪 50 年代，罗内外政策是从属于苏联的，罗对苏依赖程度很大，基本利益比较一致。但从 20 世纪 50 年代末起，罗独立自主的意识增强，与苏联在民族利益上的冲突愈演愈烈，罗苏关系日益紧张。为寻求支持，罗主动向中国接近。在这种情况下，特别是从 1963 年起，中苏关系的恶化由于罗苏关系的介入，不但没有恶化中罗关系，反而促进了中罗关系。罗苏关系的变化与中罗关系的变化变成了反比。

3. 中罗各自自身利益的需要。1958 年以后，中罗两国走独立自主的发展道路，不但有了强烈的愿望，也有了现实的可能。两国与强大的苏联对抗，就要借助其他力量并改变在社会主义阵营内的孤立状况；就要扩大和建立新的对外经济联系，打破封锁。1963 年以后，中罗两国就是出于政治上的联手抗苏和经济上的互通有无这两个目的，走到一起来的。

参考文献

①《杨尚昆日记》，(上)，中央文献出版社，2001年版，第544—545页。

②阎明复：《彭真在布加勒斯特会议上》，见《缅怀彭真》，中央文献出版社，1998年版，第171页。

③吴冷西：《十年论战——1956—1966中苏关系回忆录》，(上)，中央文献出版社，1999年版，第278—280页。

④《人民日报》，1960年6月23日。

⑤何明、罗锋：《中苏关系重大事件述实》，人民出版社，2007年版，第313页。

⑥*STENOGRAMA ședinței plenare a C. C. al P. M. R. din zilele de 15—22 aprilie 1964*，ANIC，fond C. C. al PCR cancelare，Dosar 16/1964. Dan Cătănus，*Între Beijing și Moscova：România și conflictul sovieto-chinez*，Institutul Național pentru Studiul Totalitarismului，Bucu resti，(《1964年4月15—22日罗工人党中央全会速记稿》，罗共中央办公厅档案，1964年第16卷，见丹·科特努什：《周旋于北京与莫斯科之间——罗马尼亚与苏中冲突》，罗马尼亚科学院国家极权主义研究所，布加勒斯特)，2004，p. 340.

⑦Romulus Ioan Budura，*Introduction.* Ministerul Afacerilor Externe & Archivele Naționale，*RELAȚIILE ROMÂNO-CHINEZE* (*1880—1974*)，*DOCUMENTE.* Coordonator：Ambasador Romulus Ioan BUDURA，2005，București (罗姆鲁斯·扬·布杜拉：《引言》，见外交部 & 国家档案馆：《罗中关系文件集》(1880—1974)，主编：罗姆鲁斯·扬·布杜拉大使，2005年，布加勒斯特)，p. 37.

⑧ *EXPUNEREA TOVĂRĂȘURUI GHEROGHE GHEROGHIU-DEJ LA CONSFĂTUIREA REPREZENTANȚILOR PARTIDELOR COMUNISTE ȘI MUNCITOREȘTI DIN ȚĂRILE SOCIALISTE，CARE A AVUT LOC LA BUCUREȘTI LA 24 IUNIE 1960.* ANIC，fond C. C. al PCR cancelare，Dosar Nr. 36/1960 (《1960年6月24日格奥尔基·乔治乌—德治在布加勒斯特举行的社会主义国家共产党和工人党代表会议上的讲话》。国家中央历史档案馆，罗共中央办公厅档案，第63卷/1960年)，p. 28.

⑨同注释②，第179页。

⑩同注释③，(上)，第288页。

⑪*Protocol Nr. 3. al ședinței Biroului Politic al cc al PMR din ziua de 25 iunie 1960* (《1960年6月25日罗工人党中央政治局会议第3号决议》)，ANIC，fond C. C. al PCR cancelare，Dosar Nr. 32/1960，pp. 2，3.

⑫逄先知、金冲及：《毛泽东传》(1949—1976)，(下)，中央文献出版社，2003年版，第1085页。

⑬阎明复：《彭真在布加勒斯特会议上》，见《缅怀彭真》，中央文献出版社，1998年版，第181、182页。　吴冷西：《十年论战——1956—1966中苏关系回忆录》，(上)，中央文献出版社，1999年版，第293页。　但据当时中国代表团的罗语译员李

锡龄回忆说，这次会见是罗方主动提议的（李同成、徐明远、李锡龄：《中国外交官在欧洲》，上海人民出版社，2005 年版，第 66 页）。罗明的说法是："乔治乌—德治在罗工人党中央政治局成员的陪同下，邀请彭真在他的寓所举行了私下的会见"（同注释⑦，p. 37.）——著者。

⑭同注释②，第 183、184 页。

⑮阎明复：《彭真与 1960 年国际共运的两次重要会议》，《百年潮》，2002 年第 4 期，第 14 页。

⑯同注释②，第 184 页。

⑰同注释③，（上），第 297 页。

⑱蒋本良：《给共和国领导人作翻译》，上海辞书出版社，2007 年版，第 19 页。

⑲同注释③，（上），第 346 页。

⑳同注释①，第 604、619 页。

㉑1960 noiembrie 24，Moscova. *A DOUA CUVÂNTARE ROSTITĂ DE GHEORGHE GHEORGHIU-DEJ，PRIM-SECRETAR AL COMITETULUI CENTRAL AL PARTDULUI MUNCITORESC ROMÂN，LA CONSFĂTUIREA PARTIDELOR COMUNISTE ŞI MUNCITOREŞTI CARE A AVUT LOC LA MOSCOVA*（1960. 11. 24，莫斯科。《罗马尼亚工人党中央委员会第一书记格奥尔基·乔治乌·德治在于莫斯科举行的共产党和工人党会议上的第二个讲话》). Ministerul Afacerilor Externe & Archivele Naţionale，*RELAŢIILE ROMÂNO-CHINEZE*（*1880－1974*），*DOCUMENTE*. Coordonator：Ambasador Romulus Ioan BUDURA，2005，Bucureşti，pp. 392，393.

㉒刘晓：《出使苏联八年》，中共党史资料出版社，1986 年版，第 102 页。

㉓驻罗使馆：《驻罗马尼亚使馆 1960 年对外交际、交涉和对外文书工作总结报告》，1960. 12. 22。外交部开放档案，109－02221－02，《驻罗马尼亚使馆 1960 年对外交际、交涉和对外文书工作总结报告》，第 2 页。

㉔《中罗关系资料汇编》（1956—1960），第二部分。外交部开放档案，109－01603－01，《中国罗马尼亚关系资料汇编》，1956—1960，第 115 页。

㉕Paul Niculescu-Mizil，*O istorie trăită*. Bucureşti：Editura Enciclopedică（保罗·尼古列斯库—米齐尔：《永存的历史》，第一卷，布加勒斯特：百科全书出版社），1997，pp. 318，319.

㉖《罗驻华大使要求拜会毛主席》，1960. 8. 5。外交部开放档案，109－00965－01，《关于罗马尼亚驻华大使查哈勒斯库要求拜见毛泽东主席的请示》，第 2 页。

㉗驻罗使馆：《布会后罗在共产主义运动原则分歧问题和对我关系上的一系列新的措施》，1960. 10. 3。外交部开放档案，109－01593－02，《布加勒斯特会议后罗马尼亚对中苏分歧的看法及中罗关系状况》，第 26—28 页。

㉘*STENOGRAMA şedinţei Biroului Politic al C. C. al P. M. R. din 5 decembrie 1960*（《1960 年 12 月 5 日罗工人党中央政治局会议速记稿》). ANIC，fond C. C. al PCR cancelare，Dosar Nr. 47/1960，pp. 19，24.

㉙*Expunerea tovarăşului Gheorghe Gheorghiu-Dej la plenara C. C. al P. M. R. din 19－20 dec. 1960*（《1960年12月19—20日格奥尔基·乔治乌—德治同志在罗工人党中央全会上的讲话》）. ANIC，fond C. C. al PCR cancelare，Dosar Nr. 52/1960，p. 2.

㉚沈志华：《中苏关系史纲》（1917—1991），新华出版社，2007年版，第290页。

㉛驻罗使馆：《莫斯科会议前后罗对我国态度的转变》，1960. 12. 24。外交部开放档案，109－01598－02，《罗马尼亚对莫斯科会议的反应及会议前后对我的态度》，第6—8页。

㉜ *NOTA DE CONVORBIRE：REFERITOR DISCUTIILE DINTRE TOV. AMBASADOR GHEORGHIU SI TOV. LIU SAO TI，PRESEDINTELE R. P. C.* (24. 9，1961）. AMAE（《乔治乌大使同志同中国国家主席刘少奇同志的谈话记录》（1961. 9. 24）。外交部档案），pp. 2－3.

㉝《参考消息》，1961年12月7日。

㉞*RAPORT DE PRESA PE TRIMESTRUL IV AL ANULUI 1961. 15. 2，1962*（《1961年度第4季度新闻工作报告》，1962. 2. 15）. AMAE，p. 4.

㉟*Relaţiile chino-romîne. Extrase din raportul general al Ambasadei R. P. R. Pekin pe semestrul II al anului 1961*（19 martie，1962）（《中罗关系——罗马尼亚人民共和国驻北京使馆1961年下半年工作总结摘要》，1962. 3. 19）. AMAE，pp. 9，11.

㊱同注释④，1960年10月2日，1961年10月1日。

㊲13 November. 1962，Beijing. *EXTRAS DIN UCRAREA „POZIŢIA P. C. C. ŞI A GUVERNULUI R. P. C. FAŢĂ DE PROBLEMELE INTERNAŢIONALE ŞI MIŞCAREA COMUNISTĂ INTERNAŢIONALĂ" REALIZATĂ DE AMBASADA ROMÂNIEI LA BEIJING.*（1962. 11. 13，北京。《罗马尼亚驻北京大使馆起草的〈中共和中华人民共和国政府关于国际问题和国际共产主义运动的立场〉一文的节录》）. Ministerul Afacerilor Externe & Archivele Naţionale，*RELAŢIILE ROMÂNO-CHINEZE (1880 － 1974)*，*DOCUMENTE.* Coordonator：Ambasador Romulus Ioan BUDURA，2005，Bucureşti，p. 409.

㊳王泰平：《中华人民共和国外交史》，第二卷：1957—1969，世界知识出版社，1998年版，第330页。

㊴同注释④，1960年11月14日。

㊵Başchiru，*RAPORT CU PRIVILE LA SARBATORIREA IN R. P. CHINEZA CELEI DE A 16-A ANIVERSARI A ELIBERARII ROMANIEI DE SUB JUCUL FASCIST. 28. 9，1960*（巴什基鲁：《关于中华人民共和国庆祝罗马尼亚从法西斯统治下解放16周年活动的报告》，1960. 9. 28）. AMAE，pp. 4，1.

㊶同注释④，1960年10月14日，1962年8月24日，10月4日。

㊷Stephen Fischer-Galaţi，*The New Rumania：from People's Democracy to Socialist*

Republic, M. I. T. Press, Cambridge, Massachusetts, 1967, p. 93.

㊸同注释④，1963 年 1 月 26 日。

㊹《齐奥塞斯库与印度共产党主席丹吉的会谈记录》，1962. 12. 25. ANIC，fond C. C. al PCR cancelare，Dosar 32/1962，pp. 13，14.

㊺王泰平：《中华人民共和国外交史》，第二卷：1957—1969，世界知识出版社，1998 年版，第 330 页。 沈觉人：《当代中国对外贸易》，(下)，当代中国出版社，1992 年版，第 381 页。

㊻*Relatiile dintre R. P. Română şi R. P. Chineză. Extras din raportul general pe semestrul I. 1963 al Ambasadei RPR-Pekin.* (23 iulie，1963)（《罗马尼亚人民共和国与中华人民共和国的关系——罗马尼亚人民共和国驻北京使馆 1963 年上半年工作总结摘要》(1963. 7. 23). AMAE，p. 10.

㊼同注释㊳，第二卷，第 324 页。

㊽1963 iunie 19，Bucureşti. *NOTĂ PRIVIND CONVORBIREA DINTRE LEONTE RĂUTU，MEMBRU SUPLEANT AL BIROULUI POLITIC AL C. C. AL P. M. R.，ŞI XU JIANGUO，AMBASADOR AL R. P. CHINEZE LA BUCUREŞTI，PRIVIND POLEMICA SOVIETO-CHINEZĂ PE MARGINEA SCRISORII C. C. AL P. C. CHINEZ DIN 14 IUNIE ADRESATĂ C. C. AL P. C. U. S.*（1963. 6. 19，布加勒斯特。《罗党中央政治局候补委员列昂特·勒乌图与中华人民共和国驻布加勒斯特大使许建国就苏中关于 6 月 14 日中共中央给苏共中央的信的进行的论战的谈话记录》). Ministerul Afacerilor Externe & Archivele Naţionale，*RELAŢIILE ROMÂNO-CHINEZE*（*1880－1974*），*DOCUMENTE.* Coordonator：Ambasador Romulus Ioan BUDURA，2005，Bucureşti，pp. 416，417.

㊾同注释㉚，第 341—342 页。

㊿1964 iunie 5，Snagov. *NOTĂ PRIVIND CONVORBIREA DINTRE GHEORGHE GHEORGHIU-DEJ，PRIM-SECRETAR AL C. C. AL P. M. R.，PREŞEDINTE AL CONSILIULUI DE STAT AL R. P. ROMÂNE，ŞI LIU FANG，AMBASADOR AL R. P. CHINEZE LA BUCUREŞTI，REFERITOARE LA RELAŢIILE BILATERARE ŞI CONFLICTUL IDEOLOGIC SOVIETO-CHINEZ.*（1964. 6. 5，斯纳戈夫。《罗马尼亚工人党第一书记、罗马尼亚人民共和国国务委员会主席格奥尔基·乔治乌—德治与中华人民共和国驻布加勒斯特大使刘放就双边关系和苏中冲突的谈话记录》). Ministerul Afacerilor Externe & Archivele Naţionale，*RELAŢIILE ROMÂNO-CHINEZE*（*1880－1974*），*DOCUMENTE.* Coordonator：Ambasador Romulus Ioan BUDURA，2005，Bucureşti，pp. 477－478.

(51)李锡龄、郭隽卿：《忆在罗马尼亚的往事》，见李同成：《外交官》，世界知识出版社，2002 年版，第 105 页。

(52)钱其琛：《中国外交辞典》，世界知识出版社，2000 年版，第 267 页。 王泰平：

《中华人民共和国外交史》，第二卷：1957—1969，世界知识出版社，1998 年版，第 324、267 页。

⑬1964 august 19，Bucureşti. *STENOGRAMĂ A CONVORBIRILOR CARE AU AVUT LOC CU OCAZIA PRIMIRII CĂTRE GHEORGHE GHEORGHIU-DEJ A DELEGAŢIEI DE PARTID ŞI GUVERNAMENTALE A R. P. CHINEZE PREZENTĂ ÎN ROMÂNIA LA MANIFESTĂRILE ORGANIZATE CU PRILEJUL CELEI DE A XX-A ANIVERSĂRI A ZILEI DE 23 AUGUST，ZIUA NAŢIONALĂ A R. P. ROMÂNE*（1964. 8. 19，布加勒斯特。《在罗马尼亚人民共和国 8. 23 国庆节 20 周年庆祝活动中格奥尔基·乔治乌—德治与中华人民共和国党政代表团的谈话速记稿》）. Ministerul Afacerilor Externe & Archivele Naţionale，*RELAŢIILE ROMÂNO-CHINEZE*（*1880 － 1974*），*DOCUMENTE*. Coordonator：Ambasador Romulus Ioan BUDURA，2005，Bucureşti，p. 508.

⑭同注释㊳，第二卷，第 324 页。

⑮《罗马尼亚解放 20 周年文集》，人民出版社，1965 年版，第 46 页。

⑯同注释④，1959 年 8 月 23 日。

⑰Stephen Fischer-Galaţi，*Romania under Communism. Romania：a historic perspective*. Edited by Dinu C. Giurescu and Stephen Fischer-Galati. Boulder：East European Monographs，1998，p. 453.　［罗］吉塔·约耐斯库：《共产主义在罗马尼亚》（1944—1962），世界知识出版社资料室编印，1965 年，第 329 页。

⑱同注释④，1960 年 6 月 22 日。

⑲同注释⑰，p. 454.

⑳Mihai Retegan，*In the Shadow of Prague Spring*. Iaşi，The Center for Romanian Studies，2000，p. 30.

㉑王泰平：《新中国外交 50 年》，（中），北京出版社，1999 年版，第 860—862 页。

㉒［美］罗宾·艾莉森·雷明顿：《华沙条约》，上海人民出版社，1976 年版，第 69 页。

㉓同注释㉝，1962 年 6 月 11 日。

㉔同注释⑳，p. 31.

㉕《社会主义国家的多边经济合作》，莫斯科，出版者不详，1972 年版，第 7 页。姚海：《论经互会》，《世界历史》，1988 年第 2 期，第 100 页。

㉖同注释㉝，1962 年 6 月 18 日，6 月 19 日。

㉗Kenneth Jowitt，*Revolutionary Breakthrough and National Development：The Case of Romania，1944－1965*. Berkeley and Los Angeles：University of Califonia Press，1971，pp. 198－228.

㉘Robert R. King，*History of the Romanian Communist Party*. Stanford，Calif.：Hoover Institute Press，1980，p. 135.　［美］塔德·舒尔茨：《“布拉格之春”前后》，

新华出版社，1983年版，第311页。

⑲［罗］吉塔·约耐斯库：《共产主义在罗马尼亚》（1944—1962），世界知识出版社资料室编印，1965年，第328、324页。

⑳［英］本·福凯斯：《东欧共产主义的兴衰》，中央编译出版社，1998年版，第168页。

㉑同注释㉝，1963年4月22日。

㉒ANIC，fond CC al PCR/Relaţii Externe，dosar no. 16/1964，ff. 122－124；136－142（罗共中央对外关系档案，1964年第16号，第122—124、136—142页）.

㉓同注释⑲，第366、369页。

㉔*Cum a venit la putere Nicolae Ceauşescu. Magazin istoric*，Vol. 29，no. 7（《尼古拉·齐奥塞斯库是怎样走向权力之巅的》，《历史杂志》，第29卷，第7号），1995，pp. 3－7.

㉕同注释⑲，第364—365页。

㉖同注释④，1963年4月28日。

㉗同注释㉝，1963年7月4日。

㉘［英］彼得·琼斯、凯维尔：《中苏关系内幕纪实：1949—1984》，中国经济出版社，1994年版，第55页。

㉙同注释④，1963年6月17日。

㉚同注释㉝，1963年7月4日，1963年6月27日，11月8日。

㉛*Protocol Nr. 16. al şedinţei Biroului Politic al C. C. al P. M. R. din ziua de 31 iulie 1963*（《1963年7月31日罗工人党中央政治局会议第16号决议》）. ANIC，fond C. C. al PCR cancelare，Dosar 41/1963，p. 2.

㉜同注释㉝，1963年9月9日。

㉝［美］塔德·舒尔茨：《"布拉格之春"前后》，新华出版社，1983年版，第274—275页。

㉞同注释㊿，p. 472.

㉟《最后的遗言——赫鲁晓夫回忆录续集》，东方出版社，1988年版，第363—368页。

㊱同注释㊳，第二卷，第251页。

㊲《邓小平文选》，第三卷，人民出版社，1993年版，第291页。

㊳同注释㉝，1964年2月28日，1月11日。

㊴中华人民共和国外交部 & 中共中央文献研究室：《毛泽东外交文选》，中央文献出版社 & 世界知识出版社，1994年版，第515页。

㊵Robert R. King，*Rumania and the Sino-Soviet Conflict. Studies in Comparative Communism.* Vol. Ⅴ. No. 4，Winter 1972，pp. 375－376.

㊶Paul Niculescu-Mizil，*Amintiri despre China. Evantaiul celor 10000 de gânduri：România şi China：Trei veacuri de istorie.* Editura "Ion Cristoiu" SA，Bucureşti（保罗·

尼古列斯库—米齐尔：《关于中国的回忆》，见《浓情挚意万万千，罗中关系三百年》，Ion Cristoiu 出版有限公司，布加勒斯特），1999，p. 274.

㉜同注释③，（下），第673、694页。

㉝David Floyd，*Mao Against Khrushchev*：*A Short Story of Sino-Soviet Conflict*. Fredrick A. Praeger，Inc.，Publishers，1964，pp. 110—111.

㉞同注释㊷，p. 100.

㉟*Către comitetul central al partidului comunist Chinez*，comitetul central al partidului muncitoresc Român，14 februarie 1964. *Informare pentru membrii şi candidaţii de partid*，*pentru activul fără de partid*（罗马尼亚工人党中央委员会：《致中国共产党中央委员会的信》（1964. 2. 14），见《预备党员和非党员积极分子学习材料》）. ANIC，fond C. C. al PCR cancelare，Dosar Nr. 9/1964.

㊱同注释㊳，第二卷，第325页。

㊲*STENOGRAMA şedinţei Biroului Politic al C. C. al P. M. R. din 17 februarie 1964*（《1964年2月17日罗工人党中央政治局会议速记稿》）. ANIC，fond C. C. al PCR cancelare，Dosar Nr. 5/1964，pp. 4—5.

㊳*STENOGRAMA şedinţei Biroului Politic al C. C. al P. M. R. din 28 februarie 1964*（《1964年2月28日罗工人党中央政治局会议速记稿》）. ANIC，fond C. C. al PCR cancelare，Dosar Nr. 9/1964，pp. 3，4，18.

㊴*PROTOCOL Nr. 4. al şedinţei Biroului Politic al cc al PMR din ziua de 28 februarie 1964*（《1964年2月28日罗工人党中央政治局会议第4号决议》）. ANIC，fond C. C. al PCR cancelare，Dosar Nr. 9/1964.

⑩⓪同注释③，（下），第671—680页。

⑩①同注释㉝，1964年2月29日，3月2日，3月9日，3月3日。

⑩②同注释③，（下），第689—722页。

⑩③同注释④，1964年3月12日。

⑩④同注释⑥，p. 339.

⑩⑤同注释⑦，p. 40.

⑩⑥同注释⑥，p. 362.

⑩⑦同注释㊽，第365页。

⑩⑧刘祖熙：《东欧剧变的根源与教训》，东方出版社，1995年版，第276页。

⑩⑨*Protocol Nr. 7. al şedinţei Biroului Politic al cc al PMR din zilele de 30—31 martie 1964*（《1964年3月30—31日罗工人党中央政治局会议第7号决议》）. ANIC，fond C. C. al PCR cancelare，Dosar Nr. 12/1964.

⑪⓪同注释㉝，1964年4月28日。

⑪①同注释③，（下），第677、703、722页。

⑪②同注释⑩⑨，pp. 18，23，21，27.

⑬同注释㉝，1962年2月28日，10月23日。

⑭同注释⑩，p. 22.

⑮同注释⑥，p. 353.

⑯同注释㊳，第二卷，第325页。

⑰刘放：《不长的任期，难忘的年代——出使罗马尼亚的一些回忆》，见外交部《当代中国使节外交生涯》编委会：《当代中国使节外交生涯》，世界知识出版社，1996年版，第67—68页。

⑱1964 iulie 28，Snagov. *NOTĂ PRIVIND AUDIENŢĂ LA GHEORGHE APOSTOL ŞI EMIL BODNĂRAŞ，MEMBRI AL BIROULUI POLITIC AL C.C. AL P.M.R.，A LUI LIU FANG，AMBASADOR AL R.P. CHINEZE LA BUCUREŞTI，REFERITOARE LA POLEMICA SOVIETO-CHINEZĂ ŞI ASPECTE ALE RELAŢIILOR INTERNAŢIONALE*（1964.7.28，斯纳戈夫。《罗马尼亚工人党中央政治局委员格奥尔基·阿波斯托尔和埃米尔·波德纳拉希约见中华人民共和国驻布加勒斯特大使刘放，就苏中论战和国际关系问题的谈话记录》）. Ministerul Afacerilor Externe & Archivele Naţionale，*RELAŢIILE ROMÂNO-CHINEZE（1880 — 1974），DOCUMENTE.* Coordonator：Ambasador Romulus Ioan BUDURA，2005，Bucureşti，p. 486.

⑲钱其琛：《中国外交辞典》，世界知识出版社，2000年版，第171—172页。

⑳1964 august 19，Bucureţti. *STENOGRAMĂ A CONVORBIRILOR CARE AU AVUT LOC CU OCAZIA PRIMIRII CĂTRE GHEORGHE GHEORGHIU-DEJ A DELEGAŢIEI DE PARTID ŞI GUVERNAMENTALE A R.P. CHINEZE PREZENTĂ ÎN ROMÂNIA LA MANIFESTĂRILE ORGANIZATE CU PRILEJUL CELEI DE A XX-A ANIVERSĂRI A ZILEI DE 23 AUGUST，ZIUA NAŢIONALĂ A R.P. ROMÂNE*（1964.8.19，布加勒斯特。《在罗马尼亚人民共和国8.23国庆节20周年庆祝活动中格奥尔基·乔治乌—德治与中华人民共和国党政代表团的谈话速记稿》）. Ministerul Afacerilor Externe & Archivele Naţionale，*RELAŢIILE ROMÂNO-CHINEZE（1880 — 1974），DOCUMENTE.* Coordonator：Ambasador Romulus Ioan BUDURA，2005，Bucureşti，p. 516.

㉑同注释㉝，1964.8.24，8.25。

㉒同注释㉕，pp. 294，295. 斜体字为原文所有——著者。

㉓1964 septembrie 29，Beijing. *STENOGRAMĂ A CONVORBIRILOR CARE AU AVUT LOC，DIN INIŢIATIVA PÂRŢI CHINEZE，ÎNTRE DELEGAŢIA ROMÂNĂ DE PARTID ŞI DE STAT CONDUSĂ DE ION GHEORGHE MAURER，PREŞEDINTE AL CONSILIULUI DE MINIŞTRI，ŞI DELEGAŢIA CHINEZĂ，CONDUSĂ DE ZHOU ENLAI，PREMIER AL CONSILIULUI DE STAT*（1964.9.29，北京。《应中方请求，由部长会议主席扬·格奥尔基·毛雷尔率领的罗马尼亚党政代表团与由国务院总理周恩来率领的中国代表团举行的会谈的速记稿》）. Ministerul Afacerilor

Externe & Archivele Naţionale, *RELAŢIILE ROMÂNO-CHINEZE* (*1880 — 1974*), *DOCUMENTE*. Coordonator: Ambasador Romulus Ioan BUDURA, 2005, Bucureşti, pp. 527, 528.

⑫④同注释④，1964. 10. 3。

⑫⑤Romulus Ioan Budura, *Relaţiile româno-chineze* (*1949 — 1999*), *Evantaiul celor 10000 de gânduri*: *România şi China*: *Trei veacuri de istorie*. Editura "Ion Cristoiu" SA, Bucureşti, 1999, p. 91.

⑫⑥1962 iunie 7, Beijing. *NOTĂ A LUI DUMITRU GHEORGHIU, AMBASADOR AL ROMÂNIEI LA BEIJING, CĂTRE MINISTERUL AFACERILOR EXTERNE PRIVIND RELAŢIILE CULTURALE DINTRE REPUBLICA POPULARĂ ROMÂNĂ ŞI REPUBLICA POPULARĂ CHINEZĂ*（1962. 6. 7，北京。《罗马尼亚驻北京大使杜米特鲁·乔治乌就罗马尼亚人民共和国与中华人民共和国的文化关系给外交部文化关系司的信》）. Ministerul Afacerilor Externe & Archivele Naţionale, *RELAŢIILE ROMÂNO-CHINEZE* (*1880 — 1974*), *DOCUMENTE*. Coordonator: Ambasador Romulus Ioan BUDURA, 2005, Bucureşti, p. 398.

⑫⑦Extras din raportul general pe semestrul I. 1963 al Ambasadei RPR-Pekin. 23 iulie 1963. AMAE, 1963 R. P. CHINEZĂ, CUTIE 1. 20/A-E, Problema 212A, Referitor la Rapoarte, Planuri de muncă primite de la oficiul R. P. R. -Pekin（《罗马尼亚人民共和国驻中华人民共和国大使馆1963年上半年工作总结摘要》，北京，1963年7月23日。外交部档案，中华人民共和国1963年，档案柜1，20/A-E，第221卷A，关于罗马尼亚驻北京代表机构的报告和工作计划），p. 9.

⑫⑧徐鹏堂：《"20世纪60—80年代中国同东欧国家关系历史回顾"国际学术研讨会纪要》，《中共党史资料》，2004年第2期，第175—176页。

⑫⑨同注释③，（下），第675—676、708页。

⑬⓪同注释⑫③，p. 528.

⑬①同注释㊳，第二卷，第325页。

⑬②1964 aprilie 2, Bucureşti. *NOTE DIN ŞEDINŢA BIROULUI POLITIC AL C. C. AL P. M. R. CU PRIVIRE LA SCRISOAREA C. C. AL P. C. U. S. REFERITOARE LA POLEMICA SOVIETO-CHINEZĂ*（1964. 4. 2，布加勒斯特。《罗党中央政治局就苏共中央关于苏中论战的来信的会议记录》）. Ministerul Afacerilor Externe & Archivele Naţionale, *RELAŢIILE ROMÂNO-CHINEZE* (*1880 — 1974*), *DOCUMENTE*. Coordonator: Ambasador Romulus Ioan BUDURA, 2005, Bucureşti, pp. 453—454.

⑬③《罗马尼亚工人党关于国际共产主义运动和工人运动中一些问题的立场的声明》（节录），见齐世荣：《当代世界史资料选编》，第一分册，北京师范学院出版社，1990年版，第630—632页。引用时根据该文件的英文译本作了少量的文字修饰——著者。

⑬④同注释㉝，1964年4月29日，5月4日。

135同注释91，p. 274. 斜体字为原文所有——著者。

136姜琦、张月明：《国际共产主义运动中的党际关系史》（1848—1988），华东师范大学出版社，1991年版，第372页。

137同注释118，pp. 489，486－487.

138同注释㉝，1964年12月24日，1965年4月28日。

139《毛泽东接见佐佐木更三、黑田寿男等日本社会党中左派人士的谈话》，1964年7月10日。

140《毛泽东接见法国技术展览会负责人及法国大使的谈话》，1964年9月10日。

141同注释㊷，p. 101.

142同注释91，p. 275.

143同注释㊿，pp. 465，467，468.

144同注释④，1964年7月26日。

145同注释㊳，第二卷，第357页。

146同注释③，（下），第825页。

147同注释㊳，第二卷，第326页。

1481964 octombrie 8，Beijing. *STENOGRAMĂ CONVORBIRILOR DINTRE DELEGAŢIA ROMÂNĂ DE PARTID ŞI DE STAT CONDUSĂ DE ION GHEORGHE MAURER，PREŞEDINTE AL CONSILIULUI DE MINIŞTRI，ŞI MAO ZEDONG，PREŞEDINTE AL C. C. AL PARTIDULUI COMUNIST CHINEZ*（1964. 10. 8，北京。《由部长会议主席格奥尔基·毛雷尔率领的罗马尼亚党政代表团与中共中央主席毛泽东的会谈速记稿》）. Ministerul Afacerilor Externe & Archivele Naţionale，*RELAŢIILE ROMÂNO-CHINEZE*（*1880－1974*），*DOCUMENTE.* Coordonator：Ambasador Romulus Ioan BUDURA，2005，Bucureşti，pp. 598－599，600.

149同注释㉝，1964年6月9日，6月15日，6月9日，6月11日。

150同注释㊷，p. 105.

151同注释㉝，1964年6月15日，6月18日。

152同注释③，（下），第799页。

153Dennis Deletant，*Romania under Communist Rule*. Iaşi：The Center for Romanian Studies，1999，pp. 102－103.

154同注释90，p. 376.

155C. C. al P. M. R. SECTIA RELATIILOR EXTERNE，*RASPUNSURILE UNOR PARTIDE COMUNIASTE SI MUNCITORESTI LA SCRISOAREA C. C. AL P. M. R. DIN 18. II. 1964*（罗工人党中央国际部：《一些共产党和工人党对罗工人党中央1964年2月18日来信的答复》）. ANIC，fond C. C. al PCR cancelare，Dosar 92/1964，pp. 1－7.

156*STENOGRAMA al şedinţei Biroului Politic al CC al PMR din ziua de 28 februarie 1964*（《1964年2月28日罗工人党中央政治局会议速记稿》）. ANIC，fond C. C. al

PCR cancelare，Dosar 9/1964，p. 5.

⑰同注释③，（下），第705页。

⑱同注释㉝，1964年3月9日。

⑲同注释⑦，p. 40.

⑳*STENOGRAMA șediței Biroului Politic al C. C. al P. M. R. din zilele de 30—31martie 1964*（《1964年3月30—31日罗工人党中央政治局会议速记稿》）. ANIC fond C. C. al PCR cancelare，Dosar Nr. 12/1964，pp. 18，23.

⑯同注释⑥，p. 341.

⑯同注释㉝，1964年3月3日，3月5日，3月9日。

⑯同注释⑦，p. 40.

⑯同注释⑬，pp. 452，453.

⑯Stephen Fischer-Galați，*Romania under Communism. Romania：a historic perspective.* Edited by Dinu C. Giurescu and Stephen Fischer-Galati. Boulder：East European Monographs，1998，p. 460.

⑯同注释⑥，p. 41.

⑯*STENOGRAMA discuțiilor avute de delegația de partid și de stat a R. P. Române cu ocazia primirii sale la CC al PCUS de către L. L. Brejnev*，Moscova—10 noiembrie 1964（《L. L. 勃列日涅夫在苏共中央会见罗人民共和国党政代表团时的会谈速记稿》，莫斯科，1964年11月10日）. ANIC，fond C. C. al PCR cancelare，Dosar Nr. 69/1964，p. 16.

⑯同注释㉕，pp. 322—323，326. 斜体字为原文所有——著者。

⑯肖冬连：《求索中国——文革前十年史》，下册，红旗出版社，1999，第1031页。参见吴冷西：《十年论战——1956—1966中苏关系回忆录》，（下），中央文献出版社，1999年版，第844—845页。

⑰NOTA privind convorbirea dintre delegația guvernamentală și de partid condusă de tovarășul I. Gh. Maurer și N. S. Hrușciov din 27 septembrie 1964（《1964年9月27日格奥尔基·毛雷尔为首的党政代表团与N. S. 赫鲁晓夫的会谈记录》）. ANIC，fond C. C. al PCR cancelare，Dosar 55/1964，p. 2.

⑰1964 septembrie 30，Beijing. *STENOGRAMĂ A CONVORBIRILOR DINTRE DELEGAȚIA ROMÂNĂ DE PARTID ȘI DE STAT，CONDUSĂ DE ION GHEORGHE MAURER，PREȘEDINTE AL CONSILIULUI DE MINIȘTRI，ȘI DELEGAȚIA DE CONDUCĂTORI CHINEZI PRIVIND RELAȚIILE DINTRE CELE DOUĂ ȚĂRI ȘI ASPECTE ALE POLEMICII SOVIETO-CHINEZE*（1964. 9. 30，北京。《以部长会议主席扬·格奥尔基·毛雷尔为首的罗马尼亚党政代表团与中国代表团领导人就两国关系和苏中论战问题的会谈速记稿》）. Ministerul Afacerilor Externe & Archivele Naționale，*RELAȚIILE ROMÂNO-CHINEZE*（*1880—1974*），*DOCU-*

MENTE. Coordonator：Ambasador Romulus Ioan BUDURA，2005，Bucureşti，pp. 535—543.

⑰中华人民共和国外交部外交史研究室，《周恩来外交活动大事记》（1949—1975），世界知识出版社，1993 年版，第 424—425 页。 中共中央文献研究室：《周恩来年谱》（1949—1976），中卷，中央文献出版社，1997 年版，第 681—682 页。 吴冷西：《十年论战——1956—1966 中苏关系回忆录》，（下），中央文献出版社，1999 年版，第 842—846 页。

⑬同注释㉕，pp. 342—343.

⑭同注释⑯，pp. 17，19.

⑮同注释③，（下），第 880 页。

⑯THE CENTRAL COMMITTEE OF THE ROMANIAN WORKER'S PARTY，*TO THE CENTRAL COMMITTEE OF THE COMMUNIST PARTY OF THE SOVIET UNION*，The 4-th of January 1965. ANIC，fond C. C. al PCR cancelare，Dosar 1/1965，pp. 8—9.

⑰同注释③，（下），第 931、939 页。

⑱同注释㉝，1965 年 3 月 25 日。

⑲同注释④，1965 年 3 月 21 日。

⑳同注释⑰，第 68—69 页。

㉑同注释㊿，第 106 页。

㉒这次代表大会通过决议，恢复该党 1948 年以前的名字"罗马尼亚共产党"。当年该党召开六大时与罗社会民主党合并，改名为罗马尼亚工人党，并以这次大会为工人党的第一次代表大会。由于恢复了 1948 年以前的名称，所以这次工人党四大也改称为罗共九大——著者。

㉓同注释④，1965 年 7 月 22 日。

㉔1965 iulie 26，Bucureşti. *STENOGRAMĂ A CONVORBIRILOR DINTRE DELEGAŢIA ROMÂNĂ CONDUSĂ DE NICOLAE CEAUŞESCU，SECRETAR GENERAL AL C.C. AL P.C.R.，ŞI DELEGAŢIA P.C. CHINEZ，CONDUSĂ DE DENG XIAOPING，SECRETAR GENERAL AL C.C. AL P.C.C.，CARE A PARTICIPAT LA LUCRĂRILE CONGRESULUI AL IX-LEA AL P.C.R.*（1965. 7. 26，布加勒斯特。《以罗共中央总书记尼古拉·齐奥塞斯库为首的罗马尼亚代表团与参加罗共九大的以中共中央总书记邓小平为首的中共代表团的会谈速记稿》）. Ministerul Afacerilor Externe & Archivele Naţionale，*RELAŢIILE ROMÂNO-CHINEZE*（*1880 — 1974*），*DOCUMENTE.* Coordonator：Ambasador Romulus Ioan BUDURA，2005，Bucureşti，p. 732.

㉕*Relatiile dintre R. P. Română şi R. P. Chineză. Extras din raportul general pe semestrul I. 1963 al Ambasadei RPR-Pekin*（23 iulie，1963）（《罗马尼亚人民共和国与中华人民共和国的关系》。摘自《罗驻华使馆 1963 年上半年工作总结》，北京（1963 年 7 月

23日)). AMAE, p. 9.

⑱沈觉人：《当代中国对外贸易》，(下)，当代中国出版社，1992年版，p. 381.

⑱同注释㊳，第二卷，第330—331页。

⑱1965 iulie 31, Bucureşti. *INFORMARE FĂCUTĂ DE AMBASADA ROMÂNIEI LA BEIJING CĂTRE MINISTERUL AFACERILOR EXTERNE PRIVIND RELAŢIILE DINTRE R. P. ROMÂNĂ ŞI R. P. CHINEZĂ ÎN SEMESTRUL I/1965* (1965. 7. 31，布加勒斯特。《罗马尼亚驻北京大使馆致外交部关于1965年第一季度罗中关系的情况汇报》). Ministerul Afacerilor Externe & Archivele Naţionale, *RELAŢIILE ROMÂNO-CHINEZE (1880－1974), DOCUMENTE.* Coordonator: Ambasador Romulus Ioan BUDURA, 2005, Bucureşti, p. 743.

⑱同注释⑦，p. 38.

⑲同注释④，1962年7月20日，1963年6月11日，1964年7月8日。

⑲同注释⑱，p. 743.

⑲尼古列斯库—米齐尔回忆说是邓小平陪同参观。但据随团的中央新闻纪录电影制片厂的摄影师王兴华回忆，中方陪同参观的是周恩来。但是《周恩来年谱》中没有此项记载——著者。

⑲*Delegaţia romînă a vizitat în ziua de 5 oct.* (《10月5日罗马尼亚代表团的访问活动》). ANIC, fond C. C. al PCR cancelare, Dosar 55/1964.

⑲同注释㉕，pp. 330, 331.

⑲同注释⑱，pp. 743.

⑲同注释⑰，pp. 546.

第四章

患难见真情：20 世纪 60 年代后期的中罗关系

1965 年以后，一方面，罗苏关系有所缓和；另一方面，中罗双方在意识形态问题上的分歧，随着中国“文化大革命”的发动而加大，而罗马尼亚又坚持在中苏冲突中的中立立场，使得中罗关系在 1966 年以后又趋于冷淡。但罗马尼亚继续在国际舞台上不懈地维护中国的利益。直到 1968 年捷克斯洛伐克事件和 1969 年珍宝岛事件后，同样面临着苏联的严重威胁和国家安全的迫切需要，使得中罗关系再次回暖，两国携手抗苏。然而，主要是由于中国的原因，两国关系的恢复尚处在乍暖还寒的阶段。

潜流涌动

1964 年底和 1965 年初，苏联和罗马尼亚先后更换了最高领导人。两个新领导人上任之初，在稳定和巩固自己的地位的同时，也有意调整一下苏罗双边关系。

取赫鲁晓夫而代之的勃列日涅夫为了缓和一下被赫鲁晓夫弄得很糟的与东欧各国的关系，包括罗苏关系，改变了赫鲁晓夫时期的一些粗暴做法，对罗积极争取拉拢，把恶化罗苏关系的责任推到赫鲁晓夫头上，同时对罗“采取了格外怀柔的做法”。[①]1965 年初罗共召开九大时，勃列日涅夫亲自率团出席，在致词中表示：“各党观点不同不能也不应妨碍兄弟党的联合行动。”[②]会后还发表了苏共和罗共的联合公报。

9 月，齐奥塞斯库也访问了苏联，这是 1961 年乔治乌—德治参加苏共二十二大以来，时隔 4 年后罗最高领导人第一次访问苏联。这在苏联集团中是绝无仅有的。法新社认为，这证明“两国之间有了接近”。“勃列日涅夫在布加勒斯特的会谈，他所给予的保证，似乎已产生了积极效果。人们可以从齐奥塞斯库八月二十日在国民议会上的讲话中看到一些初步解冻的迹象。”

年底，两国在莫斯科签订了1966—1970年的长期贸易协定。在未来的5年中，苏罗贸易额将达到38亿卢布左右，大约超过前一个五年协定的贸易额的30%。苏方满足了罗方从苏联进口铁矿砂和焦炭等重要工业原料的要求，还与罗签订了购买140条船的协定。1966年4月，齐奥塞斯库亲率代表团出席了苏共二十三大，并与勃列日涅夫举行了会谈。塔斯社报道说：“会谈是在亲切友好的气氛中进行的。”两国最高领导人的互访，标志着罗苏关系有所缓和，也标志着罗外交进入了齐奥塞斯库时代。

罗苏关系的变化或多或少，或早或迟，必然会影响到罗中关系。齐奥塞斯库上任后，罗对中国的态度有了一些微妙的变化。表现之一是，不再像过去那样在内部积极向中国通报情况。从1964年6月到1965年3月的9个月时间内，罗党政治局委员以上级别的领导人主动向中国使馆通报情况14次，而从1965年4月到1966年4月一年的时间内只通报了4次，而且通报的内容也不如过去深入。乔治乌—德治在世时，向中国谈论罗同苏联及其他东欧国家之间的矛盾比较详细和具体，其对策也向中国交底。齐奥塞斯库与他的做法却有所不同。1965年底中国大使刘放离任前拜会齐奥塞斯库时，齐奥塞斯库不谈罗苏矛盾，而是向中国呼吁团结。

虽然如此，罗表面上仍不动声色，对苏联和中国仍然保持着等距离。罗党九大召开时，据路透社报道，罗报纸“在报道苏联和中国代表团到达的消息时保持严格的不偏不倚的态度。关于这两个代表团的消息在《火花报》上占了同样大小的篇幅，并且刊登了同样大小的照片”。[③]会议期间，齐奥塞斯库试图通过这次机会来改善中苏两党的关系。他安排邓小平与勃列日涅夫一个坐在他的左边，一个坐在他的右边。当会议即将结束，全场起立的时候，齐奥塞斯库拉着两位客人的手高高举起，这一举动博得了全场雷鸣般的掌声。“但是，两党的关系能否改善并不是由一次紧紧的握手来决定的。”[④]

在1965年苏联国庆节之际，据《苏格兰人报》报道说：“罗马尼亚对苏联十月革命周年的庆祝故意放低调子。这一节日传统上是整个共产党世界在一年中最盛大的节日，但是罗马尼亚只是口头上敷衍而已。据信，其原因是，罗仍然希望在中苏争吵中进行调解，因而不希望让中国看来（它）同苏联过分友好。”1966年4月，铁托访罗并发表了两国联合公报，但是联合公报比预定的时间推迟了一天才发表。据法新社分析，这是因为“罗马尼亚领导人和铁托由于在中苏争论问题上意见有分歧而推迟了签字”。[⑤]中国在与苏联行公开论战的初期，总是采取指桑骂槐的方式，即借批判南斯拉夫而批判苏联，南斯拉夫对此一直耿耿于怀。看来在这次访问中，罗对南中之间的怨恨做了一些劝解。

对罗马尼亚来说，改善罗苏关系的愿望是基于认为苏联新领导会接受罗在外交上的自治。然而从 1965 年末起，苏联领导人开始要求增加华约成员国的内聚力和东欧国家行动的一致性。其实这一要求早在赫鲁晓夫在位时的最后一年就已经提出来了，只是他已经没有这个能力和时间了。勃列日涅夫掌权后，首先通过加强华约组织的作用来加强对东欧各国的控制。罗对此予以顽强的抵制，又提出一系列的反建议。

1966 年 5 月 7 日，在庆祝罗共成立 50 周年的大会上，齐奥塞斯库发表了充满民族主义色彩的讲话。讲话并没有马上引起西方更多的注意，却使苏联领导人忍无可忍。其中最让苏联人无法容忍的是以下两处：一个是认为“目前世界上将近 90 多个共产党的生活和斗争中所出现的情况千差万别，这排除了从一个国际中心领导它们的活动的可能性”。实际上是否定苏联在国际共运中的权威和领导地位。另一个是再次提出了取消一切军事集团的呼吁：

> 各国人民合作道路上的障碍之一，是存在着军事集团、军事基地以及一些国家在他国领土上驻军。集团的存在，把军队派到外国去，是同各国人民的民族独立和国家主权、同国与国之间的正常关系不相容的一种时代错误。日益广泛的公众舆论和愈来愈多的国家表现出如下这种近来日益发展的倾向，即：主张取消军事集团，撤销外国基地和从他国领土上撤走军队。[⑥]

早在 1964 年的“独立宣言”中，罗就提出过这一呼吁，“但从来没有像齐奥塞斯库这次讲话那样大喊大叫的反苏内容”。[⑦]另外，据美联社报道，这次讲话中还提到了苏联和共产国际在历史上对罗的干涉，并暗示了两国之间的领土问题。西方有人称这一讲话是又一个“独立宣言”，一个齐奥塞斯库版的“独立宣言”。罗苏关系的危机再现。

苏联对此的反应是，勃列日涅夫立即飞往布加勒斯特进行了 3 天的非正式访问，苏联的中国问题专家鲁萨科夫也陪同前往。他此行的目的，除了就齐奥塞斯库的上述讲话与他交换意见外，还有另外两件事。一是7月初将在布加勒斯特举行华约成员国的政治协商会议（首脑会议），随后还要召开经互会成员国首脑会议，苏联要确保它们的成功。二是中国总理周恩来将在6月访罗，苏联想劝说罗把访问推迟到7月的布加勒斯特会议之后。结果看来是收效甚微。法国《震旦报》评论说，“这次齐奥塞斯库大大加强了两年半前由乔治乌—德治开始的独立政策”。美联社说，“华沙条约有一个异端的成员罗马尼亚，正象北大西洋公约组织中有法国一样”。不过，罗不会像法国那样退出自己所属的军事集团。⑧

6月，周恩来访问了罗马尼亚。如前所述，周恩来这次访问的时间曾一再推延。1966年2月28日，周恩来在宴请即将离任的罗驻华大使乔治乌时，曾告诉他将于4、5月访罗。3月23日，毛雷尔特地约见刚刚到任不到一周的中国驻罗大使曾涌泉，介绍经互会和华约组织内部的最新情况、罗的立场和在这两个组织中孤军奋战的艰难处境。他表示：“我们再次邀请周恩来总理访问罗马尼亚，这将是对我们的很大支持。”

5月11日，在访问越南后回国的途中，波德纳拉希专门在北京停留，再次向周恩来提到了即将在布加勒斯特举行的经互会和华约首脑会议及其给罗制造的压力：“在华约，我们遇到一种要求建立超国家机构的企图，以便某人能从政治军事上控制。不能建立这样的机构！我们怀着很大兴趣等待你的访问。”周恩来肯定地说，他将于5月24日到罗“去‘还债’”。谁料1个小时后中方又通知波德纳拉希，由于“我们国内的一些事”，访问将推迟到6月。中国外长陈毅向罗方保证，除非美国进攻中国，周总理的访问决不会再推迟。实际上，周恩来访罗这次突然推迟的真实原因是，5月4—26日，中共中央正在召开即将影响中国历史10年之久的一次政治局扩大会议。这次会议通过了毛泽东主持制定的《五一六通知》，选举产生了以江青为核心的中央文化革命小组，“文化大革命”便由此开始。在这种情况下，周恩来自然不可能脱身，按时出访。

眼看华约组织和经互会的布加勒斯特会议一天天临近，波德纳拉希在6月3日再次要求中国确认这次访问。周恩来回电再次确认并重申：“我们在访罗时，将采取适当方式表示我们对你们斗争的支持。”中共中央对这次访问的计划作出批示：“这次总理访罗，是继续贯彻争取罗的方针、孤立和打击苏修的一次重大政治行动。”⑨

然而，尽管这次访问是在罗苏关系再次出现危机，罗急需中国支持的时候进行的，齐奥塞斯库却并没有能够乘机让罗中关系再前进一步。这次访问在高奏中罗友谊的赞歌时，也让有心人听到了两国关系中的不和谐之音。

周恩来访问罗马尼亚

中共中央副主席、中国国务院总理周恩来1966年6月16日至24日对罗马尼亚的访问，是中罗建交以来中国领导人对罗最重要的访问。《人民日报》为这次访问发表了题为《中罗人民友谊的新篇章》的社论："我们相信，以周恩来同志为首的中国党政代表团的这次访问，一定会大大增进中罗两党、两国和两国人民之间的兄弟般的友谊，一定会使两国人民更亲密地携起手来，为我们的共同事业而奋斗。"[10]中国方面对这次访问寄予了厚望。中国肯定想抓住这回罗苏争吵的机会，利用这次访问，实现进一步的联罗抗苏。此前，中国的有关部门曾报告说："由于罗经济尚落后，坚决要工业化，坚持独立、主权、平等、互利，反对苏联大国沙文主义，在国际组织中主张协商一致，反对不民主，又愿意与我发展友好关系，也可以接受我一些好的影响，所以我们认为对罗马尼亚的工作是有做头的，需要积极进行。"

周恩来一行到达布加勒斯特伯尼亚萨国际机场时，受到毛雷尔等罗马尼亚领导人及20万群众的热烈欢迎。德新社认为，"布加勒斯特给予中国总理以一级国事访问待遇——这种待遇通常是用于接待来访的共产党的国家元首或党的领导人的"[11]。机场上鸣21响礼炮而不是19响。[12]法国《震旦报》评论说："数以十万计的罗马尼亚人欢迎周恩来，这间接地、但是明确地表明了他们抵制苏联影响的意愿。"[13]

在访问期间，中国代表团"受到兄弟的罗马尼亚人民非常热烈和隆重的欢迎。从首都到外地，从城市到乡村，从黑海之滨到喀尔巴阡山麓，不论是烈日当空还是细雨蒙蒙、不论是清晨还是深夜，中国贵宾走到那里，那里就出现万众欢腾的热潮"。最令人难忘的是在克拉约瓦，全城十几万居民倾城而出，全城沸腾，表示对中国代表团的热诚欢迎。在斯拉蒂纳和皮特什蒂，"到处是沸腾的人群，到处是旗帜和鲜花的海洋，到处是激动人心的欢呼和暴风雨般的掌声"。当中国代表团从克拉约瓦市返回布加勒斯特途中经过许多村镇时，沿途的"农民们都按照民族的传统习惯，以最隆重最真挚的方式向中国贵宾致意"[14]。

周恩来和齐奥塞斯库“在同志式的诚挚气氛中”先后举行了5次会谈。齐奥塞斯库详细介绍了罗内外政策，并指出：“我们已经下了决心，要使同中国的关系在各个领域都得到很好的发展，特别是经济关系。”“我们欢迎中国掌握原子弹，这是加强了社会主义的力量，是保卫和平的积极因素。”罗外长曼内斯库（Corneliu Mănescu）将在1967年担任第22届联合国大会的轮值主席，齐奥塞斯库表示要抓住这个有利时机，大力推进恢复中国在联合国的合法席位。周恩来对此表示感谢。

齐奥塞斯库着重谈了罗苏关系和对苏中关系的看法。他说：“我们反对搞联合司令部来直接指挥各国的军队，我们反对成立外交政策委员会来协调各国外交，我们反对把华约当作加强对别国控制、把自己的看法强加于人的工具。”[15]他又提到：勃列日涅夫多次向罗表示，他随时随地愿同中国党讨论问题，愿到北京会见毛泽东同志，同中共达成协议是他终身奋斗的目标。罗不希望中国同志放弃自己的立场和对苏共领导的批评，但不能说苏联已走上了另一条道路，同苏联会谈有好处，希望中国同志试一试。他还建议举行有所有社会主义国家参加的国际会议，讨论支援越南的问题。

周恩来详细介绍了中国的国内情况和对国际形势的看法，提出了加强中罗关系的一些建议。其中谈到：一、坚决支持罗反对大国沙文主义的斗争，支持罗反对华约组织和经互会成立超国家机构；二、苏联执行苏美合作主宰世界的路线，反美统一战线不能包括苏联，不能同苏联会谈；三、不赞成召开研究支援越南问题的社会主义国家会议；四、希望中罗两党两国关系继续发展，双方在某些问题上看法做法不同，应增进了解，避免公开争论。[16]看来，双方都能够坦诚对待双方的分歧和争论。

这次访问从一开始，中罗双方就在周恩来在罗发表的讲话稿的问题上发生了新的争论。周恩来在来访途中的飞机上就收到了中国驻罗大使曾涌泉的“特特急”电报，电报说齐奥塞斯库要求将周恩来在布加勒斯特机场的欢迎仪式上的讲话中的“反对大国沙文主义者的控制和干涉”一句加以修改。“大国沙文主义者”是中国当时抨击苏联的常用词汇。中方虽然很不满，但为保证访问的圆满成功，还是把这一句改为“反对外来的控制和干涉”。

在东道主举行的欢迎宴会前，罗方又由毛雷尔出面，要求中方把周恩来在宴会上的讲话稿中有关反对大国沙文主义、谴责现代修正主义和反帝必须反修这三点的词句删去：“我们正在同苏共领导进行紧张的斗争，维护社会主义国家和兄弟党关系准则。这是一场困难的斗争。如果我们发表你们这些意见，会被他们利用来反对我们，后果是难以设想的，会给我们带来损害。”

周恩来对第二次受到干涉表示了强烈不满：我们这样说，“是为了支持你们的斗争”。“我刚进入你们的国土，就遇到这么一件不愉快的事。你们的（国际）联络部部长还说，如果稿子不改，你们就不发表。这是一种威胁，我向你们提出抗议”！“如果连这几点都不说，我们就不能向党和人民交代我们的使命”。“我们是满怀热情地支持你们，而你们感到这么困难，这使我们感到诧异”！他坚持照原稿发表了讲话。[17]讲话中的有关段落是这样的：

> 现代修正主义者……对兄弟国家和兄弟党实行大国沙文主义和分裂主义，而对美帝国主义则实行投降主义。他们联合帝国主义，力图控制社会主义国家，破坏和扑灭各国人民的革命斗争。我们认为，要维护社会主义阵营和国际共产主义运动在马克思列宁主义和无产阶级国际主义基础上的团结，要反对帝国主义及其走狗，必须反对现代修正主义。[18]

这段讲话如此直白地抨击“现代修正主义”、“大国沙文主义”，就差没有捅破窗户纸，直呼苏联其名了。不过，周恩来同意罗报刊在公开发表讲话稿时删去有关的敏感内容，两国“各发表各的”。[19]

为了进一步强调罗在中苏之间的中立立场，罗对外政策周刊 *Lumea* 在周恩来访问期间的 6 月 23 日出版的第 26 期中，把有关这次访问的一篇文章放在第二位，而把齐奥塞斯库会见意大利记者，强烈地重申罗绝不偏袒中苏任何一方的一篇答记者问放在了头条。

访问的重头戏应是在访问的最后一天，即 23 日下午于共和国宫举行的、有 3500 多群众参加的罗中友好群众大会。会议即将开始前，齐奥塞斯库认为周恩来在会上的讲话稿“通篇都是对苏联的谴责”，又让毛雷尔等人马上到周恩来下榻的春天宫宾馆再次提出修改的要求。当时的罗共中央书记尼古列斯库—米齐尔回忆说：“*这是一次非常成功的访问*。它发展了双边关系，提供了一个双方交换意见的机会。但是也出了点**事**。”

> 我们的立场，莫斯科和北京都知道，我们的人民更清楚，是停止公开的攻击。更重要的是，布加勒斯特不能变成两个大国对峙的舞台。在罗马尼亚的一个会议上容许论战，不仅会暴露我们与苏联的分歧，在我国内部也会产生矛盾，我国人民也不会理解。

我们立即与周恩来会谈。我方出席的是毛雷尔、波德纳拉希、米齐尔。会谈在春天宫的宾馆里进行。会谈是礼貌而艰难的。双方的立场无法调和。周恩来称完全尊重我们的立场。但是他在这里宣读这篇讲话稿是在国内被授权的。如果违反这一授权，[回国后] 他们将会被戴上纸*糊的帽子*游街。这是文化大革命的习惯。

我们无能为力。毛雷尔和波德纳拉希表示接受周恩来的意见并走向会场。我不同意。我站起来，请求周恩来和我的同事们原谅，指出我们没有被授权接受一个论战性的讲话。我请求允许我先向齐奥塞斯库报告，我去告诉了齐奥塞斯库。

我这样做了。听到我的报告，齐奥塞斯库的反应就像一个要爆炸的锅炉。我的意见是不能容许这种火上浇油式的攻击。周恩来来了。齐奥塞斯库就在会场隔壁的房间里会见了周恩来并与他重新开始会谈。双方各不相让。这时，好冲动的齐奥塞斯库从衣兜里掏出他的讲话稿，撕碎后扔到地上。“*什么会都不开了*。”他说。

周恩来则更理智、更冷静些，有着多少个世纪继承下来的中国人的耐心，坚持要找到一个解决方案。他要求休息一下，以便去和代表团成员商议。赵毅敏，中共中央对外联络部的副部长，是中共代表团的唯一成员（应还有乔冠华和曾涌泉，可能当时二人不在场——引者）。他正在议会宫的一个角落里等候着与齐奥塞斯库会谈的结果。

会谈再次开始时，参与的只有我、我们的翻译 Romulus Budura（即罗明——引者）和中方的翻译。齐奥塞斯库提出了一个两点的解决方案：a）讲话中只谈双边关系，b）代表团团长不讲话，只由代表团成员讲话。然后指定说，“我方由米齐尔讲话”。

赵毅敏再次请求与代表团商议。他们再次在会场的角落里踱步。回来后表示同意齐奥塞斯库的建议。“*只有一个小小的变动*”，他说，“*由双方代表团团长讲话*。”[20]

由于现在还看不到中罗双方有关的档案材料，只能主要依靠双方当事人的回忆来再现这一事件的细节。中方当事人的回忆与尼古列斯库—米齐尔的回忆有所出入。据当时中国代表团的工作人员李锡龄和中方翻译蒋本良回忆，在春天宫的会谈中，周恩来表示了极大的愤慨。为了顾全大局，他再次同意对讲话稿作一些删改。双方随后一起赶奔会场。李锡龄和蒋本良都没有提到尼古列斯库—米齐尔当场表示分歧没有解决，要先向齐奥塞斯库汇报的情节。然而，李锡龄却注意到尼古列斯库—米齐尔的车在途中超越代表团的车队，先行去向齐奥塞斯库汇报。[21]

“愣劲十足”的齐奥塞斯库再次推翻了双方好不容易刚刚达成的妥协，当面要求周恩来再删掉讲话稿中批评苏联的两句话。修养如此深厚的周恩来也忍无可忍了：“这是对我的第三次侮辱”！“这是对我的突然袭击。群众大会是你们安排的，我来也不是我要求来的，而是你们要求我来的。你们要求只讲简短祝词，事先根本没和我商量。事先商量好才是平等的态度嘛！今天群众大会你们请了外国人，这事先也没有和我商量，我都不知道！“要么这个大会不开了，要么我们都不讲话了。”齐奥塞斯库只好说：“就算是我们的错误吧。现在需要一个解决办法。我们不愿出现不好的气氛，我们认为这不是对我们好的支持办法。”[22]但是，李锡龄没有提到齐奥塞斯库当着周恩来的面，愤怒地撕碎了自己的讲话稿的情节。蒋本良则坚决否认了这一情节。

最后，双方再次达成妥协，群众大会仍然召开，双方都只作即席发言，但不再发表联合公报。结果群众大会推迟了 2 个多小时才召开，双方都只作了即席讲话。虽然如此，周恩来仍然饱含深情地对罗马尼亚人民说：

> 我们将把罗马尼亚人民对中国人民的这种热情和友谊带回去，告诉中国人民。我们可以向你们保证，中国人民对罗马尼亚人民抱有同样的友谊。我们相信，我们中国人民和罗马尼亚人民无论在社会主义革命或社会主义建设中，无论在风里雨里，在惊涛骇浪中，都将永远站在一起，共同斗争！

讲话不时被与会者一阵阵热烈的掌声打断。当周恩来结束讲话时，全场起立，经久不息地热烈鼓掌和欢呼。[23]

当晚，周恩来向齐奥塞斯库作辞行拜会。齐奥塞斯库首先向周恩来承认：“这是我们的过错，我们要设法弥补”。“今天发生的事，我请周恩来同志把这看作是由于我们一些同志不善于处理问题而引起的，决不要影响我们的关系，影响我们两党领导之间的关系。请你告诉毛泽东同志，罗马尼亚同志又作了一次自我批评。”周恩来说：“我们是要支持你们，让你们在华约组织和经互会有更大的发言权。但没料到你们会感到这么为难。”齐奥塞斯库当即勾画了一张罗与其邻国的草图给周恩来看，说道：“你们应理解我们。

罗马尼亚必须和这些国家打交道，我们有我们的处境。说老实话，我们必须注意我们说的每句话、用的每个词。中国离罗马尼亚一万多公里，如果中国处在今天保加利亚的位置，我们说话的方式就会不同，我们看待问题就会不同”。“罗马尼亚不幸的是个小国。”他同时表示：“罗马尼亚人是中国的可靠朋友，罗马尼亚永远也不会攻击中国，也永远不会允许别人在罗马尼亚攻击中国。”[24]周恩来表示：“关于讲话稿的争执，事情已经过去，问题已经解决了。”[25]

实际上，这场争执给中罗关系罩上的阴云，两年后才逐渐散去。新华社评论这次访问说：“双方就共同关心的国际问题有益地交换了意见，表达了各自的观点，增加了相互的了解。会谈是在坦率友好的气氛中进行的。”[26]看来并没有完全讳言双方的分歧和不愉快。美国著名学者舒尔茨（Tad Szule）称这次访问是周恩来的“不愉快的布加勒斯特之行”。[27]然而尼古列斯库—米齐尔仍然认为，这件事“再次说明了罗中关系的密切程度，因而即便是在有分歧的时候，也能找到双方都能接受的解决办法。合作和理解胜过分歧”。而且它“丝毫没有影响周恩来对我的看法。同时，这也凸显出周恩来对发展与罗马尼亚友好关系的矢志不渝，以及他处理最棘手问题的外交才能”。[28]

6 月 24 日，周恩来离开布加勒斯特抵达地拉那访问，受到了全城居民的夹道欢迎。周恩来在欢迎仪式上的讲话中借热情赞扬阿劳动党，婉转地批评了罗马尼亚：

> 你们一贯高举马克思列宁主义的旗帜，始终站在反对现代修正主义斗争的最前列。不管现代修正主义对你们施加多少压力，也不管他们玩弄什么欺骗花招，你们总是立场坚定，旗帜鲜明，毫不动摇地同他们进行针锋相对的斗争，表现了高度的马克思列宁主义的原则性。
>
> 反对美帝国主义必须反对赫鲁晓夫修正主义。反帝斗争和反修斗争不可分割。这是对一切真正坚持反帝斗争和真正坚持反修斗争人们的考验。有些人由于种种原因，一时还看不清楚这一点，这是可以理解的。但是，反对赫鲁晓夫修正主义同反对美帝国主义一样，是一个原则问题。在原则问题上不允许模棱两可。我们相信，一切真正的共产党人最终是会站到正确的立场上来的。[29]

舒尔茨称，周恩来“说了一些刺耳的话作为报复”，[30]似乎是有些言过其实。

阿尔巴尼亚人完全站在中国一边，以不指名的方式，毫不留情地抨击了罗马尼亚人：

> 我们要的是真正的团结，是没有敌人和同敌人作斗争的团结，是没有帝国主义的代理人和同帝国主义的代理人作斗争的团结，是没有修正主义者和同修正主义者作斗争的团结。任何别的团结都是假的、有害的，因而是真正的革命者所不能接受的。
>
> 有些人在马克思列宁主义和现代修正主义之间这场你死我活的斗争面前装着“中立”的样子。在这场斗争中，“中立”只会有利于现代修正主义。今天是时候了，每个马克思列宁主义政党都要为自己采取的立场，对本国人民和国际共产主义运动负一切责任。那些政客们企图用他们在“中立”幌子掩盖下的修正主义来说服我们，要我们停止公开论战，同赫鲁晓夫修正主义者“联合行动，共同反帝”，“求同存异”，他们还采取了其他诡诈的立场。他们的阿谀谄媚迄今没有骗得了阿尔巴尼亚劳动党，今后也决骗不了它。

访问结束时，发表了《中国党政代表团访问阿尔巴尼亚公报》，认为“会谈是在非常真诚、热烈友好的气氛中进行的。双方对所讨论的问题的观点和立场完全一致”。[31]

访问带来的影响

周恩来这次对罗的访问，对罗来说是一个成功。齐奥塞斯库对这次来访的处理如同他处理勃列日涅夫的来访一样巧妙，他“取得了一个共产党领导人很少有的荣誉，即他既迫使勃列日涅夫，也迫使周恩来尊重了罗马尼亚的立场”。

7月4—6日，华约政治协商委员会在布加勒斯特召开。针对苏联要“完善华沙条约组织”，在华约内部建立一个常设机构以控制各成员国的对外关系的动议，罗故意放风，要在会议上提出使华约组织多边化的反建议，其中包括由各成员国轮流担任华约军队的最高指挥官，以及撤退驻在各成员国的苏军。与会的勃列日涅夫和柯西金等人不得不为此同罗领导人进行紧急磋商。最后，苏联只好收起了自己的建议，“以便阻止罗马尼亚提出自己的反建议。这正是齐奥塞斯库想要达到的目的”。[32]

然而这次访问对中国来说，却可以说是一个出乎意料的、成败参半的事件。并且实事求是地讲，造成这个后果的原因至少有一半在中国。

1966年初，中国已处在“文化大革命”爆发前的躁动中，“山雨欲来风满楼”。作为中国的总管家，周恩来本来是把主要精力放在领导中国北方8个省的抗旱和邢台地区的地震灾后重建，而从3月起却不得不频繁地出席中共中央的会议，讨论被渲染得愈来愈严重的“阶级斗争”形势。5月26日，中共中央政治局扩大会议闭幕，“文化大革命”由此发动。到周恩来动身赴欧洲访问时，北京“已处于令人难以捉摸、无法预料的政治气氛中。”到处人心惶惶。在为时半个月的出访中，周恩来的心情一直处于一种异乎寻常的紧张状态中。当他回国途经巴基斯坦时，巴基斯坦总统阿尤布·汗发现，周恩来显得有些心事重重，缺乏他通常具有的那种爽快的情绪。[33]除了担忧国内的局势，他显然是受到了访罗不顺利的影响。

“文化大革命”之前中国的对外政策，虽然带有教条主义的意识形态腔调，却还是相当务实的，而这时却开始受到国内意识形态再度强化的影响。周恩来在访问中的言论，不能不带有当时中国的意识形态的色彩和时尚。1964年，中国曾把罗在中苏冲突中转向中立立场视为自己的一个胜利。2年后，中国却反过来指责罗的中立立场，只因中国自己在意识形态方面的进一步极左化，和罗的立场拉开了距离。

1966年的这次访问，“使两国关系不但没有更加接近，反而更加疏远”。[34]“由于两国对某些国际问题的解释有所不同，在各自国家建设社会主义过程中所采取的一些决策和措施也有所不同，中方对两党关系表现出了一种限制的倾向。”[35]1965年中国的国庆节，应邀出席中国驻罗大使馆举行的招待会的是罗第二号人物斯托依卡。而1966年的中国国庆节，出席中国大使馆招待会的罗领导人就降为第四号人物阿波斯托尔。

周恩来的访问没有完全达到预期的目的，苏联对罗的压力不能不是一个重要原因，而中罗双方在意识形态问题上的分歧，即是否认为苏联是现代修正主义，显然是另一个重要原因，甚至是更为重要的原因。它也是20世纪60年代以来中罗关系先后出现两次波折，当发展到一定阶段时就踟蹰不前甚至倒退的一个重要原因。因此，评价这次访问的影响或成败，必须要把它放到“文化大革命”这个大背景下。

中罗在意识形态和内外政策等方面的分歧，早在20世纪50年代末，随着中苏分歧的加剧，就已经有所显露。如对物质刺激、和平共处、战争与和平、和平过渡，以及中国的人民公社、总路线、大跃进等问题的认识。在1960年布加勒斯特会议前夕，中国有关部门就指出："罗马尼亚对国际形势的估计，对外政策的运用同苏联是基本一致的。"罗对上述个别理论问题的认识"已同修正主义的理论相类似了"。苏共二十二大后，中国有关部门又得出"罗马尼亚的领导人是赫鲁晓夫错误路线忠实而积极的追随者"的结论。

从1963年起，中罗关系悄悄地得到了改善，但中国对罗的上述认识不但没有随之改变，反而随着中国在意识形态上的"左"倾偏见的发展，对罗的上述认识也更进了一步。中国有关部门认为，"在时代、战争与和平、和平共处等重大问题上罗苏观点基本上是一致的，罗苏矛盾基本上是经济关系和处理社会主义国家、兄弟党相互关系上的矛盾。罗本身的修正主义观点还看不出有什么显明的改变"。对罗共九大的认识是："这次会议的决议有积极的方面，但消极的东西也不少。"大会的文件"反映了罗对当代马列主义重大原则问题上的修正主义观点"。

1966年6月周恩来访罗前夕，中国的有关部门指出，罗国内存在的主要问题是：1."政治上不承认阶级和阶级斗争"；2.在经济上，"片面强调物质刺激"，"技术至上，专家路线"，"发展工业贪大、贪洋"；3."在思想和文化领域内资产阶级的影响泛滥"；4."罗马尼亚的外交政策不是马克思列宁主义的，而基本上是修正主义的和民族利己主义的"。

可见，中国当时在意识形态上，是把罗与苏联东欧各国归于同类的，都视同于修正主义，只是程度不同而已。虽然中国在报刊上公开称苏联是修正主义是在1963年前后，公开称东欧各国是修正主义是在1965年4月前后；[35]直到1966年，中国和东欧各国互发国庆贺电时，才都不再以执政党中央的名义。但是，如上所述，早在1963年以前，中国内部就已开始认为罗也是修正主义。中国在公开论战中对苏联修正主义的批判，也包含着对东欧各国的修正主义，包括罗的修正主义的批判。

然而，无论在任何情况下，中国从未公开称罗是修正主义，从未公开地批评罗的内外政策。

今天，对于这场中苏论战，中国已经作了反思。当事人之一邓小平在1989年5月会见来访的苏共最后一任总书记戈尔巴乔夫时，对这件往事的评

价是："经过 20 多年的实践，回过头来看，双方都讲了许多空话。""我们也不认为自己当时说的都是对的。"㊲

中罗之间在意识形态上的分歧在相当程度上影响了中罗关系。中国对罗不但有偏见，如上所引；也有误解，如上一章对罗调解中苏论战的动机的分析。尽管当时西方主流媒体对罗调停中苏论战的原因及目的作出了很多客观的评论，中国官方的新华社也注意到了这些评论，并把它们陆续刊登在当时专供高级干部阅读的《参考消息》上，却并没有因此改变中国领导人认为罗马尼亚人是苏联派来的说客的判断，改变"以苏划线"的思维定式。直到 1970 年底，毛泽东在与他的老朋友、美国记者斯诺提起中苏论战的往事时，仍然在说，苏联"又请罗马尼亚来讲和，要我们停止公开争论。我说不行，要争论一万年"。㊳对罗的这种思维定式，不但影响了整个 20 世纪 60 年代中国对罗的关系，也影响到后来中美关系开始解冻时，中国对罗在中美两国之间传话之事的看法。

对于中国的"文化大革命"，罗表面上是既不反对，也不支持。㊴而实际上，罗对"文化大革命"的态度是以 1971 年齐奥塞斯库访华为界，在这以前是比较反感的，以至于多少影响了两国的关系，这将是下面论述的内容。在这以后则有所欣赏，甚至仿效。

"单相思"

尽管在周恩来访罗期间两国之间出现了一些不愉快，两国仍然都能从维护中罗友好关系的大局出发，尽量减少对中罗关系的负面影响。据罗方分析：

> 从周恩来总理结束访罗及之后的一段时间，中方对我使馆的外交官表现出某种程度的冷淡。再后来，中国官方开始强调我们两党、两国和两国人民之间业已存在的友好关系。
>
> 我们驻北京使馆认为，在分析了周恩来总理访罗的成果后，中国领导更加相信罗马尼亚社会主义共和国推行的政策是原则性的、一贯的、不会受任何人所影响的。从这一结论出发，并考虑到罗中关系给中方带来的利益，中国领导决心继续保持和发展这一关系。㊵

罗马尼亚似乎也没有受到中罗之间因这次访问而产生的一些不愉快以及中国的“文化大革命”的明显影响，仍旧积极推动两国关系的发展。由于“文化大革命”初期的中国基本上断绝了与国际社会的正常交往，也大幅度减少了与罗的各种交往，罗实际上是以一种“单相思”的主动方式推动中罗关系。它主要包括两方面，一是通过毛雷尔主要以“顺访”北京的方式维持与中国领导人的高层接触，一是在国际共运内外的各种国际会议上维护中国的利益。

1967年1月25日，正在莫斯科红场向列宁和斯大林墓献花圈的中国留学生遭到苏联官方的镇压，这就是“红场事件”，中苏关系更加紧张。2月8日，尼古列斯库—米齐尔就此约见了中国驻罗使馆的临时代办李斌（曾涌泉大使已于1966年10月离任回国——著者），请他转达罗党领导给毛主席和周总理的一个口信：罗“党的领导人十分担心地获悉已发生的使中苏两国关系恶化的事件（即“红场事件”——引者）。这种新的恶化使中苏两个最大的社会主义国家间的外交关系处于危险之中。据我们的看法，这将给所有的社会主义国家、国际共运、全世界反帝力量和民族进步力量的斗争带来严重的后果。当然，导致这种大家都深切关心的原因是可以讨论的，但我们的意见是，在当前的情况下，这不是主要的”。罗党领导人呼吁中共领导人和中国政府，“尽一切努力以保证苏联和中国驻对方的外交机构进行正常活动”。罗共也向苏共发出了同样的呼吁。

2月9日夜，罗外交部又紧急致电驻华大使杜马（Aurel Duma），指示他立即求见中国外交部长陈毅并通报：

> 中国驻罗马尼亚大使馆在其门外的橱窗里，展示了莫斯科红场上发生的事件的一组照片和一篇对苏联带有侮辱性词句的文章摘录，标题是：血债要用血来还。
>
> ……
>
> 您只需告诉对方：中国驻布加勒斯特大使馆最近在其门外的橱窗里展出了这样的图片和文字，其内容违反了罗马尼亚有关外国外交机构在我们国土上展出宣传材料的规定。您还要告诉对方，这种材料的展出给我们带来困难，造成不遵守我国有关外交活动管理条例的先例。您要向中方指出：罗方希望能够紧急指示驻罗使馆尽快撤除这些照片和文字。您要向对方表示，鉴于两国之间存在的良好关系，希望中华人民共和国

外交部向她的使馆下达这样的指示。

交涉要心平气和地进行。

如果被问及：有关外国外交机构在我国领土上散发或展出宣传材料的规定是什么？您就回答：根据这些规定，外国的外交机构不能散发或展出带有抨击、侮辱、诋毁罗马尼亚与之保持着正常关系的国家的宣传材料。

……

如果对方认为其使馆的这一行动是"合法的"和在其权限范围内的，您要回答说，众所周知，任何一个主权国家都是通过国家权力机构发布对国内外重大事件的态度，有权决定以什么方式来发布；你还可以补充说，外交使团必须尊重驻在国的现行规定。

指示最后再次强调"对对方的言行要保持克制"。[41]

杜马立即约见陈毅并转达了罗方的上述信息，并建议由毛雷尔率党政代表团来中国，同中国领导人交换意见。中方鉴于两党之间在一些问题上有分歧，建议罗代表团以秘密的方式访问中国。罗方接受了建议。

7月3—8日，毛雷尔在北京与周恩来举行了4次内部会谈。毛雷尔介绍了罗国内的情况及内外政策，劝中国同苏联及其他社会主义各国改善并发展关系，派代表团参加苏联十月革命50周年的庆祝活动。他说："中国参加社会主义国家会见，将对防止苏联在社会主义体系内部建立霸权起重大作用。"他认为，中国积极地发展同其他社会主义国家的关系，参加社会主义国家会见，会鼓励这些国家走向独立的倾向。他还劝中国与美国改善关系。周恩来表示，苏联修正主义领导集团是马列主义的叛徒，在越南问题上是美帝国主义的帮凶，中国同苏联在越南问题上没有联合行动的可能；中国不能派代表团去莫斯科参加十月革命节的庆祝活动；目前也没有改善与美国关系的可能。访问结束时，罗方提出发表一个简短的消息，中国方面也没有同意。[42]

这次访问的时机，本来对促进中罗关系的发展是十分有利的。1月，罗不顾苏、德、波等国的反对，在苏联集团中率先与西德建交。在第三次中东战争之后，罗又成为唯一与以色列仍保持外交关系的社会主义国家。此后不久，罗外贸部部长还访问了耶路撒冷，与以色列签订了一个贸易协定。罗苏关系再度陷入危机。在这期间，美国前副总统尼克松"以私人身份"访问了布加勒斯特，毛雷尔则访问了美国并会见了美国总统约翰逊，两个美国人都表示了对改善中美关系的某种愿望。但是毛雷尔的这次访华，包括他所带来的信息，并没有能使中罗两国找到更多的共同语言，双方的关系还在继续冷淡。

尽管此次访问收获不大，但中方还是给以积极的评价。中国副外长韩念龙在偶遇杜马大使时说，“此次访问是罗中友谊的一个胜利，将会推动两国之间业已存在的关系继续发展”。访问也引起了在京的各国使节的广泛关注。据罗驻华使馆报告，英国驻华外交官“认为罗代表团访华特别重要，因为我国领导人同中国领导人会晤，无论对社会主义国家，还是世界上其他国家来说，目前都是唯一同中国接触的渠道。罗马尼亚是世界上唯一的这样一个国家，只有她的意见能够被中国代表接受和听取”。[43]这段话说对了一半。“文化大革命”初期的中国的确大大减少了对外交往，但并没有完全与世隔绝，只是与西方世界，特别是与欧美国家基本上停止了来往。在与中国保持交往的国家中，罗几乎可以说得上是唯一与世界上各种类型的国家都保持联系的国家，这才是国际社会关注中罗保持交往的原因所在。

9月27日，毛雷尔在赴越南作非正式访问的途中再次路过北京，周恩来会见并宴请了他们。据尼古列斯库—米齐尔回忆，这次顺访的要求最初是被中方回绝的：

> 他们答复说我们刚刚会谈过，最近这三、四个月也没什么新的问题发生。然后他们又通过外交途径予以拒绝。这不仅仅是个单纯的拒绝。导致作出这一决定的是那些文化大革命的领袖们。这些人不欢迎我们对北京的访问，阻碍了罗中关系的发展。
>
> 我们假装不知道这个答复。我们向北京告知了代表团的组成和抵达日期。[44]

尼古列斯库—米齐尔的这段回忆大体准确。但中方究竟是谁最初决定回绝毛雷尔的这次访问，因为看不到双方有关的档案资料，所以无法确定。但即便就是周恩来作出的，也是情有可原。一是1967年的7、8、9三个月，正是十年“文革”中最为“天下大乱”的时间，周恩来甚至失去了对外交的控制权，中国的外交陷入了极度混乱。二是周恩来由于过度劳累和紧张，“健康状况日差”。两年前，他参加乔治乌—德治的葬礼时，没有穿大衣，也没有戴帽子，在布加勒斯特3月的寒风里步行和站立了5个小时。既表现了他对死者的尊敬，也显示了他当时身体的强健。但是，仅仅时隔两年，他竟患上了严重的心脏病并经常吸氧。9月27日凌晨，他又因被造反派的负责人连续纠缠而心脏病发作，“持续30多个小时无法工作”。[45]三是在这前一天，阿尔巴尼亚部长会议主席谢胡又来华访问。在这种情况下，也许周恩来本人也不愿意在这个时候接待罗代表团，更何况中罗之间已经是话不投机了。

然而，周恩来还是在北京接待了毛雷尔等人。毛雷尔再次劝中国参加筹备世界共产党和工人党会议。在这种情况下的中国当然不可能会对这种事情感兴趣。周恩来耐心答复说：“我们谢谢你们3位同志的好意，想来劝和，用中国的话说，就是‘和事佬’。这个好意，恐怕是无法实现的。”“你们的处境和我们的不同，你们不能不跟他们有若干应付，我们是可以谅解的。你们反对一个党干涉另一个党的内部事务，反对不听他的话就开除，这种态度我们是欣赏的。”[46]

这一年，中国驻罗使馆恢复揭露批判“苏联修正主义”的宣传，罗方很不满，多次向中方提出交涉。中罗建交以来，罗发给中国的国庆贺电，都是由最高领导人乔治乌—德治或齐奥塞斯库署名。而1967—1969年在贺电上署名的却只是毛雷尔——政府首脑。出席每年中国使馆的国庆节招待会的罗最高领导人，1963年是毛雷尔——政府首脑，1964年是乔治乌—德治——党的领袖，1965年是斯托依卡——国家元首，1966年则降为阿波斯托尔——部长会议第一副主席，1967年为伯尔拉德亚努——也是部长会议第一副主席。自20世纪60年代中期起，中国甚至回避承认罗是社会主义国家，[47]“而在一切场合都将其称作‘友好国家’”。从这一年起，中国再也没有派团参加在罗举行的国际活动，理由是：“他们不能跟‘资本主义国家和修正主义国家代表’一道参加此类活动，或者说，‘中国的有关机构正忙于文化革命’。”[48]

与此同时，罗仍一如既往地支持恢复中国在联合国的合法席位。1967年，罗外长曼内斯库担任联合国大会主席，在联合国呼吁尽快解决中国的代表权问题。1968年，罗与其他14国联合向联合国大会提出关于恢复中国席位的提案，并表示支持阿尔巴尼亚关于把中国席位作为简单多数通过的问题提案。在联合国附属机构，罗也为恢复中国的席位问题作了不懈的努力。

1967年6月，第三次中东战争爆发。苏联和东欧8个国家的领导人在莫斯科会晤，讨论中东局势，并通过了一项有关的声明，要求以色列立即停止军事行动。罗参加了会晤，却是唯一没有在声明上签字的与会国。会后，罗又成为唯一未与以色列断交的社会主义国家，其为此承受的压力可想而知。中国一直认为苏联是出卖阿拉伯人民利益的叛徒，在这次战争中用阿拉伯各国的利益与美国作交易。而中国副外长乔冠华却对罗此举表示理解。他在会见杜马大使时明确表示："我们对你们在莫斯科采取的立场表示赞赏，你们没有在近［中］东问题的声明上签字，我们很高兴，因为你们表示了独立自主的态度。"同时他感谢罗对中国进行首次氢弹试验成功的理解和支持："在这方面，中国共产党和罗马尼亚共产党的观点是一致的。"[49]

1966年10月，中国与加纳的外交关系被中止。中国请罗驻加纳使馆代表中国在加纳的利益，并代管使馆财产，罗欣然同意。1969年以后，加纳新政府多次通过罗驻加纳使馆试探与中国复交。1972年，中国和加纳恢复了外交关系。1967年10月，中国和印度尼西亚的外交关系被中止。罗驻印尼的使馆又应中国的要求代表中国在印度尼西亚的利益，并代管使馆财产。与此同时，罗支援越南的物资由中国过境时，中国也都予以免费转运。

直到20世纪60年代末，中罗两国的贸易一直都能够在平等互利、积极协作等原则基础上发展，而且还能"互有照顾"。[50]1966年，"罗中双方的贸易往来获得了持续稳定的发展"。[51]1967年，罗部长会议副主席勒杜列斯库(Gheorghe Rădulescu)致信李先念，首次提出希望同中国进行经济协作，共同生产机器设备等，并提出了26项具体建议。李先念复信表示同意，后因"文化大革命"的影响未能落实。根据两国在1967年签订的贸易协定，中国给加拉茨大型钢铁厂提供了迫切需要的铁矿石。[52]在这些年，两国的科学技术合作联合委员会每年举行一次会议，确定年度的合作项目，各方每年承担的项目少则10多项，多则20多项。两国科学院在1963年签订的为期6年的合作协议，除1968、1969年因"文化大革命"而未能执行外，其每年的年度计划都能予以执行。

两国的文化交流受到中国的"文化大革命"影响较多些。两国签订的1967年文化合作年度计划中的许多项目被取消。1968、1969两年则未签订年度计划。1968年，两国签订了《广播和电视合作协定》。1967—1969年，两国的教育、卫生、体育等方面的交流基本停止。[53]

卡罗维发利会议和布达佩斯会议

1966年秋，苏联领导人发起召开世界共产党会议的新运动，显然是想利用中国忙于全面开展“文化大革命”，无暇他顾，而各国共产党中又普遍存在着对中国“文化大革命”不赞成的态度这个时机。这样既削弱了中国对召开这一会议的反对，罗也难以制造大的麻烦。这时的中国，把苏联及东欧各国都看作是程度不同的修正主义，对于他们支持或反对召开这类会议的争论都一概视之为闹剧，不屑一顾。罗却仍一如既往地坚决反对召开任何旨在或可能会谴责中国的会议。

10月，苏联与东欧及蒙古、古巴等9国的领导人在莫斯科召开会议，主要讨论中国问题和越南问题。据合众国际社报道，“在罗马尼亚拒绝改变它在中苏争执中的中立立场之后，九个由共产党统治的国家的一次最高级会议放弃了进行这样一次谴责的企图”。[54]就在几天前，罗共召开了中央全会。据南通社报道，齐奥塞斯库在致会议闭幕词时说：

> 近来，在国际共产主义运动中，一些党对另一些党的攻击加剧了，分歧和加深分裂的危险也加剧了，这使我们和其他党都深为忧虑。造成今天工人运动的局面的原因是复杂的。当然，在评价当代各种现象方面有许多分歧，但是我们认为，根本的是，从外面把观点强加于人、对他党内部事务进行干涉的旧做法尚未被放弃。
>
> 我们认为，在目前条件下，我党和所有兄弟党的最高义务，是对加强国际共产主义运动和工人运动以及所有反帝力量的团结，作出自己的贡献；我们党将坚定不移地为履行这一职责而奋斗。[55]

1967年4月，欧洲共产党和工人党关于欧洲安全问题的首脑会议在捷克斯洛伐克的度假胜地卡罗维发利召开，有24个党的代表团出席，最后通过了“关于欧洲安全与和平问题的声明”。会议主要是“讨论意识形态问题，突出地要讨论中国问题”。[56]据南通社报道，罗拒绝参加会议，理由是“在事前交换意见和商谈时没有就召开欧洲共产党会议的性质、目的和方式达成协议”。[57]《纽约时报》认为，罗和南斯拉夫没有出席这次会议“与中国问题有关”。[58]这是罗第一次抵制一个共产党的正式国际会议。中国的《人民日报》发表题为《欧洲新工贼的破产》的评论，称卡罗维发利会议是“反革命黑会”，并断言：

> 参加会议的苏联勃列日涅夫、柯西金集团，东德乌布利希集团，波

兰哥穆尔卡集团，捷克斯洛伐克诺沃提尼集团，保加利亚日夫科夫集团，匈牙利卡达尔集团，法国罗歇集团，意大利隆哥集团，英国高兰集团，西班牙伊巴露丽集团，等等，通通都是马克思列宁主义的叛徒，工人阶级的工贼，革命的共产党的敌人。

同时也注意到，“一些党不服从苏修的指挥棒，拒绝出席会议”。[59]

1968 年 2 月 14 日，罗共召开了扩大的中央执委会会议。除了执委会的成员外，党中央各部门的负责人和他们的第一副手，各大区党委的第一书记、大区人民委员会的第一副主席，中央各部门的部长和领导人，中央党校的副校长，国防部政治委员会的书记，以及中央新闻单位的主编等，也出席了会议，可见对这次会议，以及对这次会议要作出的决定的重视程度。[60]会议讨论了有关应邀参加为筹备召开各国共产党和工人党国际会议而即将举行的布达佩斯协商会晤的问题。罗共资格最老的党员帕伏列斯库在会上公开反对齐奥塞斯库要在布达佩斯会议上维护中国利益的主张，与齐奥塞斯库顶撞起来：

康斯坦丁·帕伏列斯库同志：但是如果我们带着一个精心准备的计划去布达佩斯，我们就会从一开始就处于一个特殊的境地，谁也无法保证我们会在这种情况下获得成功……米齐尔同志在这告诉我们说，中国，还有阿尔巴尼亚不参加这个会。同志们，中国已经严重地背离了革命运动，走上了完全民族主义的道路……

尼古拉·齐奥塞斯库同志：听着，帕伏列斯库同志，我不愿意在这讨论这个问题。我们对中国了解得很不够，在这次全会上我们不涉及这个问题。

康斯坦丁·帕伏列斯库同志：你瞧，齐奥塞斯库同志，我敢说……

尼古拉·齐奥塞斯库同志：等一下。我向全会有个提议，帕伏列斯库同志。

康斯坦丁·帕伏列斯库同志：是的，你可以继续。

尼古拉·齐奥塞斯库同志：我向全会提议，我们现在不要在这里讨论中国问题。

主席团中某人：我们绝不要讨论任何其他党的问题。

尼古拉·齐奥塞斯库同志：因为我们在这开会是为了讨论别的问

题。如果我们要作出结论，我们就要有一个严肃的文件，而不能根据传言。这是违背我们党的精神的。这就是为什么我们要帕伏列斯库同志严格遵守会议议程。

康斯坦丁·帕伏列斯库同志：那么，如果全会不允许我表达我的意见，我可以完全保持沉默（大厅里一片窃窃私语）。同志们，我是个革命者。我是在国际共运的精神鼓舞下成长起来的，这个运动从来没有阻止过我在不干涉别人内政的前提下谈论另一个党的缺点。我们不是在干涉中国的内部事务。……［引者删节］

尼古拉·齐奥塞斯库同志：我们无权确定哪个党是不是共产主义政党。

康斯坦丁·帕伏列斯库同志：这并不是我们关心的。

主席团中某人：就像我们不允许别人对我们党说三道四一样。[61]

帕伏列斯库向齐奥塞斯库的挑战，与其说他是在中罗关系问题上与齐奥塞斯库持不同意见，不如说他只是想借题发挥，对齐奥塞斯库的独断专行说"不"。他选择中罗关系问题向齐奥塞斯库发难，至少说明他认为他的观点在党中央内部是有一定市场的。然而他的挑战似乎并没有得到什么响应。

据罗通社报道，罗马尼亚起先并不准备出席布达佩斯会议。但当尼古列斯库—米齐尔与负责组织会议的匈牙利党的中央书记科莫辛（Zoltan Komocsin）会谈后，罗同意派代表团与会，"以便为筹备国际会议作出自己积极的贡献，使它真正促进共运关系的正常化和符合恢复团结的利益"。[62]显然双方同意只有那些在会前经过共同协商列入日程的问题才会拿到会上讨论。而且，将不会有任何党被"开除"。双方还特别指出，"中共的内部情况既不能是布达佩斯协商会议，也不能是国际会议的主题"。这些让步显然是在罗共的坚持下作出的。[63]

2月26日，布达佩斯会议开幕，全世界有64个党出席。1月，匈牙利驻华大使曾要求向中联部递交参加布达佩斯会议的请柬，中联部答复说："中国共产党不会接受这一请柬，因为我们坚决反对召开这一会议，任何转达请柬的企图都被视为对中国共产党的污辱。"[64]

尼古列斯库—米齐尔率领的罗代表团是最后一个到会的。会议从27日起就陷入了无休止的争论。合众国际社评论说，很多党看来并不急于召开世界共产党最高级会议，"满足于享受它们从克里姆林宫专心致志地对付赤色中国方面获得的自由。”路透社说，苏联等党主张年底就召开这个会议。罗党则“在一小批党的不同程度的支持下，希望最高级会议延期，直到中国等有不同意见的党能够走到大会议桌边时再开”。[65]实际上是想无限期地推迟召开这个会议。尼古列斯库—米齐尔在这一天的发言中强调：

筹备好这次会议最重要的一件事是，要明确规定在将来任何国际会议中都不应以任何形式讨论和批评任何一个兄弟党的国内外活动和政策，不论它是否出席了会议，在任何情况下都不应以任何方式指责或谴责其他党。

如果此次协商会议成为一个讨论或评判其他党的讲坛，它将不会为召开一个有助于团结的会议创造必要的条件。相反，它将导致与会者的减少，并使更多的党派在发表意见上有所保留，它将成为恶化各共产党之间关系的另一肇端。[66]

晚上，在大会秘书处的会议上，苏斯洛夫提出了一份“具有明显反华特点的”会议公报草案。罗等国的代表与苏共代表团团长苏斯洛夫等人为此进行了两个小时的讨论。最后，“公报中所有带有反华倾向的段落全都从文件中删除了”。[67]

第二天，叙利亚共产党总书记巴格达什发言时，首先指责了中国，然后又指责罗是民族沙文主义，破坏了共运的团结，对苏联忘恩负义，是犹太民族主义者的工具。后者显然是指罗在1967年中东战争期间拒绝断绝与以色列的外交关系。据合众国际社报道，尼古列斯库—米齐尔立即“跳起来”提出抗议，要求到会的各党谴责叙党领导人对一个兄弟党的攻击，并通过一项正式决议，规定以后会上禁止进行这种批评。据法新社报道，有人问到罗所谴责的批评其他党的做法是否包括前几天会议上对中国的攻击，罗马尼亚人说包括了这件事。以苏斯洛夫为首的大会秘书处拒绝了罗的要求。由于罗的抗议，会议中断了一天。

接到罗代表团的报告后，齐奥塞斯库意识到了谁站在巴格达什身后。他连夜召见了所有参加布达佩斯会议的社会主义国家的大使，向他们递交了抗议照会。29日上午，罗共中央执委会决定，退出布达佩斯会议。3月1日，罗共召开特别中央全会。罗通社2日播发的会议的决议指出：叙共代表团竟对罗共和罗马尼亚的国际政策说三道四，并对我们党及我党在这次会议上的立场进行攻击和侮辱。“我党领导向有关各党领导呼吁，通过他们出席布达佩斯会议的代表采取行动，达成一项解决办法，以保证本着同志式的积极的精神进行这次会议，并使罗马尼亚共产党代表团能继续参加会议。”据南通社报道，罗全国各地随即纷纷举行集会，支持罗退出布达佩斯会议。[68]

3 月 6 日，布达佩斯会议在与会者没有达成基本一致的情况下闭幕。叙利亚和东德代表团曾经提出在会议的最后公报中谴责罗，由于有很大影响的意大利代表团及其他一些代表团的反对未能被接受。《人民日报》则以《布达佩斯的一幕丑剧》为题评论说：“六十六个单位的一小撮叛徒工贼在布达佩斯举行了所谓‘共产党和工人党协商会晤’，又演出了一幕反革命丑剧”。这“是又一次反华的黑会”，“可惜，响应者零零落落，屈指可数”。[69]

3 月 6—7 日，华约成员国政治协商会议（首脑会议）紧接着在索非亚召开。齐奥塞斯库虽然应邀到会，却没有和其他与会国一样，在一项赞成防止核扩散条约的声明上签字。据说这是华约组织的历史上第一个没有达成一致的会议。[70]

7 日，中共中央政治局常委康生应杜马大使之约会见了他，听取了他关于布达佩斯会议以及罗共中央有关决议的通报。康生答复说：

> 对于这一会议，我们早就向你们阐述了我们党的立场。实际上，对于此类会议，我们过去和现在的立场都是不予理睬。
>
> 根据我们的经验，我们事先就知道会议将怎样进行。结果完全证实了我们预先的估计。跟以往一样，这次分裂主义集团的头子柯西金和勃列日涅夫仍然是对中国共产党和中国人民进行攻击和批判。

最后他表示：“非常感谢罗马尼亚共产党向我们通报了布达佩斯会议的情况。我们强调指出，我们两党两国之间有着友好的关系。”[71]

在布拉格之春的阴影下

进入 1968 年春季后，苏联在东欧集团中最棘手的对手不再是罗马尼亚，而是捷克斯洛伐克。杜布切克接任捷共第一书记后，主持制订了《捷克斯洛伐克共产党行动纲领》，开始对捷克斯洛伐克的内外政策进行大幅度的改革，人称“布拉格之春”。如果说罗向苏联权威的挑战，主要是在对外政策和经济发展战略上，并且从未提出要脱离华约组织和经互会，尚且使苏联等国可以容忍，而捷要“勇敢地走前人没有走过的路”（捷国民议会议长斯姆尔科夫斯基语——引者）[72]，对捷的社会主义进行全面改革，就不能不引起苏联等国的干预。

“布拉格之春”虽然与罗的自治主张不可同日而语，却得到了罗等国的同情和支持。罗领导人多次表示，他们“首先是希望捷克斯洛伐克的对外政策变得接近罗马尼亚的观点，因为这将意味着罗马尼亚孤立状态的终结”。[73]据合众国际社报道：“消息灵通的捷共人士今天说，捷克斯洛伐克正在联合它的奉行独立方针的共产党邻国南斯拉夫和罗马尼亚，以便成立‘小协约国’来抵挡苏联为迫使布拉格奉行克里姆林宫方针而作的任何努力。”为了表示对杜布切克的支持，齐奥塞斯库于 8 月 15 日对捷作了为期 2 天的访问。据德新社报道，行前，他在布加勒斯特的一次讲话中引人注目地说：“任何使用武力干涉华沙条约成员国的内政都是不正当的。”这是一位东欧共产党领导人第一次公开提到有武装干涉捷内政的可能。[74]

8 月 20 日 23 时许，苏联及华约组织另 5 个成员国的军队几十万人，突然入侵并占领了捷克斯洛伐克社会主义共和国全境，扼杀了“布拉格之春”。同时，6 国军队在罗边界外频繁调动，严重威胁着罗国家安全。仅苏军在罗苏边界的普鲁特河一带就集结了 7 个师，在罗匈边界集结了 4 个师，在罗保边界也集结了 2 个师，外加两个保加利亚师。外电纷纷猜测，苏联等国有可能趁机入侵难以驯服的罗马尼亚。

21 日凌晨 3 点，罗通社驻布拉格记者首先向布加勒斯特报告，苏军已进入布拉格。[75]6 时半，罗共中央执委会召开紧急会议，决定向参与入侵的国家致信，强调这一行动“严重违反了社会主义国家和共产党之间关系的基本准则，也严重违反了《华沙条约》的条款”。会议还决定立即重建曾在 1944 年罗解放时起过重大作用的爱国卫队。当时，执委会会场上群情激昂，言辞激烈。[76]当天上午，在罗党中央大厦前，召开了有 8 万人参加的群众大会，齐奥塞斯库在大厦的阳台上发表了慷慨激昂的讲话：

5 个社会主义国家的部队入侵捷克斯洛伐克，这是一个重大错误，是对欧洲和平、对世界社会主义命运的严重威胁。……几个社会主义国家去践踏别国的自由和独立，是不堪设想的。武装干涉一个社会主义兄弟国家事务的念头，是毫无道理的，是不能容许的，那怕一瞬间也是不能接受的。

全体罗马尼亚人民，绝不允许任何人践踏我们祖国的领土。

同志们，让我们准备着，随时保卫我们的社会主义祖国——罗马尼亚。[77]

第二天，齐奥塞斯库向罗军发出总动员令，全国军民对可能的入侵严阵以待。罗大国民议会举行特别会议，发表了致各国政府的《关于罗马尼亚对外政策基本原则的声明》，表示："干涉一个社会主义国家的内政应该予以谴责。大国民议会不赞成对捷克斯洛伐克人民内部事务的干涉和五国对捷克斯洛伐克的军事干涉"。"我国人民将不遗余力地坚决保卫我们的革命成果，保卫国家的独立和主权。国家的主权和独立是无价之宝！"[78]

据说，罗国家安全委员会还拟订了国家一旦遭到入侵，全国抵抗失败的情况下，主要领导人逃逸的"Z"计划。[79]在此之前，罗拒绝任何华约国家的军队过境，参与入侵的保加利亚军队只好绕道苏联的敖德萨前往捷克斯洛伐克。[80]罗的立场和齐奥塞斯库在 21 日的讲演，极大地提高了罗和齐奥塞斯库的国际声望，被认为是齐奥塞斯库最为辉煌的时刻。

在这个关键时刻，罗迫切寻求中国的支持。早在一个月前，罗方就经常向中方通报捷局势和苏联等国的动向。8 月 21 日，波德纳拉希紧急约见中国大使馆临时代办马叙生，通报罗共中央全会的精神，"请求以毛泽东同志为首的中国最高党政领导注意欧洲发生的事件。由于罗已处于战斗最前线，罗党和政府希望和请求中国党和政府将其对罗所处情况及采取的立场的看法尽快告知罗方，想了解同苏大国沙文主义斗争如此尖锐之时，罗是否能依靠中国的支持"。[81]他说，今天早晨他们又记起了周总理 1966 年访罗时所表示的支持罗的一些话，这些话的精神一直体现在两国关系中。他又说，现在罗已处在战斗的最前沿，决心拿起武器抵抗侵略，希望中国履行周恩来访罗时许下的支持罗的诺言。[82]

波德纳拉希所说的"诺言"，是指周恩来访罗时在群众大会上所表示的：中国人民和罗马尼亚人民"无论在风里雨里，在惊涛骇浪中，都将永远站在一起，共同斗争"！[83]

20 世纪 60 年代中期以后，中国与捷克斯洛伐克的关系恶化的程度，在中国与东欧 6 国的关系中是比较严重的。对"布拉格之春"，中国也是持批评态度的。但是，捷克事件一发生，还是引起了中国的极大关注，毕竟这是发生在"社会主义大家庭"中的事。苏联利用华约组织，竟然在光天化日之下入侵另一个社会主义的"兄弟国家"，难道它就不能以同样的借口入侵再一个社会主义国家，比如中国吗？敏感的西方学者还提出了这样一个观点：克里姆林宫决定入侵捷克斯洛伐克的因素之一是认为必须牢固地控制东欧，以便有最大的自由和资源来对付中国的威胁。那么在这种意义上讲，中国也是捷克斯洛伐克事变的一部分。[84]美国学者雷明顿甚至认为，"在某些场合，布拉格可能曾经借机向北京求过爱"。[85]

周恩来立即指示中国外交部研究对策。外交部副部长乔冠华提出了《关于揭露和谴责苏联武装占领捷克的请示报告》，其中建议由中国政府发表声明，《人民日报》发表评论员文章，分别予以谴责。这时，周恩来从另一份外交部和中国人民对外友协关于庆祝罗国庆 24 周年的联名请示中发现，2 天后恰好就是罗国庆日，届时罗驻华大使馆将举行国庆招待会。周恩来于是在请示报告上批示，提高中国领导人出席招待会的规格，把原来以全国人大常委会副委员长郭沫若为首出席，提高为周恩来亲自出席并发表讲话。出席招待会的中方人数也由 200 人增加到 300 人，并有意增加了军方代表的出席人数。

22 日，中国领导人在毛泽东住所开会，讨论苏联侵捷问题，同意了周恩来提出的方案。会后当晚，周恩来亲自召集以乔冠华为首的周恩来讲话稿起草小组指示，讲话要给世界人民敲响警钟，要鼓励罗马尼亚依靠群众、坚持斗争、必能胜利的信心。他又提出，改掉讲话稿的结尾为健康干杯的老框框，代之以"美帝必败！苏修必败！人民必胜！"的口号。第二天，周恩来又在呈交的讲话稿上亲笔作了多处改动。如把"坚决支持罗马尼亚人民反对大国沙文主义的斗争"一句，改为"中国人民支持你们！"既满足了罗方得到中国支持的要求，又照顾了他们的处境。讲话稿最后送毛泽东审定。

当天晚上，国务院副总理兼外长陈毅约见杜马大使并对他说："你们要有决心和信心，我们支持你们，你们能胜利！明天是你们国庆，周恩来总理将出席你们的招待会，并准备讲话，表明我们的态度。"杜马显得有些喜出望外："周恩来同志要来？"陈毅肯定地说："对，周恩来同志要来，我也来，来向你们祝贺国庆。"最后，陈毅提醒说："苏联也可能会侵略罗马尼亚，要犯更大的错误，你们要准备，我们是有准备的。"杜马回答说："我们也准备好了，我们是勇敢的。"[86]

23 日，《人民日报》发表评论员文章《苏联现代修正主义的总破产》，强烈谴责苏联的侵略行径。晚上，周恩来出席了罗使馆的国庆招待会。杜马大使在与周恩来交谈时问："事态将如何演变?"周恩来说："不管侵略军扶植什么样的傀儡政府，捷克人民都是不会停止抵抗的。"杜马说："这是解决问题的唯一办法。"周恩来接着说："坏事变成了好事，苏联的占领激起了人民的不满。你们现在处境困难，只要决心抵抗，号召人民，就有希望，他要动手就得考虑考虑。"[83]"你们采取了一种斗争的立场。你们早就对苏联修正主义领导实行抵制政策。而现在，你们采取措施，组织起来保卫祖国，做好应对一切可能的准备。我们支持你们捍卫国家独立和主权的斗争。你们就放开手抵抗，必要的时候，我们给你们大炮!"[84]

在招待会上，周恩来发表讲话说，苏联等国侵略捷克斯洛伐克，是"对捷克斯洛伐克人民犯下了滔天罪行"。"苏修叛徒集团早已堕落成为社会帝国主义和社会法西斯主义。"他表示，中国人民"坚决支持捷克斯洛伐克人民反抗苏军占领的英勇斗争"。

自1966年以来，罗马尼亚总是千方百计避免在本国的土地上和使馆里公开谴责任何一个党，尤其是苏联和中国的党。然而这次中国用空前激烈的言辞抨击苏联及其对外政策，罗方不但没有感到不安，反而感到正中下怀。在听到周恩来的这番话后，苏联等参与侵捷的6个国家的驻华使节按照惯例先后退出了会场。而过去在这种情况下都跟着苏联大使一起退席的捷大使，尽管听到了讲话中提到"捷修领导集团"，这次却端坐不动。

周恩来继续引用毛泽东的话说："有些人在一个时期之内，可能认识不清楚，也可能被蒙蔽，也可能犯些错误，但是，只要他们要革命，在他们知道事实的真相，认识了修正主义的真面目以后，在革命实践的过程中，最后总是会同修正主义决裂，站到马克思列宁主义方面来的。"表面上他指的是，捷人民会从这件事"逐步认识到修正主义是这场灾难的根源"，与修正主义划清界限。实际上他同时也是在劝导东欧各国，尤其是罗马尼亚。

周恩来最后强调："罗马尼亚目前正面临着遭受外来的干涉和侵略的危险。罗马尼亚政府正在动员人民为捍卫自己的独立和主权而斗争。在无产阶级文化大革命中锻炼得更加坚强的中国人民支持你们。我们坚信，只要真正依靠人民群众，坚持持久斗争，任何外来的干涉和侵略是可以击败的，也是一定能够击败的。"[85]

"中国人民支持你们"，看似一句不十分明确的表态，但在这个特定的时间特定的场合，罗马尼亚人却觉得它非同一般，它表明，中国政府"向苏联发出警告：不要对罗采取侵略行动”。[90]

周恩来的讲话立即在国际上产生了强烈的反响。到莫斯科与苏联订立城下之盟的捷国民议会主席斯姆尔科夫斯基说：“周恩来讲话对我们在莫斯科谈判帮助很大，他发表讲话正是时候，也真有分量！”第二天，齐奥塞斯库和毛雷尔专门通过杜马大使向陈毅表示感谢。10月1日，在参加中国大使馆的国庆招待会时，毛雷尔对中国代办说：“周总理的声明是罗马尼亚在最重要的时刻得到的最重要的支持。罗马尼亚珍视和依靠中国的支持。”罗副总理勒杜列斯库说：“现在越来越多的人敬佩中国共产党的远见卓识，毛泽东思想的路线胜利万岁！”一个罗马尼亚人给中国使馆来信说：“我的祖国处在危急时刻，我们的希望寄托在中国。现在没有一个罗马尼亚人不在说，我们是同中国兄弟在一起。”布加勒斯特的43名工人和知识分子联名写信给中国使馆说：“中国对罗马尼亚人民的支持，使苏联的罪恶企图破产了！患难见知己，你们就是这样被证明是我们唯一真正的朋友！”

1970年波德纳拉希访问中国并会见毛泽东时，再次提到：“周总理发表了声明，给了我们很大的支持，我们对此表示感谢。”毛泽东说：“我们不感到那个声明有那么大的作用呀。”波德纳拉希回答说，“在某种情况下，说一句话比坦克、飞机还重要”。[91]“那时我们罗马尼亚、南斯拉夫、阿尔巴尼亚都感觉我们不是孤立的，虽然我们离中国上万公里。周恩来同志在罗马尼亚使馆讲话，你们的总参谋长陪同他去的，这是很有意义的，所以一句话就起这么大的作用。”[92]

1971年齐奥塞斯库访问中国并与毛泽东会谈时，双方重提这件往事。当话题转到社会帝国主义的含义时，陪同会谈的周恩来说，他首次使用“社会帝国主义”一词是在1968年出席杜马大使举行的罗国庆招待会上。毛泽东说：“上次你们代表团是波德纳拉希同志率领的。他说我们周恩来这位总理同志讲了几句话，放了一点风，对你们国家有帮助。我说，哎呀，我倒没有认为他讲话有这点感觉。”齐奥塞斯库坚持说：“我们对当时周总理的讲话给予很高的评价。我们认为他讲的话对我们国家，对共产主义运动，是个帮助。”[93]

在苏联等国入侵捷克斯洛伐克之后，中国对罗表示的坚决支持，具有以下几个特点：

1. 发生在20世纪60年代末中罗关系比较冷淡的时期。如前所述，主要是由于中国进行“文化大革命”的缘故，中国对中罗关系的兴趣降低，两国的高层来往减少，礼仪性交往的级别降低，会谈时话不投机。中国对罗在国际共运内部主动地、甚至是孤立地维护中国的权益的举动无动于衷。但是一旦罗的安危真正受到威胁，请求中国表态援助时，中国仍旧毫不犹豫地向全世界表明了对罗的坚决支持。

从中国国内来说，1967 年夏季以后，“文化大革命”使中国陷入极度的混乱，甚至周恩来也一度失去了对外交大权的掌握。据尼古列斯库—米齐尔回忆，当他 1967 年随毛雷尔访问中国时，令他吃惊的是，中央文革小组组长陈伯达居然带着十几个“穿着旧军装”的红卫兵参加了周恩来与他们的会谈，后者“全神贯注地记录我们和周恩来所有的讲话”。周恩来故意和罗代表团重复他们在昨天的会谈内容。罗马尼亚人事后经过分析，“得出周恩来不再被信任，受到了怀疑的结论。他汇报的情况不全面，因此派陈伯达来参加会谈”。罗领导人第一次认识了陈伯达。他们私下里问周恩来，他们可以和周恩来等中国领导人说法语或俄语，他们是否可以用某种外语和陈伯达直接交谈。周恩来“这时大声挖苦道：‘他从来没出过国，一门外语也不懂，连中国话都说不好’”。[94]面临着“天下大乱”，毛泽东不得不采取严厉的措施约束极左派，周恩来才在这以后得以重新掌控外交工作。这次中国对捷克事件的对策，就是周恩来亲自制定并实施的。

2. 发生在中苏关系进一步恶化的情况下。1966 年以后，中苏关系中出现了越来越多的恶性事件。苏联沿中苏边界，特别是中蒙边界部署重兵，两国边界冲突愈演愈烈，使中国越来越忧虑国家安全。中国开始把“美帝”和“苏修”同样视为国家安全的两大敌人。捷克事件使中国领导人对苏联入侵中国的防备有了现实感和紧迫感。中国想利用这一事件，一方面揭露苏联对外政策中的侵略性；一方面教育罗尽快“与修正主义划清界限”。从而达到在宣传上和地缘上加强对苏联对外扩张政策的制约的目的，减少中国的来自苏联的威胁。因而，《人民日报》的文章和周恩来的讲话，重点都在谴责苏联的侵略，揭露苏联对外政策的大国沙文主义实质，给苏联戴上“社会帝国主义”的帽子。周恩来一直想找一个合适的国际讲坛说出这些话，这次国庆招待会给他提供了合适的场合。所以周恩来对杜马说：“谢谢你给我提供了讲话的机会。”他的讲话不但争取了捷克斯洛伐克，还团结了罗马尼亚。

3. 中国只是表示了道义上的支持。尽管中国对苏联进行了空前猛烈的谴责，还预言苏联可能要入侵罗，对罗表示“中国人民支持你们”。但是中国首先还是强调罗应主要靠自身的力量。杜马大使事后感谢周恩来说：“你们的支持是对我们很大的帮助。”周恩来回答说：“主要还是靠你们，靠你们的决心，依靠人民，坚持斗争。你们能表示独立自主的态度，抵抗侵略和干涉，是很可贵的，我们支持。”[95]美国著名学者 Braun 评价说：“在捷克斯洛伐克危机期间，中国向罗马尼亚提供了一些最需要的道义上的支持，即使中国不能做得更多，只是再次重申支持罗‘捍卫独立的斗争’。”[96]其次是劝罗要保持一定的克制，不要过分激怒苏联。从一开始，罗就提出派毛雷尔率团尽快访华，就捷克事件举行两党会谈的建议。周恩来劝杜马说：“你们此时到中国来，苏联会对罗施加更大的压力。中国离罗那么远，远水救不了近火。表面接触少些，对罗更有好处。”罗方接受了周恩来的意见。[97]

种种迹象表明，在苏联等 5 国入侵捷克斯洛伐克后，罗确实曾面临着被入侵的威胁，西方媒体，包括英国的《每日电讯报》，日本的《读卖新闻》、《朝日新闻》，新加坡的《星洲日报》，以及法新社、合众国际社、美联社等都大量报道了苏联等 5 国军队在罗边境附近大规模的调动和集结，以及对入侵罗的估计。罗对此毫不示弱，进行了全国总动员。但是 8 月 24 日，铁托在南罗边境地区与齐奥塞斯库进行了秘密会谈，据信是对后者进行了劝诫。25 日晨，苏联驻罗大使巴索夫会见了齐奥塞斯库并递交了苏共中央政治局致罗共中央的信。[98]在紧接着召开的罗党中央执委会会议上，齐奥塞斯库提出的“我们决心尽一切努力避免形势恶化”的意见获得了一致同意。[99]

从此，齐奥塞斯库对苏联的强硬态度出现了明显的软化。据南通社报道，在 26 日的一次讲话中，他强调“罗马尼亚同所有社会主义邻国都有良好的关系”，“罗马尼亚人民认为，没有什么东西能够阻碍罗苏之间的良好合作和友谊。我们有一切条件和责任来发展这一友谊。没有任何可以构成两国人民不和的理由的问题”。在联合国，捷罗两国都不同意把捷克问题提交安理会讨论。虽然至今尚不能肯定，苏联等 5 国当时确曾有入侵罗的计划，但在 6 国的几十万大军箭在弦上的情况下，比较弱小的罗采取暂避锋芒的策略还是明智的。在这一点上，周恩来的肺腑之言对罗是有启发作用的。

4. 中罗关系仍与中阿关系有所不同。周恩来在 1968 年罗驻华使馆的国庆招待会上的讲话虽然应罗的请求及时地表了态，还提醒罗领导人在危机面前保持头脑清醒，但是，不能否认的是，与中国同时对阿尔巴尼亚的声援相比，中国对罗的支持并不是更坚决、更明确的。9 月 12 日，由于华约成员国军队入侵捷克斯洛伐克，阿宣布退出华约组织。中国领导人 18 日致电地拉那表示坚决支持：“七亿中国人民……在任何时候、任何情况下，都将始终如一地站在兄弟的阿尔巴尼亚人民一边。如果美帝国主义、苏联现代修正主义及其走狗胆敢动阿尔巴尼亚一根毫毛，等着他们的只能是彻底的、可耻的、无可挽回的失败。”[100]

乍暖还寒

捷克斯洛伐克事件对罗马尼亚的震动怎么估计也不会过分。苏联等华约成员国竟会对另一个“兄弟”国家采取极端手段，而美国等北约国家对此竟然无所作为。美国等国认为，这是社会主义“大家庭”内部的争斗，是苏联势力范围内的事，所以不宜干预。根据这个逻辑，一旦罗也受到“兄弟”国家的入侵，西方国家也许会同样漠然置之的。而且，捷与西德是有共同边界的，罗却是全被非北约国家所环绕，北约即便是想援助也会更加困难。虽然美国总统约翰逊针对苏联对罗采取入侵行动的可能性公开警告说：“我们在 1968 年不能、决不能够让世界重新出现肆无忌惮的侵略的局面。”据路透社报道，白宫的官员对此还特别解释说：“总统所指的是苏联对罗马尼亚采取行动的可能性。”但它的实际意义是很难预料的。由此可想而知，孤立无援的罗马尼亚对可能的入侵为什么这样敏感，对于得到苏联的死对头——中国的支持为什么这样迫切。

为了摆脱国家安全的危机，消除在欧洲孤立无援的被动局面，罗在三个方面作出了努力：一是在坚持自治政策的基础上缓和与苏联和华约组织的矛盾；二是在中国和苏联之间继续保持中立的前提下积极推进与中国的关系，寻求中国的支持以抗衡苏联；三是进一步改善罗美关系，以更进一步地密切与西方的政治经济关系和减少苏联的影响。

为了缓和与苏联和华约组织的关系，罗先后参加了 9 月、11 月在布达佩斯和 1969 年 3 月在莫斯科斯召开的共产党和工人党国际会议筹备委员会会议。苏联也及时地采取措施拉拢罗马尼亚。据《泰晤士报》1968 年底报道，“罗马尼亚部队最近得到了俄国人的大量武器供应。从 1962 年 10 月以后的几年来，他们显然一直是得不到这些武器的”。[101]苏联显然是想以此换取罗更多地参与华约组织的活动，并允许华约军队在罗境内举行军事演习。

与此同时，罗始终坚持着自己一贯的外交政策，在中国和苏联之间保持着等距离，在抨击苏联对外政策的同时不忘强调罗苏友谊。1969 年 2 月，齐奥塞斯库在布加勒斯特选民大会上讲话时，先是说：“我们对我们的伟大邻居苏联的各族人民，对苏联共产党人怀有最热烈的友好感情，我们将尽一切努力发展两国和两党之间的友好合作。”紧接着他又说：“我们对亚洲的伟大社会主义国家——中国——的人民，对中国共产党人怀有热烈的友情，我们希望我们两党和两国的友好合作日益发展。”

1968 年和 1969 年，出席中国使馆国庆节招待会的罗最高领导人提高为毛雷尔。1969 年 4 月，中共召开第九次全国代表大会，罗共发来了贺电。“中方对此表示满意，指出‘朋友祝贺我们，敌人咒骂我们’。中共中央在复电中，祝愿罗马尼亚在保卫和建设祖国的斗争中不断取得新的胜利。”[102]不过，中国媒体没有对此事作任何公开报道。

3 月 2 日，中苏在两国东部边界的乌苏里江中的珍宝岛地区爆发了大规模武装冲突，把中苏关系似乎一下子推到了战争的边缘。罗对这样一个非常敏感的问题的对策，一是在报纸上同时全文刊登两国互致对方的抗议照会。二是在华约组织内部坚持在中苏冲突中的中立立场，阻止华约组织介入中苏冲突。

3 月 17 日，华约成员国政治协商会议在布达佩斯召开，齐奥塞斯库率团出席。临行前一天，罗共中央执委会通过决议：“罗马尼亚代表团拒绝任何在政治协商委员会上讨论苏联与中华人民共和国之间的问题的企图，也不允许在会议公报中对这类问题有任何的涉及。”[103]

这次会议比预定时间推迟了 6 个小时才正式开幕。据合众国际社报道，这是因为在昨天的预备会议上，罗一国反对苏联提出的一项指责中国应对珍宝岛冲突负责的决议案，引起了争执。罗的理由是，华约组织应只关心欧洲安全问题。据德新社报道，正式会议没能达成一致的问题还有苏联要各成员国加强其军队，以便在必要时顶替驻扎在苏中边界的苏联军队或直接派往远东[104]，以及苏联建议接纳蒙古为成员国[105]。这两个问题显然都是针对中国的。《火花报》在 4 月 12 日发表社论说，华约组织的行动，无论在任何情况下都不能扩大到“并不处于它的行动范围之内的其它地区”。路透社分析，这一主张有两个含义：一是罗“不参加华沙条约盟国由于中苏边界争端而可能采取的任何联合行动”；二是“未经他的国家同意而派兵到他的国家来是非法的”。[106]

除了《参考消息》，中国媒体对这次会议，包括罗在会议前后的活动，都没有作任何报道。

5 月 16 日，周恩来会见了即将离任的杜马大使，对他说：“我们两国的关系在友好地发展。”[107]实际上，杜马继续主持驻中国大使馆一直到两年后的1971年12月。与其说这是因为罗找不到合适的人选接替，倒不如说是因为罗政府越来越重视罗中关系，故又决定让杜马继续留任。6月24日，中国驻罗大使张海峰到任，向齐奥塞斯库递交了国书，结束了中国驻罗使馆长达近3年无大使的状况。这是“文化大革命”以来中国驻外大使几乎全部回国后恢复外派的第一批14个大使之一。

这一年的8月23日是罗国庆25周年，毛泽东、林彪和周恩来联名给罗领导人发去了贺电。贺电说：“中罗两国人民在长期的革命斗争中，一贯互相同情，互相支持，在马克思列宁主义和无产阶级国际主义基础上建立了深厚的友谊。我们高兴地看到，近年来，我们两党两国的友好合作关系正日益加强和发展。中国人民将一如既往地坚决支持罗马尼亚人民的正义斗争。”[108]可以看出，其中的一些用词已经有了明显的变化。周恩来和李先念等出席了罗大使馆的国庆招待会。张海峰大使作为中国政府的代表在布加勒斯特参加了罗国庆活动。

1968年，两国原协议贸易额为4600万新卢布。罗向中国请求增加经济援助，两国在这一年的实际贸易额达到7500万新卢布，增长了63%。1969年，罗又紧急向中国提出，除协议贸易外再供给大米2万吨，中国也如数予以满足。[109]

1969年8月，罗外交部第六关系司编写的关于近年来罗中关系的报告中提到：“在一些问题上，如公开论战、裁军、禁止核扩散、南斯拉夫社会制度、中东问题等，双方的观点有所不同，但中方在评价罗马尼亚的观点时，表现出了克制的态度。中国报刊没有发表过有关我们国家的负面材料报道。在捷克斯洛伐克事件发生之后，……可以看出中方对罗马尼亚党和政府实行的对外政策表示出更加理解。”[110]

但是，综观整个1969年，中国对罗的频频示好，似乎回应得并不太主动和对等，仍显得有些冷淡和我行我素。

9月3日，越南领导人胡志明去世。7日，毛雷尔率团赴河内吊唁路过北京，与周恩来举行了会谈。这是继1966年周恩来访罗后，即中国开展“文化大革命”后，两国高层的又一次重要会晤，双方交换了对双边关系和许多重大国际问题的看法。

毛雷尔首先对周恩来出席了罗驻华使馆的国庆招待会表示感谢：

我们把中国和中国共产党参加上述活动，看成是对我们的一种有力的支持，支持我们去克服在谋求建立社会主义国家之间原则性的正确关系过程中遇到的困难。

我们高度评价这种支持，并且倚赖它。正因为如此，我们希望扩大双方的关系，当然，这要在双方的利益和可能的情况下。

我向您表达了对双边关系的这些看法，望贵方能给予考虑，看看我们为多方面发展这种关系能做些什么。

代表团成员尼古列斯库—米齐尔也表示："在当前形势下，发展罗中关系至关重要。我们所说的关系是指两国的经济、政治和军事关系，而不只在某个问题，某个领域的双边关系。我们把它作为一个总体问题，它有助于罗马尼亚推行独立、自主、权利平等原则。"[11]

对于这一问题，直到 11 日双方进行第二次会谈时，中方一直没有予以明确的回应。

关于越南问题，周恩来表示，是继续抗战，还是巴黎会谈，这完全是越南党自己的事。我们同越南同志交换意见，主要是越南抗美战争的情况，我们要支援他们，学习他们进行人民战争的经验。至于巴黎会谈，我们从来不过问。一则由于越南是主人，再则苏联插了手，我们更不愿参与。[11]

关于苏联问题，毛雷尔表示：

我们国家比中国小得多，我们对这些事情的考虑和关注比你们大得多。

我们必须考虑到苏联就在我们的旁边。两国之间的一条河还不足 40 米宽。苏联的军事力量很强大。领导这个国家的人越是疯狂，这件事的危险性就越大。当然，我们无论如何不想挑起冲突。我们想同苏联达成谅解，但这种谅解必须建立在原则基础上。如果苏联想在罗马尼亚重复他们在捷克斯洛伐克干的事，我们也会打一场的。

周恩来回答说："我们非常理解你们的艰难处境。"他们继续谈道：

毛雷尔：中苏关系尖锐化使我们感到很不安。为什么呢？因为这会使苏联不仅针对中国，而且针对欧洲干出蠢事。他们想要怎么干就怎么干。我们、很多国家对这种局势都感到担忧。这些国家对于寻找防止两大国人民之间发生战争的办法都是关切的。这样一场战争，两个强大社会主义国家之间的战争，且不说对于社会主义事业的影响，也将会危害世界和平。我们很重视这个问题。的确，苏联对我们的压力很大，你们也知道这点。他们要我们站在他们一边，同意他们的主张，说中国执行侵略政策，我们拒绝了。虽然这样并不那么容易，但是，我们应当这样做，这也是我们的义务。

周总理：我们党和国家感谢你们这一正义立场。

毛雷尔：我们采取的原则性立场，是我们唯一的武器。

尼古列斯库：在齐奥塞斯库同志同勃列日涅夫谈话时，我们明确表示，我们永远不会同意苏联打中国，也不会同意中国打苏联。我们对他说，出于苏联的利益和世界普遍和平的利益，他们都不应该加剧冲突。

周恩来对罗方通报上述丰富的信息“表示感谢”。[113]

11日上午，周恩来在北京的首都机场与参加了胡志明葬礼后在回国途中专程路经北京的柯西金进行了3个多小时的会谈，缓解了两国之间的紧张气氛，把两国关系从战争边缘拉了回来。当天下午，周恩来向路经北京回国的毛雷尔介绍了同柯西金会谈的情况，并继续交换对中苏关系的看法：

周总理：我向你提个问题，有没有可能，苏联表面上同我们搞些缓和，以此来压你们？

毛雷尔：我认为，如果苏联同你们的关系缓和下来，它要向我们施加压力会更困难。

周总理：哦！这是另一种看法。

毛雷尔：当他们同你们关系严重时，他们同我们的关系也就会变得紧张、更严重。为什么呢？在你们同他们关系紧张时，他们会要我们在中苏之间作出选择。过去，也就曾要我们在中苏之间作出选择。我们的答复是：我们根本不需要作出选择。中苏两国都是社会主义国家。我们愿意发展同中国的良好关系，我们也愿意发展同苏联的良好关系，根本不应这样提出问题。

我们不反华，我们曾明确告诉他们，谁反华，谁就错了。如果你们同他们的关系很紧张，这个问题就会更加尖锐。

尼古列斯库：我赞成缓和中苏关系。在华沙条约成员国布达佩斯会议上，他们曾企图拉我们通过反华决议，我们说：不同意。齐奥塞斯库同志和毛雷尔同志作了这种表示。后来，在这次会议上，只通过了有关欧洲安全问题的决议。那就是另外一回事了。齐奥塞斯库同志同勃列日涅夫会谈时也指出，你们应该走缓和同中国关系的道路。同中国搞紧张，在中苏边界搞武装冲突的政策，对你们苏联不利，对我们罗马尼亚也不利。在莫斯科会议上，罗马尼亚是第一个表示反对反华，并且是最坚决的。

毛雷尔的话显然使周恩来有些意外。中国一直认为，中苏关系和罗苏关系之间是反比例的关系，即中苏关系的紧张会导致罗苏关系的缓和，或者是中苏关系的缓和会导致罗苏关系的紧张。中国只要保持对苏联的强硬态度，就是对罗的支援；如果罗对苏强硬，同样也是对中国的支援。但是，罗马尼亚却认为，中苏关系和罗苏关系之间是正比例关系，即中苏关系出现紧张或缓和时，罗苏关系也会出现同样的情况。

毛雷尔所言并非完全无事实根据。但归根结底，当初中罗关系的密切，主要是由于中苏关系和罗苏关系的恶化；后来中罗关系在 20 世纪 80 年代的再次冷淡，仍主要是由于中苏关系，其次是罗苏关系的改善。周恩来当时并没有与毛雷尔争论，双方互相尊重对方的意见。

1970 年 10 月 23 日，周恩来会见了到访的罗机械制造工业部部长阿弗拉姆。会见结束时，陪同会见的杜马大使对周恩来说，齐奥塞斯库同志要他转告，去年周总理与毛雷尔同志谈话时曾说，中苏边境问题的紧张与否，对欧洲和罗苏关系都将产生影响。毛雷尔同志当时有不同意见。波德纳拉希同志今年访华与周总理会谈时，总理又曾谈到这一看法。罗马尼亚现在重新考虑了自己的看法，同意周总理的看法。

1967—1969 年，毛雷尔的数次北京之行，虽然没有，也不可能调解和缓和中苏矛盾，但其用心是良苦的，用这种方法保持了中罗之间的高层联系，维系了中罗关系。更重要的是，用这种方法帮助中国了解了世界各个方面的事态和信息，有助于中国及时调整自己的外交战略。关于这方面，将在后面专门论述。

对1969年莫斯科会议的认识分歧

在1969年的中罗关系上，6月在莫斯科召开的共产党和工人党国际会议不能不具有特殊的意义。这不仅是由于罗在会议内外孤军奋战地坚决维护中国的利益，更是由于中罗双方对这次会议和对罗在会议内外的所作所为的评价有很大的分歧，后者对中罗关系的恢复和发展产生了一定的制约作用。

6月5—17日，从赫鲁晓夫时期起就在筹备的共产党和工人党国际会议终于在莫斯科开幕。中国的报刊称之为“黑会”。据路透社报道，“仅在三周以前，齐奥塞斯库访问了莫斯科，据现在这里了解到，他曾想从克里姆林宫领导人那里得到保证，即：将不允许对中国进行攻击”。“得到苏联的保证后，罗马尼亚共产党中央委员会才开会，并正式通过了参加莫斯科会议的决议”。但是，据法新社报道，在第一天的会上，就有一些代表团攻击了中国。

> 巴拉圭党的总书记首先进行了攻击。罗马尼亚总书记齐奥塞斯库立即发言，要求代表团避免对任何其他党——不管是出席的或缺席的——进行任何攻击。
>
> 齐奥塞斯库的发言很短。接着，法国党第一书记罗歇和波兰党第一书记哥穆尔卡重新对中国进行了批评。会议人士说，他们要求会议谴责中国领导人损害国际共运的团结。
>
> 齐奥塞斯库今晚发表一项声明，他在声明中说：“我们认为，如果其他党遵循同样的（反华）方针，它们就是走一条会危及这个会议的成功的道路。
>
> ……
>
> “因此，我们呼吁所有共产党和工人党的代表不要评价或者指责别的党，不管它们是否是出席会议的。”

第二天，勃列日涅夫作了长篇发言。据法新社报道，在他78页的发言稿中，“有10页是用于谴责北京现领导的”。合众国际社认为，他的“发言是一位苏联领导人对中国进行的最恶毒的一次攻击”。同时他还不指名地批评了罗。9日，齐奥塞斯库在会上又作了长篇发言，重申了罗的基本立场，再次强调说：

我党认为，在这个会议上对中国共产党，总之对任何其他党的谴责不能创造解决分歧和争论的有利气氛。

我们曾公开声明并且对中国同志说过，我们不同意他们对苏联共产党和其他共产党的指责；同时我们也曾对苏联同志和其他兄弟党的同志指出，我们也不同意他们对中国共产党的指责。

……在共产主义运动史上，也曾有过针对共产党和工人党，包括一些社会主义国家的共产党和工人党的严重的谴责，随后就被证明是毫无事实依据的。我们都知道这些做法和方法对工人运动和社会主义事业所造成的严重后果。罗马尼亚共产党从它过去参加这种运动所犯的错误中得出了结论，我们在这里宣布，我们坚决不再重犯这种错误，我们绝不会再走指责和谴责其他共产党和工人党的道路。

罗显然想继续坚持其在中苏冲突中的中立立场。在7日布加勒斯特报纸的头版上，“就在关于莫斯科会议文章的下面刊登了毛雷尔总理和中国对外贸易部副部长周化民昨天在这里举行‘友好’会谈的报道”。“虽然周在星期二（3日）签署了1969年贸易协定，可是外交家们强调，总理接见一个来访的副部长是不寻常的，除非有意要做一种姿态时才这样做”。

但是，似乎很少有人注意到，齐奥塞斯库在莫斯科会议上的发言是罗共第一次公开承认自己过去曾错误地攻击过其他党。其中既可以包括20世纪40年代末对南斯拉夫党的攻击，也可以包括20世纪60年代初对中国党的攻击。

齐奥塞斯库的讲话在罗国内得到了广泛的拥护。据美国《国际先驱论坛报》的一篇来自布加勒斯特的评论说：

一个支持他的群众性运动正在罗马尼亚兴起。

在这位罗马尼亚领导人讲话才几小时之后，这里的党的总部于星期一（9日）深夜就开始接连不断地收到数以千计的来自各组织和个人的赞扬他的中立政策的电报和信件，这些电报和信件显然是为了加强这位领导人与苏联对立的政治地位。

对于齐奥塞斯库——他在国内同胞中享受极高的威望——的赞扬集中于两点，一是他坚决反对会上对中国的攻击，特别是苏联党领导人勃列日涅夫对中国的攻击；二是罗马尼亚坚持认为共产党国家无权干涉别国的内政。

> 这里的外交观察家和罗马尼亚共产党人士认为，支持这位主席——他又是党的总书记——的全国性运动与他坚决不同意在会上具体批评中国有关。[114]

莫斯科会议闭幕时，参加会议的75个党中有11个党由于各种原因没有在会议的最后文件上签字，或是在签字的同时表明了自己的保留意见，罗共属于后一种。在两个月后召开的罗共十大上，齐奥塞斯库对此评论说："我们过去和现在都赞赏的是，在会议的主要文件中，没有对任何一个兄弟党进行批评和谴责。参加不参加国际会议是每个党的权利，而且这一点，像决定在文件上签字或不签字一样，决不应影响党与党之间的关系。"[115]

不管怎么说，在这个苏联共产党蓄谋已久要召开的，主要是为了制裁中国共产党的国际会议上，既没能采取任何制裁中国的行动，也没能在最后文件中公开谴责中国，唯一提到中国的地方是称赞中国革命和要求恢复中国在联合国的席位并实现台湾回归中国。这是何等的不易！它的主要功劳应该记在罗马尼亚的账上。这次会议的召开与其说是苏联的胜利，不如说是苏联的失败，是罗等国的胜利。应该说，会议的结局对中国也是有利的，因为在罗等国的大力干预下，中国避免了在全世界大多数共产党面前被缺席判决的结局。罗是中国在国际舞台上的"首要辩护者"[116]，中国至少是应该感谢罗的。

但是，中国不仅始终认为莫斯科会议是一个分裂国际共运、敌视中国的"黑会"，认为凡是出席会议的党都不是马列主义的党，至少是与修正主义划不清界限的党，而且对它不屑一顾，以隔岸观火、幸灾乐祸的心情听任与会各方在中国问题上激烈争论。7月9日，时任中国国务院副总理兼国防部长的林彪打电报给阿部长会议副主席兼国防部长巴卢库，"最热烈地祝贺"阿人民军建军26周年。电报中第一次，也许是唯一的一次表明了中国官方对莫斯科会议的态度："最近，苏修叛徒集团又一手策划了猖狂反华、反阿、反共、反人民、反革命的莫斯科黑会，苏修头目勃列日涅夫在黑会上疯狂进行战争叫嚣，进一步暴露了苏修社会帝国主义的狰狞面目。"[117]

中国对这次"黑会"及所有参加这次"黑会"的党作如此评价，对罗党及其参会当然也不会有什么好话。至于罗在会上煞费苦心维护中国利益的举动，中国自然是无动于衷，也不可能使中国对中罗关系的态度产生什么积极影响。7月，罗领导人致函毛泽东和周恩来，邀请中国派团参加罗国庆25周年的活动。中国因罗共参加了莫斯科会议，同时也因罗这次只邀请了社会主义国家参加国庆活动，想必是不愿“同流合污”，便以工作繁忙为由婉拒了邀请。[118]

8月6—12日，罗共召开了第十次全国代表大会。大会的报告说：

> 罗马尼亚共产党和罗马尼亚社会主义共和国政府对于同中国共产党、同中华人民共和国的关系给予特殊的评价；我们今后仍将努力全面发展我们两党和两国人民之间的合作和友谊。
>
> 早在许多年以前，我们党就认为，过去它也曾对一些兄弟党进行过责备和谴责，这是个错误。因此，它决定不再这样做，认为这样做不符合党与党之间关系的马克思列宁主义原则，不符合共产主义运动和工人运动的利益。[119]

另据德新社报道，尼古列斯库—米齐尔在发言中也表示：罗共过去也犯过谴责其他党的错误。只有通过会谈，同时在每个党都有权独立决定自己的方针的情况下，才能解决分歧。这显然比两个月前齐奥塞斯库在莫斯科会议上的类似表态更为明确。这时，“代表们以非常热烈的鼓掌对罗马尼亚的这个讲话表示欢迎，人们认为这是对苏联发言者的一个回答”。

中共受到了与会的邀请，但只发来了贺电，并在大会上被宣读，这是对4月罗发电报祝贺中共九大召开的回报。这时，中共尚未恢复承认罗共为马克思主义政党，所以贺电没有在中国公开发表，中国的报刊也没有对这次会议进行报道。据路透社报道，中共的贺电仍然“受到1950名代表的长时间鼓掌欢迎”。[120]

罗在宣读和发表中共的贺电时，将电文中的“反修”字样删去。张海峰大使就此事约见罗共中央联络部部长乌拉德。乌拉德解释说，苏、保、德、蒙等代表团准备的发言中有攻击别的党特别是中共的段落。罗不允许把十大变成攻击中共的论坛。为此，同他们进行了艰苦的磋商，并向他们表明，罗坚决不允许对中共进行任何攻击，这是罗党的原则立场。最后他们删去了攻击中共的段落。我们删去了“反修”二字，这不是罗不同意反修，而是相反，但是修正主义一词有明确所指，会使罗在要求一些代表团删去攻击中共的段落时缺乏论据。乌拉德请大使转告中共领导，请予谅解。乌拉德说，1966年毛雷尔同周恩来同志交谈时曾说：罗是个小国，就像一只在大浪中的小船，要注意别碰到礁石上去。周恩来同志当时表示谅解。

9月，毛雷尔在北京与周恩来会谈时，这次莫斯科会议也是一个主要的话题。毛雷尔介绍说，“不管莫斯科国际会议怎样进行，但它所取得的正面结果之一就是：相当多的共产党起来反对谴责中国。这个会议的宗旨之一就是要在会上谴责中国，这已经是人所共知的事实”。“过去根本不可能阻止的事，如今被阻止了。”[121]

参加了会谈的尼古列斯库—米齐尔把这次莫斯科会议的意义概括为三点：一是“谴责中国共产党的计划未能实现”。二是苏共试图恢复对国际共运的统治“这个目的最终也没有实现”。三是“一系列的党公开地阐述了关于社会主义国家之间，共产党之间关系的看法”。他继续说：“我们认为，有义务将国际共产主义运动中出现的这一倾向通告你们。我们由此得出已向你们讲述过的结论，即中共通过与其他党发展关系，能够为在国际共运中建立一种基于权利平等、不干涉内政、相互尊重和各党独立自主原则之上的关系做出重要贡献。”[122]

周恩来对此表示：国际共运现已进入各自独立发展，而不是联合行动的时期。现在的世界是处于大动荡、大分化、大改组的时期。到处都在考验各国共产党能否领导革命。靠召开这样的会，是解决不了问题的。现在还是各国自己锻炼自己，平行进行。我们不关心莫斯科那个会，这是我们同你们之间的原则不同。[123]不过，“你们参加了会议，我们并不责备你们”。

参加会谈的康生说：

> 我们双方有共同的观点，就是召开国际会议的条件不成熟。但是，在如何看待这次会议的观点上，我们又有所不同。我们表示，我们对它不感兴趣。而且，我们没有发表任何有关这次会议的报道。实际上，我们对此的答复已经包含在1965年发表的文章里。我们理解你们的好意，即反对在会议上做出谴责中国的决议。我们认为，会议的文件没有谴责中国这件事本身也没有任何意义，因为，会议结束后立即掀起了一个谴责中国的运动。1957年和1960年的宣言没有起到任何作用。在这个问题上，我们的观点是不一样的。我本人对此次会议也不感兴趣，虽然说我参加过多次这样的会议。我倒是认为，如果会议通过谴责中国的决议才更好。当然，你们是不会签字的。如果苏联人想要绞索，我们就给他拉紧，这比让被处绞刑者半死不活要好。罗马尼亚同志们反对在会议上

谴责中国，我们绝不否认你们的好意。

康生所言似乎近于奇谈怪论，但这正是“文化大革命”时期中国官方的公开腔调。对这个评论，罗方显然是不满的。尼古列斯库—米齐尔再次强调，会上有那么多的党起来反对苏共的指挥棒政策，这“是一件有价值的事”。“我们并不是从文件，而是从一大批政党的立场发生变化，来看这次会议的作用的”。毛雷尔更加明确地指出：

我们仍然认为：我们去参加会议是对的。会议有两个主要议题：恢复指挥棒和谴责中国。我们对两个问题都关注。中国认为自己受谴责或不受谴责都没有意义，这是你们的事。但是，如果参加会议的人当中没有任何人对此表示反对，那么指挥棒就会开始转动。我们说了：我们去参加这场战斗，特别是一些国家在这个问题上的态度是犹豫不定的。在指挥棒问题和中国问题上坚持了与苏联不同的观点，我们成功了。对中国来说，这件事没有什么了不起。可对我们来说，却是件大事。我们获得了拥有自己观点的合法权利，不管这种观点是好是坏。如果坏，它将通过思想交锋，通过讨论来解决，而不是靠指挥棒。我们在莫斯科赢得了这件事。至于你们赢得了什么，或损失了什么，你们将会进行分析。可这就是我们决定去参加会议时的考虑。[24]

可以看出，在对莫斯科会议的评价问题上，双方仍然是各执己见。但是，双方又都能坦诚相见，这是中罗关系的一个重要的特点。周恩来对毛雷尔说：“尽管我们有不同的看法，但交换意见是有益的。”[25]

周恩来提到即将来临的中华人民共和国成立20周年的庆祝活动：

我们不打算邀请外国客人，因为我们在忙着进行文化大革命。另外，我们也不想为庆祝花费太多。如果友好国家希望参加，他们可以派团前来。……如果你们想派代表团，或者授权贵国大使作代表——我们曾委派我们的大使参加你们国庆活动的——看你们的方便吧。换句话说，派团来也好，委派大使也好，我们都同样欢迎。我想你们明白我的意思?!

毛雷尔回答说：

我非常理解您所说的。我们将把我方的决定告知你们。无论如何，我相信，中国共产党的领导知道罗马尼亚共产党多么珍惜同中国共产党的友谊。我们对你们说了：在实行独立自主、维护主权的政策时，中国人民、中国共产党和中国给予的支持极为宝贵。因此，在庆祝共和国成立20周年的时候，我们党和我们人民的心是同中国的党和人民联系在一起的。[126]

看来，罗方不想令中方勉为其难。10月1日，杜马大使作为罗政府的代表，在北京参加了中国国庆20周年的庆典。

耐人寻味的是，6月7日，罗外交部第六关系司编写了一篇关于两国建交以来罗中关系的报告。报告乐观地预言："中华人民共和国目前对我国的立场在不久将会出现本质上的变化。这预示着我们两国间的经贸交流将会增加。中华人民共和国愿意保持与唯一能在与其他国家的关系中寻求帮助的社会主义国家罗马尼亚之间的良好关系。"[127]这一天是莫斯科"黑会"召开的第三天，中国尚未对这次会议表明态度。两个月以后的8月25日，第六关系司又编写了一篇关于1966年以来的罗中关系的报告。报告虽然对这一期间的罗中关系作了一些相当客观的介绍和概括，对罗中关系的预期却变得相当谨慎起来："目前中华人民共和国对我国的立场在今后一段时期不会发生变化。"为什么仅仅相隔两个多月，同一机构对罗中关系的预期却会有如此大的变化？可能的解释之一，也许只能在双方在莫斯科会议上产生的新的分歧上去寻找。

不过该报告紧接着又指出："但是，可以预见，两国的政府间的交往和贸易往来都会有所增加。中国愿意同罗马尼亚保持良好的国家关系，因为，罗马尼亚是她能指望获得支持，并能在一些国家中代表其利益的唯一的社会主义国家。"[128]

1969年12月，杜马大使会见了乔冠华。乔冠华应他的请求，以"真诚的、坦率的"态度谈了对当前和1970年的中罗关系的看法和展望："正如周恩来总理在讲话中所说，文化革命使我们不可能实现不同级别的代表团互访，更不用说根据双方的意愿进行文化和科技方面的合作。"我希望明年"在文化和科技领域交往方面做得更多些"。"鉴于我们所处的形势比较困难，很可能我们双方明年交往的水平只能与今年持平"。但只要有条件，中国"将首先考虑罗马尼亚"。[129]

综上所述，在1968年捷克斯洛伐克事件以后的一年多的时间内，罗方为改善和发展中罗关系采取了许多主动行动，甚至在中国不理解的情况下，仍然坚持在各种场合维护中国的利益。相对于中国同时期对中罗关系所采取的态度和行动，罗显得有些单相思。在捷克斯洛伐克事件之后，中国对发展中罗关系仍然兴趣不高的主要原因，一是由“文化大革命”造成的对东欧国家的意识形态偏见。1968年11月12日，周恩来接见杜马大使，回答了他所提出的有关中罗关系的几个问题。他承认：两国来往是应该的。目前中罗关系的低迷状况，“完全是由于文化大革命的原因”。[130]实际上是对罗方表示了歉意，对中罗关系的停滞承担了责任。但是，“文化大革命”当时正是方兴未艾，欲罢不能，周恩来对此也是无能为力。二是中国的外交战略尚未作出调整。虽然中国和苏联之间发生了珍宝岛事件，中国的外交危机达到顶点，但中国外交战略的调整尚在酝酿之中，惯性使中国继续高唱反帝又反修的主旋律，中国对中罗关系的冷淡也就不难理解了。

虽然此时中罗关系的恢复还是步履蹒跚，尚未达到1966年以前的水平，然而此时的中罗关系似乎又是在蓄势待发，一旦时机到来，它就会迅速释放出其久蓄的能量，攀升到一个新的水平。

参考文献

①［美］罗宾·艾莉森·雷明顿：《华沙条约》，上海人民出版社，1976年版，第93页。

②夏义善：《苏联外交65年纪事》，勃列日涅夫时期（1964—1982），世界知识出版社，1987年版，第36页。

③《参考消息》，1965年9月6日，12月30日，1966年4月7日，1965年7月20日。

④Paul Niculescu-Mizil, *O istorie trăită*. Bucureşti, Editura Enciclopedică（保罗·尼古列斯库—米齐尔：《永存的历史》，第一卷，布加勒斯特：百科全书出版社），1997, p. 332.

⑤同注释③，1965年11月18日，1966年4月26日。

⑥《齐奥塞斯库选集》（1965－1968），人民出版社，1979年版，第178、183页。

⑦同注释①，第96页。

⑧同注释③，1966年5月13日，5月18日，5月17日。

⑨蒋本良：《给共和国领袖作翻译》，上海辞书出版社，2007年版，第37—38、39—42、43页。

⑩《人民日报》，1966年6月17日。

⑪同注释③，1966年6月18日。

⑫*Scânteia*（《火花报》），17.6，1966.

⑬同注释③，1966年6月19日。

⑭同注释⑩，1966年6月25日。

⑮同注释⑨，第49—50页。

⑯王泰平：《中华人民共和国外交史》，第二卷：1957—1969，世界知识出版社，1998年版，第327—328页。

⑰同注释⑨，第46、51—52页。

⑱同注释⑩，1966年6月18日。

⑲同注释⑨，第52页。

⑳Paul Niculescu-Mizil, *Amintiri despre China. Evantaiul celor 10000 de gânduri*: *România şi China*: *Trei veacuri de istorie*. Editura "Ion Cristoiu" SA, Bucureşti（保罗·尼古列斯库—米齐尔：《关于中国的回忆》，见《浓情挚意万万千，罗中关系三百年》，Ion Cristoiu出版有限公司，布加勒斯特），1999, pp. 284－285. 黑体字和斜体字为原文所有——著者。

㉑李同成、徐明远、李锡龄：《中国外交官在欧洲》，上海人民出版社，2005年版，第72页。

㉒同注释⑨，第58页。

㉓同注释⑩，1966 年 6 月 25 日。

㉔同注释⑨，第 61 页。

㉕同注释⑯，第二卷，第 328 页。

㉖同注释⑩，1966 年 6 月 25 日。

㉗［美］塔德·舒尔茨：《"布拉格之春"前后》，新华出版社，1983 年版，第 302—303 页。

㉘同注释⑳，p. 285. 斜体字为原作所有——著者。

㉙同注释⑩，1966 年 6 月 26 日，6 月 29 日。

㉚同注释㉗，第 303 页。

㉛同注释⑩，1966 年 6 月 26 日，6 月 29 日。

㉜同注释㉗，第 302、303—304 页。

㉝金冲及：《周恩来传》，（下），中央文献出版社，1998 年版，第 1836、1843、1844 页。

㉞Robert R. King，*Rumania and the Sino-Soviet Conflict. Studies in Comparative Communism*，Vol. 5，No. 4，Winter 1972，p. 379.

㉟MINISTERUL AFACERILOR EXTERNE DIRECTIA VI RELATII，*RELATIILE ROMANO-CHINEZE.* AMAE，Nr. 06/02854 Dosar 220/China/1969（外交部对外关系第六司：《罗中关系》，外交部档案，第 220 卷/中国/1969，第 06/02854 号），p. 1.

㊱同注释⑯，第二卷，第 316 页。

㊲《邓小平文选》，第三卷，人民出版社，1993 年版，第 291、294 页。

㊳《建国以来毛泽东文稿》，第十三册，中央文献出版社，1998 年版，第 179 页。

㊴徐鹏堂：《"20 世纪 60—80 年代中国同东欧国家关系历史回顾"国际学术研讨会纪要》，《中共党史资料》，2004 年第 2 期，第 177 页。

㊵*SINTEZA RELATIILOR DINTRE REPUBLICA SOCIALISTA ROMANIA SI REPUBLICA POPULARA CHINEZA PE ANUL 1966*（《1966 年度罗马尼亚社会主义共和国同中华人民共和国关系综述》（1967 年 5 月 4 日））. AMAE，Dosar 220/1966/RPC，pp. 1－2.

㊶1967 februarie 9，Bucureşti. *TELEGRAMĂ A MINISTERULUI AFACERILOR EXTERNE CĂTRE AMBASADORUL ROMÂNIEI LA BEIJING PRIVIND FOLOSIREA DE CĂTRE AMBASADA R. P. CHINEZE LA BUCUREŞTI A UNOR MIJLOACE PROPAGANDISTICE CARE CONTRAVIN NORMELOR DIPLOMATICE EXISTENTE ÎN ROMÂNIA.* Ministerul Afacerilor Externe & Archivele Naţionale，*RELAŢIILE ROMÂNO-CHINEZE*（*1880 － 1974*），*DOCUMENTE.* Coordonator：Ambasador Romulus Ioan BUDURA，2005，Bucureşti（1967. 2. 9，布加勒斯特。《罗外交部关于中华人民共和国驻布加勒斯特使馆使用不符合罗方规定的一些宣传手段一事致罗马尼亚驻北京大使馆的电报》，见外交部 & 国家档案馆：《罗中关系文件集》（1880—

1974)，主编：罗姆鲁斯·扬·布杜拉大使，2005年，布加勒斯特)，pp. 873－874.

㊷同注释⑯，第二卷，第329—330页。

㊸1967 iulie 11，Bcijing. *TELEGRAMĂ A LUI AUREL DUMA，AMBASADOR AL ROMÂNIEI LA BEIJING，CĂTRE MINISTERUL AFACERILOR EXTERNE PRIVIND INTERESUL PE CARE L-A SUSCITAT ÎN RÂNDURILE CORPULUI PARTID ŞI GUVERNAMENTALE CONDUSE DE ION GHEORGHE MAURER，PREŞEDINTE AL CONSILIULUI DE MINIŞTRI AL R. P. R.* (1967. 7. 11，北京。《罗马尼亚驻北京大使奥雷尔·杜马向外交部报告罗人民共和国部长会议主席扬·格奥尔基·毛雷尔率领的党政代表团对中国的访问引起各国在北京外交使节的关注的电报》). Ministerul Afacerilor Externe & Archivele Naţionale，*RELAŢIILE ROMÂNO-CHINEZE (1880 － 1974)，DOCUMENTE.* Coordonator：Ambasador Romulus Ioan BUDURA，2005，Bucureşti，pp. 878－879.

㊹同注释⑳，pp. 286－287.

㊺同注释㉝，下，第1929—1930页。

㊻同注释⑨，第72—73页。

㊼同注释⑯，第二卷，第334页；第三卷，第239页。

㊽同注释㉟，p. 2，3.

㊾1967 iunie 29，Beijing. *TELEGRAMĂ A LUI AUREL DUMA，AMBASADOR AL ROMÂNIEI LA BEIJING，CĂTRE MINISTERUL AFACERILOR EXTERNE PRIVIND APRECIERILE FAVORABILE FĂCUTE DE QIAO GUANHUA，ADJUNCT AL MINISTRULUI AFACERILOR EXTERNE AL R. P. CHINEZE，ASUPRA POZIŢIEI ADOPTATE DE DELEGAŢIA ROMÂNĂ LA ÎNTÂLNIREA DE LA MOSCOVA DIN 9 IUNIE REFERITOARE LA SITUAŢIA DIN ORIENTUL APROPIAT ŞI EXPERIMENTAREA DE CĂTRE CHINA A BOMBEI CU HIDROGEN* (1967. 6. 29，北京。《罗马尼亚驻北京大使奥雷尔·杜马就中华人民共和国外交部副部长乔冠华高度评价罗马尼亚代表团在6月9日召开的莫斯科会议上对近东局势和中国的氢弹试验的立场给外交部的电报》). Ministerul Afacerilor Externe & Archivele Naţionale，*RELAŢIILE ROMÂNO-CHINEZE (1880－1974)，DOCUMENTE.* Coordonator：Ambasador Romulus Ioan BUDURA，2005，Bucureşti，p. 877.

㊿同注释⑯，第二卷，第333、330页。

51同注释㊵，p. 5.

52Aurel Braun，*Romanian Foreign Policy Since 1965：The Political and Military Limits of Autonomy.* New York：Praeger Publishers，1978，p. 39.

53同注释⑯，第二卷，第330—331页。

54同注释③，1966年10月20日。

55Nicolae Ceauşescu，*Romania：Achievement and Prospects，Reports，Speeches，Articles，*

July 1965—February 1060. Meridiane Publishing house，București，1969，pp. 317—318.

(56)同注释㉗，第 305 页。

(57)同注释③，1967 年 4 月 28 日。

(58)同注释②，第 96 页。

(59)同注释⑩，1967 年 5 月 4 日。

(60)Mihai Retegan，*In the Shadow of Prague Spring*. Iași，The Center for Romanian Studies，2000，p. 60.

(61)ANIC，fond CC al PCR/Cancelarie，dosar no. 21/1968，ff. 38—40（国家中央历史档案馆，罗共中央办公厅档案，第 21 卷/1968 年，第 38—40 页）. 斜体字为原文所有——著者。

(62)同注释③，1968 年 2 月 18 日。

(63)同注释㉞，p. 382.

(64)1968 martie 7，Beijing. *TELEGRAMĂ A LUI AUREL DUMA，AMBASADOR AL ROMÂNIEI LA BEIJING，CĂTRE MINISTERUL AFACERILOR EXTERNE，PRIVIND ÎNMÂNAREA SCRISORII DE INFORMARE A C.C. AL P.C.R. ADRESATĂ C.C. AL P.C.C. ÎN LEGĂTURĂ CU CONSFĂTUIREA CONSULTATIVĂ DE LA BUDAPESTA*（1968. 3. 7，北京。《罗马尼亚驻北京大使奥雷尔·杜马关于罗共中央致信中共中央通报布达佩斯协商会议事给外交部的电报》）. Ministerul Afacerilor Externe & Archivele Naționale，*RELAȚIILE ROMÂNO-CHINEZE*（*1880—1974*），*DOCUMENTE*. Coordonator：Ambasador Romulus Ioan BUDURA，2005，București，p. 893.

(65)同注释③，1968 年 3 月 1 日。

(66)*Studies in Comparative Communism*. 1972 Winter，pp. 400，401.

(67)同注释(61)，dosar no. 31/1968，ff. 18—22.

(68)同注释③，1968 年 3 月 2 日，3 月 2 日，3 月 6 日，3 月 5 日。

(69)同注释⑩，1968 年 3 月 18 日。

(70)同注释(60)，p. 78.

(71)同注释(64)，pp. 890，894.

(72)王绳祖：《国际关系史》，第九卷（1960—1969），世界知识出版社，1995 年版，第 103—104 页。

(73)MKS，288，fund 5，folder no. 456，f. 51.（115）

(74)同注释③，1968 年 5 月 16 日，8 月 16 日。

(75)同注释⑨，第 77 页。

(76)同注释(61)，dosar no. 133/1968，ff. 16—36.

(77)同注释⑥，第 282、284、285 页。

(78)同注释⑨，第 78 页。

(79)Dennis Deletant，*Romania under Communist Rule*. Iași：The Center for Romanian

Studies，1999，pp. 115－116.

⑳叶书宗、刘明华：《回眸“布拉格之春”——1968 年苏军入侵捷克斯洛伐克揭秘》，社会科学文献出版社，2001 年版，第 215 页。

㉑同注释⑯，第二卷，第 334 页。

㉒蒋本良：《“捷克事件”与周恩来的“六八”讲话》，《中共党史资料》，总第 72 辑，中共党史出版社，1999 年版，第 37 页。

㉓同注释⑩，1966 年 6 月 25 日。

㉔同注释㉗，第 231 页。

㉕同注释①，第 209 页。

㉖同注释⑨：第 83、81—82 页。

㉗同注释㉒，第 42 页。

㉘1968 august 24，Beijing. *TELEGRAMĂ A LUI AUREL DUMA，AMBASADOR AL ROMÂNIEI LA BEIJING，CĂTRE PETRU BURLACU，ADJUNCT AL MINISTRULUI AFACERILOR EXTERNE，PRIVIND INFORMAREA LUI ZHOU ENLAI，PREMIER AL CONSILIULUI DE STAT，ŞI A ALTOR CONDUCĂTORI CHINEZI ASUPRA POZIŢIEI LUATE DE ROMÂNIA IN PROBLEMA INTERVENŢIEI ÎN CEHOSLOVAKIA*（1968. 8. 24，北京。《罗马尼亚驻北京大使奥雷尔·杜马就通报国务院总理周恩来及其他中国领导人关于罗马尼亚对捷克斯洛伐克受到干涉问题的立场，给副外长佩特鲁·布尔拉库的电报》）. Ministerul Afacerilor Externe & Archivele Naţionale，*RELAŢIILE ROMÂNO-CHINEZE*（*1880 － 1974*），*DOCUMENTE.* Coordonator：Ambasador Romulus Ioan BUDURA，2005，Bucureşti，p. 905.

㉙同注释⑩，1968 年 8 月 24 日。

㉚Romulus Ioan Budura，*Relaţiile româno-chineze*（*1949－1999*）（罗姆鲁斯·扬·布杜拉：《罗中关系》（1949—1999）），*Evantaiul celor 10000 de gânduri*：*România şi China*：*Trei veacuri de istorie.* Editura “Ion Cristoiu” SA，Bucureşti，1999，p. 90.

㉛同注释⑨，第 87—88 页。

㉜同注释㉒，第 34 页。

㉝同注释⑨，第 24 页。

㉞同注释⑳，p. 290.

㉟同注释⑨，第 86 页。

㊱同注释㊷，p. 39.

㊲同注释⑯，第二卷，第 334 页。

㊳同注释⑩，p. 200.

㊴同注释㊶，dosar no. 135/1968，ff. 6－29.（228－229）

⑩⓪同注释⑩，1968 年 9 月 19 日。

⑩①同注释③，1968 年 9 月 1 日，12 月 1 日。

⑩同注释㉟，p. 1.

⑩*Protocol Nr. 10 al şedinţei Comitetului Executiv al C. C. al P. C. R. din ziua de 16 martie 1969*（《1969年3月16日罗共中央执行委员会会议第10号决议》）. AMAE, Dosar Nr. 39/1969.

⑩同注释③，1969年3月19日，3月23日。

⑩同注释②，第195页。

⑩同注释③，1969年4月15日。

⑩中共中央文献研究室：《周恩来年谱》（1949—1976），下卷，中央文献出版社，1997年版，第298页。

⑩同注释⑩，1969年8月22日。

⑩同注释⑯，第二卷，第330页。

⑪同注释㉟，p. 1.

⑪1969 septembrie 7－8，Beijing. *STENOGRAMĂ A CONVORBIRII DINTRE DELEGAŢIA ROMÂNĂ ALCĂTUITĂ DIN ION GHEORGHE MAURER ŞI PAUL NICULESCU MIZIL ŞI DELEGAŢIA CHINEZĂ ALCĂTUITĂ DIN ZHOU ENLAI ŞI LI XIANNIAN, PRILEJUITE DE OPRIREA LA BEIJING A DELEGAŢIEI ROMÂNE ÎN DRUM SPRE HANOI ÎN VEDEREA PARTICIPĂRII LA FUNERALIILE LUI HO CHI MINH, PREŞEDINTELE R. D. VIETNAM*（1969. 9. 7－8，北京。《在由扬·格奥尔基·毛雷尔和保罗·尼古列斯库—米齐尔组成的罗马尼亚代表团动身赴河内参加越南民主共和国主席胡志明的葬礼途中，与由周恩来和李先念组成的中国代表团在北京举行的会谈速记稿》）. Ministerul Afacerilor Externe & Archivele Naţionale, *RELAŢIILE ROMÂNO-CHINEZE*（*1880 － 1974*），*DOCUMENTE.* Coordonator: Ambasador Romulus Ioan BUDURA，2005，Bucureşti，pp. 944，955.

⑪中华人民共和国外交部外交史研究室：《周恩来外交活动大事记》（1949—1975），世界知识出版社，1993年版，第539页。

⑪同注释⑪，pp. 952，956.

⑪同注释③，1969年6月10日，6月8日，6月10日，6月14日，6月15日。

⑪《齐奥塞斯库选集》（1969—1973），人民出版社，1980年版，第74页。

⑪同注释㉞，pp. 384，381.

⑪同注释⑩，1969年7月10日。

⑪同注释⑯，第二卷，第334—335页。

⑪同注释⑪，第66、74—75页。

⑫同注释③，1969年8月10日。

⑫同注释⑪，p. 953.

⑫1969 septembrie 11，Beijing. *STENOGRAMĂ A CONVORBIRILOR DINTRE DELEGAŢIA ROMÂNĂ CONDUSĂ DE ION GHEORGHE MAURER, PREŞEDINTE*

AL CONSILIULUI DE MINIŞTRI，（*CARE A PARTICIPAT LA FUNERALIILE LUI HO CHI MINH*，*PREŞEDINTE AL R. D. VIETNAM*）*ŞI DELEGAŢIA CHINEZĂ CONDUSĂ DE ZHOU ENLAI*，*PREMIER AL CONSILIULUI DE STAT*，*PRIVIND RĂZBOIUL DIN VIETNAM ŞI RELAŢIILE CHINO-SOVIETICE*（1969.9.11，北京。《由部长会议主席扬·格奥尔基·毛雷尔率领的罗马尼亚代表团（已参加了越南民主共和国主席胡志明的葬礼）与以国务院总理周恩来为首的中国代表团就越南战争和中苏关系问题举行的会谈的速记稿》）. Ministerul Afacerilor Externe & Archivele Naţionale，*RELAŢIILE ROMÂNO-CHINEZE*（*1880－1974*），*DOCUMENTE.* Coordonator：Ambasador Romulus Ioan BUDURA，2005，Bucureşti，pp.977－978，979.

⑫③同注释⑪②，第539—540页。

⑫④同注释⑫②，pp.980－981.

⑫⑤同注释⑩⑦，下卷，第319页。

⑫⑥同注释⑫②，p.982.

⑫⑦MINISTERUL AFACERILOR EXTERNE DIRECTIA VI RELATII，*RELATIILE ROMANO-CHINEZE*. Nr. 06/01714 Dosar 220/China/1969（外交部对外关系第六司：《罗中关系》。外交部档案，第220卷/中国/1969，第06/01714号），p.34.

⑫⑧同注释㉟，p.3.

⑫⑨1969 decembrie 10，Beijing. *TELEGRAMĂ A LUI AUREL DUMA*，*AMBASADOR AL ROMÂNIEI LA BEIJING*，*CĂTRE MARIN MIHAI*，*ADJUNCT AL MINISTRULUI AFACERILOR EXTERNE*，*PRIVIND PERSPECTIVELE RELAŢIILOR ROMÂNO-CHINEZE*（1969.12.10，北京。《罗马尼亚驻北京大使奥雷尔·杜马就罗中关系的前景给副外长米哈依·马林的电报》）. Ministerul Afacerilor Externe & Archivele Naţionale，*RELAŢIILE ROMÂNO-CHINEZE*（*1880－1974*），*DOCUMENTE.* Coordonator：Ambasador Romulus Ioan BUDURA，2005，Bucureşti，pp.990，989，990.

⑬⓪同注释⑩⑦，下卷，第266页。

第五章

牵线搭桥：罗马尼亚与中美关系的解冻

为了自身安全和发展的需要，罗马尼亚自 20 世纪 60 年代末起加大了发展与美国关系的力度。与此同时，同样也是出于自身安全的考虑和外交战略调整的需要，中国和美国也开始悄悄地解冻两国关系。由于与中国和美国同时都保持着友好关系，以及在国际事务中的独特作用，罗马尼亚成为中美最初对话的渠道之一，为中美关系的解冻起到了虽然不是最重要的，但却是不可缺少的和独特的作用。中美关系解冻的过程也进一步密切了中罗关系和罗美关系。

罗美关系与中罗关系

如前所述，在为摆脱捷克斯洛伐克事件后的安全危机所采取的 3 个对策中，罗马尼亚与中国改善关系的努力成效尚不明显，与苏联保持关系则如走钢丝，只有对罗美关系的推动比较快地有了一定的效果。

斯大林去世后，罗萌生了日益强烈的独立自主愿望。从 20 世纪 50 年代中期起，苏联带头缓和与美国等西方国家的关系，罗也开始改善与西方国家特别是美国的关系。匈牙利事件后，美国开始在东欧推行更为灵活的政策，这与罗领导人建设民族共产主义的愿望不谋而合。由于历史传统和罗苏矛盾的加剧，罗对发展与美国的关系比其他社会主义阵营各国更积极，步伐更快。中国的有关部门曾经在 1961 年指出：“如果说在对华关系上罗比苏要冷一些的话，那么在对美关系上，罗要比苏热一些，但是基本上是以苏联的对美政策为准绳的。”1964 年，美国总统国家安全事务特别助理邦迪曾对总统约翰逊说："罗马尼亚决心要与美国建立新型的牢固的关系——这是罗马尼亚一心要独立于莫斯科的一个重要因素。"① 但是，受冷战大环境的制约和美国卷入越南战争的影响，罗美关系从 1965 年以后有些踟蹰不前，约翰逊的向东欧"搭桥"的政策步履维艰。罗只好把与西方国家扩大交往的重点由美国转向西欧。

20 世纪 50 年代中期，中国认为罗主动改善与美国的关系是配合了苏联的和平战略。1958 年以后，由于台湾海峡危机使中美关系更为紧张，更由于中国外交表现出更多的革命色彩，以及中苏关系出现不和，中国开始不满于罗美关系的改善。中国的有关部门在 1961 年指出：

> 罗目前对美的战略方针仍然是在所谓"和平共处的总路线"的指导下配合苏联以美帝为争取的主要对象，实现东西方会谈，以便就德国问题、全面彻底裁军和停止试验核武器问题达成协议，从而缓和国际紧张局势，实现持久和平，建设社会主义和共产主义，并且企图在这样的局势下通过开展对美贸易关系自美取得一些新技术和设备，加速社会主义建设，促进工农业的现代化。在这种思想的指导下，长期以来，罗对美斗争不坚决，相反地却常常对美姑息、忍让和拉拢，甚至还对美帝国主义的当权人物寄予希望。莫斯科会议后，虽然由于莫斯科声明的约束和国际形势发展的活生生的教育，亚、非、拉美人民的革命化等，罗在支持民族解放运动和揭露帝国主义方面有一定程度的积极表现，但其对美的基本政策和做法同莫斯科会议前并无根本的改变。

尽管 1963 年后中罗关系得到改善并更加密切，中国对罗的做法仍然不能接受，在私下里称之为"修正主义"的和"机会主义"的政策。特别是在 1964 年美国把对越南战争的卷入扩大到越南北方，直接威胁到中国国家安全的情况下，罗仍一面表示支持越南，一面仍竭力推动与美国的关系，积极充当越美之间的秘密传话人②，促成越美谈判，这就更激起中国的不满。在整个 20 世纪 60 年代，罗美关系的发展在很大程度上影响了中国对罗的评价，影响了中国对发展中罗关系的积极性。法新社就此评论说："共产主义阵营内的所谓'罗马尼亚问题'是基于经济上的原因，这些规定美罗之间的贸易以及把公使馆升格到大使馆一级的协议都清楚地表明，罗马尼亚领导人的目的不是建立一个'亲华的罗马尼亚'，而是建立一个罗马尼亚人的罗马尼亚，在经济上不依赖苏联。”③

1966年以后，罗马尼亚“单相思”式的维护中罗关系，也包括开始在中美之间传递信息。约翰逊当政时期，曾流露过改善美中关系的意思。耐人寻味的是，1965年由他选定的美国新任驻罗大使Davis，1940—1948年曾先后在中国的青岛、重庆等地做外交官，不知这纯属巧合还是别有用心。1967年6月，当毛雷尔访问白宫时，约翰逊曾与他谈论了中国问题。毛雷尔随后秘密访问中国时，他劝中国同美国改善关系。④

而齐奥塞斯库与尼克松的个人交往则至少也在这一年就开始了。3月，尚在为再次竞选美国总统而积聚资本的尼克松为自己安排了一次欧洲之旅。他没有得到波兰的签证，却得到了罗马尼亚的签证，使他感到“很惊奇”。齐奥塞斯库与来访的尼克松进行了长谈。据罗通社说，他们讨论了两国间的关系和“国际局势的各个方面”。不能肯定齐奥塞斯库此时已经预见到尼克松将在政治上东山再起，但毫无疑问的是，此次访问和会谈对罗美关系的发展以至东西方关系的演变都有着不可低估的影响。

1968年11月5日，尼克松果真当选为美国总统。两天后，齐奥塞斯库就打电报给尼克松向他表示祝贺。法新社说，“这是拍发这样电报的第一个共产党领导人”。⑤1969年2月，尼克松刚刚入主白宫，齐奥塞斯库便邀请尼克松正式访罗。最初，尼克松没有理会罗的邀请。但是，当5月27日苏联领导人柯西金告诉尼克松，克里姆林宫不会帮助华盛顿解决越南战争问题时，尼克松坐不住了。他“决定‘刺激’一下莫斯科”，接受邀请访问布加勒斯特。⑥尽管他周围几乎没有人支持他，但他就是想“斗胆”做点事。⑦就像罗驻美大使博格丹（Corneliu Bogdan）后来所说的，“总统想拧俄国人的鼻子”。⑧他特意要做第一个对共产党国家作国事访问的美国总统。

6月21日，美国把这一决定告知了罗。这个时间距莫斯科共产党和工人党国际会议闭幕仅仅4天。尼克松提出的到访时间对罗来说是很不合适的。为接待尼克松，罗就要推迟2天召开罗共十大和出席大会的苏共等代表团的到来。但是齐奥塞斯库不想失掉这个影响美国和尼克松，并增加自己抗衡苏联的底气的难得的机会。由于罗要迎接尼克松来访，原定的勃列日涅夫或齐奥塞斯库对对方的访问，以签订新的为期20年的罗苏友好合作条约的安排均被取消。

7月底，尼克松开始了他就任总统后的首次环球旅行。敏感的法国《民族报》注意到，尼克松要造访的国家，都与中国有着这样或者那样的关联，而罗则是“一直避免在莫斯科与北京之间站在任何一边，并且同毛泽东主义的首都保持着友好关系”。[9]8 月 2 日，当尼克松踏上罗马尼亚土地时，他再次受到“出乎意料”的欢迎。

接下来双方主要就双边关系和有关的国际问题举行了会谈。双方都对发展罗美关系持积极态度。尼克松表示说：“我赞成给予罗马尼亚最惠国待遇。一旦越南战争的政治问题得以解决，我将立即推动此事。”在目前的情况下，“我将在行政权力许可的范围内放宽对罗马尼亚的出口限制和对进出口银行的限制”。“我们知道，运往北越的罗马尼亚物资的数量是很少的，但最惠国待遇问题仍是一个政治问题”。双方都同意努力扩大经济、文化和科技的交流。齐奥塞斯库认为：“罗美关系是拥有不同社会制度但双方均愿意发展和扩大交往的两国之间的关系。”尼克松则“希望这次访问能成为新关系的起点。可以预料，它将成为我们处理与其他国家之间的关系的一个榜样”。[10]

齐奥塞斯库认为，这次访问“是积极的、有益的，不仅对我国同美国的关系及其发展的前景，特别是从访问将促进建立一种更健康的合作气氛的角度来看更是如此”。它表明：“只要能够从我们承认和表明的原则出发，不同社会制度的大国和小国之间是可以建立良好关系的。”罗从官员到平民都对尼克松及其访问充满了好感，“许多人把他称做尼克松‘同志’，包括电台的播音员”。齐奥塞斯库说他虽然是个大国的总统，却“不是站在一个超级大国的立场”，“并不像有些人那样趾高气扬”。[11]美国学者评价说，这次访问取得了“超乎预料的巨大成果”，奠定了在整个尼克松执政时期罗美紧密关系的基础。[12]

尼克松离去后的第 3 天，罗共第十次代表大会开幕。为表示对罗的不满，勃列日涅夫没有出席大会，改由苏共中央书记卡图谢夫率团参加。据法新社称，在苏联的要求下，其他一些党的代表团也纷纷降格出席。为了安抚苏联，齐奥塞斯库在讲话中突出地强调苏联对罗解放的作用和罗苏友谊。美联社认为，这“是不寻常的。他显然希望抵销［消］尼克松周末到这里的访问的影响”。

半个月后，是罗解放 25 周年纪念日，苏联只派出一个部长会议副主席到罗参加了庆祝活动。据法新社报道，齐奥塞斯库在庆祝活动的讲话中重申：“同苏联的友谊和联盟过去是我们党和国家的外交政策的基石之一，今后仍将永远如此。”[13]在大国民议会的庆祝大会上，齐奥塞斯库又说：“在大国民议会这个崇高的讲台上，我们向苏联和光荣的苏军表达罗马尼亚人民的高度评价和感谢的心情。它们对罗马尼亚摆脱希特勒的统治作出了决定性的贡献。”两国若即若离的关系又这样继续维持下去。

罗马尼亚渠道与中美关系

尼克松的这两次访问，不仅大大促进了罗美关系，而且，对中美关系也产生了积极影响。在随后中美关系解冻的过程中，罗在两国之间扮演了渠道的角色。

1949 年中华人民共和国成立后，中美关系曾经经历了长达 20 年的敌视与隔绝，在 20 世纪 60 年代的大部分时间里，双方都把对方看作是最危险的敌人。直到 60 年代末，由于世界政治格局的变迁和对各自切身利益的考虑，两国的关系才开始解冻。由于长期的敌视与隔绝，两国都不得不借助其他国家建立起最初的对话渠道。而罗地处巴尔干地区，是苏联—东欧集团的成员国，除了南斯拉夫外，其邻国全是华沙条约成员国。但它却坚决奉行自主的外交政策，既与中国保持良好的关系，又努力发展与苏联的经贸关系；既与苏联等国始终保持距离，又决不脱离华沙条约组织；既发展与西方各国的关系，又公开支持越南的抗美救国斗争和各国人民的正义斗争。由于它的这种特殊的地位和立场，使罗在 60 年代成为国际上著名的“诚实的掮客”，在中苏论战中当调停人，在东西方之间“搭桥”，在阿以之间和越美之间作传话人。美国便是看中了罗的这个身份，有意让罗成为中美之间的对话渠道。

早在罗马尼亚渠道被正式开通之前，美国就已开始通过罗向中国转达和解的信息。据尼克松回忆，在 1967 年 3 月在布加勒斯特与齐奥塞斯库的那次谈话中，

> 我们作了一次遍及东西方各种关系的长谈。在我们跟共产党中国取得某种形式的和解之前，我怀疑和苏联的关系能有任何真正的缓和。只要 8 亿中国人民仍处于孤立的状态，20 年内，中国将会成为世界和平的巨大威胁。我说过，我认为在越南战争停止之前，美国难望和中国建立有效的联系。但战争停止之后，我认为可以逐步采取措施使我们和北京的关系正常化起来。齐奥塞斯库在反应上很谨慎。但我看得出，他对听到我的这种讲话是很感兴趣的，并表示对此有同感。⑭

虽然尼克松的这番话并没有显示出要主人传话的意思，但他在选择对话者提起这一话题时，显然不会忽视对话者与中国的特殊关系，齐奥塞斯库肯定对此是心领神会的。3个月后的6月26日，毛雷尔访问了美国，与美国总统约翰逊进行了会谈，中美关系是议题之一。几天后，毛雷尔在访问越南途中秘密访问了中国，向周恩来“转达他不久前访美时总统约翰逊和参议员盖伯赖特关于中美关系的谈话”。同时，劝中国改善与美国的关系。周恩来的答复是：“目前没有改善中美关系的可能。”[15]这次会谈，双方话不投机。这就是迄今所知的罗在中美之间的第一次传话，可以说是一次失败的传话。

表面上看，中国这时好像对美国、对改善中美关系没有任何兴趣。然而10月尼克松在美国的《外交》季刊上发表的“越南战争之后的亚洲”一文，却马上引起了毛泽东的兴趣。文中谈到：“从长远来看，我们简直经不起永远让中国留在国际大家庭之外，来助长它的狂热，增进它的仇恨，威胁它的邻国。在这个小小的星球上，容不得10亿最有才能的人民生活在愤怒的孤立状态之中。”[16]毛泽东不仅自己读了它，还建议周恩来等人也看看。[17]

1967年下半年，中国正处在“文化大革命”的高潮之中，中国领导人忙于处理7、8、9三个月的“天下大乱”。此时毛泽东居然会对一个已非国际要人的尼克松的文章感兴趣，耐人寻味。可能的原因，除了毛泽东此时仍对国际风云的变幻有超人的敏感外，不能不考虑到罗马尼亚此前向中国传递的来自美国的有关信息，虽然没有收到预期的效果，却很可能增加了毛泽东对美国，特别是对尼克松的注意。1968年5月28日，中国宣布推迟中美华沙大使级谈判，待11月美国总统大选后再恢复。中央人民广播电台说这是因为“目前两国没有什么事情可谈”。似乎是中国已在期待尼克松入主白宫后，美国对华政策的某种可能的积极变化。如果事情果真如此，罗的此次传话就不能说是完全徒劳的。

尼克松当选美国总统后的第3周，即11月25日，中国驻波兰的临时代办致函美国驻波兰大使斯托塞尔，表示同意美方9月17日提出的建议，提议于1969年2月20日恢复中美大使级会谈。这不但是中方对改善中美关系所采取的第一个主动行动，对中美两国来说，这也是第一个主动行动。

1969年初中苏关系骤然恶化，美国从地缘政治的角度感到了改善中美关系的迫切性。刚刚入主白宫的尼克松，立即开始寻找与中国对话的渠道和机会。他利用出访的机会，先后在2—3月间开通了法国渠道，在5—8月间开通了巴基斯坦渠道，在8月开通了罗马尼亚渠道。

尼克松所以要力排众议，接受齐奥塞斯库的邀请访罗，首先是为了“拧俄国人的鼻子”。另一个主要原因就是，此时，“中国问题一直在他心目中占了很大的位置”。[18]他意识到，“罗马尼亚是通向中国之路”。[19]他想通过他的第一次环球之旅开辟出这条道路。在他出发前的第5天，美国首次宣布放宽对华贸易管制和去中国旅行的限制。在此前后，中国也释放了2个在7月16日误入中国领海的美国游客。“这是中美两国心照不宣的一次微妙对话。”[20]行前，他对基辛格说，让苏联人等着瞧吧，“等到我们完成这一旅行的时候，他们就会因为担心我们玩中国牌而发狂了”。[21]

对这次访问，法新社敏锐地觉察到：“显然，尼克松接受罗马尼亚主席齐奥塞斯库的邀请，是着眼于中国的。他选择了两个最大的共产党国家苏联和中国之间的‘中间人’”。“尼克松可能认为，在罗马尼亚这个共产主义的十字路口上，他可以更清楚地深入了解这两个敌对的阵营”。

似乎是惟恐外人看透心思，尼克松想此地无银三百两地遮掩一下。据美联社报道，已经踏上旅程的他说：“不能把他在罗马尼亚的停留解释为同共产党中国有任何关系或者在任何方面是对俄国的一种冒犯。”

在布加勒斯特，尼克松与齐奥塞斯库讨论了越南问题。尼克松表示了“着手调整自己的政策，打算从越南的军事冲突中解脱出来，今后再不卷入此类军事行动中去”的意愿。[22]话题转到了中国。齐奥塞斯库强调：“如果不承认中国的存在，不与中国进行谈判，亚洲不可能拥有和平，亚洲的问题不可能解决。越早明白这一点越好。美国必须放弃其对华立场，包括进入联合国问题和承认问题。”尼克松对此表示认同。齐奥塞斯库还告诫美国，对于中苏冲突，“我们不应该推波助澜，加剧冲突。如果冲突加剧，美国得不到任何好处”。

尼克松明确地表示：“如果符合贵国政府的利益，我们欢迎你们在中美之间充当调解人。”齐奥塞斯库回答说：

> 我们可以肯定中国愿意恢复与其他国家的关系。他们告诉我们，他们将采取措施与其他国家发展关系。我们不应看发表在报刊上的文章，而应该采取实际行动。……实际上美国很有可能不通过调［解］人就与中国人直接进行谈判，我要说的是，我们将把我们的意见告诉中国人，也把你们关于这个问题的想法告诉中国人。我们将在互相谅解的基础上建立关系。

我预料，如果越南战争在合理的基础上结束，将为我们前面谈过的［美国］与罗马尼亚的贸易关系和与中国的关系变得越来越好，提供许多便利条件。[23]

在齐奥塞斯库举行的欢迎宴会上，尼克松又在祝酒词中说："贵国奉行着同所有国家进行交往和接触的政策——你们积极谋求缓和国际紧张局势，我们也抱有同样的目的"。"正如在今天的会谈中我告诉过你的，我们寻求同所有国家的正常关系，不管其国内制度如何。任何国家为了同我们寻求正常关系作出努力，我们也会作出相应的努力"。[24]罗马尼亚渠道由此开通。

9月7日，到河内参加越南领导人胡志明葬礼的毛雷尔经过北京时，向周恩来详细介绍了尼克松最近访罗，与齐奥塞斯库举行会谈的情况。这些内容在8月4日召开的罗共中央执委会会议上并没有传达。他对周恩来说：

齐奥塞斯库同志通过中国驻罗大使已向贵方通报了这次访问的内容。但我对大使说，有些事情也许同中方领导人的一次直接交谈，才能讲得清楚。所以，我就来谈谈这次访问。

首先，尼克松毫无保留地表达了他寻求同中国关系正常化的愿望。他对此作了明确的表示，并请求我们在可能的情况下帮他一下。我们不知道能帮他什么（笑），对他说，我们能做的，只是将这次谈话向中国领导人通报。但是我们又对他说：我们认为在一系列中方领导人已经明确表示了立场的问题上，你们必须找到解决办法。也许，找到了解决这些问题的办法，也就找到了美中关系接近和实现正常化的途径。问题之一就是台湾问题（周恩来笑）。

我们感到他是真心的，因为这符合美国的一些利益，而美国人又很重视这些利益。……我们知道，在美国公众舆论中，早就有实现同中国关系正常化的愿望。我们多次听到过。有一次加尔布雷思对我们说，罗伯特·肯尼迪在世时，曾表示过想来跟我们谈谈，包括这样一个问题：我们对美中关系正常化怎么看？由于种种原因，他当时未能实现访罗。后来肯尼迪不幸遇刺身亡，此事就没有可能了。

这些事，我们过去也曾跟你们通报过，这次再次提出是因为，我觉得，这也是我们党对这个问题的判断。

周恩来对此回答说：

> 你们知道，我们同美国人有着直接接触。你们说得对，从实质上讲，关键是中国在联合国的席位问题和台湾问题。我们就这两个问题同美国人谈判了 14 年。无论如何，他们很清楚我们的立场。我们也很清楚他们的立场。你们同样说得很对，或早或晚，总有一天，这些问题将会得到解决。肯尼迪没能解决。如果尼克松也解决不了，还会有肯尼迪第二，尼克松第二。归根结蒂，我们不欠他们什么，而是他们欠着我们。他们霸占了台湾，必须承认台湾是我们的。[25]

据中国的资料记载，周恩来在这里还讲到，美国如果想解决台湾问题和联合国问题，“有渠道嘛！渠道就是华沙谈判”。[26]

可以看出，周恩来并没有直接回应毛雷尔的传话，中国这时对于美国先后几次发出的要改善中美关系的信号还没有明显的回应。与 1967 年比，在苏联入侵捷克斯洛伐克和中苏边界冲突的影响下，中罗关系已有所改善。但是这时中国显然还没有对改善中美关系作出决策，而且对美国通过罗马尼亚渠道（其实也包括巴基斯坦渠道）向中国传话不但没有兴趣，甚至似乎还有点反感。看起来，原因主要是对美国改善关系的诚意和这种对话方式的效用都持怀疑态度。中国仍倾向于使用华沙的中美大使级会谈这个级别较低，但两国可以直接对话的渠道，虽然效率不高，却便于由自己把握。

美国还发现，在巴基斯坦和罗马尼亚这两条渠道中，中国更愿意接受前者。即便是中罗两国关系的进一步改善，也未能使中国偏爱罗渠道。在相当长的时间内，罗渠道仅仅是条“单行道”，即只有信息从美国传过来，却没有相应的信息从中国传过去。基辛格猜想，中国“可能是担心即使像罗马尼亚这样一个极为独立的国家，也可能受到苏联的渗透”。美国也有同样的担心。故基辛格回到华盛顿后，便“召见巴基斯坦驻美国大使希拉利，要巴基斯坦起作用，并建立一条可靠的渠道”。他强调，尼克松今后只把希拉利“和我之间的渠道作为对这个问题进行任何进一步讨论的唯一可靠的接触点”。[27]

结束了第一次环球之旅后，尼克松焦急地等候了一个月的回音，没有听到中国方面的任何消息。他又感到，自己亲手建立的 3 个渠道“所起的作用没有像他所期望的那样快”。[28]迫不及待的他只好重新求助于中美间早已存在的华沙渠道。9月9日，他破例亲自召见回国述职的驻波兰大使斯托塞尔，指示他在华沙设法与中国外交官直接接触。斯托塞尔费尽心机，终于在3个月后“抓”住一个机会，不顾一切地告诉中国外交官，他要向中国转达尼克松总统希望改善两国关系的信息。

出乎美国意外的是，这次中国迅速作出了反应。12月11日，中国驻波兰使馆邀请美国大使到中国使馆作客，令美国“大吃一惊”。[29]这次会晤，在中美关系解冻的过程中是一个转折，导致中美关系“出现了突破性的进展”。[30]双方不仅共同恢复了已中断了2年的中美大使级会谈——两国直接进行对话的唯一渠道，而且会谈的内容也开始涉及到中美关系的实质问题，即台湾问题和进行双方更高级别的会谈问题。

中国这次对于美国通过华沙渠道传来的信息反应如此迅速和积极，除了对华沙渠道更为青睐外，首要的原因是中国这时已作出全面调整对外关系战略的决策。

“文化大革命”推行的“造反”外交，使中国与绝大多数已建交的国家，包括罗，都发生了外交纠纷。中国外交陷入无政府状态，甚至发生了火烧英国驻华代办处的恶性事件。1968年3月，毛泽东对一些中国领导人感叹道：“我们孤立了，没有人理我们了。”[31]尽管随着1969年4月中共九大的召开，国内形势有所缓和，但是在中苏边界又发生了珍宝岛事件。这一年，中国的国家安全形势是前所未有的严峻。中国同时面临着世界上两个最强大的国家的军事威胁，苏联甚至扬言要对中国实行先发制人的核打击。中国被迫实行全民总动员，准备打一场大规模的人民战争，抵抗苏联的入侵。

中国被迫开始调整外交政策。五一国际劳动节，毛泽东在天安门城楼上会见了一些国家的驻华使节，发出了中国愿同世界各国改善和发展关系的信息。不久，中国的驻外使节陆续回各使馆赴任。中国与加拿大开始了建交谈判，与南斯拉夫也开始了关系正常化的进程。与此同时，中国4位老元帅根据毛泽东的“研究一下国际问题”的要求，经过几个月的研究和讨论，得出了“中苏矛盾大于中美矛盾，美苏矛盾大于中苏矛盾”的基本结论。据此，4位老元帅在年内给中共中央提交的报告中提出：中苏大战一时还不会爆发，我们可以从战略上打美国牌，以制约苏联，应该利用美苏矛盾，打开中美关系。其中，时任中国外长的陈毅元帅甚至提出，在中美大使级会谈中，我们可以主动提出举行中美更高级会谈，估计美国会乐于接受。[32]到11月前后，中共中央显然已接受了4位老元帅的观点，作出了调整国家外交战略，改善中美关系的重大决策。

罗马尼亚渠道对中国最终作出这一决策也起了一定的推动作用。在此之前不久的11月19日，美国通过罗向中国转交了美国著名作家白修德（Theodore White）给周恩来的一封信。这封信把美国将重新考虑对华政策的意图透露给中国，并暗示美国将从台湾撤军。[33]信中同时提出了访华的要求。美驻罗大使Meeker为此曾通过朋友Len向罗政府求助。他在给Len的信中说：

> 信封内有一封怀特致周恩来的信，我们希望罗马尼亚领导人能把它转交周总理。我们请你把它托付给毛雷尔或曼内斯库一级的人物——这些人是极愿玉成此事的。在向罗马尼亚领导人托付此事时，您应该口头补充下列信息。
>
> 1. 怀特是我的，也是亨利·基辛格的密友。
>
> 2. 亨利·基辛格和我，不论是从官方角度还是私人角度，都极为关注怀特的中国之行。我们希望罗马尼亚领导人能尽其所能让中国方面接待怀特。[34]

中国外交战略的调整，一方面，意味着中国不再把“美帝苏修”并列为中国国家安全的两大敌人，而是开始把苏联当作更危险的敌人，中国要采取“联美抗苏”、调整与改善中美关系的策略。为了牵制和削弱最危险的敌人，就要采取“统一战线”的策略，联合一切反苏的力量，最大限度地孤立和打击苏联，就要解冻中美关系。与多年的宿敌开始对话，必须要先借助他国的渠道，罗的对外政策，罗的国际角色正符合中国外交战略调整的需要。另一方面，意味着中国的内政外交中的意识形态色彩有所淡化，中国外交开始向现实主义回归，更多地是从国家利益和国际形势的现实，而不再是从意识形态出发来制定对外政策。过去妨碍中罗关系发展的一些障碍，如在意识形态方面的分歧、对美国和苏联政策的态度上的分歧等，在中国内政外交的现实需要面前，在改善中美关系的需要面前，已被大大地忽略或淡化。1970年以后，中罗两国的关系迅速升温，两国的高层互访迅速增加，都与这些变化，尤其是与罗在中美关系解冻的过程中扮演渠道角色，有着密切的联系。

曲径通幽

在美国大使应邀到中国驻波兰大使馆作客后，“突然之间，一切渠道好像都出现了生机”。其中的罗马尼亚渠道传来了这样的信息：12月17日，罗第一副外长马科韦斯库在华盛顿会见基辛格，“说明了中国对尼克松同齐奥塞斯库的谈话的反应。中国人非常有礼貌地听取了谈话，他们说他们有兴趣同西方实行关系正常化”。基辛格对此的分析是：“人民共和国似乎说明了两点，它愿意进行接触，但是不一定通过罗马尼亚这个渠道。”他意识到，“中国人赋予巴基斯坦渠道以特殊的价值”。[35]

中国之所以偏爱巴基斯坦渠道而不是罗马尼亚渠道，其第一个原因，如前所述，是中国担心使用罗渠道可能带来的苏联因素的干扰，中国似乎一直对罗苏关系的状况吃不准。而巴基斯坦就不会让中国有这样的担心。“尽管中罗关系很热，中国却不信任任何东欧的卫星国。北京认为他们都是受克里姆林宫控制的，包括持鲜明的独立立场的罗马尼亚。”[36]美国人本以为，“中国人可能宁愿通过共产党中间人同我们打交道”。事实使他们很快就意识到，中国人在这个问题上比美国人想象的要实际得多。对罗马尼亚渠道的弊端，“两国都得出了同样的结论：它就是太暴露了，风险不可避免地过大，地理位置也太不好了，不适于在最后阶段办理联系事宜”。[37]

第二个原因是地理因素。巴基斯坦是中国的邻国，人员来往便利。而罗远在欧洲，邻国多为华约成员国，莫斯科又是罗马尼亚人来中国的必经之地。相比之下，巴基斯坦渠道显然更有优势。此后，中美两国虽然继续通过这两个渠道对话，但更多地是使用巴基斯坦渠道。

而美国人自己对华沙渠道也不满意，仍想另外建立一个更为安全的联系渠道，以便讨论更为严肃的问题。[38]实际上，中国对此也有同感。为此，周恩来和毛泽东就在北京立即举行中美会谈的问题进行了一些讨论，甚至考虑这一会谈是否能在1970年4月中旬举行。[39]由于美国内部的争论和美国侵略柬埔寨，华沙渠道再次中断，而且再也没有恢复。美国随后两次试图在巴黎建立新的渠道，一次在1970年的6月中旬，一次在9月初。此举的目的不仅是为了“把国务院从与中国的会谈中排挤出去，也是为了把罗马尼亚、法国和巴基斯坦甩开。尼克松和基辛格急于摆脱所有这些中间人”[40]，“建立起一条保密的联络途径，一条不受官僚们的既得利益和传统仪式的阻碍、双方都信得过的途径”[41]。美国政府在交由驻法国大使馆武官沃尔特斯少将传递给中国政府的口信中说：如果中华人民共和国政府希望两国在华沙的大使级会谈“保持绝对机密”，“总统准备设立与他直接沟通的另一渠道，以便安排极端敏感的事务。其目的是在充分认识双方意识形态的分歧的基础上，促成美中关系的改善"。[43]这两次尼克松仍未能成功[44]，沃尔特斯没有接到任何中国方面的回复。基辛格为此告诉尼克松，要达到目的，还是得“通过巴基斯坦”。[44]

因此，在1970年内，中美对话仍主要利用巴、罗两个渠道，但次数很少。在上半年美国仅使用过一次罗渠道，即4月下旬基辛格通过罗向中国传话，要求冻结美国民主党参议员曼斯菲尔德访华的签证申请。[45]6月9日，波德纳拉希应邀访华，双方主要讨论了中国向罗遭受严重水灾的地区提供援助的问题，也谈到了中美会谈，但似乎并没有什么信息要立即传递给美国。周恩来在6月初曾对一些“东欧外交官”表示，中国盼望恢复与美国的接触。此后，中国方面便又杳无音信了。

实际上，中国正在筹备以自己的方式向美国发出一个重大的信号。美国著名记者斯诺在8月应邀再次访华，并在中国国庆节这一天登上天安门城楼，站在毛泽东身边。“意在向美国表明：中美关系的演变已经引起了毛泽东本人的高度重视。”[46]可惜，美国没能看出其中的玄妙。

由于美国没能理解中国的的信号，只得继续通过巴和罗渠道向中国传递信息。10月，为纪念联合国成立25周年，许多国家的元首或政府首脑会聚纽约。尼克松抓住这个机会，分别会见了巴总统叶海亚和罗国家元首齐奥塞斯库，谈了相似内容的话，即“我们认为中美和解‘十分必要’；我们决不会与苏联共谋以反对中国；我们愿意派一位高级使节秘密访问北京”。[47]请他们分别转达给中国领导人。而在欢迎齐奥塞斯库的宴会上，尼克松更是发出了“一个意味深长的外交信号”。[48]他在祝酒词中说：

> 有这样的时刻，一个国家的领导人找不到合适的渠道同另一个国家的领导人进行联系。然而，正如今天早些时候我对总统阁下说的，他所处的地位是独一无二的。他领导的政府既同美国保持良好的关系，又同苏联保持良好的关系，也同中华人民共和国保持良好的关系，这是世界上罕见的。[49]

这是美国总统第一次在正式场合把新中国称为中华人民共和国。

第二天，为了确保罗马尼亚人领会这个信息，基辛格又遵尼克松之嘱，和齐奥塞斯库进行了私下会谈。基辛格重申：

> 我们有兴趣与中华人民共和国建立政治和外交联系。我们确实不认为我们有任何长期的利益冲突。我们准备与中华人民共和国建立不受任何外界压力和不牵涉任何名誉问题的联系。如果中华人民共和国的领导人想通过你和你的大使向我传递信息，我向你保证，这些信息将仅限于白宫知道。（或者，如果你希望通过其他任何使者传递信息，也可以）

齐奥塞斯库答复说：

> 我们将把我们的谈话转告中国领导人，我将和过去一样，把中国方面的任何口信转告你们。[50]

11月，这两条渠道几乎同时把美国的信息传递到中国。罗渠道本来有机会在巴基斯坦之前向中国转达口信，因为早在11月12日，罗外贸部长布尔蒂卡就来华访问并会见了周恩来。可能是齐奥塞斯库认为布尔蒂卡级别较低，不宜参与此事，故还是让部长会议副主席勒杜列斯库在一周后的21日访华并会见周恩来时，传递了美方的口信并面交了他致毛泽东的信。

勒杜列斯库告诉周恩来，尼克松和罗杰斯对寻求同中国关系正常化的解决办法，是十分关切的。尼克松请求齐奥塞斯库，如果有可能的话，向你们转告：美国准备通过任何途径、在任何地点、任何时间同中国进行谈判，以便改善中美关系。美国愿意同中国发展经济、科技方面的关系，如果中国愿意的话。周恩来说，中国和美国之间没有别的问题，关键问题就是台湾问题，因为台湾是中国不可分割的一部分领土。尼克松说愿意跟我们在任何时候、任何地方恢复会谈，如果他真有解决关键问题的愿望和办法，我们欢迎他派特使来北京谈判。勒杜列斯库说，如果允许的话，让我这样告诉齐奥塞斯库转告尼克松：你们欢迎尼克松派特使到北京来谈判。周恩来说，这不行。应该是一句完整的话，一定要把前提讲清楚。周恩来还补充说，不仅是特使，尼克松自己来也可以。他可以到布加勒斯特，到贝尔格莱德去，为什么不可以到北京来啊。[51]

得到勒杜列斯库的报告后，齐奥塞斯库立即“紧急而秘密地”[52]召驻美大使博格丹回国，让他把勒杜列斯库带回的周恩来的口信传给基辛格。1971年1月11日，博格丹向基辛格宣读了周恩来的短信：

美国总统的口信没有新内容。我们之间只有一个悬而未决的问题——美国占领了台湾。中华人民共和国怀着真诚的愿望试图谈判这个问题已达15年之久。如果美国有解决这个问题和提出解决办法的愿望，中华人民共和国将准备接待一位美国的特使。这封短信已经过毛主席和林彪副主席审阅。[53]

“这个信息和通过叶海亚传过来的那个信息几乎是完全一样的。”1月29日，基辛格给博格丹以答复，内容和上一年12月16日给巴基斯坦传来的信息的答复的字句也完全一样。“唯一的不同是，这个信息是口头的而不是用打字机打的，这表示我们对巴基斯坦渠道更喜爱一些。”[54]3月22日，勒杜列斯库在北京再次会见了周恩来。随后，罗马尼亚人转告美国，周恩来对于同美国对话越来越感兴趣。[55]几天后的4月7日，中国就突然发动了“乒乓外交”，中美关系正常化的进程一下子被推进到一个新阶段，“终于到了一条道路的终点和另一条道路的起点”。[56]中美双方经巴基斯坦渠道商定，由基辛格作为美国总统特使秘密访华，为尼克松的正式访问作准备。这便是后来的“波罗行动”。

对罗马尼亚渠道的评价

罗马尼亚在20世纪60年代末中美关系解冻的最初阶段充当了两国间秘密对话的渠道之一，这是一段中、美、罗三国之间的秘密外交。其中一些最重要信息的内容和传递，在这三国都只有最高领导人、经办人和传递人等极少数几个人知晓，而且，信息主要是通过口头传递。因此，在中国和罗马尼亚，直到20世纪80年代末，其具体情况仍然是鲜为人知的。但是在美国，早在1971年，敏感的新闻媒体就已察觉了其中的蛛丝马迹，包括罗在其中所扮演的特殊角色，并立即公之于众。

4月15日，《华盛顿邮报》发表了著名评论家罗兰·伊文斯和罗伯特·诺瓦克的一篇评论美中关系的文章，文章称“美中关系的正常化进程‘始于1969年’，当时尼克松总统访问了‘中国在东欧苏联阵营的伟大朋友’罗马尼亚”。

据美联社报道，有新闻记者要求国务院发言人查尔斯·布雷证实这一传言：美国作家埃德加·斯诺去年访问中国时，毛泽东主席会见了他并表示，欢迎尼克松总统访问中国；美国为此通过中介人向中国传递了口信。布雷答复说："你们可以想象，我们曾跟一些国家的政府成员谈论过我们同中国改善关系的愿望。很可能这些国家的政府代表将我们的意见转达给了中华人民共和国。"

次日，《纽约时报》和《华盛顿邮报》即分别发表了由著名记者塔德·舒尔茨和尚贝尔·罗伯茨署名的长篇文章，评论了中美关系和接纳中华人民共和国进入联合国的必要性。两篇文章都谈到了罗在中美关系改善中所起的作用。其中舒尔茨的文章指出，美国政府官员今天透露了罗起到了将美国改善对华关系的意向传达给中方的主要渠道的作用。他依据从外交界获得的信息得出结论："罗马尼亚早在1967年和1968年就企图扮演这样的角色，并在尼古拉·齐奥塞斯库总统访问白宫后表示同意充当华盛顿和北京之间的外交通道。"文章还指出，勒杜列斯库在1970年11月和1971年3月两次访问北京之际，都"向中方传达了美国改善对华关系的愿望"。舒尔茨认为，是美国国务院"公开承认一些国家政府向中国转达了尼克松总统的修好愿望后"，罗在中美之间进行的"微妙外交举动中所起的作用"才被披露出来。

为了证实自己的判断，舒尔茨特地请教了一个"高层"权威人士。此人不愿意在白宫里把话说得太明白，只是对他说，"你的解释如若发表的话，不会被辟谣的"。

《纽约时报》和《华盛顿邮报》的上述文章发表后，日本、意大利、伊朗、突尼斯、印度、巴基斯坦等国的媒体立即予以报道和评论，有的还配发罗美首脑会晤的录像或齐奥塞斯库的照片，以突出强调罗在中美关系改善的过程中所起的特殊作用。[57]罗媒体和齐奥塞斯库本人则对此保持了沉默。罗外交部对外关系第二司将这些资讯编写成《罗马尼亚对美中关系正常化所进行的中介活动综述》（1971年5月4日），呈报外长曼内斯库。似乎是直到此时，对外关系第二司对这段秘密外交的了解也并不比他们获得的媒体资料更多。

在基辛格到中国成功地实施了"波罗计划"，中美两国同时宣布尼克松即将访问中国之后，有记者问齐奥塞斯库，他对中美首脑即将举行首次会晤是否起了什么作用。齐奥塞斯库遵守与有关各方之间的承诺，依然回避这段秘密外交，用外交辞令回答说：

报刊上关于罗马尼亚直接参与了这个访问的准备工作的推测不符合

实际情况。大家知道，罗马尼亚一贯主张世界各国关系正常化，它公开批评过美国推行孤立中国的政策，它主张结束这一政策和主张美国同人民中国关系正常化。罗马尼亚还主张中华人民共和国占有其在联合国应有的席位并积极参与整个国际生活。如果罗马尼亚这个立场对你所说的访问产生了积极的影响，那我们只会为此感到高兴。

客观地说，在1970年下半年到1971年上半年，这段中美秘密交往的高潮中，罗马尼亚渠道在总体上的作用已明显地逊色于巴基斯坦渠道。但罗渠道仍然发挥了它的某些独特的作用，特别是传递了一些有特殊意义的信息。

首先，周恩来在与勒杜列斯库的会谈中，第一次正式地、明白无误地表示，欢迎尼克松总统访问北京。在这以前，包括对华沙渠道和巴基斯坦渠道，中国都只表示欢迎美国总统的特使来北京。而毛泽东会见斯诺，并明确说欢迎尼克松访华，是在这一个月以后的12月18日，美国则是在更晚些时候才得知这一信息的。因而基辛格称这是个“全新的惊人的提法”。[58]

其次，当博格丹向基辛格当面转达周恩来的上述口信时，基辛格问博格丹，中国的意思是不是要美国断绝同台湾的关系来作为同北京建立关系的先决条件。足智多谋的博格丹回答说，虽然他不能随意解释中国方面的意思，但他个人的印象是，“中国总理实际上是建议白宫考虑一个互相可以接受的折衷方式——而不是告诉美国应该做什么”。可以说，罗马尼亚渠道帮助美国明确了在未来的中美高级会谈中，中国对中美关系中最关键的问题——台湾问题的基本态度。因此，“在这一秘密外交中，罗马尼亚的信息是一个里程碑”。[59]

再次，尼克松作为美国总统，通过罗渠道，有意地第一次公开称中国为“中华人民共和国”，从而向中国传递了一个明白无误的信息。选择这一场合的原因之一，就在于罗马尼亚舞台更容易引起国际上的注意，从而确保这一信息为中国所知。尼克松的苦心没有白费。1971年3月3日，周恩来在会见日本前外相藤山爱一郎时说，中美关系“可能在某一个时间突然引人注目地有所改善”。他已经“特别注意到美国总统第一次使用中国的正式名称”。[60]

再其次，如上所述，从美罗两国元首1970年的白宫会晤开始，美国也开始向罗马尼亚人求教，而且获益匪浅。一名白宫人员后来指出，尼克松从“会见中了解到的共产主义世界的领导人的想法，比他在早些时候同苏联外长葛罗米柯的谈话中所了解到的要多一倍”。[61]也许是从这个意义上，尼克松说这次会晤是"'罗马尼亚渠道'的开端"。[62]如果再加上后来基辛格向博格丹的求教，这时的罗渠道就已不再是"单行道"了。

综上所述，在为解冻中美关系而开通的中美之间的 3 个秘密渠道中，罗马尼亚渠道虽不是最重要的、作用最大的渠道，却确实也起到了比较重要的、并且在某种意义上是不可替代的作用。它早在 1967 年就承担了在中美两国政府之间传话的任务，早于任何其他渠道，"在早些阶段帮了很大的忙"。[63]它和巴基斯坦渠道一起，在 1969 年帮助恢复了中美间的华沙渠道。在 1970 年底巴基斯坦已成为中美对话的主渠道之后，仍在中美之间传递了一些重要的口信，促成了美国的"波罗行动"。

罗马尼亚渠道的作用大小主要取决于：

1. 中美对改善双边关系的态度及需要。一旦双方都表现出改善关系的迫切愿望并予以实施，就自然要求助于外部渠道。最初的传话是试探性的，罗渠道可以适应这种需要。当中美双方建立起信任，对话变得频繁并准备付诸行动时，巴基斯坦渠道就后来居上。当中美双方已建立起高层接触时，巴基斯坦渠道就又让位于中美直接对话的巴黎渠道。

2. 苏联因素的影响。苏联因素的加强使中美双方走到了一起，却又使双方在借助罗渠道开始对话时顾虑重重，只能更多地使用巴基斯坦渠道。这就是罗渠道的尴尬：中罗两国因苏联的原因而接近，又因苏联的原因而保持距离。

3. 罗美关系与中罗关系。罗渠道是在罗美关系迅速发展、对罗马尼亚有着私人感情的尼克松重返美国政坛的背景下建立起来，并在中罗关系渐入佳境时发挥作用的。罗乐于做中美和解的渠道，中罗关系是一个重要因素，但在如何借助罗渠道的问题上，中国更多地是从国家利益出发来考虑的。

由于尼克松对齐奥塞斯库和罗的特别好感，也由于尼克松对中国的重视，以及尼克松、基辛格与毛泽东、周恩来之间建立起来的私人友谊，不但更快地推动了中美关系的解冻，同时也推动了中罗关系的前进。罗美关系在这一时期也有了很大的发展，1969—1973 年，罗美贸易额增加了 6 倍。1975 年 4 月，美国终于给予罗以最惠国待遇。

1972 年 2 月尼克松成功地访问了中国，中美两国发表了"上海公报"，极大地改善了中美关系和国际局势，也使中国外交重新焕发了活力。罗作为中美之间的牵线人之一，对此予以高度评价。3 月 1 日，《火花报》发表了题为《中华人民共和国和美国之间的会谈有利于双边关系的正常化和国际缓和的要求》的评论。齐奥塞斯库在会见扎伊尔全国新闻联盟主席时评论说：

尼克松总统在中华人民共和国的访问以及他同毛泽东主席和周恩来总理的会谈，是国际生活中的一个具有特殊意义——甚至可以说具有历史意义——的事件。众所周知，在这次访问中，首先讨论了两国关系问题和克服这些分歧、逐步实现两国关系正常化的途径；考虑到长期以来这两个大国之间没有关系的事实，这些问题的讨论和所达成的谅解为两国关系正常化开辟了良好的前景，同时，将对国际缓和与合作的进展产生积极影响。

我们特别评价在中美公报中清楚地写上了应作为国家间关系基础的、两国声明决心在自己的政策中遵循的和平共处的原则。[64]

1973年底，齐奥塞斯库应邀再次访美。尼克松在欢迎宴会上高度赞扬了齐奥塞斯库：

我们今晚的贵宾是世界所有政治家中的一个，他起了一个地球上的政治家所应起的最重要的作用，他看到了我们所面临的整个世界的问题，而这些问题不仅牵涉到他本国，而且牵涉到另外一个他能同其领导人在某个时刻进行交谈的国家。他表现出智慧和谅解，并对打开似乎一直被关闭着的对话大门，作出了巨大的贡献。

参考文献

①J. F. Harrington & B. J. Courtney, *Tweaking the Nose of the Russian: Fifty Years of American-Romanian Relations, 1940－1990.* Columbia University Press, New York, 1991, p. 236.

②*Memorandum, Benjamin H. Read to W. W. Rostow*, August 1, 1967. Folder Rumania, Volume 3, Memos, Box 203－204, NSC Country File, LBJ Library. Rostow是约翰逊的国家安全事务顾问——著者。

③《参考消息》，1964年6月4日。

④王泰平：《中华人民共和国外交史》，第二卷：1957—1969，世界知识出版社，1998年版，第329页。

⑤同注释③，1967年3月25日，1968年11月12日。

⑥［美］亨利·基辛格：《白宫岁月》，第一册，世界知识出版社，2003年版，第156页。

⑦*Ehrlichman Notes*. Folder 4, p. 2, Box 9, Ehrlichman, 1969 JDE Notes of Meetings, WHSF, Nixon Presidential Materials Project.（treak，289）

⑧同注释①，p. 289.

⑨同注释③，1969年7月5日，7月31日。

⑩陶文钊：《美国对华政策文件集》（1949—1972），第三卷（上），世界知识出版社，2005年版，第1019、1020页。

⑪1969 august 4, Bucureşti. *STENOGRAMĂ A ŞEDINŢEI COMITETULUI EXECUTIV AL C.C. AL P.C.R. PRIVIND VIZITA ÎN ROMÂNIA（2－3 AUGUST）A LUI RICHARD MILHOUS NIXON, PREŞEDINTE AL S.U.A., ŞI DISCUŢIILE PURTATE CU ACEST PRILEJ. Ministerul Afacerilor Externe & Archivele Naţionale, RELAŢIILE ROMÂNO-CHINEZE（1880－1974）, DOCUMENTE* Coordonator: Ambasador Romulus Ioan BUDURA, 2005, Bucureşti（1969.8.4，布加勒斯特。《罗共中央执行委员会就美国总统理查德·米尔霍斯·尼克松8月2—3日对罗马尼亚的访问及在这期间举行的会谈所举行的会议的速记稿》，见外交部&国家档案馆：《罗中关系文件集》（1880—1974），主编：罗姆鲁斯·扬·布杜拉大使，2005年，布加勒斯特），pp. 934－936.

⑫［美］塔德·肖尔茨：《和平的幻想——尼克松外交内幕》，上册，商务印书馆，1982年版，第181页。

⑬同注释③，1969年8月9日，8月8日，8月26日。

⑭［美］理查德·尼克松：《尼克松回忆录》，上册，商务印书馆，1978年版，第362—363页。

⑮同注释④，第二卷，第333页、329—330页。

⑯同注释⑥，第一册，第208页。

⑰宫力：《毛泽东与美国——毛泽东对美政策思想的轨迹》，世界知识出版社，1998

午版，第104、224页。

⑱同注释⑫，上册，第155页。

⑲同注释①，p. 290.

⑳同注释⑰，第200页。

㉑同注释⑥，第一册，第197页。

㉒同注释③，1969年7月1日，7月29日。

㉓同注释⑩，第1024、1027页。

㉔同注释⑫，上册，第179页。

㉕1969 septembrie 7－8，Beijing. *STENOGRAMĂ A CONVORBIRII DINTRE DELEGAŢIA ROMÂNĂ ALCĂTUITĂ DIN ION GHEORGHE MAURER ŞI PAUL NICULESCU MIZIL ŞI DELEGAŢIA CHINEZĂ ALCĂTUITĂ DIN ZHOU ENLAI ŞI LI XIANNIAN，PRILEJUITE DE OPRIREA LA BEIJING A DELEGAŢIEI ROMÂNE ÎN DRUM SPRE HANOI ÎN VEDEREA PARTICIPĂRII LA FUNERALIILE LUI HO CHI MINH，PREŞEDINTELE R. D. VIETNAM*，*Româno-Chineze* （1969. 9. 7—8，北京。《在由扬·格奥尔基·毛雷尔和保罗·尼古列斯库—米齐尔组成的罗马尼亚代表团动身赴河内参加越南民主共和国主席胡志明的葬礼途中，与由周恩来和李先念组成的中国代表团在北京举行的会谈速记稿》）. Ministerul Afacerilor Externe & Archivele Naţionale，*RELAŢIILE ROMÂNO-CHINEZE （1880 － 1974）*，*DOCUMENTE.* Coordonator：Ambasador Romulus Ioan BUDURA，2005，Bucureşti，pp. 945，958.

㉖王永钦：《1966—1976年中美苏关系纪事》，《当代中国史研究》，1997年第4期，第123—124页。

㉗同注释⑥，第一册，第227页。

㉘同注释⑫，上册，第161页。

㉙同注释⑥，第一册，第236页。

㉚陶文钊：《中美关系史》（1949—1972），上海人民出版社，1999年版，第511页。

㉛毛泽东同中央文革碰头会成员等的谈话，1969年3月15日。

㉜同注释⑰，第198—199页。

㉝Richard H. Solomon，*U. S. -PRC Negotiations*，*1967－1984*：*an Annotated Chronology*，*Report of RAND to State Department.* December 1985，p. 9.

㉞*JOURNEYS TO PEACE*：*The 30th Anniversary of President Richard Nixon's Visit to China.* Richard Nixon Library & Birthplace Archives Collection.

㉟同注释⑥，第一册，第239页。

㊱Henry Kissinger，Hofstra University，1. 9，1987.

㊲同注释⑥，第一册，第227页；第二册，第917页。

㊳同注释㉝，p. 14.

㊴中共中央文献研究室：《周恩来年谱》（1949—1976），下卷，中央文献出版社，1997 年版，第 357 页。

㊵［美］西摩·赫什：《权力的代价——尼克松执政时期的基辛格》，国际文化出版公司，1991 年版，第 473 页。

㊶同注释⑥，第二册，第 897 页。

㊷同注释⑩，第 1058 页。

㊸同注释㊵，第 473 页。

㊹同注释⑩，第 1059 页。

㊺郝雨凡：《白宫决策——从杜鲁门到克林顿的对华政策内幕》，东方出版社，2002 年版，第 220 页。

㊻同注释⑰，第 217 页。

㊼同注释⑥，第二册，第 898 页。

㊽同注释⑭，中册，第 231 页。

㊾同注释⑫，上册，第 463 页。

㊿同注释⑩，第 1066 页。

51中华人民共和国外交部外交史研究室：《周恩来外交活动大事记》（1949—1975），世界知识出版社，1993 年版，第 572—573 页。

52同注释⑫，上册，第 465 页。

53同注释⑩，第 1069—1070 页。

54同注释⑥，第二册，第 903、904 页。

55同注释⑫，下册，第 524—525 页。

56同注释⑥，第二册，第 907 页。

57*SINTEZA, Referitor: acţiuni de mediere atribuite Republicii Socialiste România în vederea normalizării relaţiilor dintre S. U. A. şi R. P. Chineză.* AMAE, Dosar 220/RP Chineze, Nr. 02/02191（《外交部对外关系第二司：罗马尼亚对美中关系正常化所进行的中介活动综述》（1971. 5. 4）。外交部档案，第 220 卷/中华人民共和国，第 02/02191 号），pp. 1—2，2—3，4，5—6.

58同注释⑥，第二册，第 904 页。

59同注释⑫，上册，第 465—466 页。

60中共中央文献研究室：《周恩来年谱》（1949—1976），下卷，中央文献出版社，1997 年版，第 441 页。　［美］亨利·基辛格：《白宫岁月》，第二册，世界知识出版社，2003 年版，第 910 页。

61同注释⑫，上册，第 463 页。

62同注释⑭，中册，第 231 页。

63同注释⑥，第二册，第 917 页。

64同注释③，1972 年 3 月 18 日。

第六章

走向巅峰：
20 世纪 70 年代前期的中罗关系

已走过 20 年风风雨雨的中罗关系，在 20 世纪 70 年代初迈进了它有史以来的最好时期，其标志之一就是罗共总书记、国务委员会主席尼古拉·齐奥塞斯库在 1971 年 6 月对中国的访问。在这时推动中罗关系走向巅峰的动力，第一方面，来自中国调整对外战略、改善中美关系的需要。第二方面，来自于中国对罗马尼亚遭遇的“天灾人祸”的解囊相助。所谓“天灾”，就是 1970 年 5 月罗遭遇的特大水灾。所谓“人祸”，指的是在这前后苏联集团对罗的压制和要挟。第三方面则来自于中罗双方相互的需求与欣赏。在这期间，中苏关系对中罗关系始终存在着直接的反作用关系，而罗苏关系在一些具体问题上则对中罗关系有一定的制约，但在总体上对中罗关系仍然起着反作用。

进入 20 世纪 70 年代，国际关系出现了一些新的重大变化。一是战后美国独霸世界的现象被美苏争霸现象所取代，出现了苏攻美守的态势。二是由于西欧、日本经济的壮大，世界出现多极化倾向。三是第三世界在国际关系中的地位和作用日益明显。四是中国的对外战略有了重大调整，中美关系走向正常化，国际地位显著提高。反对霸权主义，争取独立自主的发展权成为国际关系中的一个主要倾向。中罗两国在这一方面本来就有着共同的立场，两国的关系在这一时期又有了更大的发展空间。

人祸与天灾

1969 年是中苏关系空前紧张的一年。对中国来说，苏联已经变成中国最危险的敌人，中国宁愿对中苏关系和中苏大战作出最坏的估计。中国的全民战备大规模地展开，中国报刊不断强调“新沙皇”对中国发动突然袭击的危险。1970年4月，中国借纪念列宁诞辰100周年之际，发表了人民日报、红旗杂志和解放军报编辑部的文章《列宁主义，还是社会帝国主义?》。文中强烈谴责“勃列日涅夫叛徒们”，“盗用列宁的名义来加紧推行他们的社会帝国主义、社会法西斯主义和社会军国主义”。[①]苏联则不断向中苏边界地区加强军事力量，并在靠近中国的中亚地区建立了一个新的中亚军区。苏联报刊同时也加强了攻击中国的火力，甚至对毛泽东进行人身的污蔑。[②]1971年，苏联出版了《苏中关系》一书，把苏中关系破裂的责任全都推到中国身上。

1964年以来，由于罗马尼亚始终在中苏冲突中坚持中立立场，所以一旦中苏关系趋于恶化，罗苏关系也会受到挤压。1969年的莫斯科会议刚闭幕，罗就决定在8月2日接待美国总统尼克松的访问，使尼克松成为第一个对共产党国家作国事访问的美国总统。1970年5月12—14日，经互会第24次会议在华沙举行，成立了国际投资银行。罗以该行实行多数决策制而不是一票否决制，决定仅仅作为观察员加入，成为经互会8个成员国中唯一没有以正式成员身份加入国际投资银行的国家。罗苏两国公开的、更激烈的争吵则发生在华约组织等问题上。

与此同时，罗马尼亚继续呼吁中苏和解，并高度评价罗中关系。1月3日，齐奥塞斯库在答日本记者问时说：

> 我们向来认为，两个社会主义大国——苏联和中华人民共和国之间的友好合作的正常关系、通过谈判解决他们之间的纠纷问题和争端，具有极为重要的国际意义，是和平与缓和的基本因素。我们相信，它们之间现有的分歧具有暂时的性质，我们过去和现在都欢迎苏联人民和中国人民的官方代表开始谈判，并且表示希望通过这一途径将达到争端问题的解决，这既符合两国的利益，也符合和平、进步、发展和国际合作的普遍事业的利益。[③]

4月8日，《火花报》在一篇文章中指出：“罗马尼亚的舆论界确信，罗马尼亚同中国的友谊和多边合作定将继续发展并将有利于两国人民，同时将加强整个社会主义体系、加强这个体系的团结及和平与进步事业。”

就在这时，巨大的灾难降临了罗马尼亚。1970年5月中旬，罗许多地区由于连降大雨和山区的积雪短时间内大量溶化，河水泛滥，造成了罗有史以来最大的水灾。全国 39 个县中有 37 个县受灾，70 万公顷的农作物被毁，损失达 100 亿列依，比罗在第二次世界大战中的全部损失还要多。[④] 灾情发生后，罗马尼亚人民发扬自力更生、艰苦奋斗的精神，积极采取各种措施抗灾救灾，尽快恢复正常的生活和生产。水灾不仅使罗向西方出口的大宗农产品严重减产，也严重损坏了许多工业设施。罗急需国际援助。

洪水尚未退尽，齐奥塞斯库就在 5 月 19 日匆匆到苏联进行了一天的访问。虽然据说这次访问是去年就已商定，在一个月前就确定了具体时间，但在国家遭受如此灾难之时，国家元首仍要匆匆出访，与苏联会谈的主要内容却不是救灾，而是有关罗的对外政策问题。据合众国际社报道，齐奥塞斯库在一次讲话中承认，这次会谈没有解决“现有的分歧”。他否认所传他去莫斯科是突然和紧急访问的消息，但是对于所传的苏联人曾告诉他，除非他放弃独立的外交政策，否则不提供最急需的救灾援助这个消息没有发表评论。显然，苏联是在乘人之危，企图迫使罗就范。

29 日，毛雷尔也去了莫斯科，同意签署新的罗苏友好合作互助条约，以取代早在 2 年前，即 1968 年 2 月就已期满了的旧的罗苏友好条约。最后，苏联仅同意给罗提供 5 万卢布的援助，包括 1 吨医药品和 10 吨粮食。由此可以看出苏对罗的冷漠。其他东欧国家也对罗受灾表现出程度不同的冷漠。

7 月 6 日，柯西金代替“鼻与喉部患病”的勃列日涅夫率团访问了罗马尼亚——这个“浑身是刺的、有独立见解的盟国”。美联社认为，“宣布勃列日涅夫生病是使赴布加勒斯特的苏联代表团降级的一种借口”。在机场，柯西金和毛雷尔互相握手，但“并没有克里姆林宫领导人同其他共产党盟国互施的熊式的拥抱和接吻”。随后，他们分别代表各自的国家签署了新的《罗苏友好合作互助条约》。条约的第一条规定：在兄弟互助、互利、尊重主权和民族独立、平等、互不干涉内政的基础上发展苏联和罗马尼亚在政治、经济、科技、文化方面的合作。毛雷尔在签字仪式后的讲话中特地重申了这一条。据德新社报道，齐奥塞斯库在日前召开的罗共中央全会上说：“同莫斯科达成的协议规定了社会主义国家之间的一种新的关系的原则，即建立在平等、互不干涉内政、尊重国家的独立主权和互助基础上。”[⑤]

据罗官员说，该条约早在 1968 年初就已拟好，因而并不含有“勃列日涅夫主义”，即“有限主权论”的内容。在推迟了两年之后，在罗有求于苏联之时签署这个条约，看似是苏联的胜利，罗马尼亚的让步。但是，在这个内容没有改动的条约草案上签字，似乎更应该视为罗的一个小胜利，因为这就使罗免除了在未来可能的苏联对华战争中支援莫斯科的义务。据说，莫斯科正在迫使它的其他盟国作出类似的保证。两个月前签署的苏捷友好条约中就已经写上了这样的内容。

患难识真交

为了寻求灾后重建的国际援助，也为了抵消苏联的压力，罗领导人在6月份分头出访：齐奥塞斯库去了苏联和法国，毛雷尔去了苏联和西德，波德纳拉希去了中国，曼内斯库去了美国，……然而，罗得到的最大的援助却是来自中国。

罗遭受水灾后，5月18日，周恩来打电报给毛雷尔，"向罗马尼亚政府、罗马尼亚人民和受灾地区的居民表示深切的同情和慰问"。6月1日，周恩来特地会见了杜马大使，称他为"同志"。[⑥]这是周恩来1966年访罗以来，中国领导人第一次恢复称罗马尼亚人为同志。周恩来在会见中邀请波德纳拉希访问中国，以共同商讨中国给予罗援助等有关事宜。

6月9日，波德纳拉希在结束对朝鲜的访问后，率领罗大国民议会和国务委员会代表团到达北京。起初，访问邀请是以中国全国人大常委会的名义发出的。待到罗代表团抵达北京时，中国方面又明确表示说，这次访问是由中共中央邀请的。[⑦]据法新社报道，在3天的访问中，代表团"受到了最隆重的礼遇"。[⑧]波德纳拉希在欢迎宴会上说，他"带来了罗马尼亚人民对伟大的中国人民最美好的友情和敬意"。"北京的数千群众对我们——社会主义罗马尼亚的使者——表达如此热烈的友好和亲切的感情，使我们深受感动。"[⑨]

随后，周恩来与波德纳拉希进行了会谈。波德纳拉希详细介绍了齐奥塞斯库为首的罗共代表团5月去莫斯科同苏共领导人会谈和争执的情况。他说这次代表团去苏联是由于苏联不断向罗施压，罗想向苏摊牌，开诚布公地谈一次。他介绍了齐奥塞斯库长篇发言的内容，其中涉及经互会、罗苏双边经济关系、罗共与其他党的关系、罗苏友好合作条约迟迟不能签定等问题，接着介绍了勃列日涅夫在11个问题上对罗进行指责的长篇发言以及齐奥塞斯库逐条反驳的情况。关于中罗关系，波德纳拉希向周恩来表示：罗愿意密切同中国在政治、经济、军事各方面的关系，希望在武器装备方面得到中国的帮助。他还对中国的宣传工作提出意见，说苏联工人群众对中国说苏联已复辟资本主义是不高兴的。

中方先由康生介绍有关国际共运方面的问题，后由周恩来介绍中苏边界谈判和中美会谈的情况。关于军事援助问题，周恩来表示可以在罗国防部长访华时商谈。通过这次接触，中国对罗苏矛盾和罗的立场有了进一步的、较全面深入的了解，对罗及其对外政策有了更客观和更积极的评价。[10]

11 日，毛泽东与代表团“进行了长时间的亲切友好的谈话。”[11]毛泽东称赞说：你们能顶住苏联的压力，“我们非常高兴”。波德纳拉希说：“我们非常感谢你的评价。我们今后有更大的决心来顶住。聪明，但是坚定地顶住。”波德纳拉希再次感谢中国在 1968 年苏联侵略捷克斯洛伐克事件中对罗的支持，使“我们有决心抵抗。我们罗马尼亚、南斯拉夫、阿尔巴尼亚总共有 4500 万人。我们的工业潜力是很大的。我们有粮食储备。我们的地形使我们可以进行持久战”。毛泽东高兴地说：“很欣赏你这次的谈话，情绪不同了，这反映了整个世界情况的变化。”波德纳拉希回答说：“是变了，我们学了很多东西。”谈到对罗的军事援助时毛泽东说：“我们还是一个落后国家。如果对你们有可取之处，就到处去找嘛！要图纸给你们嘛。”“军事方面的东西不要什么代价，就是给你们。你们是去抵抗社会帝国主义嘛。”

毛泽东又谈到 1965 年他与苏联部长会议主席柯西金关于中苏论战的谈话。当年柯西金向他提出停止公开论战。毛泽东坚持说：“停止可以，一万年以后。一万年以内不能停止。”柯西金说太长了。毛泽东说：“你是十月革命第一个社会主义国家的领导人，看在这个面子上，我让步，减少一千年。你看这个让步多大呀，一让就是一千年呀！”这时毛泽东请波德纳拉希转达他对柯西金的问候。波德纳拉希问：“你是不是还可以作个让步，［把中苏论战］再减少一千年，争论八千年？”毛泽东说：“那是相当危险呀！”波德纳拉希说：“为了鼓舞他的士气。那里有些人是需要鼓舞的。”毛泽东遂说：“好，为了罗马尼亚，再减少一千年。”[12]波德纳拉希又问：“我可以将此话转告柯西金吗？”毛泽东说：“可以。”[13]这段谈话就是“中苏争论要进行八千年”这一说法的由来。尼古列斯库—米齐尔在其回忆中说此事发生在 1964 年，[14]显然是记错了。

法新社认为：“这次访问中最突出的日程是毛主席的接见，这本身就说明中国对罗马尼亚执行独立政策的重视。事实上，这是中国领导人作出的一种不寻常的表示。”[15]外电还注意到，新华社在报道中罗双方的会谈气氛时，都使用的是“亲切友好的”这一说法，与塔斯社报道 5 月的罗苏首脑会谈时使用的“坦率和同志式的”的说法形成了鲜明的对比。

当晚，罗驻华大使杜马在人民大会堂宴会厅举行盛大的宴会，周恩来应邀出席并讲话说：

> 我们都坚决反对在国与国之间实行强权政治。有些人攻击我们是什么“民族主义”，实际上，他们是在反对所谓“民族主义”的幌子下，干涉别国内政，践踏别国主权，掠夺别国财富，甚至把军队开进别国领土，实行露骨的军事占领。他们的所作所为才是不折不扣的大国沙文主义和霸权主义。
>
> 罗马尼亚政府和罗马尼亚人民一贯反对大国欺负小国，为欧洲的和平与安全作了很多努力，中国政府和中国人民表示钦佩和支持。[16]

外电注意到，中国领导人的发言都避免直接提及苏联，但是矛头所指却是人皆共知的。在罗马尼亚贵宾面前，中国领导人用自己习惯的语言猛烈抨击苏联，与 4 年前周恩来在布加勒斯特的讲话几乎是如出一辙，可是罗方的反应和当年相比却判若两国。这其中既有罗此时亟需中国的支持和援助的原因，也有两国的立场比 4 年前更为接近的因素。匈牙利 6 月 20 日的广播中提出了一个有趣的巧合：苏联派往北京进行边界谈判的代表团团长库兹涅佐夫患病回国了。他的离开实际上是紧接着波德纳拉希对中国的访问之后。这些事件并不是在真空中发生的，而在华沙条约修订后的整个 15 年中，“罗马尼亚人历次的东方之行对那个联盟的工作都曾有过很大的影响”。[17]

波德纳拉希对此次中国之行心满意足：“代表团在中华人民共和国进行的访问印象极为丰富，对于发展我们两党、两国关系和加强罗中友谊成果尤为丰硕。”“罗马尼亚共产党和罗马尼亚社会主义共和国对与中国共产党和中华人民共和国的关系给予特殊的评价。”“你们可以相信，罗马尼亚人民将永远是中国人民、社会主义中国的可靠朋友。”[18]

6 月 29 日，中国就这次水灾向罗提供无偿物资援助的议定书在北京签字。中国总共提供了价值 5260 万元人民币的无偿物资援助，合 2500 万美元。在给罗提供援助的国家中，中国是提供援助最早、[19]援助数额最大的国家。[20]顺便一提，美国提供了总共 1150 万美元的援助。[21]毛雷尔发来感谢电，代表罗政府和人民，对中国政府和人民的同情与慰问，以及对“所提供的慷慨的物资援助表示衷心的感谢”。在此之前，中国红十字会已向罗受灾地区提供了50万元人民币的现款和价值50万元人民币的药品、食品、衣服、鞋子和布匹的援助。罗红十字会给中国红十字会发来感谢电，称“这种援助是对消除灾害后果的事业的一个特别宝贵的贡献”。

大水灾给中罗友好关系的进一步恢复第一次提供了一个公开的证明。6月16日，《火花报》发表评论说：在罗遭受严重水灾而处于困难的情况下，罗中两国人民的友好与团结得到了特别生动的表现。罗人民对此表示最深切的谢意和衷心的感激。我国公众舆论对大国民议会和国务委员会代表团访问中国所取得的积极成果表示满意，向中国人民表示敬意和最好的祝愿。11月27日，齐奥塞斯库在视察罗北部灾区时，在萨图·马雷县的群众大会上发表讲话说：“我们确实是得到了巨大的援助，但我要就此机会告诉你们，这一援助的三分之一以上是从中华人民共和国方面得到的。因此在向各国表示感谢的时候，我不能不特别向中国共产党、中华人民共和国政府、中国人民、毛泽东同志表示感谢，感谢他们对我们的援助。”[22]

后来，罗方多次用“患难识真交”这句话来赞颂中罗关系。罗明对此评论说：“为了支持罗马尼亚的独立立场，中国领导人提供给罗马尼亚最需要的援助，以使其能够体面地抵制外来威胁。援助的数量和种类感动了罗马尼亚政府。中方此举，连同罗马尼亚国家领导人的致谢，被要求广为宣传。”[23]

7月23日，也就是罗苏条约签字的半个月后，罗武装部队部部长约尼查上将率领罗军事代表团访华。早在6月的访问中，波德纳拉希已向中国提出了军事援助的愿望和请求。约尼查的来访则是为了具体洽谈这些援助的内容和方式。因而有的外国学者说：“这是一次极为明确的、实际上毫无秘密的交往。”[24]访问期间，约尼查再次对中国给予罗的慷慨援助“表示最热烈的感谢”。在与解放军总参谋长黄永胜的会谈中，约尼查提出了军事援助的要求。经过商谈，两国签署了《关于中国向罗马尼亚提供无偿援助和贷款的协定》，中国外贸部长李强与约尼查签署了《关于中国向罗马尼亚提供军事物资和军工成套设备及技术援助议定书》。根据协定，中国向罗提供了3489万元人民币的无偿军事援助。

7月29日，毛泽东会见了代表团，约尼查向他介绍了罗苏关系和罗的备战情况。毛泽东说：请转告齐奥塞斯库和其他领导人，要有准备，要准备你们的飞机被消灭了还能抵抗，准备没有坏处，可以促进国民经济发展。你准备好了，它就可能不来，打来了也不怕。周恩来会见代表团时也强调要有准备，同时表示：在军援方面最好的办法是帮助你们自己生产。请回去报告齐奥塞斯库同志和毛雷尔同志，有什么需要还可以再提。[25]

在苏联等国对罗施加强大压力的时候，中国决定向罗提供军事援助，可谓意义重大。这次会谈的内容“涉及中国对罗的援助以加强其防御能力”，包括“建设生产设备、弹药以及武器的工厂的协议”。但是，迄今两国都尚未披露有关的任何历史细节，也看不到任何解密了的档案资料。就连主编《中罗关系文件集》一书的罗明也找不到任何有关的档案资料。但一位外国学者说：“中国同意提供给罗马尼亚飞机工厂的全套设备及其技术援助，包括向罗派出工程技术人员。这是中国第一次同意向东欧国家派出技术人员（当然，阿尔巴尼亚除外）。”[26]我们还可以透过当年罗驻华大使馆发回罗外交部的一些电报窥见其一斑。其中有一封电报在谈及两国关于军事援助的谈判时说：“他们给了我们要求的一切。”[27]正因为如此，约尼查对这次访问“表示非常满意”，对“代表团在中国访问期间所受到的特别好客的接待表示感谢”。

11月20日，勒杜列斯库抵达北京访问，主要是来与中国商谈经济合作问题。在欢迎宴会上，他在谈到罗遭受的水灾时再次表示：“我借这个机会对中国人民给予我们兄弟般的及时的援助——这是罗马尼亚人民从国外得到的最大的援助，表示衷心的感谢和深切的感激。”李先念则热情洋溢地说：“勒杜列斯库同志虽然第一次来到中国，但我们是老朋友、老同志了，俗语说‘故友重逢，分外亲切’。”

在与周恩来的会谈中，勒杜列斯库提出两国进行生产协作，建立经济合作混合委员会、扩大贸易、从中国进口成套设备等建议，并表示希望中国能够提供贷款。他还谈了经互会的近期情况。周恩来对此作了原则性的表态。勒杜列斯库此行还有另外一个重要使命。一个月前，齐奥塞斯库访问美国时，尼克松请他向中国传递重要信息。齐奥塞斯库回国后，把这一使命交给了勒杜列斯库。周恩来就是在这次接到了勒杜列斯库传递的口信后，通过勒杜列斯库，即罗马尼亚渠道，第一次向美国发出了邀请尼克松本人访华的明确信息。

随后，李先念与勒杜列斯库进行了具体商谈。双方商定：建立两国经济合作委员会之事暂不考虑，但可就重要商品的贸易签定长期协议；中国向罗提供一定数额的人民币无息贷款和现汇。25日，两国签订了关于中国向罗提供长期无息贷款和自由外汇无息贷款的两个协定。根据协定，中国向罗提供2亿元人民币贷款，后来又增加了2400万元，[28]供罗马尼亚从中国进口成套设备；中国提供现货贷款1亿美元。成套设备包括纯硅冶炼厂、电气测量仪表厂、砂轮厂、印刷厂等31个项目。设计和技术资料由中国免费提供。[29]周恩来亲自出席了签字仪式，解放军总后勤部部长邱会作也引人注意地以副总参谋长的身份出席了签字仪式。勒杜列斯库对这次访问的成果“十分满意”。

1971年3月，勒杜列斯库再次率政府代表团访华，双方主要就中国向罗提供援助事继续商谈。李先念和勒杜列斯库分别代表本国政府签署了中国向罗提供成套设备和材料交付条件的议定书、中国派往罗的工程技术人员待遇和工作条件的议定书。[30]

6月，中国社会主义建设成就展在布加勒斯特开幕，波德纳拉希出席了开幕式。10月，罗工业展览会在北京开幕，姚文元、纪登奎等出席了开幕式。这也是两国经济技术交流的一个重要内容。

中国外交战略的调整与中罗关系的改善

从20世纪70年代的第一年起，中罗关系比20世纪60年代的后半期有了明显的改善，中国对发展中罗关系表现出了相当的主动，与20世纪60年代后半期的被动和暧昧形成了鲜明的对比。中国不但热情地邀请和高规格地接待了一个接一个的罗高级代表团，而且向罗提供了许多无偿的和极为重要的援助，令罗很受感动。1970年罗国庆前夕，毛泽东等中国领导人在给罗领导人的联名贺电中，高度评价中罗关系：

> 中罗两国人民在长期的革命斗争中，一贯互相同情，互相支持，在马克思列宁主义和无产阶级国际主义基础上建立了深厚的友谊。我们高兴地看到，近年来，我们两党两国的友好合作关系正日益加强和发展。中国人民将一如既往地坚决支持罗马尼亚人民的正义斗争。
>
> 中罗两国人民之间牢不可破的友谊万岁！[31]

贺电的关键用词与1964年，也就是中罗关系出现第一个高潮之时，毛泽东等人给罗领导人的国庆贺电很相近，其热烈的程度则超过了1965年的贺电。

这个时期的中罗关系表现出以下几个特点：

第一，双方互相高度评价，相互了解明显地加深，相互的看法都明显地有所改变。中国认识到，在中国与苏联的斗争中，即使罗始终保持中立立场，也是非常难能可贵的，对中国也是有利的。中国在 1970 年恢复称罗马尼亚人为同志，1971 年起又恢复称罗为社会主义国家，并承认罗党是马克思主义政党。

第二，中国可以在罗马尼亚人面前不指名地猛烈抨击苏联，罗不但予以默许，还程度不同地予以唱和。两国相互保证，在任何时间，任何情况下都将给对方以支持，都将是对方可以信赖的朋友。

第三，罗受灾之际，请求中国紧急援助，中国解囊相助。不但援助额是当时各援助国中最大的，而且包括了罗至为需要的军事援助，这是前所未有的。与此同时，在援助种类和方式上，中国既注意量力而行，又设身处地从罗的处境出发。罗称中国此举是“患难识真交”。

这个阶段中国对发展中罗关系的态度的转变，以及中罗关系的明显改善，与这时中国外交战略发生的重大调整有着密切关系。

20 世纪 60 年代中期中国的外交战略具有浓厚的“左”倾革命理想主义色彩，在高举反帝反殖大旗的同时，又高举反修的大旗。中国把世界上许多民族主义国家都划入帝国主义阵营，把除阿尔巴尼亚等极少数几个社会主义国家外的所有社会主义国家都看作是修正主义国家，把世界上绝大多数共产主义政党都称为“修字号”的党，暗中也包括了罗马尼亚和罗共。中国与已建交的 40 多个国家中的近 30 个先后发生了外交纠纷，实际上把自己变成了孤家寡人。中国在遭受“文化大革命”的极度内乱的同时，竟还要与世界上最强大的两个国家互为仇敌。中国外交陷入了极度的被动，国家安全受到了前所未有的威胁。

1969 年 3 月 2 日在中苏边界发生的珍宝岛事件，使 1969 年成为中国外交的转折点。首先，刚刚入主白宫的美国总统尼克松为结束侵越战争、遏制苏联，开始调整对华政策。其次，苏联大力推行霸权主义，1968 年竟带头侵占“兄弟国家”捷克斯洛伐克，1969 年又扬言要入侵中国。在中苏矛盾大于中美矛盾的国际环境下，毛泽东等中国领导人艰难地，然而又是果断地开始调整外交战略，从反帝反修的外交战略逐步转变为“一条线，一大片”的外交战略。即反对美苏霸权主义、侧重反对苏联霸权主义；联合第二世界，加强团结第三世界，建立起世界范围的广泛的反苏统一战线。[32]中国外交的理想主义色彩开始有所减退，露出了本来的现实主义内核的一角。

中国的外交战略调整直接影响了中罗关系。过去中国更多地是从意识形态的角度评判与苏联有关的国家之间的关系，现在则更多地是从国家安全利益的需要出发评判与这些国家的关系。中罗关系之所以在 20 世纪 60 年代中期出现停滞甚至倒退，主要原因就在于中国以意识形态划线，认为罗共与苏共的观点很近似，甚至在内部称之为“罗修”。现在中国认识到，罗在中苏关系上采取中立立场，不但在国际舞台上是中国反苏的同盟军，在欧洲更可以与阿和南在地缘上形成对苏联的牵制。过去的“不反对苏联的国家就是我们的敌人”的外交取向，现在变成了“不追随苏联的国家就是我们的朋友”的外交取向。罗的国际地位和对外政策正好符合了中国外交战略调整的需要，有助于减轻中国受到的苏联威胁，还为中国增进与第三世界国家的关系，扩大与西方国家的交往提供了媒介。而后者当中最为重要的，如前所述，就是成为推动中美关系解冻的对话渠道之一。

另一方面，在某种意义上说，中罗关系的改善，对中国调整外交战略也是一种投石问路。中国外交战略调整之初，中罗关系就获得了明显的改进，有效地推动了中国外交，有助于中国领导人更加坚定调整外交战略，包括对东欧等社会主义国家调整外交政策的信心和决心，减少了国内对调整外交战略的忧虑和阻力。

齐奥塞斯库首访中国

上述种种迹象都表明，中罗关系即将进入有史以来最好的发展时期。在这个条件下，1970 年 11 月，齐奥塞斯库托勒杜列斯库转交毛泽东一封信，建议把两国间“经济、科技、军事各方面已达成的协议和两国关系发展的前景”，用一个共同文件“固定下来”，并“希望来华访问”。[33]此后他又多次催问此事。“文化大革命”以来，中国很少接待外国首脑来访。所以毛泽东最初对此批示：“暂不复，等一个时间再说。”在罗方的一再要求下，周恩来在 1971 年 1 月 26 日接见杜马大使并答复说，如果齐奥塞斯库能在上半年接受邀请访问朝鲜和越南，中国可以挤出时间来接待他。

5 月 7 日，中共中央打电报给罗共中央，就罗共成立 50 周年，向“亲爱的同志们”“致以热烈的祝贺”。电报称赞“罗马尼亚共产党领导罗马尼亚人民在社会主义建设中取得了重大的成就”，并指出：“中罗两党在长期的斗争中，建立了革命友谊。近年来，这种友谊更有了新的发展。我们深信，在马克思列宁主义和无产阶级国际主义的基础上，我们两党和两国人民之间的友好合作和革命友谊，必将进一步加强和发展。”[34]这被认为是自1966年“文化大革命”以来，中国首次正式恢复承认罗共是马列主义政党，罗马尼亚是社会主义国家。中罗两国从此正式恢复了兄弟党、兄弟国家的关系。[35]罗共中央复电对此“衷心地感谢”，认为这“是我们两党两国兄弟般的团结和尊重的关系的表现”。[36]这是齐奥塞斯库此次访问中国并取得成功的另一个重要背景。

应中国邀请，6月1日，尼古拉·齐奥塞斯库以罗共总书记、罗马尼亚国务委员会主席的身份，率领罗党政代表团抵达北京，对中国进行第一次正式访问。代表团中包括有后来担任过罗总统的扬·伊利埃斯库。周恩来在机场举行了“隆重的欢迎仪式”，“除生病的和无法前来的，所有的党和国家领导人都参加了机场的欢迎仪式”。[37]随后，代表团进入市区，接受几十万群众的夹道欢迎。

> 贵宾们乘坐的汽车穿过由花束、旗帜和热情洋溢的人群组成的友谊长廊来到天安门广场，广场上顿时出现了热烈动人的场面。欢呼声、锣鼓声响彻广场上空，万千个彩色气球腾空而起。在观礼台上，四千多人举着花束组成了中文和罗马尼亚文的“欢迎”的字样。少年儿童手持花束和彩带，高兴地跳起了欢迎舞蹈。一万多名文艺战士热情地为贵宾们表演了《红绸舞》、《丰收舞》、《民族团结舞》、《大刀舞》等文艺节目。广场上载歌载舞，一片欢腾。[38]

德新社评价说：“这是很久以来北京给予一个外国代表团的最盛大和最丰富多彩的欢迎，也是几年来中国妇女和女孩子第一次几乎全都穿上了花衬衣和花裙子，而不是穿长裤，这在北京是一种颇为不平常的景象。”这一场面给罗代表团留下了久久难以磨灭的印象。当晚，周恩来主持了盛大宴会，欢迎罗党政代表团。《纽约时报》称这是一次“光彩夺目的宴会”。[39]周恩来在讲话中热情洋溢地赞扬罗马尼亚：

> 罗马尼亚人民是有骨气的人民，经过斗争锻炼，变得更加坚强。现在，兄弟的罗马尼亚人民正团结在罗马尼亚共产党的周围，在独立自主的道路上阔步前进。正如齐奥塞斯库同志所说，“当一国人民决心捍卫独立和自由时，世界上没有任何力量可以使他屈服，可以征服他”。这表达了罗马尼亚人民团结战斗的坚定意志和胜利信心。中国人民对罗马

尼亚人民这种不畏强暴，敢于斗争，奋发图强的革命精神表示十分钦佩，对罗马尼亚社会主义共和国的日益繁荣昌盛感到由衷的高兴。

齐奥塞斯库在讲话中强调说：“罗马尼亚共产党、社会主义罗马尼亚政府和我国全体人民，特别珍视同中国共产党、中华人民共和国政府和中国人民的兄弟般的友好关系。”随后，以周恩来为首的中国领导人与以齐奥塞斯库为首的罗代表团“在十分亲切的气氛中”先后进行了5次会谈。

3日，毛泽东和林彪会见了齐奥塞斯库等人，包括齐奥塞斯库的专机机组人员。新华社有史以来第一次在新闻报道中直接引用了毛泽东当场讲的话：“同志们，你们好，祝你们更好！团结起来，打倒帝国主义和一切反动派。”齐奥塞斯库回答说：“我代表罗马尼亚共产党和我国人民向您表示热烈敬意。”

在会谈和会见中，两国首脑重点交换了对社会主义国家之间和各国共产党之间关系的看法，特别是对中罗关系和中苏关系的看法，主要涉及了以下几方面的问题：

第一，交流了各自国内的情况，主要集中于中国的“文化大革命”。

中方对“文化大革命”的介绍和讨论引起了罗方的很大兴趣。双方交流了对党组织的建设、党的一元化领导、“教育革命”、“文艺革命”等问题的认识和做法。罗代表团参观了清华大学，了解了那里的“教育革命”。自“文化大革命”开始以来，罗从未在公开场合作对此作过评论。引人注意的是，在首都群众的欢迎大会上讲话时，齐奥塞斯库第一次提到中国的文化大革命：“由于中国人民在社会主义道路上取得的这些成就，是在反对帝国主义和反动派的复杂的国际环境下和在国内进行无产阶级文化大革命斗争的特殊条件下取得的，因而这些成就就更加重要了。罗马尼亚共产党、我国人民高度评价中国人民在社会主义建设中取得的成就。”[40]这也是这次访问期间齐奥塞斯库唯一的一次公开提到“文化大革命”。虽然这不是对文化大革命的直接评价，但是，在赞扬中国取得的成就时“提到文化大革命，这无疑使中国方面感到满意”。[41]但是事后他却又说，虽然我“谈到了中国在文化革命的困难情况下取得的成就，但我没有说文化革命是对的”。

第二，交流了对国际形势的基本看法。

在讨论国际问题时，齐奥塞斯库感到，中国领导人的立场似乎没有过去那样咄咄逼人了。“总体来讲，他们的表现非常有分寸，唯一的批评是针对美国人的。”中国“想要实现所有外交关系的正常化”，对联合国问题也“很感兴趣”。[42]这正体现了中国开始调整外交战略，努力改变自己的外交形象，建立最广泛的国际反苏反霸统一战线的愿望。在这方面，中罗两国自然有更多的共同语言。对于中国向美国开展乒乓外交，齐奥塞斯库明确表示了赞赏。[43]

第三，关于国际共运的几个问题。

1. 中苏关系。一方面，中国领导人坚持要和苏共斗争下去：

毛泽东：我们不改，我们“教条主义”一直要坚持下去，永远不改，一万年不改！柯西金来一趟，减少一千年，你们罗马尼亚代表团波德纳拉希来一下，减少一千年。我说：哎呀！一下就减少二千年，再减非常危险噢！现在不过剩下八千年了。

齐奥塞斯库：还可以减少一些吧？

毛泽东：一年都不减了！你拉屎到我头上，我还要敬！小国不在内，一句话不讲，可以。大国啊，不买他的账！谁人作说客也说不动我们，越说关系越不好！我们都是“军阀”、“官僚”啊，在这里“专政”啊，“叛变”了马列主义啊，毫无资格参加那个“大家庭”。你们有资格，我们没有。（对在场的其他中国领导人）我们不多不少，八千年。大家听着啊，不减了！[44]

这番话也封住了齐奥塞斯库想进一步劝说中国对苏联作出和解和让步的口。但另一方面，中国领导人又说这并不妨碍中苏两国国家关系正常化。[45]罗方感到中国领导人，包括毛泽东和周恩来，在谈到苏联时态度都“出乎意料”地缓和与慎重。“我们不但没有看到反苏迹象，相反我们感到一种对苏联的重新评价。”[46]

而对于罗苏关系，中国赞赏罗“顶住了压力”。[47]

2. “联合行动”问题。即1965年以后苏联提出的，各社会主义国家在支援各国的反帝斗争，包括在越南的抗美战争中应联合行动的主张。周恩来干脆地回答：马列主义政党与修正主义政党不能搞“联合行动”。

3. 经互会及华约组织。齐奥塞斯库说是毛泽东主动问起了经互会，他趁机动员中国加入经互会，以减轻罗在其中受到的压力。中国领导人予以婉拒。

1. 与其他社会主义国家和西欧各共产党的关系。齐奥塞斯库转达了西欧某些共产党想同中共恢复关系的愿望。毛泽东答复说，要同中共恢复关系可以，但首先要公开承认过去错了，几句话就行，有些党反华是不得已。齐奥塞斯库注意到“中国的同志们非常关注与别国共产党关系正常化”，中国已经开始主动尝试与东欧国家和蒙古实现国家关系正常化，比如向这些国家重新派出大使。[48]他似乎是误解了中国此举：中国向各国恢复派出大使是为了与尽可能多的国家恢复国家关系的正常化，而不是恢复党际关系的正常化。中共对恢复与东欧其他各党的关系是极为谨慎的，直到 20 世纪 80 年代中期才逐步实现。

值得注意的是，齐奥塞斯库感觉在这些问题上“与毛泽东的会谈没有深入下去”。如前所述，整整一年前，波德纳拉希与中国领导人在北京会谈时，中国方面感觉双方的谈话是“较全面深入的”，甚至因此在很大程度上改变了对罗的一些看法。假如齐奥塞斯库的上述感觉是准确的话，就会产生一个问题：时隔一年，两国最高领袖的会谈却流于泛泛而谈，原因何在？中国方面可能的原因，一是中国领导人考虑到齐奥塞斯库最高领袖的身份及其个性（中国领导人早已领教过），这次又是双方现任最高领袖的第一次峰会，中方为确保其成功，采取了谨慎的态度。二是中方看到，一年以来中罗两国的立场已经大大接近，中国暂时可以不对罗提出更高的要求；此次峰会的当务之急，是取得更多的共识，并尽可能满足罗方的援助要求，巩固两国刚刚恢复起来的友好关系。罗方可能的原因是，齐奥塞斯库是把这次中方对苏联等问题的态度，与他 1964 年第一次访问中国并与中国领导人的会谈时的感觉、与他原先对中国对苏联的态度的预料相比较，因而感觉有较大的落差。

不管怎样，中国的对外政策已经发生了明显的变化，不再那么“革命性”十足，不再那么咄咄逼人，这倒是一个不争的事实。

第四，中罗关系。

双方对两国关系的发展是满意的，评价是高的。虽然存在着分歧，但是双方既不回避，也不认为这会有碍大局。只是似乎中方把这些分歧看得重一些，对中罗关系的评价稍为谨慎一些；罗方似乎把这些分歧看得轻一些，对中罗关系的评价更乐观一些。谈到国际共运的大论战，毛泽东赞许地说：“有些党，比如你们的党，我们就不怨你们。最近我看了你的一篇讲话，公开承认过去错了。别的党就不承认。”[49]他又提到了 1960 年的布加勒斯特会议，对罗马尼亚党当时的处境再次表示谅解。

下面是这次会见即将结束时的一段对话：

毛泽东：我们的立场是一致的。

我们今天的交谈是不是就到这里？周恩来同志说，下午你们还要会谈。你们就去争吵吧。

齐奥塞斯库：我想我们不会吵架。

毛泽东：将会爆发第三次世界大战。你们两人将会大吵一番。我是不会介入的，因为我是个官僚。

齐奥塞斯库：那就好。要是吵起来，会有人来让我们讲和的。

毛泽东：我跟毛雷尔同志是本家。我们两人都姓毛。

齐奥塞斯库：因此，我们更有理由保持友好关系，密切合作。我们高度评价罗中两国两党的关系。

毛泽东：也别评价太高，恰如其分吧：我们的关系相当好。我们不会吵架。当然，有时候我们也会小有争执。今天下午也许就会如此。当然，也许不会有什么争论。

齐奥塞斯库：争论嘛，我希望会有；但我相信不会吵架。[50]

第五，提供援助和进行经贸合作。

周恩来同毛雷尔举行了两次单独会谈。毛雷尔表示罗财政平衡遇到了困难，探询中国有无可能提供现汇和货物贷款。于是中国决定再向罗提供商品贷款3000万美元，现汇贷款300万美元。所有贷款均是无息贷款，5年后或10年后偿还。如果届时偿还还有困难，可以延期。[51]双方还讨论了从中国“采购一些原材料的问题”。

中国向罗马尼亚提供军事援助也是会谈的内容之一。

罗方提出建立两国经济混合委员会。中方认为现在尚无必要，待“需要时让双方外交部长和外贸部长讨论此事”。齐奥塞斯库认为，中方这样答复，是因为他们不了解混合委员会的作用。[52]

在周恩来亲自陪同下，罗代表团还访问了南京、上海。法新社敏感地注意到：“这是件不寻常的事，因为四年来中国报纸一直没有提到这位总理去一些省份的事，而且自六年前文化革命开始以来，齐奥塞斯库是第一个得到这样的荣誉的客人。”[53]南京、上海两地都组织了数十万群众的夹道欢迎，场面“极其热烈”。

8 日，北京召开了欢迎罗代表团的万人群众大会，这是当时的社会主义国家对重要的来访者所习惯采用的表示友好和隆重的接待方式。北京的广播电台实况转播了大会实况。周恩来在讲话中猛烈抨击了“超级大国”及其强权政策，重申了对罗外交政策的赞赏和坚决支持：“各国人民的斗争实践证明”，超级大国“并不可怕，你顶了它，也没有什么了不起，大家联合起来同它斗，它就更无可奈何。只要中小国家团结起来，互相支持，坚持斗争，弱就会变强，小就会变大，就一定能够战胜大国的侵略”。[54]路透社认为，这“是鼓励罗马尼亚不要向莫斯科的任何压力屈服”。[55]这篇发言稿，显然已事先得到了罗方的认可。

齐奥塞斯库接着发言说：“罗马尼亚党政代表团在你们祖国进行的正式友好访问，是罗中两党、两国和两国人民之间的友好和全面合作的关系的必然结果。这种友谊渊源于我们两国人民的革命历史，扎根在罗马尼亚和中国的革命者在长期的阶级斗争中的相互支援。”他再次重申了罗对处理共产主义政党之间关系的基本准则：“在今天的条件下，既没有必要，也不可能在共产主义和工人运动中存在一个中心。各国共产党和工人党之间的关系必须建立在马克思列宁主义和无产阶级国际主义原则的基础上；建立在完全平等、各党自治的基础上，排除对他党内部事务的任何形式的干涉；建立在互相尊敬和互相信任，发扬同志般的团结和互助的基础上。”[56]德新社注意到，“苏联大使托尔斯季科夫对于针对莫斯科的这一拒绝一声不响地听着，但是涨红了脸”。[57]

会谈的后期，双方主要商谈了双方关于这次访问的联合公报。尽管进入20 世纪 70 年代以后，中罗双方在 20 世纪 60 年代后期日益增多的意见分歧明显减少，但并未消除。分歧主要集中在意识形态方面和国际政治方面。在发表联合公报的问题上，双方的主要分歧则集中在国际共运的有关问题，特别是所谓的“反修”问题上，双方几经磋商达不成一致意见。自齐奥塞斯库到中国以来，新华社在报道双方的会见与会谈时，都说是“在十分亲切的气氛中进行”。而对 8 日的双方最后一次会谈，却只说是“在友好的气氛中圆满结束”。9 日发表的两国联合公报说：在访问期间，双方“在亲切友好和相互谅解的气氛中”，就发展两党、两国和两国人民的友好合作关系和共同关心的国际问题进行了会谈，[58]婉转地告诉我们，最后的会谈曾经有过激烈的争论。最后，公开发表的联合公报删去了有争议的内容。[59]驻北京的一些苏联和东欧的外交官注意到，“联合公报中没有提到承认联邦德国的必要性。公报中对欧洲社会主义国家关系问题的任何遗漏都暗示了罗中之间存在的有争议的问题”。[60]

然而，瑕不掩瑜。这次访问的成果是丰硕的，取得的共识、达成的协议是广泛的。《中国罗马尼亚联合公报》说：在访问期间，

> 罗马尼亚客人所到之处，都受到了极其热烈的欢迎和亲切的接待，这是罗马尼亚人民和中国人民之间兄弟般的友好感情的表现。罗马尼亚代表团对于这种友好款待，以及在中华人民共和国各地受到的盛情欢迎，表示衷心的感谢。
>
> ……
>
> 中国方面重申，经过无产阶级文化大革命锻炼的中国人民，将一如既往，履行自己的国际主义义务，坚决支持罗马尼亚人民维护民族独立和国家主权的正义斗争，坚决支持罗马尼亚人民的社会主义建设事业。
>
> 在会谈中，双方强调指出，中罗两国人民在反对帝国主义和反动派，在反对强权政治的共同斗争中，在两国的社会主义建设事业中，一贯互相同情，互相支持，建立了深厚的战斗友谊。
>
> 双方满意地指出，近年来，中罗两党、两国和两国人民之间的关系有了很大发展。两国领导人增加了接触，加深了彼此的了解。两国的政治、经济、文化等方面的合作，有了显著的加强和扩大。中罗两党、两国、两国人民之间的友好合作关系，是建立在马克思列宁主义和无产阶级国际主义基础上的，是严格遵守完全平等、独立自主、相互尊重和互不干涉内政的原则的，是经得起考验的。中罗两国友好合作关系的发展，有利于两国人民和世界人民的革命事业。双方一致表示，决心进一步加强中罗两党、两国和两国人民的革命友谊和战斗团结，扩大各方面的合作关系。

公报接着列举了双方在国际问题上的 15 处共识，包括印度支那问题、朝鲜问题、亚非拉人民的反帝反殖运动问题、中东问题、帝国主义与世界大战问题、中小国家反对强权政治问题等。

9 日，齐奥塞斯库一行圆满结束了对中国的正式访问，前往朝鲜访问。周恩来率领中国众多领导人到机场热烈欢送。几天后，罗代表团回国途经北京并作短暂停留时，周恩来再次亲往机场迎送。

访问造成的反响

齐奥塞斯库的中国之行首先在罗国内引起了巨大反响。6 月 11 日，《火花报》发表评论说："完全有理由肯定，罗马尼亚党政代表团在中国的访问以特别丰硕的成果而结束，对罗中兄弟关系的积极的不断发展是一个宝贵的贡献。"[61]全国各地、各界人士给罗共中央和齐奥塞斯库本人发来了"成千上万"的电报和书信，表示对齐奥塞斯库的亚洲之行和罗对外政策的拥护，"表明了党的对外政策和人民的意志完全一致"。[62]

6 月 25 日，罗共中央执委会听取了代表团访问亚洲 4 国，主要是中国之行的报告。波德纳拉希说：这是齐奥塞斯库任党的总书记以来规模最大、最重要的一次出访。与会者一致认为"此次访问非常成功"，并高度评价中国和罗中关系：

第一，认为访问极大地推动了罗中关系，提高了罗的国际地位。认为代表团受到了中国方面"非常隆重"的欢迎；在中国到处可以看到中罗友好的表现。

第二，认为罗中双方的意见非常接近。齐奥塞斯库认为："关于双边关系的发展，国际关系问题，以及两党两国关系问题上，双方意见非常统一。"[63]看来，罗方不但和中方一样，认为双方的分歧不会影响双方的团结和合作，甚至认为这些分歧不值一提。

第三，高度评价中国的人民生活和社会经济发展。

齐奥塞斯库对毛泽东说，他"印象特别深的是，首都人民的精神状态和生活方式"。[64]他在罗共中央执委会上说，中国人民群众的穿着很好，朴素整洁。市场供应比苏联好。当然，齐奥塞斯库是从中国曾是一个贫穷落后的大国、新中国建立刚刚 20 年、中国有 8 亿人口的这些前提得出这个结论的。他看到中国人民很勤劳，不是在劳动就是在学习，看不到闲人。社会井然有序。他认为中国有很先进的机器制造业和电子工业，设备几乎都是国产的，而且质量很好。这是中国提倡自力更生的结果。上海的纺织业强于意大利和瑞士。农业非常出色，农作物的亩产高于罗。中国的经济形势很好。尽管有"文化大革命"，还是比 7 年前他所见到过的情况有"根本的好转"。"坦率地讲这一切出乎我的预料。"

第四，想学习中国的经验。

齐奥塞斯库说："中国是一个大国，有很多经验，正如我在［两国的联合］公报中所讲，我们应该加强接触和政治经济上的联络，以便总结对我们的工作有益的经验。"

1. 农业和手工业。齐奥塞斯库注意到中国因陋就简、就地取材地进行农田灌溉、农产品加工、农机修造等。他建议派人来中国学习。

2. 党的一元化领导。齐奥塞斯库认为中国的企业实行党委书记负责制，实行党的一元化领导的经验很值得罗学习，"保证党的领导是最重要的问题"。

3. "文化大革命"。一是重视意识形态工作。齐奥塞斯库说，他已经在考虑改进罗的文化宣传工作，"用革命的共产主义的方法教育人民"。对中国和朝鲜的访问更坚定了他的这个信念。[65]二是"教育革命"，特别是清华大学的教育与生产劳动相结合的经验，给他留下了深刻印象，他在清华大学参观时就提出要布加勒斯特大学与清华大学建立直接联系，以便交流经验。[66]耐人寻味的是，这些看法似乎只是齐奥塞斯库一个人的，其他与会者，甚至包括代表团成员，无人附和。

应该说，齐奥塞斯库对中国的良好印象，既包括对中国人民和中国的发展成就的赞扬，也包括对"文化大革命"和"文革"时期的中国的良好印象。前者是他进一步发展罗中关系的动力之一，后者则是他后来在罗国内进行"文化革命"的动力之一。两者交织在一起，使他对中国的印象和评价似乎有些拔高。这似乎也进一步刺激了他向中国要求援助的胃口。罗共中央执委会最后通过的关于齐奥塞斯库此次亚洲之行的决议说："完全赞同和高度评价罗马尼亚代表团这次访问的全部活动，以及尼古拉·齐奥塞斯库同志本人与［有关国家的］党和国家领导人的会谈。"[67]

7月1日是中共成立50周年纪念日，罗共中央6月30日给中共中央发来贺电，"向中国共产党中央委员会、全体共产党员和中国人民致以最热烈的祝贺和同志般亲切的敬礼"。[68]其热烈的程度达到了前所未有的高度。从此以后，罗对中国重大节日、纪念日发出的贺电，都开始使用"最热烈的祝贺"的说法。

1971年齐奥塞斯库对中国的访问，在这一时期两国的对外关系中占有举足轻重的地位，对中罗关系的发展更有着划时代的意义和作用。中罗关系的改善和加强，首先，使两国的对外关系更加全方位，更加灵活，有助于中国实现建立全球范围的反苏反霸统一战线，利用罗在不结盟运动中的声誉，进一步扩大自己在亚非拉国家中的影响。早在齐奥塞斯库开始对中国的访问之前，日本的《每日新闻》发表了一篇题为《北京—罗马尼亚将形成轴心吗?》的文章，预测此次中罗高峰会谈的议题将包括“国际共产主义运动、中国参加联合国的对策”，等等。并预言：

> 如果以中国重新登上国际舞台、罗马尼亚积极推行独立自主外交这种背景为基础来观察，那么，这样一些议题本身将对今后的国际关系产生巨大影响是不言而喻的。但是比这一点更为重要的是，这样的一些议题的几乎一切方面都表明中国和罗马尼亚的国家利益是共同的或是互相补充的，因此很可能借此机会而形成北京—布加勒斯特的“特殊关系”。
>
> ……
>
> 最值得注意的是，从最近中国和罗马尼亚的活动来看，中国正在摸索重新寻求同第三势力合作的关系，而罗马尼亚的新外交路线是要争夺中小国家的外交“首领”的宝座，两者的目的虽然不同，但正开始在相同的轨道上向前跑。
>
> ……
>
> 对中国来说，如果两国首脑会谈取得成效，那么就是在欧洲争取到了罗马尼亚这个友邦。而且又有了通过罗马尼亚去和第三势力、中小国家、发展中的国家接触的另一个立足点。作为当前紧迫的问题，罗马尼亚将在中国的联合国代表权问题上继续成为中国的强有力的支持者。不能忽视在中小国家已开始拥有立足点的罗马尼亚的影响。

显然，这位记者是颇有洞察力的。

其次，中罗关系的改善和加强，使两国在与苏联霸权主义的抗衡中配合更加默契。

中罗关系的改善适应了中国调整外交战略的需要，中国的外交战略的调整反过来又进一步推动了中罗关系。几乎与齐奥塞斯库访华同时，南斯拉夫外长特帕瓦茨也恰好来到中国访问，这是中南相互隔绝 12 年后的第一次高层互访。瑞士《联邦报》认为，从这两件事“可以得出这个结论：罗马尼亚和南斯拉夫在北京寻找更强大的后盾，它们从而便利中国在欧洲立足，就更加显而易见了”。而中国正“处在向欧洲大跃进的前夜，处在进一步动摇克里姆林在东南欧地位这样一个阶段的前夕”。

无独有偶，就在齐奥塞斯库结束中国之行不到 1 个月，基辛格实施了秘密访问中国的"波罗行动"，中美两国向全世界宣布，美国总统尼克松即将访问中国，中美关系即将开始解冻。而罗为中美关系的解冻起到了牵线搭桥的作用，"这一点已经成为欧洲外交观察家一致的看法，罗马尼亚自己也没有特别否认这一点。同北京敌对的苏联对充当美中桥梁的中间人角色的罗马尼亚，内心是如何愤怒，这是不难想象的"。

齐奥塞斯库的中国之行极大地刺激了苏联及其盟国，包括蒙古。罗在"兄弟国家"中受到了冷落和攻击，其特立独行的对外政策受到了更大的压力，与苏联及其盟国的关系也随之再度紧张。6月21日，齐奥塞斯库离开北京，赴蒙古作了4天的访问。据法新社报道，在访问期间，他与蒙古共产党领袖泽登巴尔之间发生了

> 一系列几乎是公开对峙的事件。在齐奥塞斯库离开前夕，在传统的蒙（古）罗（马尼亚）群众集会上，这种情况发展到了顶峰。
>
> 这些人士说，泽登巴尔总理表示反对齐奥塞斯库宣读他已写好的那种形式的讲稿。而齐奥塞斯库则扬言，如果泽登巴尔元帅念他的包含着反华内容的讲稿的话，他就退出会议厅。
>
> 最后，在莫斯科同乌兰巴托通高级电话以后，已经分发下去的两个发言稿在会议厅里被收起来了，只举行了一次十分钟的集会（比原定时间晚了四个小时），双方都没有讲话。
>
> 这些人士说，在齐奥塞斯库离开的时候，乌兰巴托的气氛"相当坏"。双方没有发表联合公报。

回国途中，齐奥塞斯库在莫斯科作短暂停留，短暂到只有一个小时，柯西金陪他在机场吃了一顿饭。路透社评论说："同齐奥塞斯库职位相当的勃列日涅夫或波德戈尔内都没有去机场。外交观察家觉得很难不得出这样的结论，即这是为了回敬罗马尼亚同莫斯科的中国对手的调情而故意摆出的冷淡态度。""此间观察家感到，在齐奥塞斯库访问北京结束时发表的中罗公报中的一段话也许使苏联领导人最为恼火。"这句话即：中国人民"坚决支持罗马尼亚人民维护民族独立和国家主权的正义斗争"。

齐奥塞斯库访华、中国改善与南斯拉夫的关系、中美关系开始解冻，这些几乎在同一时间发生的重大事件，使苏联对罗的特立独行的愤怒几乎到了忍无可忍的地步。如果说，罗在整个20世纪60年代都设法在中苏关系问题

上保持中立，那么现在，苏联认为罗开始偏离中立的立场，靠近了中国。于是，苏联从政治、经济、军事等方面向罗施加了强大的压力。按照合众国际社的说法，这“在东欧造成了自从一九六八年‘布拉格之春’以来最紧张的局势”。

政治上，在东欧各国的报刊上展开了大规模的宣传攻势，抨击罗的对外政策。在8月的华约国家首脑克里米亚会晤前后，更是“刊登了一系列几乎不加什么掩饰的对罗马尼亚的批评”。《匈牙利新闻报》忧心忡忡地说，“中国打算建立‘地拉那—贝尔格莱德—布加勒斯特轴心’。”

经济上，在经互会内部继续在经济一体化问题和罗苏贸易问题上对罗施加更大的压力。7月27—29日，按预定的轮次，经互会第25次会议在布加勒斯特举行，通过了一个加强成员国经济一体化的综合纲要。显然，罗再次顶住了压力。据美国《国际先驱论坛报》转载的报道说：“看来该计划……也满足了罗马尼亚人的要求，他们反对建立任何有权支配经互会各成员国的经济的超国家机构。”合众国际社干脆认为：这个计划对“齐奥塞斯库来说是一个策略上的重大的胜利”。[69]

军事上，利用华约组织向罗施压。8月2日，苏联邀请7个华约成员国的首脑到苏联的度假圣地克里米亚举行“度假”会晤。会晤公报称主要讨论了世界共产主义运动的发展和国际形势等问题。但据西方通讯社报道说，会晤是要对尼克松宣布访华后的局势“作一次深入的研究”，“中国问题是会晤的主要议题之一”。[70]齐奥塞斯库没有出席这次会晤，这是1968年以来他第一次拒绝参加共产党首脑的会议。

18日，齐奥塞斯库与苏联驻罗大使德罗兹坚科进行了“同志式的”会晤。据英国《观察家报》报道，在会见中，罗拒绝了苏联提出的一项照会。

> 苏联的照会指责罗马尼亚领导在中美两国的庇护下组织一个巴尔干反苏集团。照会要求立即停止这种计划和活动。莫斯科认为它们是对苏联在东南欧的地位的直接威胁。在苏联发出这个最后通牒之前，俄国几周来一直在对罗马尼亚和南斯拉夫（巴尔干的两个独立的共产党国家）施加越来越大的压力，但是未能以在它们边界上举行军事演习的威胁来左右它们。[71]

看来这次会见的气氛是相当冷淡的。第二天，罗共中央、罗国务委员会和部长会议就举行联席会议，会议的规模足以说明会议的重要性。会议一致批准了罗代表团在经互会第25次会议上的活动，并一致批准了罗党政代表团访问中国等亚洲4国的活动。会议实际上是拒绝了苏联的照会。中国对罗的坚定立场再次给以明确的支持，几天后，中国领导人在给罗领导人发去的国庆贺电中重申："中罗两国人民将一如既往，互相同情，互相帮助，互相支持。"[72]

中罗关系在高位上前行

20世纪70年代初，中罗关系在高水平上全面发展。中国的《人民日报》有发表元旦社论的传统。1969年的元旦社论在提到中国的社会主义盟友时，只提到了阿尔巴尼亚一国。1970年的元旦社论开始提到阿、越两国。1971年的元旦社论在提到与兄弟党的密切关系时，列出了阿、越、朝三个党。这一年的国庆节前夕，《人民日报》第一次把罗列入兄弟国家的行列："今年，我国同阿尔巴尼亚、朝鲜、越南、罗马尼亚等兄弟国家之间，进行了党、政府、军事、经济等各方面的代表团的互相友好访问，进一步增强了友谊、团结和合作。"[73]

1972年5月31日，罗新任驻华大使格夫里列斯库（Nicolae Gavrilescu）就1971—1972年间中罗关系的发展给罗第一副外长马科维斯库的电报中说，自齐奥塞斯库访华以来，

> 罗中关系得到了全方位的发展，访问为深化两国的友谊和同志式的合作提供了良好的氛围。在这一期间，两党和两国之间的交往明显扩大。
>
> ……
>
> 目前，中国方面已经不再有保留地把罗马尼亚称做社会主义国家，并认为中共和罗共之间的关系是建立在马克思列宁主义原则基础上的同志式关系。
>
> ……
>
> 在访问过去的一年以来，中国宣传机关更加重视反映我们国家政治生活中的重大活动，罗马尼亚的外交活动及其在国际上的立场。……同时，扩大了报道题目。在报道我国的方式上，也有积极的变化。报刊上大量报道罗马尼亚的社会主义建设，我党在国内国际的活动，遵循了罗

共历次中央全会的精神，甚至包括党中央执委会的会议和大国民议会的议题，强调罗马尼亚在社会文化建设，提高人民生活方面的成就。[74]

中罗关系在高水平上全面发展的另一个重要标志，就是双方的高层互访频繁，政治经济关系更加密切。在整个 20 世纪 70 年代，罗是与中国对外交往最多的国家之一，也是与中国高层互访最为频繁的国家之一。罗多次派高级领导人率代表团访华，或为沟通情况，加强政治合作，或为发展经济关系，或为争取军援，或为加强两国人民间的相互了解、增进友谊。中国方面对来访的代表团都予以友好的接待，进行坦诚的会谈。

1971 年 8 月，以中共中央政治局候补委员、解放军总政治部主任李德生为团长的中国军事友好代表团访罗。虽然代表团被称为“军事友好代表团”，但法新社认为，“这个代表团出访的目的是外交性质的，而不完全是军事性质的”，“是去支持阿尔巴尼亚和罗马尼亚的，也是去间接地支持南斯拉夫的”。德新社则“指出代表团团员以及到北京飞机场去为代表团送行的人级别都很高”。[75]访问期间，齐奥塞斯库接见了代表团成员。李德生表示：“对这次访问感到很满意，收获很大。”

1972 年 3 月，勒杜列斯库在访越途中在北京停留了 3 天，这是他第三次访问中国。周恩来等人与代表团举行了会谈，主要是沟通情况。周恩来对罗为恢复中国在联合国席位所作的努力及对中美联合公报所作的积极评价表示感谢。

4 月底，波德纳拉希率罗政府军事代表团访华。在欢迎宴会上，周恩来深情地说：“我们和波德纳拉希同志是老朋友，久别重逢，我们感到特别亲切。”[76]周恩来等人与代表团先后会谈了 4 次。波德纳拉希着重谈苏联的对外政策、欧洲安全、罗与社会主义国家及一些国家共产党的关系、齐奥塞斯库访问非洲等情况，以及中罗双边合作等问题。周恩来重点介绍了中国“文化大革命”的情况、对外援助遵循的原则以及同一些国家共产党的关系原则等。

1973 年 9 月，波德纳拉希率团再次来华[77]进行非正式友好访问。周恩来等人与代表团进行了 4 次会谈。在 6 天之前刚刚闭幕的中共十大上，周恩来当选为中央副主席，位列 5 位副主席之首。波德纳拉希借此机会首先向周恩来表示热烈祝贺。两位老朋友互相问候身体健康，却都向对方隐瞒了自己已经身染重病的实情。周恩来还意味深长地说了一句中国成语：“鞠躬尽瘁，死而后已”。

波德纳拉希详细介绍了各社会主义国家领导人在克里米亚会晤的情况，说会晤的中心议题是协调对中国的立场，苏共倡议再次举行共产党工人党会议。罗反对谴责中国，也不赞成召开这样的会议。波德纳拉希就中罗在政治经济方面的合作提出了一些具体建议，希望周恩来再次访罗、中罗发表共同声明、签订不带军事条款的友好合作条约。周恩来着重谈了国际形势和共运问题，对齐奥塞斯库在克里米亚会晤中孤军奋斗，反对召开反华的国际会议表示感谢。他婉拒了罗方对他的访罗邀请：“身体不许可，工作也不许可。不过你们来了，我总是不吝惜时间接待的。”[78]波德纳拉希遗憾地开玩笑说：“你们欠我们的债！”周恩来保证说：“为了友好，我们总是有人去的。”[79]他继续说：现在中罗发表共同声明或签订政治性条约对罗不一定有利，因为不是时机；至于经贸方面的合作比较容易，可以随时商谈。[80]

1974年7月6日，格夫里列斯库大使向中方转交了齐奥塞斯库致毛泽东的信，正式邀请中国派团参加罗解放30周年的庆祝活动。此前，罗领导人已多次邀请中国派高级别代表团访罗。中国由于还在进行“文化大革命”、党内斗争复杂等原因，领导人难以出国。这次由于情况特殊，中联部和外交部研究后联名建议，由邓小平副总理率团访罗。但是受极左思潮控制的中共中央政治局否决了这个意见：“建议不派代表团！”谁知毛泽东又“反”了一次潮流，大笔一挥：“请先念同志走一遭！”[81]

在罗解放30周年纪念日到来前夕，中国对罗的评价达到了前所未有的高度。8月初，罗外长马科维斯库访华，中国外长姬鹏飞在欢迎宴会上“对罗马尼亚人大加赞扬”，并“称中国和罗马尼亚‘都是发展中的社会主义国家’，这是中国人第一次承认一个东欧国家属于第三世界”。[82]毛泽东等中国领导人则联名给罗领导人发去了充满空前激情的国庆贺电。

22日，以中共中央政治局委员、国务院副总理李先念为团长的中国党政代表团，应邀抵达布加勒斯特参加庆祝活动。这也是1966年周恩来访罗以后直到1976年中国的“文化大革命”结束以前的10年内，中国对罗唯一的一次高层回访。罗方对中国代表团的来访给予了最高规格的接待。代表团下榻当年乔治乌—德治的别墅“湖滨二号”宾馆，齐奥塞斯库在代表团抵达下榻处后立即会见了代表团。李先念特地向他解释了中方决定派团的过程：本来是“不能派团来了。后来经毛泽东同志和党中央再三考虑，为了表示对罗马尼亚的支持，考虑我们的友好关系，决定派团来”。在庆祝活动的座次安排上，李先念总是被安排与苏联代表团团长柯西金同等的位置上，排在保、德等国任代表团团长的党的一、二把手之前。[83]

25日，双方举行了会谈。李先念首先询问了波德纳拉希的身体状况。双方随后介绍了各自的国内情况，就国际形势及共运问题交换了意见，双方都表示愿进一步发展合作关系。这次会谈基本上属于双方一般性的交换意见，没有更多地涉及实质性问题。对中共改善与其他共产主义政党的关系问题，中方仍坚持，有关的党如果“不承认自己的错误，要密切这种关系是困难的”。齐奥塞斯库则表示：

> 我们应当考虑到这些党在反帝斗争和对本国社会实现革命变革等问题上的立场，以及他们在本国人民群众中的影响。我们希望，并请你们再看看，再研究一下这个问题。但事实上，同这些党建立联系可以为在新的原则上建立党与党之间的关系带来正面影响。这并不意味着所有的事情在一朝一夕之间就会完全明朗。将会需要一点时间，保持接触和交流只能对这些政党，以及对整个国际共产主义运动都有益处。这个问题，请你们再加斟酌。[84]

双方对此都保留了意见。整个会谈的气氛是“亲切友好的”。[85]罗方对中国派团参加罗的国庆活动表示非常满意。[86]

自20世纪60年代初以来，罗总是喜欢以频繁的互访和会见的方式保持与各国高层的联系，向国际社会显示罗与某国的特殊关系。1975年罗共中央执委会委员、书记处书记维尔德茨（Ilie Verdeț）对中国的顺访和与周恩来的会见也属于这种情况。

1975年8月底，罗共中央国际部部长安德烈告知中国驻罗大使李庭荃，维尔德茨即将率党政代表团访问越南，要求顺访中国，互通情况、交换意见、发展友好关系。安德烈强调说，维尔德茨是罗共中央第二书记，主管组织工作，是齐奥塞斯库总书记的亲密同事，还兼任经济和社会发展最高委员会副主席、国防委员会委员。中联部在给中共中央的报告中，认为“维尔德茨在罗党内地位较高，从未来过中国”，建议对罗方的请求“可予同意”。并估计“目前罗方不会有什么特别重要的问题要谈”。9月5日，维尔德茨应邀率团抵京。

这本来是一次一般性的友好访问。但是，在由机场前往宾馆的途中，维尔德茨及就迫不及待地向中方表示，希望亲自向周总理转达罗领导人和人民的问候，并要转达一个口信。[87]此时的周恩来“病情已十分严重”，[88]癌组织已经扩散到全身，体重只剩下30.5公斤，身体极度虚弱。但是，他不顾医护人员的一再劝阻，坚持在医院会见了代表团。

会见于9月7日进行。维尔德茨首先转达说，罗党领导人和总书记本人向毛主席、周总理表示最诚挚的问候和最良好的祝愿，祝周总理幸福健康。周恩来表示感谢，并请维尔德茨转达对罗领导人的问候，还特别问候了已身染重病的波德纳拉希。他表示：我们两党两国的关系发展得很好，今后一定能发展得更好。维尔德茨询问他的病情，他泰然答道：

> 马克思的请帖，我已经收到了。这没有什么，这是不以人的主观意志为转移的自然法则。时间过得真快！还只有10年前，我到布加勒斯特去参加乔治乌—德治的葬礼，大衣也没穿，步行走了一个多钟头。现在，我可以告诉你，就连几分钟也走不了了！我再也不能看到漂亮的布加勒斯特了。但是我还可以从电影上、从照片上、从图画上看到她！[89]

医生事先已告诉维尔德茨，“说话尽量简短，就谈20分钟”。眼看时间已到，维尔德茨想结束谈话。但是周恩来却要继续谈下去。他已意识到，他的生命“还有半年”，[90]今后他很难再有机会接见外宾了，所以，他有意识地讲了一些重要的事情，“作为他最后的政治遗言”。他对维尔德茨重申：“请你相信，中国对罗马尼亚的友谊不会改变。”

> 中国人民永远站在罗马尼亚人民一边，支持罗马尼亚人民为捍卫民族独立、主权的正义事业所进行的斗争。不过，中国有一句古话，叫作“远水救不了近火”。中罗毕竟相距太远。欧洲的事情不能由美苏两个大国主宰，中小国家的安全不能指望超级大国，只能靠这些国家自己团结起来，发展睦邻友好，互利合作，才能取得和维护民族独立。[91]

他满怀信心地说：“我现在病中，已经不能再工作了，邓小平同志将接替我主持国务院工作。邓小平同志很有才能，你们可以完全相信，邓小平同志将会继续执行中国党和政府的内外方针。”[92]“经过半个多世纪毛泽东思想培育的中国共产党，是有许多有才干、有能力的领导人的。现在，第一副总理已经全面负起责任来了。”这时，在场的国务院副总理纪登奎插话解释说：这就是邓小平同志。最后周恩来坚定地说：“具有 55 年光荣历史的中国共产党，是敢于斗争的！”[93]

这次会见竟持续了一个多小时。1998 年，当维尔德荻回忆起这次会见时仍然说，这次会见“是在一个非常特殊的情况下、也是在一个令人难以忘记的情况下进行的”，“是非常热烈和激动人心的”。[94]这次会见不幸成为周恩来一生中最后的一次会见外宾。维尔德荻因此而在中国闻名。这次访问也成为中国“文化大革命”结束前罗高级领导人对中国的最后一次访问。

1976 年 1 月 8 日周恩来病逝后，齐奥塞斯库和罗总理曼内斯库（Manea Mănescu）于次日发来唁电“表示深切的哀悼”，称赞周恩来

> 对发展中国共产党和罗马尼亚共产党之间、中华人民共和国和罗马尼亚社会主义共和国之间兄弟般的友好合作关系作出了具有最重大意义的贡献。周恩来同志是罗马尼亚人民伟大的朋友，他在任何情况下，都为增强和加深中国人民和罗马尼亚人民之间的友谊和合作而努力。
>
> 周恩来同志作为一个革命家和强有力的人物的光辉形象将留在罗马尼亚共产党人和全体罗马尼亚人民的记忆里，永不磨灭。[95]

周恩来的老朋友波德纳拉希专门以个人名义给中国驻罗大使发去唁电，表示沉痛哀悼。

1 月 24 日，久患重病的波德纳拉希也与世长辞。波德纳拉希是中国人民的老朋友。受罗共中央委托，从 20 世纪 50 年代末开始负责罗中关系。1958 年至 1973 年，他曾多次访问中国，为罗中友好奔走，次数之多，不仅在罗，就是在全欧洲恐怕也是绝无仅有的。他因而自称“是资格最老的罗马尼亚中国人”。[96]一年前，波德纳拉希因心脏病引发脑血管急症，并发颈动脉血栓。罗方请求中方进行针灸治疗。当时主持国务院工作的邓小平批示：请外交部同卫生部联系，要采取积极态度，不要处理慢了，要快点。卫生部立即派由针灸老中医、心脏病专家和神经内科专家组成的医疗小组赶赴罗，协助为波德纳拉希治病。经过一个多月的中西医综合治疗，波德纳拉希的病情趋于稳定，罗方十分感激。[97]波德纳拉希更是表示了“全部的、真诚的感谢心情”。[98]

波德纳拉希逝世后，毛泽东、朱德在致罗方的唁电中说：“波德纳拉希同志曾多次访问中国，是中国人民的好朋友。他对发展和加强中罗两党、两

国和两国人民之间的革命友谊和战斗团结做出了重大的努力，给中国人民留下了深刻的印象。”“波德纳拉希同志的逝世是罗马尼亚党、国家和人民的重大损失，也是中国人民的重大损失。”

9月9日，中国人民的伟大领袖毛泽东逝世。当时齐奥塞斯库正在南斯拉夫访问。他立即给中国发去唁电，向中国人民“表示最诚挚的哀悼”，称“毛泽东同志是罗马尼亚人民亲密的朋友”。表示“在这极其沉痛的时刻，我们以最大的同情，和中国共产党人、全体中国人民分担这一悲痛。我们相信，我们两党、两国之间的友谊、合作和团结将继续加强和日益发展。”11日，齐奥塞斯库回国后一下飞机，立即驱车直奔中国大使馆，率所有在首都的党政要员进行吊唁。罗国务委员会宣布，把中国举行毛泽东逝世追悼会的9月18日定为全国哀悼日。这一天，除首都外，布拉索夫、普洛耶什蒂、雷希察和罗中友好农业生产合作社也分别举行了追悼会。罗全国各地的国旗都披上了黑纱，并降半旗致哀，电台和电视台还播放了与此相配合的节目。

除上述的高层来往外，自1972年以来，中罗两党、两国和两军多次互派党的工作者代表团、友好访问团、参观团、军官休假组等团组，对对方进行参观考察和交流，两国的高层领导人经常会见来访的这些代表团。这些代表团虽非正式访问，但也起到了增进相互了解、密切双方关系的作用。

中国早在1958年就成立了中罗友协。罗于1973年4月17日成立了罗中友协，由罗共中央常设主席团成员、前部长会议主席、时任罗共中央检查委员会主席的斯托伊卡任主席。其理事会由40人组成，包括党中央委员、国务委员、副议长、政府部长及各群众团体负责人。1974年中罗友协代表团访罗，第二年罗中友协代表团回访了中国。1975年9月，罗中友协又选举罗共中央委员、罗共中央历史、社会—政治研究所所长波佩斯库—普楚里为罗中友协主席。同月，罗中友协代表团访问了中国。

两国总工会多次互派工会代表团或工人代表团到对方国家参加“五·一”节庆祝活动或参加相应会议。两国青年组织也派代表团进行了互访。

在中罗关系迅速发展的推动下，罗开始重视对罗中关系历史的研究与宣传。从1970年起，罗领导人在中国访问时越来越多地在讲话中强调罗中友好关系的历史渊源。例如，波德纳拉希说：“罗中两国的革命力量之间和两国人民之间的友好和同志般的团结关系，有着深厚的历史根源。”约尼查说：罗中之间的“这种友好关系来源于过去我们两国人民革命斗争的历史”。在1971年的访问中，齐奥塞斯库更多、更着重地强调了这一点。他在中罗友好群众大会上说，罗中友谊“渊源于我们两国人民的革命历史，扎根在罗马尼亚和中国的革命者在长期的阶级斗争中的相互支援”。[99]

1973 年，布加勒斯特政治出版社（Editura Politica，相当于中国的人民出版社——著者）出版了《罗马尼亚人民声援中国人民和对中国人民友好的传统》（*Tradiţii ale poporului Român de solidaritate şi prietenie cu poporul Chinez*）一书，这是罗方首次发表的研究罗中关系史的成果，可以说是世界上第一本关于中罗关系的专著。

经济与贸易往来

中罗关系的加强极大地促进了两国之间的经贸往来。

1969 年召开的罗共十大，通过了 1971—1975 年第五个五年计划，其基本目标是建设全面发展的社会主义社会。主要经济指标是：工业生产平均年增长 8.5%—9.5%，总产值将比上一个五年计划增长 75%；农业总产值将比上一个五年计划增长 36%—49%；积累率将保持在 28%—30%之间；五年计划的总投资额几乎相当于前十年的总投资额。[100]

这样一个雄心勃勃的五年计划，从一开始就面临着重重困难。首先，20 世纪 60 年代罗经济能够迅速发展，增长率不但居于东欧国家的前列，在当时的世界上也仅次于联邦德国，有两个重要原因，一是因为其工业化的起点很低，二是主要依靠大量的国内投资，优先发展重工业。到了 20 世纪 60 年代末，罗经济经历过一个高速发展的 10 年后，第一个因素对经济的作用已经大大降低。第二个因素，由于长期实行高积累政策，罗经济发展这时出现了明显的比例失调，国内投资萎缩。罗便把保持经济高速发展的希望更多地寄托在外援身上。但是，1970 年以来罗苏关系的紧张，使罗最大的贸易伙伴苏联不愿意提供更多的援助。罗美关系在尼克松入主白宫后发展迅速，但受美国侵略越南、罗支援越南等因素的制约，美国国会拒不批准给罗以最惠国待遇。

其次，20 世纪 70 年代初罗连遭自然灾害，1970 年遭遇了特大水灾，1975 年又因暴雨成灾，给经济和人民生活造成了严重损失。在这种情况下，罗迫切需要中国的援助，更希望扩大与中国的贸易交流。同时，这也是为了减少对苏联的依赖。齐奥塞斯库、波德纳拉希等人在访华时，都把经贸合作作为会谈的一个重点问题。罗甚至希望中国能够取代苏联，成为罗第一大贸易伙伴。[101]这几乎是一个不可能实现的愿望。战后的罗外贸始终是以苏联为第一大贸易伙伴，罗苏贸易额与罗中贸易额的差距，1965 年是 17.4 倍，以后逐步缩小，1970 年为 7.7 倍，1975 年为 4.6 倍。直到 1980 年，仍有 3.8 倍的差距。[102]但是这至少充分体现了罗对发展罗中贸易的厚望。

中国对罗的经济困难给予了雪中送炭的援助。1970 年中国向罗水灾提供的无偿物资援助价值 5000 多万元人民币，占罗当时所接受的全部救灾外援款项的 1/3 以上。到 1972 年，中国还向罗提供了 1.3 亿美元的长期无息现汇贷款，3000 万美元的长期无息商品贷款和 2.24 亿元人民币的成套项目长期无息贷款。[103]利用这些贷款，中国先后向罗提供了 64 项成套设备和单项设备。这些项目在 20 世纪 70 年代至 20 世纪 80 年代初陆续完成，"为罗马尼亚的工业填补了某些缺门，增强了经济实力"。[104]另据英国《经济学家》报道说，1970 年波兰和苏联食言，停止向罗的加拉茨钢铁联合企业供应焦炭。应罗的请求，中国立即紧急用船运向罗出口了焦炭，解了罗燃眉之急。[105]这一年，中罗贸易额首次突破 1 亿美元，达到了 1.43 亿美元，比 1969 年的 6606 万美元翻了一番还多，[106]在东欧各国的对华贸易中遥遥领先。

从 20 世纪 70 年代起，中罗双方经贸合作的的规模和内容迅速扩大，合作的形式也灵活多样起来。双边贸易在原来单一的协定（记账）贸易的基础上，增加了现汇贸易、易货和现汇易货及补偿贸易等形式。中罗两国于 1971 年 2 月在布加勒斯特签订了 1971 年贸易和支付协定，以及 1972—1975 年相互供应主要货物的长期贸易协定。[107]1971 年，两国贸易额为 1.76 亿美元。1972 年至 1975 年，两国贸易额平均每年递增 23%，1975 年为 4.12 亿美元。[108]从 1971 年起，中国还在协议贸易外，用现汇购买罗的化肥、化工产品，用棉花交换罗的化纤产品，用有色金属和原油交换罗的钢材、铝锭、尿素等。1975 年后增加了现汇易货贸易，中国以原油交换罗的化肥，金额大致相等，采用现汇付款方式。[109]

中国向罗出口原油，对两国来说都意味深长。20 世纪 50 年代至 60 年代初，中国是从罗进口石油和石油产品。那个时候，罗是欧洲第二大产油国，中国则仰赖石油进口。从 20 世纪 70 年代起，由于罗工业迅速发展，罗也开始越来越多地依靠进口石油。但苏联不愿意大幅增加对罗的石油出口，而 1974 年起世界上又出现了因第三次中东战争引发的石油危机。这时，已实现自给并成为石油出口国的中国开始向罗出口原油，缓解了罗的困难。但是，中国当时的石油产量不高，两国又相距遥远，对罗的出口有限。可以说，这件事的政治意义要远大于其经济意义。

无庸讳言的是，中国方面是“主要从政治考虑”，[10]而不是主要从经济的角度出发，重视发展同罗的经济贸易。分析其主要原因，大致有三：

第一，中国已决定把对外贸易的战略重心转向西方国家。20世纪70年代初，在调整外交战略的同时，毛泽东、周恩来已在考虑恢复与西方发达国家的经贸关系。1972年起，中国决定利用西方国家在世界经济危机中急于靠出口摆脱困境的有利时机，及时引进了一大批钢铁、石油化工、化肥等成套设备，总额最后达到51.8亿美元。这标志着中国在调整外交战略的同时，对外贸易的战略重心也发生了转变。当时协助周恩来指导外贸工作的陈云说：“过去我们的对外贸易是百分之七十五面向苏联和东欧国家，百分之二十五对资本主义国家。现在改变为百分之七十五对资本主义国家，百分之二十五对苏联、东欧。”“这个趋势是不是定了？我看是定了。”[11]中罗贸易在中国对外贸易中的地位下降自然是不可避免的。

第二，受到重政治、轻经济的“左”倾意识的影响。在20世纪60年代，中国的对外政策受到“革命外交”意识的干扰，发展对外关系重政治、轻经济，处理对阿尔巴尼亚和对越南的关系就是典型例证。中罗关系的密切本来就主要是基于政治原因，再加上中罗贸易在中国对外贸易中的重要性进一步降低，中国自然会更多地从对外政策的需要，即牵制苏联，支援朋友，而不是主要从经济发展的需要出发来处理两国的经贸关系。那时，中国凡是生产和加工供出口阿、朝、越、罗等友好国家的产品，往往都被称为“政治任务”。

第三，罗马尼亚的外贸产品种类、产品质量和交货方式的制约。多年以来，罗的工业发展主要靠扩大外延，比较粗放，有着和苏联工业产品相似的弊病，不太注重产品种类的调整、质量的提高，不能严格按照合同供货，制约了罗外贸和工业的发展。仅从收入《罗中关系文件集》的罗驻华使馆负责人就罗中贸易的情况给罗外交部的几篇电报中，就可以看到许多中方对罗方不满的记述。如1972年1月5日的电报中说：“1971年向中华人民共和国出口货物的质量有所改进。但对方仍然有一些投诉。”[12]1974年7月6日的电报又报告说：

> 罗马尼亚社会主义共和国出口贸易中不能按期交货的原因之一就是，出现了这样的做法：以国际市场上价格上涨为由，停止对双方合同

规定了价格的某些产品（如尿素、聚乙烯等）的供货。再加上合同惯常的做法：对某些尚未进行开发的产品规定了确切的交货日期，导致了交货期限无法遵守，而且技术指标也未得到保证。

……

中国方面对罗马尼亚卡车出口问题在各个级别上越来越强烈地表示不满。我们将维持和扩大传统的中国市场，但中方对我们说，如果不采取根本性的措施改进产品的质量和供货的条件，他们将放弃从罗马尼亚进口自动装卸卡车。[113]

罗明也直言不讳地指出了这一点："不幸的是，由于罗方的推迟供货、质量欠佳，从中国进口的工业设备的安装条件迟迟不能到位等缺点，影响了两国贸易进一步的发展。"[114]

中国政治的扑朔迷离，周恩来在公开场合越来越少的出现，以及中国对外贸易的调整，都牵动着罗领导人的心绪。1975 年 5 月，罗共中央政治执委、政府副总理兼教育部长尼古列斯库对中国进行了一次微妙的访问。虽然他已经不是罗共的核心领导成员，但就在几年前，他却还是罗政坛的一位叱咤风云的人物；他是一个教育部长，却率领了一个政府经济代表团来中国。

尼古列斯库就是当年在中罗两国政坛广为人知的保罗·尼古列斯库—米齐尔。他出生于 1923 年，比齐奥塞斯库小 5 岁，其父是罗共的创始人之一。他 30 岁成为罗共中央党校的副校长，32 岁当选罗共中央委员，43 岁当选为中央执委会（介于罗共中央政治局和中央委员会之间的权力机构——著者）委员、中央书记。1969 年在罗共十大上当选中央执委会常委、中央书记，进入罗共的领导核心，主管意识形态和与兄弟党的关系，是当时罗共最重要的理论权威。他是齐奥塞斯库的密友，[115]有人猜测他将是齐奥塞斯库的继任者之一。此前他曾在 1959 年、1964 年、1967 年、1969 年 4 次访问中国。

在 1972 年 4 月召开的罗共中央全会上，由于与齐奥塞斯库意见相左，加上后者忌妒他的才干，他继中央书记伊利埃斯库之后被解除中央书记职务，改任主管教育工作的副总理，随后又兼教育部长。法新社在报道此事时称他为"党的最著名人物之一尼古列斯库—米齐尔"。[116]1974 年在罗共十一大上，他继续当选中央政治执委会委员。但这一年又因为与齐奥塞斯库发生矛盾，齐奥塞斯库竟禁止他在公开场合使用他广为人知的"尼古列斯库—米齐尔"的姓，要他改姓"尼古列斯库"，想借此降低他在国内外的知名度和影响。但齐奥塞斯库又离不开他的才干，所以仍让他留在中央执委会里，关键时候甚至仍然委以重任。

尼古列斯库—米齐尔（他至今喜欢人们这样称呼他——著者）回忆说：

1975年，周恩来从政治舞台上消失了。据说是健康状况不佳。我们怀疑这是出于政治方面的原因。中国总理成为“四人帮”攻击的主要目标早已不再是秘密。我们想方设法了解真相。同样也是想让人们知道，罗马尼亚人关心周恩来，我们强调他的国际威望。

1975年5月，我肩负此任，被齐奥塞斯库派往北京。虽然我是教育部长，却被任命为罗政府经济代表团团长，出席罗马尼亚社会主义共和国工业展览会的开幕式。谁都明白派我率代表团访华的目的不过是个借口。实际上，我的此行负有政治使命。

还在离开布加勒斯特之前，我就告诉中国大使，我此行的目的是明确的。除了参加展览会开幕式外，我必须见到周恩来总理，向他转达齐奥塞斯库和全体罗马尼亚领导人对他康复的祝愿。在北京，我也向到机场来欢迎我的政治局委员、国务院副总理李先念重申了此意。

……

到了住处，我还没有沐浴完毕，主人就告诉我赶紧更衣，因为总理要见我。会见在医院进行。虽然礼宾司司长请求会见最多不要超过10分钟，但主持会见的周恩来却提议使这次会见持续了近一个小时。

周恩来抱病会见了他，说明周恩来等中国领导人对中罗关系的重视。“他极为热情地评价了［中国］与罗马尼亚的关系，‘必须要维护和发展’。他关切地询问我们国内的情况，齐奥塞斯库、毛雷尔和他的密友波德纳拉希的健康状况，……这再次表明了周恩来作为罗马尼亚人民最好的朋友，对我们是何等的重视。”[17]虽然会谈并没有多少实质性的内容，但是罗马尼亚人已如愿以偿：消除了对发展罗中关系的疑虑，传递了对周恩来的祝愿和支持。

文化与科技交流

中罗文化合作与交流在1967年后曾由于中国的“文化大革命”的原因而中断。1966年6月“文化大革命”开始后，原来主管国家对外文化交流事务的中国对外文化联络委员会（对外文委）于 1968 年 2 月被撤销。对外文化交流被批判为“封资修文化大交融”，基本陷于停顿或半停顿状态。[118] 1966 年 2 月，中罗曾在北京签订了中罗文化合作协定 1966—1967 年执行计划。1967 年 11 月，罗方按惯例向中方提交了 1966—1967 年执行计划草案，由于中方的原因没有商签。1970 年本应由中方首先提出执行计划草案，又由于中国国内政局的原因而未能提交。[119] 1968—1969 年间，中国与苏联东欧各社会主义国家，包括与罗的文化交流几乎完全中断，即便是“文化大革命”前签订的协定也难以执行。

在中罗关系已经开始好转的 1969 年 12 月，罗驻华大使杜马在会见中国副外长乔冠华时，“请他谈一谈 1970 年罗中关系的前景”。乔冠华说：

> 正如周恩来总理在讲话中所说，文化革命使我们不可能实现不同级别的代表团互访，更不用说根据双方的意愿进行文化和科技方面的合作。
>
> 在双方互换代表团方面，我们希望，当我们拥有更多的时间以后，情况会比今年好些。
>
> 我们也希望在文化和科技领域交往方面做得更多些。是否能实现更多的代表团互访和更多的文化科技交流，取决于将来的具体可能性，因为你们也了解，我们的中央机关正在大力改组和重建。
>
> 我们正在大力精简国家机构，决定每个机关应当负责的范围。我们希望贵方能够理解，如果我们不能够完成所希望的事情，这不应当，也不可能影响我们两国之间的良好关系。
>
> 我们将努力使双方的关系能够在一切方面得到扩大，但鉴于我们所处的形势比较困难，很可能我们双方明年交往的水平只能与今年持平。

他建议暂时不要签署文化科技合作计划以及政府和主管机关的其它协议，而由罗方提出一些开展活动的建议，中方将分析考虑它们实施的可能性。他向杜马大使保证，一旦有了这方面的可行条件，中方将首先考虑罗。[120] 1970 年以后，中罗关系得到恢复，两国的文化交流也“很快得到恢复”。[121] 这年的 8 月，中国新闻工作者代表团赴罗参加罗解放 26 周年的庆祝活动并访罗，这是两国间时隔 4 年后互派的第一个文化代表团。此后，每年两国都互派新闻工作者代表团或电视广播小组赴对方国家参加国庆活动并进行

互访

然而，由于“文化大革命”仍在继续，以江青为首的中央文化革命小组把持着中国宣传与文化教育大权，即便是中罗两个社会主义国家之间的文化交流，在这时也是举步维艰。1970年8月，为纪念罗解放26周年，中国中央广播事业管理局请示中央领导，计划在中央人民广播电台向全国播放罗音乐节目。此事遭到江青的反对，她在这份请示报告上批注：“外交的统一战线是一回事，文化交流是另一回事。千万不要因为外交关系，把靡靡之音在我们电台上广播。文化组的同志们应提高警惕，慎重对待。”但周恩来又在报告上批示：“如音乐健康，有民族特点，还可以播放。”由于周恩来的支持，罗马尼亚民间乐曲终于得以向全国播放。[12]广大中国人民从此才熟知了《云雀》、《春天霍拉舞曲》、《照镜子》、《这是我的摩尔多瓦》等罗乐曲和乔治·埃乃斯库、奇普里安·波隆贝斯库等罗音乐家。

自1971年起，两国的文化交流与合作全面恢复。1971—1976年，双方每年于年底或年初，通过外交途径或协商，按口头协议执行文化交流计划。双方除互派新闻工作者外，还签订有关具体领域的合作议定书、派出文艺演出团体、体育代表队和以政府部门或省市党政机关负责人为团长的文化参观团互访、在对方国家举办介绍本国建设成就的图片展和各种艺术展览、学习两国语言文字的教师与学生的交换与互访等。

1971年齐奥塞斯库访问中国以后，“两党和两国之间的交往明显扩大”。[13]“两国的文化、科技和体育方面的交流也活跃起来。”1973年3月，罗共中央执委会委员、中央书记、罗社会主义文化教育委员会主席波佩斯库率领文化代表团访华。叶剑英、江青等与代表团举行了会见和会谈。罗方介绍了罗文化建设成就及加强文教工作的措施；中方介绍了中国的“文化大革命”、社会主义教育及培养接班人等情况。双方都表示了继续加强文化合作的愿望。

1971年10月，以中国外交学会秘书长周秋野为团长的中国舞剧团访罗，演出芭蕾舞剧《红色娘子军》、《白毛女》和钢琴协奏曲《黄河》等剧目。齐奥塞斯库率几乎所有在首都的罗共中央执委会成员及众多高级官员和文化艺术界人士等，一起出席观看了首场演出。这次访问演出正值中罗关系如日中天之时，罗方的接待不仅“是一种表示友好的政治姿态”，[14]更有一层深意在其中，下面就要谈到这方面。

与此同时，罗军队“多依那”艺术团也在中国进行访问演出。20多天前，中国政坛刚刚悄然发生了一场大地震——“九一三”事件，在“文化大革命”初被称为“副统帅”的林彪在蒙古坠机身亡。周恩来临危不乱，协助毛泽东从容处理了善后事宜。但是，他还是在百忙之中抽出时间，陪同在京的柬埔寨西哈努克亲王等人观看了艺术团访华的最后一场演出。

其后，又先后有罗“巴纳特”民间歌舞团、“马拉穆列什”民间歌舞团，中国上海杂技团和中国辽宁歌舞团到对方国家作访问演出。

1974年起，中国的“批林批孔”运动对两国的文化交流再次造成严重的干扰。3月，中国外交部新闻司副司长肖特（音译——著者）约见杜马大使，向他通报了中方对罗方此前提出的1974—1975年度文化交流建议的答复：

> 全国所有党政机关和干部们都在进行“批林批孔”运动。因此，1974年中国对外文化交流活动无论是接待来访还是派团出访都将受到限制。中华人民共和国成立25周年将会举行庆祝活动，但估计规模不会太大。
>
> 尽管中罗两党两国之间有着友好关系，但请罗方谅解，中方今年只能接受少量的文化交流活动。至于所建议的1975年的交流活动，此事目前商讨还为时过早，因为我们无法预计中国明年的局势将怎样发展。

对于罗方提出的派芭蕾舞团来华巡演一事，肖特一再予以婉拒：“这样的访问演出可以在以后进行。我们认为，中国正在经历一个意识形态的清理过程，明确我们应当从中国和世界的文化中继承什么、摒弃什么，在此种情况下，我们不一定要坚持落实此类交流项目，因为这样的活动可能被认为有悖于中国的宣传。”[125]

尽管困难重重，中罗两国和两国人民相互进行文化交流的愿望是阻挡不住的。罗明在他的研究成果中提到：“即便是”文化大革命的发动者“阻碍并限制了文化交流，罗马尼亚在当时仍能与中国大众保持文化上的交流。例如，有好几部罗马尼亚电影在中国上映，引起了观众的巨大反响”。[126]

关于中罗两国的科学技术合作，该合作在1968—1969年因中方的原因而中断。1970年10月21日，中罗科技合作委员会第13届会议在罗签署了议定书。双方议定合作项目53项，其中中方承担34项，罗方承担19项。以后每年举行一次例会商定年度合作项目。有的年份商定的项目多达79项。中方承担的项目总的多于罗方，但罗方有时将进口专利以某种方式转让给中国，对中国也是一种帮助。[127]1973年3月，两国科学院1973—1974年科学合作计划在布加勒斯特签字。此后，两国科学院每两年签订一次合作执行计划。

中国的“文化大革命”与罗马尼亚的“文化革命”

“文化大革命”使中罗两国正常、有益的文化交流受到阻碍，却使两国在意识形态领域，特别是思想教育方面的交流兴旺起来，并在罗产生了巨大的社会效果。罗在国际社会中的特立独行，只是表现在对外政策上。而在对内政策上，罗在东欧各国中是最为传统和保守的，甚至超过了苏联。虽然罗对西方国家采取了友好的态度，但对于西方国家的文化影响和国内的非无产阶级意识则持严格限制和禁止的立场。《美国新闻与世界报道》在 1970 年底报道说：

> 膝上裙和男子留长发在罗马尼亚并没有地位。边境上的官员给蓄长发的来客剪了发之后才允许他们入境，这些边境官员已经以此出了名。有一阵子，西方的风尚在这里曾受人欢迎。后来，共产党青年组织来管了。他们在大街上抓捕蓄长发者和奇装异服者，当场剪去他们的头发，把膝上裙剪成碎片。这样的时髦风气对于这个政权已不是一个问题了。[128]

这种做法，颇似“文化大革命”之初的红卫兵运动所为，这时竟出现在了欧洲的罗马尼亚！对于中国的“文化大革命”，罗表面上既不表示反对，也不表示支持，[129]而实际上，对“文化大革命”的许多做法是很欣赏，甚至是深以为然的。当 1971 年 6 月齐奥塞斯库来到中国时，他深为方兴未艾的“文化大革命”的某些做法所吸引。虽然在整个访问期间，他在公开讲话中只有一次提到了“文化大革命”，也没有作任何评论，但在内部的谈话中，他对“文化大革命”的“成果”很感兴趣。罗代表团在抵达北京的第二天上午，就前往“文化大革命”的窗口之一的清华大学参观“教育革命”的成果。齐奥塞斯库对毛泽东说：“给我们印象特别深的是，首都人民的精神状态和生活方式，还有为改善教育，使它更密切地与生产实践相结合，与生活和社会主义建设相结合而进行的努力。”[130]

综合齐奥塞斯库与中国领导人的会谈及其回国后在罗共中央执委会上的发言，可以看出他对“文化大革命”印象最深的两点感受：

一是中国用革命思想统帅宣传、文化和教育工作，进行“文艺革命”。他认为中国在这方面“的确完成了一个可以称之为文化革命的革命性转折”。“他们所有的文化活动，比如芭蕾舞、戏剧，都建立在革命的基础上。”他在中国观看了在当时被称之为“革命样板戏”的芭蕾舞剧《红色娘子军》和《白毛女》，极为欣赏。在罗共中央执委会上，他借着《红色娘子军》发表了一番评论：

有些同志说它太简单化了，但是我想我们也应该有这样的作品。这是一个非常好的关于人的转变的主题。……我们的电影都是爱情电影，而戏剧则都是西方戏剧。我们剔除了革命性的作品而引进了毫无内容的作品。电视也是，我们一直讨论［改进］电视节目却没有丝毫的提高。我走之前开过一个书记处会议，会议决定确定一个［中央］全会的议题。这就是：我们的宣传工作不能令人满意，与其担负的教育青年和全体人民的任务不符。去中国之前我就这么说了。而我们在中国和朝鲜看到的，证明我们的结论是正确的。因此，从这个方面看也应该关注用革命的、共产主义的思想教育人民。

齐奥塞斯库对江青也印象颇佳，认为她“是一位非常聪明且目标明确的女性”。[131]他回国后，很快就对“毛泽东同志的夫人”江青发出了访罗的邀请，邀请她“或率领芭蕾舞‘红色娘子军’剧组来罗演出，或个人来罗休养”。同时还邀请张春桥访罗。想必是都被中方婉拒了。[132]

此后不久，中国舞剧团携带《红色娘子军》和《白毛女》两台芭蕾舞剧应邀来罗作访问演出。《火花报》评论这些演出“是唤醒革命精神和带来革命力量的艺术”。《劳动报》则说，在《红色娘子军》中，“我们时代的英雄代替了美女，代替了那些被描绘成具有神奇力量的将相”。[133]

二是在“文化大革命”的情况下，中国的经济和社会生活仍然是一片繁荣景象。他在访问中看到，“人们都穿得很好——当然非常朴素”，“没有一个闲人”，“到处都井然有序”。他一再强调：“无论从什么角度讲，我对中国的印象都很好。”[134]这些印象固然反映了中华民族传统的勤劳与智慧的美德，说明即便在“文化大革命”的条件下，中国人民和多数各级官员仍然在努力维持国家和社会的正常运转，这也是中国虽然历经十年内乱，却仍然能够以大国的形象立足于世界的根本原因之一。但是，它同时也反映了齐奥塞斯库内心对“文化大革命”产生的共鸣和好感，他显然把这一现象归结为是中国“抓革命、促生产”，在“文化大革命”那样困难的条件下，用强化意识形态和思想政治教育的方法实现了经济发展和社会进步。

7月6日，罗共中央召开执委会会议，通过了齐奥塞斯库提出的《改进政治思想工作和对党员、对全体劳动人民进行的马克思列宁主义教育工作的建议》。其中包括17条建议，故被西方人称之为“17点”或“17点纲领”。美国《时代》周刊对此评论说：“齐奥塞斯库从中国回国后只有两周就宣布了一项新政策，罗马尼亚人把它叫作小型文化革命，这是仿效北京的文化革命的说法。齐奥塞斯库的十几岁的儿子瓦伦廷上周露面时已经把他以前的长头发剪短了。他向友人解释说，他父亲命令剪的发。”英国《卫报》发表社论说：“齐奥塞斯库主席发动了又一场不时进行的清教徒式的运动，号召本国人民发扬革命热情。”“他最近在中国的长时间的访问和他对文化革命的见闻显然给他深刻印象。他想在自己的国家仿效。”[135]11月，罗共中央全会又通过了《罗马尼亚共产党关于改进思想工作，普遍提高知识水平，对群众进行社会主义教育，把我国的社会主义关系建立在社会主义和共产主义道德与公正原则基础上的纲领》。

如上所述，齐奥塞斯库发动这场“小文革”的首要的也是最直接的目的，是要用马克思主义的意识形态抵制资产阶级思想的影响。其第二个目的，则是要通过提高劳动者的思想觉悟来促进经济的发展和劳动生产率的提高。西方学者注意到，这场思想教育运动有两个高潮，一个出现在1971年，另一个出现在1976年，“即两个5年计划的第一年，这恐怕不是巧合。在制定了雄心勃勃的经济发展目标后，党确实感到需要以巨大的努力来引导人们达到这些目标”。[136]齐奥塞斯库曾对一群主管意识形态的官员说：“显然，在我国下一个发展阶段，政治思想教育必须在［提高经济效益和产品质量］这些基本问题上起首要的作用。”[137]

其第三个目的，是加强罗共的领导地位和权威。但实际的结果却是加强了对齐奥塞斯库的个人崇拜，形成了以其家族成员为核心的罗领导层。1971年齐奥塞斯库的亚洲之行，特别是他对中国和朝鲜的访问，“燃起了他对文化革命和个人崇拜的奇迹的赞美”，“刺激齐奥塞斯库在回国后便想依法炮制”。[138]在采取措施加强罗共在各领域的领导地位的同时，齐奥塞斯库频繁地调整罗共中央的领导体制，调动和撤换各级领导干部，借机排斥异己，任人惟亲。

据说，当时主管宣传工作的罗共中央书记伊利埃斯库对齐奥塞斯库搞“小文革”，鼓吹教条主义和个人迷信提出了异议，齐奥塞斯库在会上便点名批评伊利埃斯库的“知识分子气息”。1972 年 3 月，他被解除了中央书记的职务，以后又不断被贬斥，直至被降为技术出版社的社长。而与齐奥塞斯库无政见分歧的罗共中央常设主席团成员、中央书记尼古列斯库—米齐尔，仅仅是有传闻说他要接齐奥塞斯库的班，就遭到齐奥塞斯库的猜忌，紧随伊利埃斯库之后被免去中央书记职务。[139]到 1974 年罗共召开十一大时，1965 年罗共九大（齐奥塞斯库在会上首次当选为罗共总书记——著者）选出的政治局委员只剩下他自己 1 人。而齐奥塞斯库的夫人埃列娜，竟在 1973 年当选为罗共中央执委会委员。他本人则在 1974 年当上了他为自己设立的共和国总统。

盖拉蒂等西方学者认为，1971 年是齐奥塞斯库当政 25 年的一个转折点。[140]1971 年以前，他充分利用了国内外的有利条件，励精图治，锐意进取，使罗进入了本国历史上变化最大、发展最快、国际地位最高的时期之一。而 1971 年以后，他逐渐变得独裁专制、固步自封，罗的发展也从此出现停滞和倒退。这场“小文革”被看作是这个转折的起点，转折虽然最初只表现在政治思想领域，但至迟到 1974 年的罗共十一大，罗经济形势也随之出现了逆转。

毋庸讳言，齐奥塞斯库发动“小文革”，在相当程度上是受到了中国“文化大革命”的刺激。而且，由于罗也搞起了“文化革命”，中罗两国在意识形态领域的共同语言和交流肯定要明显地多于 20 世纪 60 年代。虽然中国媒体对罗的“小文革”并没有作多少专门的介绍和评论，1974 年李先念访罗（这是在这几年中国对罗进行的唯一一次高层访问）并与齐奥塞斯库进行的会谈中，也基本上没有交流这方面的情况，但是，两国的关系因为“文化革命”的原因而更紧密了一层，而不是相反，却应该是确信无疑的。当然，中国的“文化大革命”与罗的“文化革命”有很多不同之处，不能完全相提并论。中国的“文化大革命”是在“反修防修”、“以阶级斗争为纲”的理论指导下，企图从政治、经济、文化等方面全面改造中国社会。而罗的“文化革命”是在全面接受苏联模式和意识形态的基础上，主要在政治体制和思想文化领域进行的政治运动。“文化大革命”在中国被称为十年浩劫，给中国造成了深重的创伤，却使中国置之死地而后生。罗的“文化革命”则使自 20 世纪 60 年代以来充满希望的罗马尼亚历史发生了逆转，埋下了齐奥塞斯库政权最后垮台的伏笔。

1975年5月，时任罗教育部长的尼古列斯库—米齐尔访问了“文化大革命”末期的中国。在当时中国的教育部长周荣鑫的要求下，尼古列斯库—米齐尔在自己的住所会见了他。周荣鑫是在前不久召开的第四届全国人大上由周恩来提名担任教育部长的。教育领域是“文化大革命”的重灾区，周荣鑫为中国教育的状况忧心忡忡，特来向罗同行讨教。据尼古列斯库—米齐尔回忆：

> 会谈是饶有兴趣的。我的同行是个很有文化修养的人。我们就两国的社会主义建设、文化、科学与教育广泛地进行了交谈。
>
> 突然，我受到了质问。他说要向我提个问题：生产实践在教育中起什么作用。他认为现在中国有过高估计这个作用的趋势。这导致学校教育质量的下降，把本来是培养工程师的高等教育变成了培养学徒的学校。他告诉我说，他打算就此致信毛泽东。为此他征求我的意见。
>
> 我有点吃惊。直接回答这个问题是不适宜的。我们不很了解中国教育的具体状况。根据我们的原则立场，我们不想在他们的国家就这个问题充当给中国人上课的人。归根结底，我在国内也有我自己的问题。我同我的朋友，这位中国部长面临着同样的问题。巧合的是，与此同时，我和我所领导的部也因为同样的问题受到了齐奥塞斯库的批评。
>
> 我用外交辞令作了回答。从根本上说，教育与生产劳动和科学实验相结合的原则是正确的。马克思早在《共产党宣言》中就对此作过研究。但是贯彻这一原则的方式取决于各国的具体情况，特别是各国教育体制的特点。我说我们也正为罗马尼亚的教育寻找更好的途径。即使在今天看来，我的这个答复也是正确的和中肯的。[14]

看来尼古列斯库—米齐尔对此也有难言之隐。他圆滑的回答肯定不能令周荣鑫满意。不久后，周荣鑫在邓小平的支持下大胆进行了教育领域的整顿，因而得罪了江青等人。1976年4月，也就是“文化大革命”结束的半年前，他被迫害致死。不知尼古列斯库—米齐尔当时得知此讯后作何感想。

外交上的相互支持与配合

随着中罗关系的更加密切，中罗两国在外交领域的相互支持与配合在 20 世纪 70 年代有了明显的增强。首先是两国在社会主义国家对外政策和国际问题上的看法有了更多的共同点。中罗两国都一贯强调社会主义国家的对外政策要坚持独立自主原则，反对帝国主义、殖民主义，争取世界和平，支持亚非拉人民的民族解放运动和捍卫主权的斗争，主张在国际关系中实行和平共处，互不诉诸武力等原则，等等。从 20 世纪 60 年代末起，两国在上述领域原有的一些分歧，随着国际关系的演变和两国相互理解的增多，也在逐步减少甚至消失。

关于帝国主义和战争问题。20 世纪 50 年代末起，罗在这一问题上一直认同苏联的观点，认为列宁主义关于只要帝国主义还存在，战争就是不可避免的原理已经过时。1968 年捷克斯洛伐克事件后，随着苏联的霸权主义的对外政策的彰显，罗苏关系长期处于低水平，罗开始接受中国的观点。1971 年齐奥塞斯库在北京说："只要帝国主义及其侵略政策存在，就有新的世界战争的危险。但是，对世界力量对比的客观分析表明，优势是在进步与和平力量这一边，帝国主义再也不能任意把自己的政策强加于人。正如毛泽东同志所指出的，'新的世界大战的危险依然存在，各国人民必须有所准备。但是，当前世界的主要倾向是革命'。"

显而易见，这番话完全接受了半个月前毛泽东发表的著名的谴责美国人侵柬埔寨的"五二〇声明"的主要观点。以往罗从来不提美帝国主义是全世界人民的主要敌人，在谴责帝国主义政策时，使用的是"西方国家"、"西方国家的帝国主义侵略集团"等笼统的提法。然而当 1970 年美国入侵柬埔寨后，罗公开批评美国的侵略行径，不顾苏联等"社会主义大家庭"成员国的反对，和中国站在一起，只承认西哈努克亲王为首的王国民族团结政府。当时正在北京访问的波德纳拉希抨击美国说："为了顽固地阻止人类前进的步伐和维持他们的统治，帝国主义，首先是美帝国主义，向各国人民的自由和主权发动进攻，维持一些被人民所唾弃的政权，干涉别国内政，直至进行武装侵略。"[14]

关于越南问题。20 世纪 60 年代中期，罗在支持越南的抗美救国斗争的同时，积极支持苏联的社会主义国家在支援越南问题上要"联合行动"的主张，并多次向中国领导人游说。在那几年中罗两国领导人的高级会谈中，劝说中国参与“联合行动”成为主要的话题之一。另外，罗从1965年起就在越美之间传话，推动越美和谈。早在1965年邓小平出席罗共九大并与齐奥塞斯库举行会谈时，齐奥塞斯库曾就此征询过中方的意见，邓小平当时就表示了反对意见。据罗方的会谈纪要载：

> 尼古拉·齐奥塞斯库同志询问了中国共产党如何看待通过谈判解决越南问题的前景。
>
> 邓小平同志特别指出，美国人通过威胁和轰炸，已达到谈判的目的。
>
> 我们，邓小平继续说，原则上不反对谈判。但是必须看清楚是什么样的谈判，什么时候举行，有什么目的。目前来说，谈判就意味着让越南人民放下武器。而越南人民放下过武器，结果他们做出了更大的牺牲：20万人被杀害。武装斗争的伤亡人数比这个要少。[43]

10月，越南总理范文同也为此征询中方的意见。中方根据自己与对手谈判的经验，告诫越南人，谈判的成功只能建立在军事胜利的基础上。周恩来说：我们认为，现在的时机还不成熟，美国还没有被打得认输。[44]但是罗仍然继续乐此不疲，这肯定令中国不快。

1968年以后，特别是1969年以后，一是越南的武装斗争使美国丧失了取胜的信心，二是尼克松就任总统后开始着手从越南脱身，三是中国外交战略也开始调整，有意解冻中美关系，中国转而支持越南边打边谈。1969年9月7日，周恩来对来访的毛雷尔说：“我们遵循的原则是，不干涉越南的内政，不要求他们坚持打仗，或者参加谈判。”“至于谈判将如何进行下去，最好我们和你们都不要干涉。”[45]中罗两国在这一问题上的分歧基本消失。1973年，随着美国从越南脱身，越南的统一战争迅速走向胜利，中国和苏联等国都加大了对越南的支援力度，各方在“联合行动”问题上的分歧也自动消失。

关于联合国问题。到20世纪50年代中期以后，由于美国制造并利用台湾问题，操纵联合国阻挠讨论并恢复新中国在联合国的合法席位，同时利用联合国多次通过反华议案，中国认为联合国已经成为美国的御用工具。渐渐地，中国不再急于重返联合国，甚至对苏联东欧等国（包括罗马尼亚）连年在联合国为恢复新中国的合法权利所进行的坚持不懈的活动也失去了兴趣。1969 年以后，一方面是因为当年投票赞成恢复新中国在联合国合法席位的国家越来越多，表明新中国在世界上的威望越来越高，美国在联合国的影响在降低；另一方面是中国调整外交战略，需要在联合国这个舞台发出声音，发挥作用。中国对在 1971 年重返联合国喜出望外，自然在感谢罗等国多年来为此付出的努力的同时，也改变了对联合国的认识，开始重视联合国的作用。[146]

当然，在对外关系和国际问题领域，双方仍然存在着许多分歧，有的分歧甚至发生在一些比较重大的问题上。但两国观点相一致的地方远多于有分歧的地方。

为在国际事务中配合行动，两国外长等高级官员保持着不定期会晤磋商。早在 1965 年，罗就曾邀请中国外长陈毅访罗，以后又曾多次发出邀请。但主要是因为“文化大革命”，直到 1972 年初陈毅因病去世，访问也未能实现。1970 年 7 月，罗副外长埃科贝斯库去朝鲜访问前在北京逗留，会晤了中国副外长乔冠华，就国际形势、联合国问题等交换了意见。

1972 年 3 月，罗又向中国新任外长姬鹏飞发出访罗邀请，中方接受了邀请。[147] 8 月，乔冠华赴罗作了为期两天的工作访问，主要就第 27 届联大与罗方磋商，协调对有关重大国际问题的立场。在主要问题上，双方立场比较一致；对孟加拉国加入联合国问题，双方主张不同，商定各自采取自己的做法，不影响相互关系。双方商定，每年联合国大会召开前，双方外长都进行互访，以交流情况、协调立场。同年 11 月，乔冠华访问几内亚回国途中应邀正式访罗一天，双方就联合国及欧洲安全等问题交换了意见。齐奥塞斯库在这两次访问中都会见了乔冠华，向他介绍了罗苏关系等情况，并着重了解了中美关系等情况。

1973 年 9 月，罗副外长格里加来华作内部访问，就第 28 届联大同中国外交部交换意见。1974 年 8 月，罗外长马科维斯库应中国外长姬鹏飞邀请来华进行正式访问。两国外长进行了 3 次会谈，就国际形势、地区问题、中罗关系等方面广泛地交换了意见，马科维斯转达了齐奥塞斯库关于两国举行新的高级会晤的建议。

平时，两国外交部都同对方使馆保持着密切联系，互相通报有关国际局势和国际关系的情况。

自从 1955 年加入联合国以来，罗一直为恢复中国在联合国的合法席位作了不懈的努力。1970 年 9 月，罗与其它 14 国一起向联合国提交备忘录，要求第 25 届联大解决中国代表权问题。1971 年，罗在第 26 届联大参加 18 国提案，要求驱逐蒋介石集团，恢复中国席位。这届联大通过恢复中国合法席位的决议后，齐奥塞斯库、毛雷尔分别致电毛泽东和周恩来表示祝贺。应中方的请求，罗驻联合国代表团为中国代表团首次参加联合国大会提供了重要的帮助，并受托代为寻找临时驻地。在此前后，罗在国际邮政联盟、国际原子能机构、国际仲裁法庭、国际气象组织、世界贸易与发展会议、世界环境会议、国际奥委会及一些国际体育组织中都为恢复或承认中国的代表权问题作了积极的努力。

罗还曾支持中国代表竞选世界卫生组织执委会委员、联合国粮农组织理事会理事。中国则支持罗代表竞选国际电讯联盟行政理事会理事，支持罗降低缴纳联合国会费的要求，支持罗争取 1974 年世界人口会议在布加勒斯特召开的主办权。

罗对中国调整外交战略，改善与包括西欧国家在内的各国的外交关系给予了积极和有效的支持，对中国在这方面取得的成就表示了坚决的支持。其中最重要的，就是罗在中美关系解冻的过程中所扮演的渠道的角色。

1972 年 9 月 29 日，中国和日本正式建立外交关系。这是继中美发表上海公报以后，中国外交的又一个重大事件。《火花报》10 月 2 日发表评论指出，中日两国政府发表的联合声明既对中华人民共和国和日本之间的关系具有重大意义，同时也具有广泛的国际意义。“罗马尼亚人民怀着十分关心和极为满意的心情欢迎中日谈判的结果，欢迎两国建交。”[148] 10 月 11 日，中国又与另一个西方大国联邦德国建交。与这两个国家建交，被认为“是 70 年代初中国外交在资本主义世界东西两头取得的两个重大战略突破”。[149]《火花报》发表评论说：“罗马尼亚公众舆论……欢迎中华人民共和国政府和德意志联邦共和国政府关于建立外交关系的决定，欢迎这一有利于和平共处，有利于世界局势的缓和与和平的行动。”[150]

罗还利用自己在国际关系中的特殊角色，具体帮助中国与一些国家建立或恢复了外交关系。1969 年 12 月，罗驻加纳大使向外交部报告了加纳政府为寻求与中国恢复外交关系所进行的一些活动，罗共中央常设主席团决定将有关情况转告中国方面。[151]几乎与此同时，尼日利亚副外长约见罗驻尼大使亚松，“请求罗方转告中国当局：尼日利亚政府愿意与中国开始两国间的对话”。罗随即转告了中国方面。[152] 1971 年 2 月 10 日，中国这个世界上人口最多的国家与尼日利亚这个非洲人口最多的国家正式建交。

比利时最早表示愿意与中国建交，一般认为是始于1970年7月，比利时驻法国大使约见中国驻法国大使黄镇，称“比利时政府认为现在是考虑同中国恢复外交关系的时候了”。[153]实际上在此之前的6月底，罗外长就曾受比利时政府之托，约见了中国驻罗大使张海峰，向他通报：“比利时政府愿意与中华人民共和国关系正常化，并按照加拿大方式，与中华人民共和国进行谈判。”[154]虽然这还不是中比两国外交代表的直接接触，但是这次通报的时间和内容却都要优于前者。

1971年3月，奥地利驻罗大使与张海峰大使取得联系，表示奥地利对奥中建交有兴趣。中国对此表示欢迎。两国随即在4月通过双方驻罗大使开始了建交谈判。5月26日，谈判顺利结束，两国大使代表本国政府在布加勒斯特签署了建交联合公报。[155]

1971年8月，阿根廷外交部通过罗外交部转告张海峰大使，阿根廷国家元首拉鲁塞倡议阿中两国进行首次接触，讨论两国关系正常化和发展贸易的可能性，阿方将派副外长鲁达到布加勒斯特与中国大使初步会谈。中国外交部接到报告后，立即请罗外交部转告阿方同意上述倡议。两国的秘密会谈随后在布加勒斯特举行。1972年2月19日，中阿正式建交。阿根廷在发表建交公报的同时，还单另发表了一份新闻公报，对罗政府在阿中建交谈判过程中所给予的合作与便利表示感谢。[156]5月，中国驻罗大使馆奉命致信罗外交部，请求罗方代为了解中阿建交后阿根廷与台湾方面的关系情况，以及原台湾“使馆”的馆舍情况等。[157]

1971年9月中旬，罗驻意大利大使应邀到马耳他参加马耳他的国庆活动。13日，马耳他总理明托夫会见了他，表示“愿意承认中华人民共和国”，[158]并表示愿意与中国开始建交谈判。11月，明托夫访问东欧期间，派他的顾问在布加勒斯特会见了张海峰大使，就两国建交问题进行了直接的初步接触。[159]经过谈判，中马两国于1972年1月31日正式建交。

1972年3月，齐奥塞斯库访问扎伊尔时，扎伊尔总统蒙博托请他向中国领导人转达同中国建立友好外交关系的愿望。一个月后，波德纳拉希访问中国时，向周恩来转达了蒙博托的愿望。[160]11月，中国与这个非洲大国也实现了关系正常化。

1974年8月，中国贸易代表团访问了巴西，这是1964年巴西军政府制造“九人事件”以后第一个访问巴西的中国代表团。代表团负有与巴西政府进行建交谈判的使命，为慎重起见，中国曾请求罗驻巴西大使馆给中国贸易代表团的访问“提供一些暗中的帮助”。[161]几天后的8月15日，中国与巴西正式建交。

1975年1月3日，葡萄牙外长访罗。6日，葡外交部发表了一项公报，表示对与中国建交“极感兴趣”。美联社据此推测，这次访问的“部分目的是通过罗马尼亚人的斡旋悄悄地谋求同中国的和解”。从此中葡两国开始了建交谈判，并在1979年正式建交。

此外，罗共还受世界上一些共产党组织之托，向中共转达了愿意与中共恢复或发展党际关系的愿望。以上所列，只不过是迄今已见诸公开的文字的一些情况。1978年5月，南通社在谈到齐奥塞斯库即将开始的中国之行时，发表了这样一段评论：“中罗关系有另一个因素。那就是，在中华人民共和国同整整一系列国家建交或关系正常化方面，布加勒斯特都作过斡旋而起了积极作用。”[162]

中罗两国在国际舞台上经常互相配合，互相呼应。1970年3月，美国策动柬埔寨政变，推翻了西哈努克亲王政权。苏联及其东欧盟国立即承认了柬埔寨傀儡政权。中国继续承认西哈努克是柬埔寨国家元首，让他在北京建立和领导王国民族团结政府，并坚决支持柬埔寨人民的反侵略斗争。罗与美国有着比较密切的关系，又是华约组织成员国，却在这一问题上持与中国相似的立场，因而得到了中国的高度赞赏。在1970年欢迎波德纳拉希访问中国的宴会上，中国领导人说：“罗马尼亚人民一贯支持印度支那三国人民和东方各国人民的反美斗争。罗马尼亚是最早承认柬埔寨王国民族团结政府的国家之一。罗马尼亚共产党和人民热烈支持毛主席五月二十日的庄严声明。中国政府和中国人民高度评价罗马尼亚政府和罗马尼亚人民的这一正义立场。”[163]

罗苏矛盾的消长与中国因素的作用

中罗关系的改善与发展必然会影响到罗苏关系。相对于20世纪60年代的罗苏关系，20世纪70年代的罗苏关系既没有导致“独立宣言”那样的文件发表，也没有捷克斯洛伐克事件那样的事件发生，显得相对稳定，“相对冷淡”。[164]1972年尼克松访问苏联，美苏关系出现缓和；1973年欧安会召开，东西方关系出现缓和；罗马尼亚经济困难，在经济上进一步有求于苏联，这些都在一定程度上软化了罗对苏的强硬立场。而中罗关系的改善与发展，再加上中南关系的改善，也在相当程度上抑制了苏对罗的压力。

1972 年 7 月，8 个社会主义国家的首脑举行了第二次克里米亚会晤，齐奥塞斯库第一次出席，勃列日涅夫与他举行了会谈。年底，齐奥塞斯库又到莫斯科参加了苏联建立 50 周年的庆典，并与勃列日涅夫就发展罗苏合作和当前的国际问题交换了意见。1973 年 1 月 26 日，齐奥塞斯库在布加勒斯特大学授予他名誉博士学位的仪式上讲话说："众所周知，罗共一贯致力于发展罗苏友谊。过去和现在我们都一贯非常坚决地为了同苏联、同我们所有的邻居的友谊而采取行动。"日本《周刊邮报》评论说："罗马尼亚由于经济状况恶化，所以从去年一九七二年夏天开始，在同经互会进行合作的问题上，态度开始缓和了。因此，苏联再次开始考虑对罗马尼亚不用皮鞭而是要用糖块。"

不过，罗苏关系的缓和只是相对而言。由于苏罗之间原有的矛盾依然存在，两国的对外政策又都没有重大改变，罗苏关系也不可能有实质性的变化。在整个 20 世纪 70 年代，每隔一段时间，一有风吹草动，罗苏关系仍然会出现一定程度的紧张。而由于中苏关系的更加紧张和中罗关系的更加紧密，使中国因素在罗苏关系中发挥着比 20 世纪 60 年代更加显著的作用。可以说，中国这时对苏联对外政策的每一次揭露和抨击，都是对罗抗衡苏联的有力支持，都会对罗苏关系产生影响。

20 世纪 70 年代前期，罗苏之间的矛盾冲突主要表现在以下几个方面：

第一，在召开欧安会问题上的争执。

召开欧洲安全与合作会议，最早是华约组织在 20 世纪 50 年代中期提出的。经过华约和北约多年的"对话"和讨价还价，终于在 1972 年底召开了欧安会的预备会议。欧安会的正式会议 1973 年 7 月在赫尔辛基召开，到 1975 年 7 月举行了与会国的首脑会议，签署了"最后文件"。在两年多的会期里，既有东西方、华约与北约的矛盾与争论，也有华约内部苏联等国与罗等国的矛盾与争论。罗苏关系围绕着欧安会又出现了波动。罗积极利用欧安会这一国际讲坛，联合一些中小国家，大力宣传独立自主外交，"断然采取了使俄国恼火的坚定独立的路线"。[165]

1971 年齐奥塞斯库在北京曾与中国领导人讨论了这一问题。两国的联合公报对此评论说：

罗马尼亚方面介绍了罗马尼亚为争取欧洲安全，防止对各国的任何侵略、使用武力或以武力相威胁所进行的活动。中国方面表示支持罗马尼亚的这一活动，并且认为欧洲人民要维护和平和安全，必须坚决反对帝国主义，反对控制和发号施令的政策。必须由欧洲各国人民、各个国家，不论大国小国，共同努力，采取具体措施，才能争取欧洲的和平和安全。[166]

1973年1月，苏联及其东欧盟国的外长开会，为欧洲安全会议以及裁减欧洲军队的谈判规定统一的态度。据美国《巴尔的摩太阳报》报道："会议未能使罗马尼亚放弃它对削减军队谈判的方式所持的强烈和直言不讳的反对态度。"1975年欧安会首脑会议闭幕后，美联社报道说：在闭幕式上的讲话中，"齐奥塞斯库再次要求撤除外国军事基地和从欧洲国家撤退外国军队——既指俄国军队，也指美国军队"。罗已经"在欧安会预备阶段采取了公开反对俄国人的立场"，加上罗近来的一系列举动，"似乎已再次使克里姆林宫恼怒"。

英国《外事报道》评论说："俄国人发现罗马尼亚是欧安会上的一个固执别扭的伙伴。与其说这反映了罗马尼亚与美国的独立的联系，不如说这反映了罗马尼亚与中国的联系，而中国对整个欧安会活动是彻头彻尾抱敌视态度的。"[167]罗明指出："对罗马尼亚对欧洲安全与合作体系的立场，中国虽然最初持不同意见，最终还是给以支持（北京曾经认为这将加强超级大国对欧洲的控制）。"[168]

欧安会首轮会议召开后，1975年12月，美国国务院顾问索南费尔特在伦敦召开的美国驻欧洲使节会议上的讲话中，阐述了美国对苏联和东欧的政策。他主张在美苏两个超级大国之间划分势力范围，并确认东欧是苏联的势力范围。其实质是，以承认苏联的超级大国地位及其在东欧的势力范围，换取苏联不向西欧扩张，并避免引起美苏冲突。这就是索南费尔特主义。1976年4月，讲话摘要被公开发表，立即遭到国际社会的抨击。特别是在东欧有较强的独立自主意识的"罗马尼亚和南斯拉夫尤其激烈地反对'索南费尔特主义'，两国的领导人敏感地察觉到美国的软弱将引起苏联的侵略"。[169]

4月13日，罗共中央政治执委会委员、中央书记布尔蒂卡亲自在《火花报》上发表题为《违背时代潮流的、同国家间关系新原则相矛盾的观念》的文章，指出索南费尔特主义实质上是"大国把世界划分为势力范围的主义"，是违背时代潮流的；强调罗坚决维护独立和主权，反对外来干涉，自己主宰自己的命运。4月19日，《人民日报》摘要刊登了布尔蒂卡的文章，罗方称这是对罗的“巨大鼓舞”。

第二，苏联提出要穿越罗国土，建立通往保加利亚的军事走廊。

1974年6月，华约武装部队司令雅库鲍夫斯基元帅秘密访罗。随后，有关苏联想要在罗的多布罗加地区获得一条“走廊”，“以便把军队和物资运往苏联的最忠实盟友保加利亚”的说法便传播开来。这条走廊由一条要新修的苏式的宽轨铁路组成，把苏联的摩尔达维亚加盟共和国的首都基什尼奥夫（今基希讷乌——著者）或者乌克兰加盟共和国的敖德萨同保加利亚的瓦尔纳连接起来。虽然这个说法的起因是华约的军事演习要临时借道罗运送演习的军队和装备，但西方人士更愿意相信，苏联想把这条走廊永久化，并具有治外法权。奥地利《皇冠报》评论说：“这一‘建议’使布加勒斯特的政治观察家想起了希特勒一九三九年要求一条经过波兰走廊通往东普鲁士的有治外法权的高速公路。”[170]

罗顶住了巨大的压力和威胁，断然予以拒绝。7月，铁托应邀访罗。两国在联合公报中特别提到：“两位总统对不结盟政策——反对帝国主义和霸权主义、争取各国独立和平等、争取和平与积极的和平共处、争取国际关系民主化和世界政治、经济和社会进步斗争中的一个重要因素——表示欢迎。”这是迄今在《人民日报》上所看到的齐奥塞斯库第一次公开表示“反对霸权主义”。

这年8月是罗解放30周年。如前所述，为了获得中国的支持，向世人显示罗中关系的密切，罗锲而不舍地邀请中国派高级代表团参加罗的庆祝活动。尽管当时中国的“文化大革命”再掀波澜，搞起了“批林批孔”，国内政局很复杂，中国最终还是派出了以李先念为首的代表团访罗。了解了以上国际背景，我们对罗如此的锲而不舍，对于中国对罗解放日的庆祝规格和李先念在此时访罗，竟使罗方“感到非常满意”，[171]也许就不那么感到费解了。

第三，在召开欧洲共产党和工人党会议问题上的争执。

中苏关系的持续敌视和紧张，成为苏联决心再次召开一次世界共产党会议，把中国逐出国际共运的主要动机。1973年7月30日，苏联等8个社会主义国家党的领导人又在克里米亚会晤，据说曾经讨论了有关的计划，包括有关中国的议题。美国《巴尔的摩太阳报》刊登的一篇题为《克里姆林宫策划把北京逐出共产党阵营》的新闻分析说：“据东欧外交官说，罗马尼亚党和政府领导人齐奥塞斯库宣布他强烈反对召开反华会议，因而克里米亚公报既没有提到中国也没有提到召开这一大会的计划。”“罗马尼亚已警告其他东欧人说，它不会参加仅仅为谴责中国而召开的会议，而且它肯定会拒绝在任何问罪宣言上签字。”

年底，显然是受到苏联的鼓动，保共领导人日夫科夫和匈党领导人卡达尔第一次公开呼吁召开一次新的世界共产党会议。但是，不光是罗党，许多党都“对举行一次目的显然在于重新肯定苏联在共产主义运动中的为首地位并孤立中国的集会同样是不热心的”。苏共只好同意先召开欧洲共产党会议。1974年10月起，欧洲共产党和工人党协商会晤先后在华沙、布达佩斯和东柏林等地举行，为正式的欧洲共产党和工人党会议作筹备。在此期间，南、罗、意、西、瑞（典）、英的共产党与法、丹、德及苏的共产党之间，在讨论正式会议的共同文件时发生了严重对立，几乎使会议不能为继。争论的主要问题包括：应否对任何党的内部事务提出批评，会议决议应否对各党有约束力；各党地位是否完全平等，应否有个世界共产主义中心；应否讨论欧洲以外的问题，应否公开批评中国等等。这些分歧，既体现了东西欧共产党之间的分歧，也体现了东欧各国共产党之间的矛盾。

据路透社报道，1975年8月底出版的苏共中央理论刊物《共产党人》发表长文，对中国进行了“迄今最猛烈的攻击”。并且“在直截了当地谴责中立主义——这里认为这显然是指南斯拉夫共产党和罗马尼亚共产党的立场而言——的时候说，拒不参加对毛的‘错误’的批判，实际上是帮助了毛主义的‘分裂’活动”；路透社认为，“欧洲共产党会议的筹备工作遇到的最大障碍是，罗马尼亚和南斯拉夫坚持让各个党可以不参加对中国的全面谴责”。

直到1976年6月底，欧洲共产党和工人党会议终于在柏林召开。英国《金融时报》认为，会议通过的最后文件“对于两个不同意苏联的路线的执政党南斯拉夫党和罗马尼亚党来说，这个文件以强硬的措词，肯定各党的主权和各党互不干涉的权利显然是一个重大的收获”。[17]

自20世纪70年代初中罗关系明显改善后，中国曾对罗在国际共运内部的一些会议上维护中国利益的斗争表示了感谢。[18]但中国对这类会议的基本态度并没有改变。1974年李先念在布加勒斯特对齐奥塞斯库说：“对于苏联修正主义倡议的各国共产党和工人党会议，我们根本不予理睬。他们要是愿意，可以每年召开一次这样的会议。他们除了发出反华的咒骂外，干不出任何别的事情。”[19]此后，尽管召开欧洲共产党会议之事在国际上炒得火热，中国媒体却依然对此反应冷淡，没有响应罗在这方面的努力。

第四，比萨拉比亚问题之争。

在罗苏关系史中，持续时间最久、影响最为深远的矛盾，自然是历史和领土问题之争。在这些问题上中罗两国遥相呼应，抨击苏联领导人继承俄国沙皇的对外侵略扩张政策，配合得最为默契。罗苏之间在领土问题上的最大争议就是比萨拉比亚问题。从 20 世纪 60 年代末起，苏联不断地在其出版物中或修改历史，或为沙皇的对外侵略扩张政策作辩护。1973 年 8 月，新华社发表题为《两代王朝一条黑线——评新沙皇为老沙皇侵略扩张翻案》的述评予以揭露。文中多处以罗马尼亚民族为例：

> 马克思说："消灭罗马尼亚民族始终是俄国进行阴谋和战争的目的。"《苏联历史》却说什么，"在俄国支持下出现了把摩尔达维亚和瓦拉几亚联合在一起的罗马尼亚王国"。在他们笔下，沙皇俄国似乎成了罗马尼亚民族的大恩人。
>
> ……
>
> 一九五四年出版的《苏联史》还承认，摩尔达维亚被沙俄并吞后，由于"其殖民地地位所制约"，形成了"经济的片面农业性"，"工业发展得很薄弱"。而一九六八年的苏联《历史问题》杂志却说什么沙俄并吞摩尔达维亚"保证了摩尔达维亚人有可能得到更迅速的经济和文化发展"。
>
> ……
>
> 两代王朝——罗曼诺夫王朝和赫鲁晓夫—勃列日涅夫王朝，被同一条黑线串在一起，这条黑线就是大俄罗斯沙文主义和帝国主义侵略扩张的本性。所不同的只不过是，后一王朝披上了"社会主义"的外衣，是名副其实的社会帝国主义。[179]

美国《巴尔的摩太阳报》对此评论说："这是中国第一次超出双边范围提出了同苏联的边界争端，把它同沙皇对罗马尼亚和波斯领土的侵略联系在一起。"

为了减少苏联霸权主义对国家安全的威胁，维护世界的和平，毛泽东在 1973 年 2 月与基辛格的谈话中提出了"一条线"的外交战略构想："我说要搞一条横线，就是纬度，美国、日本、中国、巴基斯坦、伊朗、土耳其、欧洲。”其主旨，即团结世界上一切可以团结的力量，共同孤立和反对苏联的霸权主义。罗马尼亚显然被认为是这条线上的重要一环。

1976年初，罗两位年轻的历史学者穆沙特和阿尔德列亚努在罗最权威的政治出版社出版了《1918—1921罗马尼亚的政治生活》（*Viaţa politică în România 1918—1921*）一书，明确指出，比萨拉比亚在历史上是属于罗的。英国《每日电讯报》评论说，这是第二次世界大战后，罗首次“公开提出它对比萨拉比亚（一九四四年被俄国兼并）的领土要求”。[16]在这场争论中，中国又坚定地站在了罗马尼亚一边。2月4日，《人民日报》发表新华社报道：《苏修继承老沙皇衣钵推行大俄罗斯主义 激起摩尔达维亚人民的强烈愤慨和反抗》。6月24日，《人民日报》又发表题为《历史篡改者的险恶用心》的短评，抨击说：

> 苏修一些挂着“马克思主义”招牌的御用“历史学家”，为了替老沙皇的侵略扩张行径辩护，竟然堕落到肆意篡改别国历史的地步。他们对罗马尼亚历史的歪曲就是一个明显的罪证。在历史上，明明是沙皇俄国侵占鲸吞了罗马尼亚的领土，而这些“历史学家”却偏偏说是老沙皇“解放”了罗马尼亚的国土。把侵略说成“解放”，如此篡改历史，难道还有比这更卑鄙的吗！[17]

针对苏联学者拉扎列夫1974年出版的《摩尔达维亚苏维埃国家和比萨拉比亚问题》一书，中国学者陆象淦在《历史研究》上发表了《沙皇俄国对罗马尼亚的侵略扩张与比萨拉比亚问题》（1976年第4期）一文予以批驳。1977年初，又发表了《光辉的斗争篇章——罗马尼亚独立一百周年》（1977年第2期）一文，有力地声援了罗马尼亚。1979年，中国社会科学出版社出版了《1918—1921罗马尼亚的政治生活》一书的中文版。

中罗关系中出现的某些不利因素

20世纪70年代前期的中罗关系与20世纪60年代后期相比，不但有了明显的恢复和改善，更有了全面的发展，达到了一个前所未有的高度。其推动力，如上所述，来自中国对外战略的调整、建立国际广泛的反苏反霸统一战线的需要；来自于中罗两国的相互欣赏与相互支援。既有政治和经济方面的，也有思想和文化方面的。

然而这个时期，不论对国际局势还是对中罗两国的内外政策来说，都是个有着重大变化的阶段。与此同时，一些不利于中罗关系发展的因素也在滋长，并对中罗关系产生了影响。

第一，国际关系趋向缓和，使罗马尼亚在国际关系中的地位有所降低。

1970年以后，中美关系开始解冻，美苏关系缓和，越南战争结束，以及欧洲安全与合作会议的召开，使国际关系，包括欧洲的国际关系和整个东西方的关系都进入了一个相对缓和的时期。这对于世界的和平与安全是有利的。但是却给罗的对外关系，包括中罗关系带来了一些负面影响。在20世纪60年代东西方严重对立时期，罗在苏联东欧集团、在国际舞台上特立独行的立场，使其成为国际关系中，特别是东西方关系中不可缺少的“诚实的掮客”，受到了西方普遍的尊重和欢迎，在经济上和政治上得到了西方国家不少的惠顾。到了20世纪70年代，随着东西方关系的全面改善，罗在国际舞台上的地位和作用有所下降。加上西方国家，特别是美国在东西方关系问题上开始使用人权武器抨击苏联东欧国家，并且越来越多地把罗与这些国家相提并论，罗不得不和苏联等国站在一起回击西方。西方对罗的兴趣开始降低。

第二，中国对外战略的调整，使罗马尼亚在中国对外关系中的作用有所降低。

中美关系的解冻与国际关系的缓和之间有某种互为因果的关系。对中国来说，中美关系的解冻也“极大地影响了其把罗马尼亚继续作为通向世界的窗口的需求”。[178]罗仍在继续支持中国，但这对中国来说已没有20世纪60年代时那样大的价值了。中国在20世纪70年代和世界上大多数国家建立了直接的良好关系，成为联合国的成员，接受了尼克松总统的访问，在第三世界的威望进一步提高，与欧洲非执政的共产党的交往也迅速增加，这些都削弱了罗曾经在中国与西方的政治和经贸关系中所扮演的中介角色的作用和意义。而且，中美关系开始解冻后，中国“似乎已断定，通过与美国、日本和其他大国建立良好的关系，而不是推动罗马尼亚及其巴尔干邻国的自治，能够更有效地影响国际事务和对付苏联的威胁。这并不是说罗马尼亚和中国不再有兴趣保持良好关系（高级代表团继续在互访），但在过去明显地存在的［两国］关系的重要性却降低了”。[179]

而且，如前所述，中国外交战略的调整，也带动了中国对外贸易战略的调整，即从以苏联东欧国家为主要对象转变为以西方发达国家为主要对象。中罗两国的经贸关系在20世纪70年代初迅速发展，两国的贸易额从1970年起跃上了1亿美元的台阶，并且逐年以较大的幅度稳步上升，到1975年已超过了4亿美元，在苏联和东欧国家的对华贸易中稳居首位。然而，一则是中国扩大了对外交往的渠道，大大提高了外贸总额，一则是罗外贸产品的交货方式与质量在国际市场上缺乏竞争力，虽然中罗贸易额有大幅度增长，但是中罗贸易额在两国的外贸总额中的位次却都有所降低，在罗外贸总额中仅居第8位。1970年末勒杜列斯库访华时，曾向中方提出："希望罗中双边贸易额逐步增长到罗苏贸易额的水平。"这一愿望显然与与现实相去甚远。不过，美国学者布劳恩所言"两国的贸易在70年代中期趋于停滞"，两国的关系开始"降到比20世纪60年代低得多的水平"，[180]还是有些言过其实了。

有鉴于此，1972年10月，罗驻华使馆在给罗外交部提出的发展两国关系的建议中特别提出："根据中方对双边合作的态度可能发生变化的情况，寻机倡议开展经济合作。研究中华人民共和国对外经济交往的发展，并提出相应的建议，使罗中贸易交往适应别国在中国市场上竞争加强的新形势。"[181]与此同时，罗增加了对苏联的贸易和经济上的依赖，以及在苏联投资铁矿石生产，以满足自己对外贸越来越大的需求。

第三，中国与苏联东欧各国关系的变化。

东西方关系出现缓和后，东欧5国纷纷与西方国家加强交往，也对苏联产生了更多的离心倾向。据美国《基督教科学箴言报》1974年12月报道，匈牙利领导人不久前在谈到苏联提议召开世界共产党会议时，竟也公开说："现在没有'共产国际'，也不需要有任何这样的机构。现在没有公认的起领导作用的党，我们也不需要这样的党。"[182]其口吻与罗的一贯立场几乎难分伯仲。罗原在东欧集团中独特的对外政策已经不再显得那么独树一帜了。

1969年9月以后，中国向苏联和东欧5国恢复派出大使，表示愿意与他们恢复国家关系正常化。东欧5国则予以回应，匈、保两国更为积极一些，两国与中国首先恢复了经贸往来和科技合作。1969年12月，东德国防部长、军队总参谋长和总政治部主任联合接见中国新任驻东德武官，暗示东德与苏联之间有矛盾。中国的《人民日报》不久便发表评论员文章《肮脏的交易》，支持德国人民反对西德企图吞并东德和西柏林的斗争。1970年10月，东德外长在会见中国新任大使时，再次表示了改善对华关系的愿望。[183]此后，东德的反华言论明显减少。1970—1975年，中国与上述国家的贸易额都增长了一倍甚至数倍。[184]中国与东欧各国的关系中，中罗关系一枝独秀的态势也开始趋于淡化。

1972年后，中国与阿尔巴尼亚渐行渐远，却与南斯拉夫迅速靠拢。在东欧国家中，南斯拉夫对苏的立场比罗更强硬，在国际共运中的作用似乎正在超越罗。[185]在世界大多数国家——发展中国家中的地位与作用方面，南也要强于罗。而这些正是当时中国所至为需要的，所以中国越来越重视与南斯拉夫的关系。

第四，中国告诫罗马尼亚远水救不了近火。

中罗两国的直线距离是9000公里，可谓远隔千山万水。当时的中国正处于内乱中，保卫国家安全，维护周边环境的稳定，已有捉襟见肘之虞，不可能对欧洲事务有决定性的作为。如前所述，早在1968年捷克斯洛伐克事件时，周恩来在代表中国政府表示对罗的坚决支持的同时，也提醒罗领导人："远水救不了近火。"[186]1970年，当罗又遭遇天灾人祸，寻求中国的帮助时，中国一方面慷慨解囊相助，另一方面又反复向来访的罗各代表团强调，主要还是要靠自力更生。"自力更生"是中国主人向罗客人重复最多的词汇之一。1971年，周恩来在欢迎齐奥塞斯库的群众大会上讲话说："我们相信，在你们前进的道路上，不管还会出现什么困难曲折，在罗马尼亚党和政府的领导下，紧密依靠广大人民群众，坚持独立自主、自力更生的方针，就一定能够从胜利走向胜利。"[187]

1971年8月17日，周恩来在会见南斯拉夫《信使报》记者雅纳科维奇时，虽然重申中国"绝不会出卖朋友"，"我们将竭尽全力支持他们"，但同时再次强调："我们远离欧洲，正如你们所知的我国的一句谚语所说的'远水救不了近火'。"西方媒体对此普遍予以关注。著名学者King认为："这番评论一定会动摇［罗马尼亚］通过寻求与中国的紧密关系以抗衡苏联压力的考虑。中国除了承认对巴尔干国家的支持是有限的外，中国对通过寻求罗马尼亚和南斯拉夫的支持而在巴尔干冒点小风险也许还没有多大兴趣。"[188]Braun进一步分析说："到了70年代，两国都开始认识到，虽然他们能够互相帮助（两国经常在意识形态上相互支持，这在道义上是非常重要的），他们在对方的政策和防务中扮演的已是次要的角色。因而罗马尼亚仍旧努力在其他领域建立防护措施以补偿在这方面的削弱。"[189]

另外，1975年我国对外援助政策的调整，也或多或少对中罗关系造成了一些影响。1963年以后，中国援外支出占国家财政支出的比例逐年上升，到

1973 年已经达到 7.2%，超过了国力所能负担的程度。这时越南战争的形势已经发生了很大变化，朝鲜等受援国的经济已有了一定的基础，“有的受援国生活水平比我国还高”，这其中显然包括罗在内。为统筹兼顾对第三世界国家的援助，并考虑到国内建设的需要，中共中央在这一年的 4 月 23 日作出决定，在第五个五年计划期间，将援外支出占国家财政支出的比例降到 5%以内，援外总额基本维持在第四个五年计划期间的水平。[19]这一调整不可避免地会间接影响到中罗经贸关系。

至于“文化大革命”对中罗关系的影响，更是自不待言的事。但是正如本章所分析过的，“文化大革命”对中罗关系的影响，既有负面的，也有正面的。但是不管是正面的也好，负面的也好，和两国的国家利益的需要及国际关系的演变比起来，这方面对中罗关系的影响都还是比较次要的。

参考文献

①《人民日报》，1970 年 4 月 22 日。

②［美］罗宾·艾莉森·雷明顿：《华沙条约》，上海人民出版社，1976 年版，第 167—169 页。

③驻罗使馆：《罗对"社会主义国家"和共运团结的立场》，1973 年，第 17—18 页。

④Robert R. King, *Rumania and the Sino-Soviet Conflict. Studies in Comparative Communism*, Vol. 5, No. 4, Winter 1972, p. 387.

⑤《参考消息》，1970 年 5 月 29 日，7 月 6 日，7 月 8 日，7 月 10 日，7 月 13 日。

⑥同注释①，1970 年 5 月 21 日，6 月 2 日。

⑦*Nota, Referitor: dejunul oferit de ambasadorul chinez pentru delegaţia care a vizitat R. P. Chineză.* AMAE, Problema 220, Dosar 1970, Referitor: la Vizita Tov. E. Bodnăraş în R. P. Chineză（《在中国大使为我国代表团访问中华人民共和国而举办的午餐会上的谈话记录》(1970. 7. 1). 外交部档案，1970 年第 220 卷：E. 波德纳拉希同志访问中华人民共和国), p. 70。

⑧同注释⑤，1970 年 6 月 14 日。

⑨同注释①，1970 年 6 月 10 日。

⑩王泰平：《中华人民共和国外交史》，第三卷：1970—1978，世界知识出版社，1998 年版，第 240 页。

⑪同注释①，1970 年 6 月 12 日。

⑫蒋本良：《给共和国领袖作翻译》，上海辞书出版社，2007 年版，第 34、21 页。

⑬蒋本良：《多瑙河之波》，四川出版集团，2004 年版，第 172 页。

⑭Paul Niculescu-Mizil, *O istorie trăită*. Vol. I, Bucureşti: Editura enciclopedică（保罗·尼古列斯库—米齐尔：《永存的历史》，第 1 卷，布加勒斯特：百科全书出版社），2002, p. 340。

⑮同注释⑤，1970 年 6 月 14 日。

⑯同注释①，1970 年 6 月 12 日。

⑰同注释②，第 181 页。

⑱同注释①，1970 年 6 月 12 日。

⑲同注释⑤，1970 年 6 月 13 日。

⑳同注释④，p. 387.

㉑J. F. Harrington & B. J. Courtney, *Tweaking the Nose of the Russian: Fifty Years of American-Romanian Relations, 1940 — 1990.* Columbia University Press, New York, 1991, p. 299.

㉒同注释①，1970 年 6 月 24 日，6 月 21 日，6 月 19 日，12 月 2 日。

㉓Romulus Ioan Budura, *Introduction* Ministerul Afacerilor Externe & Archivele

Naționale, *RELAȚIILE ROMÂNO-CHINEZE*（*1880－1974*），*DOCUMENTE*. Coordonator：Ambasador Romulus Ioan BUDURA，2005，București（罗姆鲁斯·扬·布杜拉：《引言》，见外交部 & 国家档案馆：《罗中关系文件集》（1880—1974），主编：罗姆鲁斯·扬·布杜拉大使，2005 年，布加勒斯特），p. 44.

㉔同注释②，第 186 页。

㉕同注释⑩，第三卷，第 251 页。

㉖同注释④，p. 388.

㉗同注释㉓，p. 44.

㉘同注释①，1970 年 8 月 9 日，8 月 3 日，11 月 26 日。

㉙同注释⑩，第三卷，第 248—249 页。

㉚同注释①，1970 年 11 月 26 日，1971 年 3 月 23 日。

㉛《建国以来毛泽东文稿》，第十三册，中央文献出版社，1998 年版，第 113 页。

㉜王绳祖：《国际关系史》，第十卷（1970—1979），世界知识出版社，1995 年版，第 12 页。

㉝同注释⑫。

㉞同注释①，1971 年 5 月 7 日。

㉟同注释⑩，第三卷，第 243 页。

㊱同注释①，1971 年 6 月 3 日。

㊲1971 iunie 25，București. *STENOGRAMĂ A ȘEDINȚEI COMITETULUI EXECUTIV AL C. C. AL P. C. R. PRIVIND VIZITA DELEGAȚIEI DE PARTID ȘI GUVERNAMENTALE A R. S. ROMÂNIA，CONDUSĂ DE NICOLAE CEAUȘESCU，ÎN ȚĂRI SOCIALISTE DIN ASIA：R. P. CHINEZĂ，R. D. VIETNAM ȘI MONGOLĂ*（1971. 6. 25，布加勒斯特。《罗共中央执委会就由尼古拉·齐奥塞斯库率领的罗马尼亚党和国家代表团对几个亚洲的社会主义国家：中华人民共和国、越南民主共和国和蒙古人民共和国的访问，召开的会议的速记稿》）. Ministerul Afacerilor Externe & Archivele Naționale，*RELAȚIILE ROMÂNO-CHINEZE*（*1880－1974*），*DOCUMENTE*. Coordonator：Ambasador Romulus Ioan BUDURA，2005，București，p. 1074.

㊳同注释①，1971 年 6 月 2 日。

㊴同注释⑤，1971 年 6 月 3 日，6 月 5 日。

㊵同注释①，1971 年 6 月 2 日，6 月 3 日，6 月 5 日，6 月 9 日。

㊶1971 iunie 17，Beijing. *TELEGRAMĂ A LUI AUREL DUMA，AMBASADOR AL ROMÂNIEI LA BEIJING，CĂTRE VASILE GLIGA，ADJUNCT AL MINISTRULUI AFACERILOR EXTERNE PRIVIND ECOUL ÎN CERCURILE DIPLOMATICE DE LA BEIJING，AL VIZITEI ÎN R. P. CHINEZĂ A DELEGAȚIEI DE PARTID ȘI DE STAT CONDUSE DE NICOLAE CEAUȘESCU*（1971. 6. 17，北京。《罗马尼亚驻北京大使奥雷尔·杜马就由尼古拉·齐奥塞斯库率领的党和国家代表团的访问在北京外交

界引起的反响给副外长瓦西里·格里加的电报》). Ministerul Afacerilor Externe & Archivele Naţionale, *RELAŢIILE ROMÂNO-CHINEZE* (*1880 — 1974*), *DOCUMENTE*. Coordonator: Ambasador Romulus Ioan BUDURA, 2005, Bucureşti, p. 1072.

㊷同注释㊲，p. 1076.

㊸1971 iunie 3, Beijing. *STENOGRAMĂ A CONVORBIRILOR DINTRE MAO ZEDONG, PREŞEDINTE AL C. C. AL P. C. C., ŞI NICOLAE CEAUŞESCU, SECRETAR GENERAL AL P. C. R., CU OCAZIA VIZITEI OFICIALE ÎN CHINA A DELEGAŢIEI DE PARTID ŞI GUVERNAMENTALE ROMÂNE* (1971. 6. 3，北京。《在罗马尼亚党和国家代表团正式访问中国期间中共中央主席毛泽东与罗共总书记尼古拉·齐奥塞斯库的谈话速记稿》). Ministerul Afacerilor Externe & Archivele Naţionale, *RELAŢIILE ROMÂNO-CHINEZE* (*1880 — 1974*), *DOCUMENTE*. Coordonator: Ambasador Romulus Ioan BUDURA, 2005, Bucureşti, p. 1068.

㊹同注释⑫，第 21 页。

㊺同注释⑩，第三卷，第 242 页。

㊻同注释㊲，p. 1077.

㊼同注释㊸，p. 1068.

㊽同注释㊲，p. 1077.

㊾同注释⑫，第 19 页。

㊿同注释㊸，p. 1071.

51同注释⑩，第三卷，第 242、249 页。

52同注释㊲，p. 1076.

53同注释⑤，1971 年 6 月 9 日。

54同注释①，1971 年 6 月 9 日。

55同注释⑤，1971 年 6 月 11 日。

56同注释①，1971 年 6 月 10 日。

57同注释⑤，1971 年 6 月 11 日。

58同注释①，1971 年 6 月 9 日，6 月 10 日。

59同注释⑩，第三卷，第 243 页。

60同注释㊶，p. 1073.

61同注释①，1971 年 6 月 10 日，6 月 15 日。

62同注释⑤，1971 年 7 月 7 日。

63同注释㊲，pp. 1083，1081.

64同注释㊸，p. 1064.

65同注释㊲，pp. 1079，1081，1080，1081.

66同注释⑫，第 17 页。

67*Protocol Nr. 17 al şedinţei Comitetului Executiv al CC al PCR din ziua de 25 iunie*

1971. ANIC，fond CC al PCR/Cancelarie，Dosar Nr. 72/1971（《1971年6月25日罗共中央执行委员会会议第17号决议》。中央国家历史档案馆，罗共中央办公厅档案，第72卷/1971年），p. 3.

⑱同注释①，1971年7月1日。

⑲同注释⑤，1971年6月6日，6月27日，8月1日，7月16日，6月27日，8月8日，8月17日，8月12日。

⑳同注释⑩，第三卷，第217页。

㉑同注释⑤，1971年8月25日。

㉒同注释①，1971年8月22日，8月23日。

㉓同上，1971年9月29日。

㉔1972 mai 31，Beijing. *TELEGRAMĂ A LUI NICOLAE GAVRILESCU，AMBASADOR AL ROMÂNIEI LA BEIJING，CĂTRE GHEORGHE MACOVESCU，PRIM-ADJUNCT AL MINISTRULUI AFACERILOR EXTERNE，PRIVIND EVOLUŢIA RELAŢIILOR ROMÂNO-CHINEZE ÎN PERIOADA 1971－1972*（1972. 5. 31，北京。《罗马尼亚驻北京大使尼古拉·格夫里列斯库就1971—1972年间中罗关系的进展给第一副外长乔治·马科维斯库的电报》）. Ministerul Afacerilor Externe & Archivele Naţionale，*RELAŢIILE ROMÂNO-CHINEZE（1880－1974），DOCUMENTE.* Coordonator：Ambasador Romulus Ioan BUDURA，2005，Bucureşti，pp. 1126－1127.

㉕同注释⑤，1971年8月18日，8月20日。

㉖同注释①，1971年7月31日，1972年4月30日。

㉗《中华人民共和国外交史》第三卷称罗代表团是访朝后来访中国，实际上应是自布加勒斯特直飞北京——著者。

㉘同注释⑬，第174、176页。

㉙同注释⑫，第179页。

㉚同注释⑩，第三卷，第244页。

㉛同注释⑫，第179—181页。

㉜同注释⑤，1974年8月14日。

㉝同注释⑫，第183、184—185页。

㉞1974 august 25，Snagov. *STENOGRAMĂ A CONVORBIRII DINTRE DELEGAŢIA ROMÂNĂ CONDUSĂ DE NICOLAE CEAUŞESCU，SECRETAR GENERAL AL P. C. R.，ŞI DELEGAŢIA DE PARTID ŞI GUVERNAMENTALĂ A R. P. CHINEZE，CONDUSĂ DE LI XIANNIAN，VICEPREMIER AL CONSILIULUI DE STAT*（1974. 8. 25，斯纳戈夫。《罗共总书记尼古拉·齐奥塞斯库率领的罗马尼亚代表团与国务院副总理李先念率领的中华人民共和国代表团的会谈速记稿》）. Ministerul Afacerilor Externe & Archivele Naţionale，*RELAŢIILE ROMÂNO-CHINEZE（1880－1974），DOCUMENTE.* Coordonator：Ambasador Romulus Ioan BUDURA，2005，Bucureşti， pp. 1218，1219.

⑮同注释①，1974年8月27日。

⑯同注释⑩，第三卷，第245页。

⑰同注释⑫，第110—111页。

⑱金冲及：《周恩来传》，下，中央文献出版社，1998年版，第2137页。

⑲同注释⑫，第113—114页。

⑳同注释⑱，第2137页。

㉑同注释⑫，第115、114页。

㉒同注释⑱，第2137页。

㉓同注释⑫，第115页。

㉔同注释⑱，第2137页。

㉕同注释①，1976年1月10日。

㉖同注释⑫，第27页。

㉗同注释⑩，第三卷，第244页。

㉘同注释⑬，第177页。

㉙同注释①，1976年1月26日，9月11日，9月19日，1970年6月10日，7月24日，1971年6月9日。

⑩刘祖熙：《东欧剧变的根源与教训》，东方出版社，1995年版，第385—386页。

⑪ 1970 decembrie 12，București. *RAPORT ÎNTOCMIT DE GHEORGHE RĂDULESCU，VICEPREŞEDINTE AL CONSILIULUI DE MINIŞTRI，ADRESAT LUI NICOLAE CEAUŞESCU，SECRETAR GENERAL AL P. C. ROMÂN，REFERITOR LA VIZITELE DELEGAŢIEI GUVERNAMENTALE ROMÂNE ÎN R. D. VIETNAM ŞI R. P. CHINEZĂ，15－26 NOIEMBRIE 1970*（1970. 12. 12，布加勒斯特。《部长会议副主席格奥尔基·勒杜列斯库起草的关于1970年11月15—26日罗马尼亚政府代表团对越南民主共和国和中华人民共和国的访问给罗共总书记尼古拉·齐奥塞斯库的报告》). Ministerul Afacerilor Externe & Archivele Naționale，*RELAŢIILE ROMÂNO-CHINEZE*（*1880－1974*），*DOCUMENTE.* Coordonator：Ambasador Romulus Ioan BUDURA，2005，București，p. 1028.

⑫罗马尼亚世界经济研究所：《罗马尼亚国民经济和对外贸易》，中国对外经济贸易出版社，1987年版，p. 13。

⑬沈觉人：《当代中国对外贸易》，（上），北京：当代中国出版社，1992年版，第292—293页。

⑭《当代中国的对外经济合作》编辑部：《当代中国的对外经济合作》，中国社会科学出版社，1989年版，第55页。

⑮Aurel Braun，*Romanian Foreign Policy Since 1965*：*The Political and Military Limits of Autonomy.* New York：Praeger Publishers，1978，p. 39.

⑩⑥同注释⑩③，（下），第 381 页。

⑩⑦同注释①，1971 年 2 月 18 日。

⑩⑧同注释⑩③，（下），第 381 页。

⑩⑨同注释⑩③，（上），第 291 页。

⑪⓪同注释⑩，第三卷，第 248 页。

⑪①《陈云文选》（1956—1985），人民出版社，1986 年版，第 217、219 页。

⑪②1972 ianuarie 5，Beijing. *TELEGRAMĂ A AMBASADEI ROMÂNIEI LA BEIJING CĂTRE MINISTRUL AFACERILOR EXTERNE ŞI MINISTERUL COMERŢULUI EXTERIOR PRIVIND SCHIMBURILE COMERCIALE ÎNTRE R. S. ROMÂNIA ŞI R. P. CHINEZĂ ÎN ANUL 1971*（1972. 1. 5，北京。《罗马尼亚驻北京大使馆就 1971 年罗马尼亚社会主义共和国和中华人民共和国之间的贸易交流给外交部和外贸部的电报》）. Ministerul Afacerilor Externe & Archivele Naţionale，*RELAŢIILE ROMÂNO-CHINEZE*（*1880－1974*），*DOCUMENTE*. Coordonator：Ambasador Romulus Ioan BUDURA，2005，Bucureşti，p. 1099.

⑪③同注释⑦④，pp. 1127－1128.

⑪④同注释②③，p. 46.

⑪⑤康春林：《罗马尼亚十二月事件的特点》，见阚思静、刘邦义：《东欧演变的历史思考》，当代世界出版社，1997 年版，第 153 页。

⑪⑥同注释⑤，1972 年 4 月 22 日。

⑪⑦Paul Niculescu-Mizil，*Amintiri despre China*（保罗·尼古列斯库—米齐尔：《关于中国的回忆》）. *Evantaiul celor 10000 de gânduri*：*România şi China*：*Trei veacuri de istorie.* Editura "Ion Cristoiu" SA，Bucureşti，pp. 285，290－291.

⑪⑧《新中国对外文化交流史略》编辑委员会：《新中国对外文化交流史略》，中国友谊出版公司，1999 年版，第 225 页。

⑪⑨中华人民共和国文化部对外文化联络局：《中国对外文化交流概览》（1949—1991），光明日报出版社，1993 年版，第 199 页。

⑫⓪1969 decembrie 10，Beijing. *TELEGRAMĂ A LUI AUREL DUMA*，*AMBASADOR AL ROMÂNIEI LA BEIJING*，*CĂTRE MARIN MIHAI*，*ADJUNCT AL MINISTRULUI AFACERILOR EXTERNE*，*PRIVIND PERSPECTIVELE RELAŢIILOR ROMÂNO-CHINEZE*（1969. 12. 10，北京。《罗马尼亚驻北京大使奥雷尔·杜马就罗中关系的前景给副外长马林·米哈依的电报》）. Ministerul Afacerilor Externe & Archivele Naţionale，*RELAŢIILE ROMÂNO-CHINEZE*（*1880－1974*），*DOCUMENTE*. Coordonator：Ambasador Romulus Ioan BUDURA，2005，Bucureşti，pp. 989－990.

⑫①同注释⑪⑨，第 198 页。

⑫②同注释⑪⑧，第 226 页。

⑫③同注释⑪③，p. 1126.

⑫4同注释⑩，第三卷，第 250 页。

⑫5 1974 martie 14，Beijing. *TELEGRAMĂ A LUI NICOLAE GAVRILESCU，AMBASADOR AL ROMÂNIEI LA BEIJING，CĂTRE MINISTRUL AFACERILOR EXTERNE PRIVIND SCHIMBURILE CULTURALE ROMÂNO-CHINEZE PE ANII 1974 ŞI 1975*（1974. 3. 14，北京。《罗马尼亚驻北京大使尼古拉·格夫里列斯库就罗中 1974—1975 年度的文化交流致外交部的电报》）. Ministerul Afacerilor Externe & Archivele Naţionale，*RELAŢIILE ROMÂNO-CHINEZE*（*1880 — 1974*），*DOCUMENTE.* Coordonator：Ambasador Romulus Ioan BUDURA，2005，Bucureşti，pp. 1172，1173.

⑫6同注释㉓，p. 45.

⑫7同注释⑩，第三卷，第 249 页。

⑫8同注释⑤，1971 年 1 月 6 日。

⑫9徐鹏堂：《"20 世纪 60—80 年代中国同东欧国家关系历史回顾"国际学术研讨会纪要》，《中共党史资料》，2004 年第 2 期，第 177 页。

⑬0同注释㊸，p. 1064.

⑬1同注释㊲，pp. 1080－1081.

⑬2*Nota，Referitor：invitaţii adresate de tovarăşul Nicolae Ceauşescu，secretar general al PCR，preşedintele Consiliului de Stat al R. S. R.，unor conductori chinezi.* AMAE，Problema 220，Dosar 969. Referitor la Relaţiile Politice Româno-Chineze，Vol. I. Data începerii：1 VII 1971 Data încheierii：29 VII 1972（《罗共总书记、国务委员会主席尼古拉·齐奥塞斯库同志对中国一些领导人的访问邀请》（1971 年 7 月 1 日）。外交部档案，1969 年，第 220 卷：罗中外交关系，第 1 卷（1971 年 7 月 1 日—1972 年 7 月 29 日），p. 1.

⑬3同注释①，1971 年 11 月 17 日。

⑬4同注释㊲，pp. 1077，1082.

⑬5同注释⑤，1971 年 7 月 16 日。

⑬6Robert R. King，*History of the Romanian Communist Party.* Stanford，Calif.：Hoover Institute Press，1980，p. 117.

⑬7*Scânteia*（《火花报》），1976 年 8 月 10 日。

⑬8Dennis Deletant，*Romania under Communist Rule.* Iaşi：The Center for Romanian Studies，1999，p. 120.

⑬9康春林：《罗马尼亚十二月事件的特点》，见阚思静、刘邦义：《东欧演变的历史思考》，当代世界出版社，1997 年版，第 153 页。

⑭0*Romania：A History Pespective.* Edited by Dinu C. Giurescu and Stephen Fischer-Galati，distributed by Columbia University Press，New York，1998，pp. 463，466.

⑭1Paul Niculescu-Mizil，*Amintiri despre China. Evantaiul celor 10000 de gânduri*：

România şi China, Trei veacuri de istorie. Editura "Ion Cristoiu" SA，Bucureşti（保罗·尼古列斯库—米齐尔：《关于中国的回忆》，见《浓情挚意万万千，罗中关系三百年》，Ion Cristoiu 出版有限公司，布加勒斯特），1999，p. 292.

⑭²同注释①，1971 年 6 月 2 日，1970 年 6 月 10 日。

⑭³同注释㊸，p. 728.

⑭⁴王泰平：《新中国外交 50 年》，上，北京出版社，1999 年版，第 170 页。

⑭⁵1969 septembrie 7－8，Beijing. *STENOGRAMĂ A CONVORBIRII DINTRE DELEGAŢIA ROMÂNĂ ALCĂTUITĂ DIN ION GHEORGHE MAURER ŞI PAUL NICULESCU-MIZIL ŞI DELEGAŢIA CHINEZĂ ALCĂTUITĂ DIN ZHOU ENLAI ŞI LI XIANNIAN，PRILEJUITE DE OPRIREA LA BEIJING A DELEGAŢIEI ROMÂNE ÎN DRUM SPRE HANOI ÎN VEDEREA PARTICIPĂRII LA FUNERALIILE LUI HO CHI MINH，PREŞEDINTELE R. D. VIETNAM*（1969. 9. 7—8，北京。《在由扬·格奥尔基·毛雷尔和保罗·尼古列斯库—米齐尔组成的罗马尼亚代表团动身赴河内参加越南民主共和国主席胡志明的葬礼之前，与由周恩来和李先念组成的中国代表团在北京举行的会谈速记稿》). Ministerul Afacerilor Externe & Archivele Naţionale, *RELAŢIILE ROMÂNO-CHINEZE（1880－1974），DOCUMENTE.* Coordonator：Ambasador Romulus Ioan BUDURA，2005，Bucureşti，pp. 945，957.

⑭⁶同注释㊲，p. 1076.

⑭⁷*Referitor la Vizita în România a Ministrului Afacerilor Externe al Republicii populare Chineze*，Direcţia I-a Relaţii. AMAE，Problema 220，anul 1972，ţara R P CHINEZĂ（《关于中华人民共和国外交部长访问罗马尼亚》（1972 年 3 月 6 日），对外关系第一司。外交部档案，1972 年，第 220 卷：中华人民共和国），p. 2.

⑭⁸同注释①，1972 年 10 月 5 日。

⑭⁹同注释⑩，第三卷，第 289 页。

⑮⁰同注释①，1972 年 10 月 15 日。

⑮¹ *NOTA DE PROPUNERI.* AMAE，Problema 220，Referitor la Relaţiile R. P. Chineze cu diferite ţări，1969. 1. 10—12. 26，Nr. 02/002230（《罗共中央办公厅给外交部长曼内斯库的回复》（1969. 12. 3.）. 外交部档案，第 220 卷：关于中华人民共和国与其他国家的关系（1969 年 1 月 10 日—12 月 26 日），第 02/002230 号），p. 235.

⑮²*NOTA DE PROPUNERI Referitor cererea Nigeriei de a fi sprijinită să înceapă un dialog cu R. P. Chineză*（《关于尼日利亚请求帮助与中华人民共和国进行对话一事的建议》（1969 年 12 月 30 日））AMAE，Problema 220，Referitor la Relaţiile R. P. Chineze cu diferite ţări，Nr. 02/002311，pp. 238－239.

⑮³同注释⑩，第三卷，第 328 页。

⑮⁴*Nota de audienţa，Referitor：1. Dorinţa Belgiei de normalizare a relaţiilor cu R. P. Chineza...* Direcţia II-a Relaţii. AMAE，Problema 220 anul 1971，ţara R P CHINE-

ZA Referitor la relaţiile Româno-Chineze，Probleme generale（《谈话记录之一：比利时愿与中华人民共和国关系正常化（1970年6月25日）……》，对外关系第二司。外交部档案，1971年，第220卷：中华人民共和国，关于罗中关系，总类），p. 62.

⑮《人民日报》，1971年5月28日。王泰平：《新中国外交50年》，中，北京出版社，1999年版，第1154页。

⑯黄志良：《中拉建交纪实》，上海辞书出版社，2007年版，第138—139、141页。

⑰《马科维斯库给罗马尼亚驻阿根廷大使的电报》（1972年5月23日）. AMAE，Problema 220 Dosar 972，Referitor la cereri venite din partea unor ţări şi personalităţi străine în vederea stabilirii de contacte şi relaţii cu RP Chineză（外交部档案，1972年，第220卷：关于一些国家及外国人士想与中华人民共和国建立联系的请求），p. 62。

⑱《罗马尼亚驻意大利大使约纳什库给外交部的电报》（1971年9月13日）。同上，p. 110。

⑲同注释⑩，第三卷，第326页。

⑳同注释⑭，中，第694页。

⑯1974 iulie 26，Beijing. *TELEGRAMĂ A AMBASADEI AL ROMÂNIEI LA BEIJING. CĂTRE MINISTRULUI AFACERILOR EXTERNE PRIVIND SOLICITAREA PĂRŢII CHINEZE CA AMBASADA ROMÂNIEI ÎN BRAZILIA SĂ ACORDE SPRIJIN DELEGAŢIEI COMERCIALE A R. P. CHINEZE ÎN BRAZILIA*（1974. 7. 26，北京。《罗马尼亚驻北京大使馆就中方请求罗马尼亚驻巴西大使馆在中国贸易代表团访问巴西期间提供帮助给外交部的电报》）. Ministerul Afacerilor Externe & Archivele Naţionale，*RELAŢIILE ROMÂNO-CHINEZE*（*1880－1974*），*DOCUMENTE.* Coordonator：Ambasador Romulus Ioan BUDURA，2005，Bucureşti，p. 1186.

⑯同注释⑤，1975年1月9日，1978年5月16日。

⑯同注释①，1970年6月10日。

⑯姜琦、张月明：《国际共产主义运动中的党际关系》，华东师范大学出版社，1991年版，第385页。

⑯同注释⑤，1973年6月17日，6月3日。

⑯同注释①，1971年6月10日。

⑯同注释⑤，1973年1月20日，1975年8月6日，1973年12月17日。

⑯同注释㉓，p. 45.

⑯［美］特里萨·拉科夫斯卡—哈姆斯通：《东欧共产主义》，黑龙江人民出版社，1984年版，第181页。

⑰同注释⑤，1976年9月8日，1974年6月15日，8月3日。

⑰同注释⑫，第184页。

⑰同注释⑤，1973年9月7日，12月17日，1975年10月8日，8月26日，1976年7月10日。

⑬同注释⑬，第 176 页。

⑭同注释⑭，p. 1217.

⑮同注释①，1973 年 8 月 26 日。

⑯同注释⑤，1973 年 8 月 30 日，1976 年 5 月 11 日。

⑰同注释①，1976 年 6 月 24 日。

⑱同注释⑮，p. 40.

⑲同注释⑯，p. 145.

⑳同注释⑮，p. 40.

⑱1972 octombrie 14，Beijing. *TELEGRAMĂ A AMBASADEI ROMÂNIEI LA BEIJING. CĂTRE MINISTRULUI AFACERILOR EXTERNE CONŢINÂND PROPUNERI PENTRU DEZVOLTAREA RELAŢIILOR DINTRE R. S. ROMÂNIA ŞI R. P. CHINEZA*（1972. 10. 14，北京。《罗马尼亚驻北京大使馆就发展罗马尼亚社会主义共和国与中华人民共和国的关系的建议给外交部的电报》）. Ministerul Afacerilor Externe & Archivele Naţionale，*RELAŢIILE ROMÂNO-CHINEZE*（*1880－1974*），*DOCUMENTE.* Coordonator：Ambasador Romulus Ioan BUDURA，2005，Bucureşti，p. 1140.

⑱同注释⑤，1974 年 12 月 11 日。

⑱同注释⑭，（中），第 948—949 页。

⑱同注释⑩，（下），第 377—381 页。

⑱同注释⑤，1976 年 7 月 1 日。

⑱同注释⑩，第二卷，第 334 页。

⑱同注释①，1971 年 6 月 9 日。

⑱同注释⑯，p. 392.

⑱同注释⑮，p. 41.

⑲马齐彬等：《中国共产党执政四十年》（1949—1989）（增订本），中共党史出版社，1991 年版，第 383—384 页。

第七章

渐行渐远：20 世纪 70 年代后期的中罗关系

1976 年以后的中罗关系受到了一些新的因素的推动或制约。1976 年 10 月，中国终于结束了“文化大革命”，两年后，又开始了改革开放的征程。中国结束内乱、恢复和发展经济、改革经济管理体制、扩大对外交流，给中罗关系的发展和交流提供了新的契机。罗马尼亚的经济在这时仍保持着较高的增长速度，但是遇到了更多的困难。两国在经济和技术领域互相交流，互相帮助。但齐奥塞斯库等人的思想认识明显地走向僵化和保守，不但继续强调经济不按比例地高速度发展，而且开始夜郎自大，拒绝改革，对中国的改革开放持保留态度。这在一定程度上又妨碍了中罗关系的拓展。

在国际上，20 世纪 70 年代中期以后，苏联在国际关系中推行军事扩张，美苏关系和东西方关系又渐趋紧张。中国在改革开放后进一步调整了对外政策，但中苏关系基本上没有什么变化。罗为减少经济上的困难，需要苏联的援助特别是石油的供应，罗苏关系有一定程度的缓和。但是，处在这样一个大的国际背景下，罗苏关系不可能，也没有有显著的变化。在上述因素的综合作用下，这个阶段的中罗关系仍然继续友好地发展着。

齐奥塞斯库的心事

中国人民的领袖毛泽东在 1976 年 9 月病逝以后，中共中央在第一副主席华国锋的带领下，于 10 月粉碎了党内以江青为首的反革命集团，结束了长达 10 年之久的“文化大革命”。紧接着，中共中央政治局决定，由华国锋担任中共中央委员会主席。罗共中央总书记齐奥塞斯库发来贺电，表示“最热烈的祝贺”。

中共最高领导层发生如此重大的变动，不能不引起罗方的高度重视。齐奥塞斯库急于与中国新一届领导人建立联系、通报情况，以保证中罗关系的延续性，并就罗苏关系的新动向向中方征询意见，于是在 12 月派罗共中央政治执委会委员、政府副总理奥普雷亚（Gheorghe Oprea）访华，向华国锋面交了他给华国锋的“一封非常亲切友好的信”。[①]信中再次祝贺中共粉碎“四人帮”和华国锋当选中共中央主席，热切希望进一步发展两党两国的友好关系，并邀请他访罗。[②]华国锋表示：“中罗友好关系在粉碎‘四人帮’之后将会发展得更好。”奥普雷亚说：“罗马尼亚党中央、齐奥塞斯库同志和全党、全国人民一向是同你们站在一起的。”李先念与代表团举行了会谈，主要就两国经济合作交换了意见。

回国后，罗共中央政治执委会听取了奥普雷亚的访华报告，“满意地评价华国锋主席和中国其他领导人关于今后继续奉行毛泽东主席的政治路线的决心，并对加强和扩大中罗两国之间的合作、两党和两国领导人之间的高级会晤和会谈予以特别重视”。

就在这次访问的前几天，以中共中央委员、全国人大常委会秘书长姬鹏飞为团长的中国人民友好代表团访罗，受到了盛情接待，齐奥塞斯库会见了代表团。姬鹏飞转达了华国锋对他的亲切问候，并强调“华主席十分珍视中罗友谊的发展”。齐奥塞斯库回答说：“正如你们所知道的，毛泽东主席和周恩来总理高度重视罗中友谊的发展，华国锋主席现在也同样关心罗中两党、两国关系的发展，这使我们感到非常高兴。”

1977 年 5 月，以中共中央政治局候补委员、全国人大常委会副委员长赛福鼎为团长的中国全国人大代表团参加了庆祝罗独立 100 周年的活动并访罗。罗方予以高规格的接待，齐奥塞斯库会见了代表团。赛福鼎在欢迎宴会上祝酒时特意再次重申：

> 我们一贯互相同情、互相支持、互相鼓舞，建立了深厚的革命友谊。这种建立在马列主义和无产阶级国际主义基础上的友谊，象苍松翠柏，根深叶茂，经得起疾风暴雨的考验，象长江和多瑙河一样，源远流长奔流不息。以华主席为首的党中央，十分重视进一步巩固和加强中罗两党、两国和两国人民之间的革命友谊和战斗团结。我们代表团正是担负了华主席、党中央委托的增进中罗友谊和团结的光荣使命前来访问罗

> 马尼亚的。罗马尼亚的同志们可以确信，在你们捍卫民族独立和国家主权、建设社会主义的斗争中，无论在顺利的日子，还是在困难的时刻，我们将永远和你们在一起，永远是你们可靠的朋友。[③]

8月，中共召开了十一大。正在北京访问的以罗共中央执委会委员法泽卡什（Janoş Fazekaş）为首的罗共党的工作者代表团听到大会召开了的新闻广播后，立即全体上街参加了北京市民的庆祝游行。[④]齐奥塞斯库发来贺电，希望两党两国各方面的合作“更加扩大和加深”。[⑤]

在此前后，罗方多次邀请华国锋等中国新的领导人访罗。但是，刚刚结束十年内乱的中国百废待兴，不但要揭批“四人帮”，稳定民心，还要恢复和发展经济，改善多年来没有什么提高的人民生活，中国的领导人忙于国内事务，难以出访。从1976年10月到1977年底，中国率团出访的党内职务最高的领导人就是赛福鼎，出访的就是罗马尼亚和南斯拉夫这两个国家。这次访问连同中国领导人对中罗关系的多次表态，本应足以证明中国新领导人对中罗关系的依然重视。不过，自从李先念1974年8月访罗以来，中国毕竟已经有整整3年没有派出中共中央政治局委员一级的代表团访罗了。也许主要是因为这个原因，罗领导人仍然对中国新领导人对中罗关系的态度不放心，甚至担心中国在给中罗关系降温。

尼古列斯库—米齐尔回忆说：“我们不了解这位新领导的意向，尤其是他对与罗马尼亚关系的想法。我们期望两国关系能够继续，但却没有把握。我们打算施加影响，使罗中合作能够继续发展。”“齐奥塞斯库为此大伤脑筋”，便再次来求助于他。当时的他已被齐奥塞斯库架空，只担任了专为他设立的“消费品政府特别委员会”的负责人，不再负责国际关系方面的工作了，他自我解嘲地称自己是个“级别为副总理和党的执委会成员”的“奢侈的失业者”。但他闻听齐奥塞斯库此意之后还是马上振作起来。

> 我回答得很简单：“就再派我去中国吧。”他立即表示同意。我们讨论了访问的正确方式。罗中之间的党和国家的关系目前有些冷淡。我们必须找到一种新形式。我有一个好主意：“一个罗马尼亚人民友好代表团”。既不是党，也不是政府，而是人民！谁能拒绝罗马尼亚人民和中国人民之间的友谊呢？同时我还建议，利用中国革命胜利周年的机会——10月1日——访问中国。

按照齐奥塞斯库的设想，他想会见中国的新领导人华国锋。上一次是齐奥塞斯库访问了中国。这次应是中国领导人访问罗马尼亚。齐奥塞斯库说不必拘泥于礼宾程序，虽然他很讲究礼宾程序。他准备再次访问中国。因此，我的使命很清楚：进行罗中两国的新一次最高级会谈。在布加勒斯特也行，在北京也行。

1977 年 9 月，尼古列斯库—米齐尔率罗人民友好代表团来华参加中国国庆活动并与中国新领导人进行接触。一下飞机，尼古列斯库—米齐尔就像他 1975 年访华那样，迫不及待地向前来欢迎他的中国副总理纪登奎说出了此次访问的主要目的。他被安排会见了华国锋，“受到了极为热情的接待”。“我抓住我的主要使命。我论证了举行一次最高级会谈的必要性。我指出，按照互访的次序，应当是华国锋去罗马尼亚了。这是我们所期待的。但是我们体谅你们的实际情况，华主席刚刚就任，他似乎是必须留在国内。因此齐奥塞斯库随时准备来中国。”⑥

据中方的材料说，华国锋在这次会见中表示：齐奥塞斯库已访问过中国，中国领导人还没回访，欠了债，有机会要还的。⑦尼古列斯库—米齐尔的回忆却认为：

中国方面在答复中丝毫没有涉及到峰会。就好像我们根本就没有提出过建议，就好像我们就从未向中国驻布加勒斯特大使和纪登奎提及过此事。出于担忧，我找到一个适宜的方式再次重复了罗方的意思，仍然是无功而返。我们只得到了一个继续保持联系的含糊其辞的答复，没有任何具体内容。我忧心忡忡地离开了举行会谈的那座大厦。我感到无法完成使命了。我不习惯于接受这样的失败。我猜想是因为中国主席的地位还不完全稳定，还不能作出什么承诺。

我作了最后一次尝试。在前往机场的路上，通常有 10 分钟可以利用的时间，我向纪登奎吐露了心中的忧虑。我指出了不能实现两国首脑的峰会对我们两国关系的不利影响。此行的失败也有可能给我个人造成不幸。我直言不讳地提起了我的改名事件，我觉得这是最恰到好处的外交手段。我请求他向华主席面陈我的意思。结果是，当我回到国内时——飞机大约要飞 17—20 个小时——我被告知北京方面已对我方的意见给予了肯定的答复。⑧

访问期间，纪登奎和中国外贸部部长李强与代表团举行了会谈（然而《人民日报》在关于这次访问的报道中，从未出现过李强的名字——著者）。尼古列斯库—米齐尔提出希望扩大两国的贸易、建立更高级的合作形式，如生产协作、在第三国进行合作项目等。纪登奎重申两国将继续加强合作。

1977 年 12 月，罗共中央政治执委会委员、政府副总理兼外贸和国际经济合作部部长珀仓（Ion Păţan）率团访华。1978 年 3 月，罗共中央政治执委会候补委员、罗大国民议会主席乔桑（Nicolae Giosan）也率团访华。华国锋先后会见了两个代表团，表示热烈欢迎齐奥塞斯库即将对中国的访问。并说，中罗两党、两国的友好关系的发展一直是很好的。我们希望罗马尼亚强大起来，我们知道罗马尼亚也希望中国强大起来。我们两国是友好国家，要很好地互相学习、互相帮助。他表示他打算秋季访罗，请乔桑转达罗领导人。[⑨]

1978 年 3 月 5 日，是中国人民敬爱的周恩来总理诞辰 80 周年。《火花报》发表了纪念专文，[⑩]“对周恩来评价较前为高”。[⑪]这既是罗方饮水思源，在渴望进一步加强罗中关系的时候倍加怀念周恩来，也是罗充分了解周恩来在中国领导人和群众中的崇高地位，借机用这种方式对中国表示友好。

两国最高领导人同年互访的背景

1978 年，在中罗关系史上是一个特别的年头。在这一年里，中罗两国的最高领导人进行了同年互访。这不但在中罗关系史上，也许在国际关系史上都是绝无仅有的。无论人们怎样评价这两次互访，都无法否认这两次访问对中罗关系的巨大影响。为什么会出现中罗两国最高领导人的同年互访？这两次互访又是在什么样的国内外背景下发生的呢？

第一，罗马尼亚的经济发展遇到越来越大的困难。

1974 年召开的罗共十一大，通过了罗经济和社会发展的“六五”计划，其根本目标是：“继续迅速地发展国民经济和整个社会的物质技术基础。”齐奥塞斯库预言：“高速度地发展国民经济，将使我国的发展水平接近较先进的社会主义国家，接近其他经济发达的国家。这样，通过完成下一个五年计划的指标，罗马尼亚将能够超越发展中国家阶段。”根据该计划，该五年计划期间罗工业生产年增长率将达到 9%—10%，农业产量要比前一个五年计划的年平均产量提高 25%—34%，还规定将把国民收入的 33%—34%用作发展基金。[12]这显然又是一个高速度、高积累的经济发展计划。

罗在制定并实施这个更加雄心勃勃的计划时，显然没有充分考虑到国际环境对实施这一计划的不利因素。罗本是欧洲的主要产油国之一，多年来石油基本能够自给有余。但是由于经济发展迅速，更由于采取了粗放的工业发展模式，石油消费急剧增长，不得不从 1970 年起进口石油，当时的年进口量是 200 万吨。[13]在 1973 年的第三次中东战争后，出现了世界范围的严重的石油危机和经济危机，以西方国家为最主要贸易对象的罗也受到严重波及。在这种严峻的形势下，齐奥塞斯库却依然要推行好大喜功的经济计划。20 世纪 70 年代中期以来，罗又连遭严重的自然灾害的侵袭。特别是 1977 年 3 月 4 日发生在经济发达的人口稠密地区的 7.2 级大地震，是罗有史以来最严重，也是一个世纪以来欧洲最强烈的地震灾害，[14]给罗经济造成了“灾难性的后果”，[15]经济损失约 100 亿—120 亿列依。[16]

面临着越来越严重的经济困难，齐奥塞斯库在国内经济管理和对外贸易两个方面也采取了许多对策。在国内，进行了一系列的经济体制改革，收到了一定的成效，但是并没有触动经济建设的基本指导思想。在对外贸易上，罗在三个方向上作出努力，试图尽快摆脱困境。第一方面是继续扩大与发展中国家的经贸往来，并且收到了明显的效果。第二方面是发展与扩大与苏联及其他东欧国家的经贸往来。第三方面就是努力加强与中国的贸易联系。1975 年，中罗两国贸易额为 4.12 亿美元，比 1970 年增长了近 2 倍。1979 年，即两国最高领导人互访后的第一年，受其推动，两国的贸易额首次突破了 10 亿美元，达到 10.94 亿美元。[17]

第二，罗苏关系出现了新的动向。

1976 年 6 月，对于 20 世纪 70 年代的罗苏关系来说，似乎是一个十字路口，一个拐点。如前所述，在这一年的上半年，罗苏之间在召开欧安会、召开欧洲共产党和工人党会议，以及比萨拉比亚等问题上的争吵此伏彼起，方兴未艾。然而到了 8 月，罗苏关系忽而又风平浪静了。

8 月 2 日，齐奥塞斯库按照几年来的惯例，应邀前往克里米亚会见勃列日涅夫。途中，他特地在苏联的摩尔多瓦加盟共和国首都基什尼奥夫停留了两天并作访问。[18]这一做法似乎令分析家们大惊失色。路透社认为，此举“显然是为了平息几个月来在前称比萨拉比亚的长期有争端的地区问题上的历史性争端”。“这次访问可能对罗马尼亚—苏联两国关系产生重大影响。据信这次访问是布加勒斯特同摩尔达维亚首都基什尼奥夫之间的第一次高级政治接触。”[19]有人则认为，这次访问可以看作是罗实际上已经放弃了对这块领土的主权要求的一种微妙的表示。随后，齐奥塞斯库在克里米亚与勃列日涅夫举行了会谈，并在那里度假。[20]据塔斯社报道，二人“讨论了发展苏罗合作的广泛问题。讨论中特别强调加深两党间的联系和进一步加强两国人民的兄弟关系”。

齐奥塞斯库此举有两个惊人之处：一是罗对苏态度在如此短的时间内有如此戏剧性的变化，二是齐奥塞斯库似乎是在采取主动。其动机何在？安莎社分析说：“由于当前国内的困难和经济危机，齐奥塞斯库采取了同苏联和解的步骤。”

年底，罗苏关系有了进一步的缓和。11月22日，勃列日涅夫应邀对罗进行了正式访问，这是1955年赫鲁晓夫访罗后时隔21年，苏联国家元首的再次来访，也是勃列日涅夫对罗的首次正式访问。双方签订了“关于继续发展罗共与苏共、罗马尼亚与苏联之间的合作与兄弟友谊的声明”，举行了罗苏友好群众大会，齐奥塞斯库还为勃列日涅夫颁发了一枚“共和国之星”勋章和绶带。法国《十字架报》对此分析说：

> 罗马尼亚人目前需要增加他们同苏联的经济往来。一些年来，他们已摆脱了这些交往以便更好地确保其独立。今天，他们在这样一个选择上碰到了困难。同西方的贸易出现了很大的赤字，布加勒斯特必须进口一些原料——尤其是石油，约六百万吨左右——而这些原料在西方市场上的价格比苏联修订过的价格还要高。
>
> 罗马尼亚也曾把宝押在同发展中国家的贸易往来上，然而由于结构和工艺的原因，这些国家的出口能力往往很小。所以，罗马尼亚人在贸易、经济合作方面对苏联和经互会表示出了新的兴趣。
>
> 从布加勒斯特看来，经济的需要在苏—罗关系演变中具有决定性的意义，这是言之有理的。根据这一假设，显然，罗马尼亚将努力把两国的接近限制在经济方面，不以作出政治让步为代价！对于苏联则相反，经济考虑没有多大意义，经济接近仅是为根本目的——社会主义阵营的思想上和政治上的团结——服务的一种手段。[21]

访问期间，苏联答应把1976—1980年的对罗贸易额比1971—1975年的对罗贸易额增加近1倍。12月18日，齐奥塞斯库再次前往莫斯科，参加了苏联为勃列日涅夫 70 岁生日举行的祝寿活动。1977 年罗发生地震灾害后，苏联提供了价值 1100 万卢布的无偿援助。

然而，这些互访只是拉近了罗苏两国的距离，改善了两国的关系，双方只是为了各得其所，没有，也不可能消除他们之间的宿怨与矛盾，明显地改变他们各自的对外政策。1977 年 5 月罗独立 100 周年之际，罗军队总参谋长公开发表文章，不指名地谴责苏联的“有限主权论”及其在东欧推行的政治、经济、军事、文化和思想的“全面一体化”。8 月，齐奥塞斯库在克里米亚与勃列日涅夫会见时正告他，罗国内有苏联间谍，如果苏联不采取措施，罗将立即把他们逮捕法办。

对于罗苏关系出现的这些新动向，罗马尼亚一直想向中国通报以寻求谅解和配合。

第三，中国大力恢复经济建设和对外交往。

十年内乱给中国的经济建设和社会发展造成了严重的破坏。中国与发达国家，甚至与周边的一些国家本已开始缩小的差距又拉大了，而且丧失了许多发展的良机。“文化大革命”一结束，中国人产生了强烈的落伍感和急起直追的欲望。中国立即开始着手恢复社会秩序和经济建设。

1977 年 11—12 月，全国计划会议在北京召开，研究国家经济发展的长远规划。一方面，由于受多年存在的“左”倾意识的影响，以及对国家遭受“左”害的程度估计不足，会议提出了一个脱离实际、急于求成的经济发展规划，立足于大规模引进国外技术设备和外资，因而被后人讥为“洋跃进”。“简言之，这个十年规划简直就是苏联式的对重工业进行高投资的计划。”[22]尽管目前还不能看到有关的档案资料，来证明中国是在效仿罗马尼亚，但是这种经济规划和主要依靠引进技术设备和外资快速推动经济发展的做法，和罗当年的经济发展模式如此相似，是显而易见的。另一方面，会议又提出利用国际上的有利时机，运用更加灵活的方式，把国家急需的国外先进技术学到手、拿到手。

根据这一指导思想，从 1978 年起，国务院先后组织了 4 个考察团出境、出国考察，学习国外发展经济的先进经验。其中一路由中联部副部长李一氓为首，中国社科院副院长、国家科委副主任于光远和中联部副部长乔石为副团长，对外称为中共党的工作者访问团的考察团，应邀先后赴南、罗两国访问并考察。主要目的是考察南的政治和经济，对罗只是“带有顺访性质”。[23]3 月 31 日，考察团从南抵罗，访问了梅赫丁茨县和多尔日县。10 日，考察团回到北京。

2天后，中共中央政治局候补委员、国务院副总理兼外经部部长陈慕华率领的中国政府代表团又抵达布加勒斯特，为齐奥塞斯库即将开始的中国之行作准备。陈慕华对罗同行说："这次访问对我们来说，也是一个向罗马尼亚人民学习高速度发展国民经济的机会。我们希望这次访问能对中罗两国的友好合作关系作出贡献。"[24]

从1977年起，中国明显增加了对外交往，对外派出的代表团，特别是中央政府对外派出的代表团与日俱增。1977年，中国只派出了4个团次的副总理或副委员长级别的代表团出访，其中包括副委员长赛福鼎率领的全国人大代表团访罗。1978年，中国派出的副总理和副委员长级别及以上的代表团出访有21个团次，访问的国家达51个，几乎为建国以来之最。其中就包括最高领导人华国锋对罗的访问。

1977—1980年，中国派团出访最多的国家有两类，一类是发达的资本主义国家，一类是"正在进行改革的社会主义国家"。出访次数增加最快的也是这两类国家，前者的年均增长率为57%，后者为41%。如果按照出访的目的地国别排列，日本和罗马尼亚在这几年一直稳列受访最多的国家的前两位。但是两国受访的次数差距较大，而且是逐年增大，最多时相差近一倍。但是，如果仅统计副部长级以上的代表团的出访次数，日、罗两国仍然基本上居前两位，但两国受访次数的差距却很小，而且是逐年缩小，以至于几乎相同。如果考虑到日、罗两国与中国距离上的巨大差别，[25]可以认为中国对罗的学习和借鉴的兴趣是仅次于对近邻日本的兴趣的。

中国的代表团频繁出访日本，是因为日本是中国的近邻、距中国最近的发达国家，重视发展中日友好关系，能够给中国提供强大的经济援助和便捷的学习借鉴的参照。而频繁出访罗马尼亚，则是因为罗是社会主义国家，几十年来的经济发展也取得了令人信服的成就，其经验对同是社会主义国家的中国有更为直接的借鉴意义。不过，如前所述，在1978年早期，中国似乎更多地关注的是罗"高速度发展国民经济"的经验。《人民日报》在为欢迎齐奥塞斯库来访而发表的社论中赞扬说，罗

> 坚持独立自主、自力更生，充分利用本国资源，高积累、高速度，有计划按比例发展的方针，依靠自己的辛勤劳动，在不太长的历史时期内，把一个"纯粹的农业国"，建设成为具有发达工业和农业机械化水平较

高的社会主义国家。……中国人民对兄弟的罗马尼亚人民在社会主义建设中所取得的巨大成就，感到欢欣鼓舞，并从他们的经验中学到不少东西。[26]

可见，当时中国不但想学习罗的高速度，还想学罗的高积累。这显然与当时中国急躁冒进的经济建设指导思想有密切的联系。今天来看，罗经济建设的高速度、高积累，只追求数量，忽略效益和平衡，是导致其经济在20世纪80年代后期崩溃的一个主要原因。但在当时，中国视之为社会主义优越性的表现，是落后国家经济发展成功的经验。可以说，罗的经济发展追求片面的高速度，在一定程度上助长了中国经济在1978年前后的“洋跃进”。

第四，中苏关系持续冷淡和敌视。

进入20世纪70年代后，为了防止苏联对中国可能的入侵，抗衡苏联咄咄逼人的霸权主义，中国调整了外交战略，提出了“一条线、一大片”的战略构想和“三个世界”的理论，旨在建立全球范围的国际反苏统一战线，有效地遏制了苏联的威胁和扩张。中苏关系在高度敌视的状态下保持着相对的稳定。

1976年，中国领导人周恩来、毛泽东相继辞世，“文化大革命”结束，中国的领导层出现重大变动。苏联趁机向中国伸出了橄榄枝。在给毛泽东逝世发来的唁电中，苏方使用了“苏共中央”的名义，并一度停止了在报刊上的反华宣传有半年时间。[27]10月15日，勃列日涅夫又在苏共中央全会上说：“我们赞成恢复苏中两国符合社会主义国际主义准则的良好关系。”中国不但拒绝接受苏共的这份唁电，中国外交部发言人还说：“一些外国朋友认为，苏联向中国伸出了橄榄枝，但我们却认为，这不是橄榄枝，而是毒箭。”[28]随后李先念也向法国记者强调：“中苏关系明天改善不了，后天也改善不了。”[29]不过，在1977年8月召开的中共十一大上，华国锋在一如既往地抨击苏联霸权主义的同时也表示：“我们一贯主张，中苏两国应在和平共处五项原则的基础上，保持正常的国家关系。”[30]中国还提高了出席1977年苏联大使馆的十月革命60周年宴会的领导人的规格。

另一方面，自中美关系开始解冻以来，越南就开始与中国渐行渐远。而苏联则趁虚而入，全面发展苏越关系，借此扩大在东南亚的影响，力图对中国实行南北夹击。越南领导人遂一变而成苏联反华战略的急先锋。1976年，越共中央委员黄松对瑞典记者说：“今天对苏联和睦对越南来说，起着非常重要的作用。苏联强烈地希望削弱中国在世界这一部分的影响，这一点正好同越南的利益相吻合。”[31] 1978年6月，在布加勒斯特召开的经互会第32次会议上，越南被接纳为正式的成员国。年底，苏越两国又签订了《友好合作条约》，这一条约的签订推动越南最终作出了入侵柬埔寨的决定。中国从此把柬埔寨问题列入中苏关系正常化的三大障碍之一。

综上所述，中苏两国在这时实际上都还没有真正打算使两国的关系正常化，因为两国的国内外条件都尚不具备，两国尚未意识到这样做的迫切性。尤其对于中国来说，在苏联的威胁没有丝毫减少，反而在加剧，中苏关系仍在继续恶化的情况下，不可能对苏联摇动橄榄枝的举动产生任何好感。

但是，中苏关系的任何变动都不可避免地会影响中罗关系。1976年苏联在对中国举起橄榄枝的同时，也正在与罗套着近乎。日本《东京新闻》注意到，在勃列日涅夫对罗等东欧国家进行访问的同时，也“正对不久前建立的华国锋中国新政权呼吁改善关系。苏联这一次对东欧所展开的活动，同这一件事决不是没有关系的”。苏联同时对中罗两国摇橄榄枝，既是为了动摇两国反苏的立场和他们的统一战线，也有让罗向中国传递信息，做点说服工作的意思。1976年11月勃列日涅夫访罗时，在有8000人参加的罗苏友好群众大会上公开表示，苏联希望“毫无例外地同一切社会主义国家”保持友好关系。法新社评论说：“关于这一点，以前从来没有听到一位苏联领导人说过‘毫无例外’这样的话。”

综上所述，这时不但罗迫切希望尽早实现与中国领导人的首脑互访，中国也想通过首脑互访，稳定和推动中罗关系，并为中国的经济发展和对外关系提供更多的支撑。双方英雄所见略同，于是便有了国际关系史上罕见的两国最高领导人的同年互访。

如果说促成中罗两国最高领导人的同年互访还有第5个原因的话，那就是1977年南斯拉夫总统铁托访问了中国，中国的最高领导人要进行回访，而且要尽早。于是就把中国最高领导人对南、罗两国的回访安排在了一起。不过，访问的第一站却是罗马尼亚。比利时《何故不?》周刊评论说：“中国总理首先访问罗马尼亚，这是遵守中国博得友情的年表的。”[32]

齐奥塞斯库和华国锋的互访

1977年11月，中国正式向罗发出邀请，邀请罗共总书记、罗社会主义共和国总统尼古拉·齐奥塞斯库于1978年春访问中国。[33]为欢迎粉碎“四人帮”后来华访问的这第一位外国国家元首，中国作了精心的准备。一个月前，中国特地派陈慕华访罗，为齐奥塞斯库的访问作准备。负责陪同陈慕华的罗副总理布尔蒂卡（Cornel Bulticā）满意地说：“通过你们的访问，我们为齐奥塞斯库同志应华国锋同志的邀请即将对中国进行的访问做了很好的准备工作。”

5月15日，齐奥塞斯库率领罗党政代表团抵达北京，对中国进行正式友好访问。华国锋率领除年迈体弱的叶剑英外的4位中央副主席中的其他3位副主席邓小平、李先念、汪东兴，及众多党政领导人到机场迎接。北京的市区象节日一样装饰一新。天安门城楼上高悬起大红宫灯，金水桥畔挂满了中罗两国国旗，南池子前竖立起大红欢迎彩门，长安街上飘扬着一面面彩旗，一座座高大建筑物上披挂着巨幅的欢迎标语。在天安门广场，齐奥塞斯库由华国锋陪同乘坐敞篷汽车，接受10多万群众的热烈夹道欢迎。

> 这时，广场上花浪翻滚，一片欢腾。车队行驶在友谊的长廊里。中罗两国的乐曲声在广场的上空回响。近万名文艺工作者穿着各色服装，随着欢快的乐曲翩翩起舞。优美动人的彩扇舞、纱巾舞，健康活泼的武术、车技，悠扬嘹亮的儿童鼓号，富有民族特色的龙狮舞——《龙腾虎跃》，象一朵朵美丽的鲜花，迎着齐奥塞斯库同志和夫人竞相开放。天安门城楼两侧观礼台上，由六千名青少年用金色花朵组成的罗文和中文的“欢迎”字样展现在人们眼前。一个六米直径的红色大气球，腾空悬浮在广场中央上空，垂挂在气球上的巨幅标语上写着：“热烈欢迎齐奥塞斯库同志和夫人!”四周垂挂的十六根练条上插满了彩旗，把整个欢迎气氛烘托得更加热烈。当贵宾们的车队来到金水桥前时，一簇簇五光十色的气球在一片欢呼声中冉冉升起，整个广场成了一片友谊、欢乐的海洋。[34]

路透社报道说，齐奥塞斯库“受到中国只给予它最好的朋友的热烈而盛大的欢迎”。“中国领导人几乎全部到机场迎接。”[35]

晚上，华国锋举行了盛大的欢迎宴会。他在讲话中盛赞罗和中罗关系：

> 以齐奥塞斯库同志为首的罗马尼亚共产党，把马克思列宁主义的普

遍真理同罗马尼亚的具体革命实践相结合，独立自主地制定自己的方针政策。罗马尼亚坚持国际主义和爱国主义的统一，……在国际斗争中发挥了积极的作用。罗马尼亚从切身经验中深知，只有经济上的独立，才能保障政治上的独立，在社会主义建设中执行了高速度发展民族经济的方针，取得了辉煌的成就，大大增强了国家的实力。今天，社会主义的罗马尼亚作为一个欣欣向荣的主权国家，自立于世界民族之林。因而它受到各国人民的钦佩和赞扬，国际威望越来越高。我们把罗马尼亚人民所取得的这些成就当作自己的成就而感到由衷的高兴，并预祝罗马尼亚人民沿着罗马尼亚共产党指出的航向胜利前进，把祖国建设得更加繁荣富强。

中罗两国人民是亲密的战友。在过去争取民族解放和社会解放的长期斗争中，我们互相同情，互相支持。今天，我们又面临着捍卫民族独立和国家主权、建设社会主义的共同任务。虽然关山远隔，但是我们的命运是连在一起的。……毛主席生前十分关心中罗关系的发展。周总理抱病在医院里最后接见的外国客人就是罗马尼亚政府第一副总理维尔德茨同志。现在，毛主席和周总理都已经离开了我们，他们把中罗友谊的接力棒传到我们手里，我们将一如既往，把中罗友谊继续推向前进，在维护民族独立和国家主权、反对帝国主义、殖民主义和霸权主义的斗争中，在建设社会主义的事业中，我们将永远同你们在一起，并肩战斗，共同前进。

他确信，这次访问“必将把中罗友谊推向新的高峰”。[36]
宴会之前，陪同来访的罗外长安德烈受命要求中方对这篇讲话稿的上述段落中出现“霸权主义”和“反对外来侵略和颠覆”的几个地方作删改。安德烈说，齐奥塞斯库同志从内心和思想上认为，华主席的讲话都是正确的。罗方这样要求主要是从自身的处境考虑。对于这一点中国同志是理解的，请求中国同志给予谅解。东道主显然作出了让步。法新社注意到：“中国在赞扬齐奥塞斯库先生和罗马尼亚独立于莫斯科的作法时，迄今为止避免对苏联进行任何攻击。”[37]

华国锋与罗代表团“在诚挚、亲切、友好的气氛中”[38]进行了三次长时间的会谈。齐奥塞斯库介绍了罗国内情况、罗苏关系近况、对国际共运问题的看法和发展中罗关系的设想。他说，罗马尼亚希望进一步发展中罗两党两国各方面的合作，至于意识形态方面的一些不同意见，让时间来澄清。尽管苏联有许多错误，但它还是社会主义国家，中国同苏联关系方面有困难，但应作出努力来克服这些困难，通过耐心协商解决分歧。我们认为，中国和苏联关系正常化的过程，将会对社会主义国家之间的关系产生积极的影响。尽管存在分歧，最后还是会克服的。中苏关系的改善和正常化，对国际生活包括对提倡新型关系的准则，会产生特别的影响，起到重大的作用。他还再次劝中共同西欧一些共产党恢复关系。

华国锋介绍了中国国内的形势、谈了对苏联的看法。他表示：中罗两党、两国的友好关系要发展下去，应该增加接触；中罗面临着共同威胁，要有所准备。中国认为苏联是比美国更危险的敌人，但并不希望罗苏关系一定要像中国同苏联的关系一样。西欧一些党搞“欧州共产主义”，在一些原则问题上我们不同意，同他们没有党的关系，如果有的党承认攻击我们是错了，我们愿意恢复关系。[39]

会谈结束后，齐奥塞斯库举行了记者招待会。英国《每日电讯报》记者问，罗马尼亚将对改善中苏关系做些什么。齐奥塞斯库答复说，这两个国家之间的问题应当由他们自己解决。众所周知，罗马尼亚一向主张政治解决这些问题，并且我们希望这能导致关系正常化和得到发展。但是这些问题只能由这两个国家直接加以解决。《人民日报》在报道这次记者招待会时，只字未提齐奥塞斯库关于中苏关系的言论。看来东道主既不赞同罗方希望改善中苏关系的言论，也不希望给世人以中罗双方曾在中苏关系问题上达成了某种默契的印象。

罗代表团成员与中国政府有关部门的负责人进行了对口会谈。访问结束时，华国锋同齐奥塞斯库签署了中罗关于经济技术合作的长期协定；陈慕华和布尔蒂卡签署了实施这一协定的议定书；黄华同安德烈签署了两国为期两年的文化合作执行计划和两国互设总领事馆的换文。双方还签订了建立中罗政府经济技术合作委员会的协定、生产技术合作议定书、科学技术合作协定、旅游合作协定等文件。

罗方曾要求双方发表一个新的共同文件，中方表示因两国处境不同，对某些问题看法不一致，以不发表联合声明为好，罗方表示同意。

5 月 19 日，齐奥塞斯库举行了盛大的答谢宴会。齐奥塞斯库在讲话中说：

我对于同华国锋同志，同中国党政其他领导人会谈的成果，感到特别高兴。会谈的成果在我们刚刚签署的长期经济技术合作协定以及其他共同文件里得到了体现。我们一致同意加强经济、科技和文化方面的交流与合作，加强罗马尼亚共产党和中国共产党、罗马尼亚社会主义共和国与中华人民共和国之间的合作和团结。

5月20日，齐奥塞斯库圆满结束了对中国的访问，离开北京前往朝鲜访问。华国锋亲自到机场欢送。6月6日，罗共中央政治执委会作出决议，"高度评价齐奥塞斯库访问中华人民共和国的结果"。认为它将"作为具有历史意义的新时刻载入罗中关系的史册，将有力地推动罗中两党、两国人民和两国之间友好与合作的扩大和加深"。

7月，为了落实这次访问达成的关于两国经济合作的协议，同时为不久后的华国锋访罗作准备，罗副总理奥普雷亚再次率团来华访问。双方对华国锋访罗将签订的各项协定、协议文本作了最后商定。华国锋会见了代表团全体成员。耐人寻味的是，新华社称双方进行的是"同志式的友好谈话"。[40]

8月16日，中共中央主席、国务院总理华国锋率领中国党政代表团抵达布加勒斯特，对罗进行正式友好访问。国际社会对访问给以高度重视，因为这次访问标志着三个第一：中国最高领导人第一次访罗、自1957年毛泽东访苏后中国最高领导人时隔21年后的第一次出访、中国最高领导人第一次出访比莫斯科还要远的国家。国际媒体还注意到，华国锋启程赴欧洲的前两天，中国刚刚与日本签订了《中日和平友好条约》；而华国锋在罗访问的时间，正值苏联等国入侵捷克斯洛伐克10周年。这个访问时间的安排"不管是有意还是无意"，都"是意味深长的"。时事社分析说：

华主席访问采取独立自主路线的东欧两国，是对苏联进行一次外交的大示威，而罗马尼亚和南斯拉夫要借此机会明确地表示对中苏奉行等距离外交，加强外交上的自由行动。暂且不谈这两个国家的意图如何，反正这次访问对今后的国际政局会产生巨大的影响。这一点是可以预料到的。

从中国的外交战略来看，这次华主席的访问，是要在国内权力斗争结束后正式地加紧调整对外关系，以便提高国际地位，同时也有团结反苏国家的目的。

西德《总汇报》评论说："从许多方面来看，华访问罗马尼亚必然比访问南斯拉夫更对莫斯科产生挑衅性的作用。罗马尼亚党和国家领导人齐奥塞斯库邀请华访问表明了他的巨大勇气，因为罗马尼亚尽管是独立的，但始终是华沙条约成员。"[41]

齐奥塞斯库率领几乎所有在布加勒斯特的罗共中央政治执委会成员等高级官员，以及 1 万多群众到机场迎接。在前往宾馆的途中，他们受到了沿途群众的夹道欢迎。200 万人口的布加勒斯特市有 20 万人参加了欢迎活动，组成了色彩缤纷的友谊长廊。华国锋和齐奥塞斯库乘坐的敞篷车缓缓前进，欢迎的人群举着鲜花，挥动着中罗两国的国旗，不断欢呼，唱着优美动听的歌曲。伴随着歌声和乐曲声，"齐奥塞斯库—华国锋！""罗中友谊万岁！"的欢呼声，在城市上空，在街道两旁的绿树丛中回荡。在火花广场，罗共布加勒斯特市委第一书记兼市长丁卡（Ion Dinca）向华国锋赠送了布加勒斯特市的金钥匙。车队来到胜利广场，欢迎仪式又出现了新的高潮。华国锋和齐奥塞斯库应邀走下汽车，和欢迎群众一起跳起了"霍拉"舞。[42]美联社报道说："罗马尼亚官方认为，这次访问是与苏联领导人勃列日涅夫一九七六年受到的欢迎相一致的。不过，西方外交官说，这次欢迎的人更多，更热情。"时事社则认为："华国锋在罗马尼亚首都受到了这里给予外国政治家的最高礼遇。"[43]

在罗方举行的欢迎宴会上，齐奥塞斯库说：

> 我国首都人民今天对你们热烈友好的欢迎，以及中国人民在我们访问你们美丽的国家时为我们组织的令人难忘的活动，都再次特别强烈地显示了罗马尼亚社会主义共和国和中华人民共和国之间、罗马尼亚共产党和中国共产党之间、我们两国人民之间，在尊敬与尊重的基础上，在社会主义与和平的原则和理想的基础上，建立了并发展着密切合作与团结的、深厚的友好关系。

华国锋在答辞中，恰到好处地借用齐奥塞斯库的言论抨击强权政治：

> 在亚洲、非洲、拉丁美洲和欧洲，帝国主义、霸权主义到处伸手，不断对一些国家进行渗透、颠覆、侵略和扩张。最近几个月来，中东和非洲一些地区形势的发展，就是新的明证。正如齐奥塞斯库同志不久前

所指出，“把世界重新划分成势力范围和统治地区，维持帝国主义、殖民主义、强权政治和发号施令的旧政策的企图加剧了，它给安全与和平带来了紧张和危险”。

> 过去，梦想建立世界大帝国的势力，在人民的铁拳下早已化为齑粉；今天那些妄想称霸世界的人们，尽管可以猖狂于一时，但到头来也决不可能有别的下场。胜利必定属于敢于斗争的人民。[44]

合众国际社称：“华的祝酒词在发表前曾让罗马尼亚人看过，措词是经过细心斟酌的，在最富有挑衅性的语词中做到尽可能地含蓄。”“罗马尼亚人、中国人和俄国人都明白，华的讲话是针对俄国人的。但是讲话是足够含蓄的，如果俄国作出反应的话，齐奥塞斯库始终可以声称，这是针对美国人的。”[45]

齐奥塞斯库同华国锋“自始至终在诚挚友好的气氛中”[46]进行了会谈。在会谈和各种接触中，双方各自介绍了本国情况，阐述对国际形势和国际问题的看法，着重讨论了以下几个问题：

第一，齐奥塞斯库批评苏联的大国主义政策，反对苏干涉他国内政、使用武力等做法，但又强调中苏应寻找途径使关系正常化。他说不久前在会晤勃列日涅夫时（即本月初的那次会晤——引者），勃列日涅夫也表示了同样的希望。美国《华盛顿邮报》认为，这次罗苏首脑会谈“显然没有能够减轻苏联人对下述情况的担心，即中国正通过它与罗马尼亚的关系而闯进东欧”，而会谈后发表的“公报没有表示任何亲切的气氛，这与其他华沙条约成员国领导人拜访勃列日涅夫夏季疗养所以后发表的类似公报的语调形成了鲜明对照”。德新社也认为，双方在“讨论过的所有问题上，都未能取得一致意见”。

齐奥塞斯库肯定向华国锋通报了上述情况，而在此前他也曾多次公开表示要斡旋中苏关系。中方自然是不为所动。华国锋重申了中国对苏联国家性质的看法，阐述同苏联改善关系的前提条件，实际上是回绝了罗方的倡议。香港《快报》当时曾大胆猜想“中苏关系极有可能因为这次的访问而有所改善”。其依据是：“在北京公布了华国锋往访日期后，罗马尼亚总统齐奥塞斯库立即访问苏联，并且公开声言他希望调解中苏两国之间的分歧。”而“北京对于齐奥塞斯库的这项公开声明并没有表示赞同，但同样重要的是北京也并没有表示拒绝”。《快报》进而鼓励说：“现在既然有与两国政府皆保持良好关系的齐奥塞斯库公开出面调解，则谈谈又何妨？”[47]富有想像力的记者的用心是良好的，但毕竟对中苏关系的背景和内容要远比一般的国家关系复杂得多这一点体会不深。中越关系在这一年明显的恶化，实际上也是中苏关系紧张的折射。与此同时，苏联还在中国的邻邦阿富汗频繁策动政变，对中国造成新的威胁。在这个时候谈论中苏关系正常化显然是不合时宜的。

第二，关于中罗双边关系，华国锋说齐奥塞斯库5月对中国的访问为两国关系史翻开了新的一页。齐奥塞斯库表示：两党在某些问题上认识不完全一致，应加强合作和进行工作以缩小直至消除分歧。他就加强两党联系、经贸合作提出了一些具体建议。双方就今后经济技术合作的几条原则达成了共识。

第三，关于中阿、中越关系，齐奥塞斯库希望尽一切努力避免关系进一步恶化。华国锋对此作了说明，并对齐奥塞斯库不久前在干部会上对此发表的“不分是非的讲话”[48]表示遗憾。这显然是指罗通社8月3日摘要播发的他在布加勒斯特党员干部大会上关于罗对外政策的讲话。据美联社报道，他在讲话中说，在中阿、中越冲突或共产党统治的国家之间的其他任何争执中，罗将不偏袒任何一方，“不容许自己卷入任何公开论战，指责这一个或那一个社会主义国家”。[49]这一表态距华国锋即将开始访罗时隔仅两周，显然不会令中国满意。

第四，关于中共与其他党的关系，齐奥塞斯库再次说意、法、西和日共都想同中共恢复关系。华国锋表示可进行低级接触，先了解情况。[50]

会谈结束后，双方发表了一项联合声明，指出“双方就进一步加强中罗友好合作关系深入地交换了意见，一致认为发展两国友好合作的潜力很大，前景广阔”，对这次访问“所取得的丰富成果表示极为满意”。

访问结束前，中罗双方签署了9个文件：（1）关于建立副总理级政府经济技术合作委员会的协定；（2）生产技术合作议定书；（3）科学技术合作协定；（4）旅游合作协定；（5）中国远洋运输公司和罗海运公司关于开辟班轮航线的协议；（6）植物检疫和植物保护协定；（7）关于牲畜疾病防疫技术合作协定；（8）关于开展利用炼焦煤合作议定书；（9）关于相互聘请专家和派遣工程技术人员及实习生的生活、工作条件议定书。双方还互换了5月签订的中罗经济技术合作长期协定的批准书，并签订了互换中罗领事协定批准书的证书。

访问期间，中国代表团所到之处，都有身着民族节日盛装的罗各界群众像欢庆自己的传统的民族节日一样，载歌载舞，夹道迎送。有的城市的居民几乎是倾城而出。罗媒体也对访问作了大规模的深入报道，其规模甚至可以说超过了 1966 年罗媒体对周恩来访罗的报道。

21 日，华国锋圆满地结束了访问，前往南斯拉夫访问。齐奥塞斯库亲往机场欢送。

1980 年 5 月，华国锋到南斯拉夫参加铁托的葬礼。在回国途中又应邀对罗作了几个小时的短暂访问，与齐奥塞斯库进行了会谈。

1979 年 9 月，罗中友协代表团应邀访华，参加了中国国庆 30 周年的庆典，并在盛大的国庆招待会的主宾席上就座。1981 年 6 月，中国对外友协和中罗友协代表团应邀访罗。10 月，罗中友协代表团应邀访华，并出席了中罗友协和罗中友协 1982 年至 1983 年的合作计划的签字仪式。

1978 年，中罗两国都更换了驻对方的大使。6 月，罗驻华大使格夫里列斯库离任，邓小平、李先念等中国高级领导人分别会见了他。11 月，中国驻罗大使李庭荃离任，罗方向他颁发了一枚图多尔·弗拉迪米列斯库一级勋章，“作为珍重中罗两国人民战斗友谊的表示，并表彰他为加强这一友谊所作的努力”。[51]齐奥塞斯库还专门会见了李庭荃。

罗马尼亚与中国对外开放国策的确立

两国最高领导人的同年互访取得了丰硕的成果，得到了两国和国际社会的高度评价，保障了中罗关系发展的延续性。以此为标志，中罗关系被推进到一个新阶段。

在齐奥塞斯库抵达北京访问的当天，《人民日报》的社论点出了这次访问的一个主题：通过访问，中国人民“将一如既往，坚持毛主席的革命外交路线，决心把毛主席、周总理和乔治乌—德治、齐奥塞斯库同志共同培育的中罗友谊推向新的高峰”。这也正是罗领导人至为关心的问题。华国锋结束访罗的第二天，《人民日报》发表了题为《中罗友谊史上的金色篇章——热烈祝贺华主席访问罗马尼亚圆满成功》的社论，认为这次访问及其成果“标志着两国两党的团结合作进入一个新阶段”，“中罗友谊之树必将象喀尔巴阡山和泰山上矗立的松柏，根深叶茂，万古长青”。9 月 1 日，罗共中央政治执委会认为“访问取得了圆满成功”，“对两党和两国之间的友谊和多方面的合作做出了新的和有力的推动”。[52]

这个新阶段的中罗关系至少具有以下两个特征：第一，是由中国的新领导人和罗领导人共同掌控并推动。在中国老一辈领导人，也是中罗关系的中方主要奠基人先后逝去、“文化大革命”结束之后，中国的新领导人继承了他们的事业和对中罗关系的培育，使中罗关系得以继续平稳地发展。在整个1978年，中方掌控中罗关系和在中罗高层交往中唱主角的似乎还是华国锋，主管外交的国务院副总理邓小平似乎是甘愿暂时在其中唱配角。中共十一届三中全会以后，随着邓小平逐步占据中国政治舞台的中心和华国锋的淡出，至迟到1980年，邓小平接过了掌控中罗关系的舵轮。

9月15日，罗共中央政治执委会委员、政府总理曼内斯库率团来华访问，主要“就落实两国领导人达成的各项协议进行商谈”。他对会见他的华国锋说：今年两国领导人的互访是罗中两党两国关系史上的里程碑。[53] 1979年11月，罗共召开了十二大。中共中央发去贺电表示“热烈的祝贺”和“崇高的敬意”。[54]

第二个特征是：罗对中国制定和实行对外开放政策提供了一定的借鉴。此前，中国对苏联和东欧等国的改革，包括1968年的“布拉格之春”，基本上是持否定和批判态度的，认为是修正主义的和资本主义的。1978年以来，中国在酝酿实行对内改革、对外开放的国策的时候，开始关注包括罗在内的东欧国家的改革经验。包括中罗两国最高领导人的互访在内的两国之间的相互交流，特别是罗经济建设和社会发展方面的经验教训，也为中国改革开放国策的制定与实施提供了动力和参考。

华国锋访罗4个月后召开的中共中央十一届三中全会之所以能够成为一次具有历史性转折意义的会议，成为中国实行改革开放国策的起点，除了国内外环境提供的机遇、邓小平等领导人的杰出作用外，与会议之前所作的准备工作是分不开的。有研究者认为，1977年以来，特别是1978年以来中国频繁的出访活动，包括对罗等国的大量出访活动，“在党和国家历史的伟大转折关头，承担了特殊的使命，对改革开放的酝酿和启动产生了直接的影响。通过大量的出访活动，中国党和国家领导人发现了中外发展水平的差距，看到国际社会给中国的经济发展带来的巨大机遇，由此拓展了探索本国社会主义建设道路的思路”。[55]

这种影响首先体现在7—9月国务院召开的研究加快“四化”建设速度的务虚会上。会议的主旨虽然是强调要以比原来的设想更快的速度实现四个现代化，带有急躁冒进的情绪，但也提出了一些改革开放的思想，提出要

“加强技术引进，扩大外贸出口、采取灵活方式利用国外资金等问题”。[56]会后，时任国务院财贸小组副组长、中国科学院副院长的邓力群向北京大学党组成员介绍了国务院务虚会的精神。在谈到第5个问题，即“自力更生和引进先进设备，利用外资”时，他特地举了罗马尼亚的例子：“罗马尼亚这几年发展比较快，比我们快得多，其中一条就是采取各种办法引进先进设备，先进技术，还同外国合办工厂。”这样做，不但不会削弱国家自力更生的能力，反而增强了自力更生的能力。[57]

香港的《七十年代》这时发表的一篇文章指出：

> 从今年开始，中共就开始了对罗马尼亚、南斯拉夫等社会主义国家的政治经济形态的深入考察。
>
> 学习罗马尼亚的什么经验呢？罗共总书记齐奥塞斯库非常重视外贸，他亲自抓外贸工作，努力引进外国先进技术、设备，购买外国的工业原料。罗马尼亚原是一个资源比较缺乏、技术比较落后的国家。由于它重视外贸，以外贸促进国内经济迅速发展，所以，在一九五一年至七六年间，工业产值平均每年增长百分之十二点九。
>
> 这一切一切，都使长期以来同外界隔绝、自以为正宗马列的中国人大为惊奇。[58]

9月13日，五届人大常委会召开第四次会议，听取了华国锋访问罗等3国的报告。主持会议的叶剑英委员长说，这次访问“使我们取得了一面镜子，可以照一照我们自己，看一看我们国家有哪些好的东西应该继续发扬，有哪些差的、弱的地方需要克服和加强。……我们要认真学习别国的长处，吸收和借鉴外国的好经验，这对于加速我国的建设事业是十分必要的”。[59]

11月，被称为中共十一届三中全会的预备会的中共中央工作会议在北京召开。会议在讨论改革开放问题时，向与会者印发了几份介绍外国经济发展的材料，其中既有介绍发达资本主义国家的《战后日本、西德、法国经济是怎样迅速发展起来的》，也有介绍社会主义国家的《罗马尼亚、南斯拉夫的经济为什么能够高速发展》，而后者是其中“篇幅最长，也是内容最为详尽的一份”。后者认为，罗、南两国经济高速发展的主要原因是：

第一，利用本国资源发展具有本国特点的工业，都初步走出了自己的发展道路。

第二，实行高积累的政策，有力保证了各项改革措施的推进。

第三，大量引进外国的先进技术和设备，而且引进形式多样，做法比较灵活。

第四，充分调动积极性，用经济手段管理经济。

第五，大力发展教育事业，培养各种人才。

第六，强调稳定的政治局面是经济发展的先决条件。

这篇材料最后总结说："罗马尼亚、南斯拉夫和我们同是社会主义制度的国家，他们的一些好的做法值得我们借鉴。"[60]

这些材料引起了与会者"极大的兴趣。这些经验给当时的讨论提供了有益的借鉴"。[61]与会者认识到，这些材料揭示了一个共同规律，即当今世界上任何国家，无论是资本主义国家还是社会主义国家，经济要获得迅速的发展，都离不开利用国外的先进技术和资金。我们应该解放思想，学习和借鉴别国成功的经验。

1个月后，给中国带来历史性转折的中共十一届三中全会召开了。会议公报指出，"我国领导人今年内对朝鲜、罗马尼亚、南斯拉夫、柬埔寨、伊朗、缅甸、尼泊尔、菲律宾、孟加拉、日本……一系列国家的访问，中日和平友好条约的缔结、中美两国关系正常化谈判的完成，……"连同我国在政治、经济、社会领域取得的成就，"所有这一切，都为全党把工作着重点转移到社会主义现代化建设上来准备了良好条件"。上述出访的国家是按照中国派出的代表团的级别来排列的。虽然其中的许多访问带有"还债"和宣传中国的内外新政策的成分，但是，中国的最高领导人在十一届三中全会召开之前，在中国即将作出重大战略决策之前对罗等国的访问，不论是客观上还是主观上，都不再仅仅具有礼节和意识形态上的含义，而是兼具了对制定和实施改革开放国策提供参考的意义。

十一届三中全会提出，要"把全党工作的重点和全国人民的注意力转移到社会主义现代化建设上来"，并把对外开放提升到基本国策的高度。会议提出：要"根据新的历史条件和实践经验，采取一系列新的重大的经济措施，对经济管理体制和经营管理方法着手认真的改革，在自力更生的基础上积极发展同世界各国平等互利的经济合作，努力采用世界先进技术和先进设备"。[62]会议还提出，现代化建设要利用两种资源——国内资源和国外资源；要打开两个市场——国内市场和国外市场；要学会两套本领——组织国内建设的本领和发展对外经济关系的本领。

全会闭幕两天后，《人民日报》发表了特约评论员文章《伟大转变和重新学习》，强调：

> 十一届三中全会决定，全党全国工作的着重点，应该从明年起转移到社会主义现代化建设上来。为了适应这个历史性的转变，我们必须重新学习。
>
> 任何人的有用的东西都要注意研究和吸收。列宁、斯大林时代苏联经济建设的经验要研究，赫鲁晓夫的反面经验也要研究。还有南斯拉夫、罗马尼亚以及其他一切国家的经验，都应有选择地拿来做分析比较，并且结合我国的实践情况，得出自己的科学结论，把学习和独创结合起来。[63]

1978年，由于有中共十一届三中全会的召开并作出实行改革开放的战略决策，成为中共历史上的第二次重大转折之年，也成为共和国历史上迄今为止最重要的转折点。伴随着改革开放的全面展开，20世纪70年代末至整个20世纪80年代，中国对罗等国经济发展经验的学习与借鉴也全面展开了。据有关统计，1977年7月至1978年6月，中国共向罗派出各类代表团34次，1978年7月至1979年6月增加为37次，1979年7月至1980年6月又增加为41次，逐年递增。其中向罗派出的副部长级以上的高级代表团，3个年度中分别为13次、20次和22次。[64]涉及的行业领域有电力、煤炭、机械制造、化工、轻工业、贸易、农业、铁路、林业、财政金融、科学技术，教育、体育，等等。

这些代表团中有许多是考察团或参观团，几乎都负有考察和学习的使命。他们回国后写出详尽的访问或考察报告，以供各方面参考。1978年9月7日至10月8日先后访问了南、罗两国的中国财政经济考察团，在其访问报告中指出：南罗两国的“工农业生产都发展得很快，人民生活水平也有迅速提高”。其主要原因：

> 一是国内政局稳定，没有发生过大的波动，上下齐心协力，经济持续上升。二是在财政经济工作中十分强调经济效果，国家、集体和个人三者之间的利益结合得比较好。三是在自力更生的同时，积极利用外资，引进先进技术，解决财力不足和技术落后的问题。四是相当重视培养干

部，重视教育事业的发展与科技的普及，……另外，两国都讲究法制，经过立法手续建立一系列规章制度，依法办事。这对提高工作效率，加强财政经济管理，发挥了很大的作用。[55]

1986 年，中共中央党校科研办公室编印了一本《罗马尼亚四十年——文献资料选编》（1944—1984），作为中共中央党校的教学科研参考书，其意义和影响应当不同于一般的图书资料。该书第五部分是“研究罗马尼亚问题的参考书目”，收录了建国以来中国大陆出版的研究和介绍罗马尼亚问题的书籍资料 90 种。其中 1977 年至 1984 年间出版的有 49 种之多。在这样短短的 8 年时间内，出版关于一个国家的图书资料如此之多，在新中国的出版史上是罕见的。在这 49 种图书资料中，专门论述罗马尼亚问题或是由罗马尼亚人编写的有 20 种，论述经济和管理类问题的有 22 种，论述法律类问题的有 7 种。[56]

在这个书目中，有一本布加勒斯特的教育出版社 1976 年修订出版的、罗科学院通讯院士 N. N. 康斯坦丁内斯库（他后来曾任罗科学院院士、罗中友协名誉会长——著者）主编的《政治经济学》（社会主义）。该书是经济学家于光远随前文提到的以李一氓为团长的考察团访问南、罗两国后带回国来的。此书随即交由著名的罗语学者张志鹏等人翻译成中文，并由人民出版社于 1981 年出版，发行了 23500 册。[57]一本学术著作能有这么大的印数，就是在当年的中国也属于畅销书。该书的出版并畅销可以看作是这次考察的一个副产品，它既说明了中国对罗经济学理论的重视，也说明了中国各界对本书的欢迎程度。

1980 年底，时任中共中央总书记的胡耀邦在回答外国媒体的提问时曾说：“我们过去有个错误，就是闭关自守。各国的历史发展都证明，闭关自守对发展自己的国家是不利的。这方面南斯拉夫、罗马尼亚、朝鲜都比我们做得好。我们的开放政策从某种意义上讲也是汲取了他们的经验。”[58]

东欧各国的改革经验启发和推动了中国的改革，中国的改革经验也推动了东欧国家的社会变革。与众不同的是，后来齐奥塞斯库对中国的改革经验并不感兴趣。

经贸与科技交流

一方面是中国开始了改革开放，另一方面是罗的经济建设取得了显著成就，但也遇到了越来越严重的困难，因而两国在经济贸易和科学技术方面的物质及经验上的交流是这个阶段中罗关系的又一个主要内容。从 20 世纪 70 年代罗先后向中国派出的两位大使的背景，也可以略见中罗关系随时代变迁而发生的内容上的变化。1972 年 1 月到任的格夫里列斯库大使，是罗共中央候补委员、国家广播电视委员会成员、罗总工会书记，曾长期主管文化宣传体育工作以及地方党的工作。这个背景，适应了两国在这一时期意识形态方面交流的需要。1978 年 7 月接任的杜米特列斯库（Florea Dumitrescu）大使，时任罗共中央委员、财政部长，后来还担任过国家银行行长，曾长期主管国家的财政金融工作。[69]由于在任期间对中罗关系，特别是中罗经贸关系所作的杰出贡献，他后来曾长期担任罗中友协执行主席和主席。

1978 年 12 月，尼古列斯库—米齐尔受罗共委托来华访问，向中国通报不久前在华约政治协商会议上罗苏争论的情况，并以中罗两国经济技术合作委员会（简称混合委员会，在华国锋访罗时成立——著者）罗方主席的身份来落实两国商定的合作项目。成立这个副总理级的委员会的目的，是为了统筹安排两国间的贸易和经济技术合作问题，促进两国国民经济的发展。这是中国在对外双边贸易合作中首次实行的贸易合作形式。尼古列斯库—米齐尔当时还担任罗财政部长和驻经互会的代表，并参加了与越南和朝鲜之间的经济技术合作委员会的工作，对社会主义国家之间的双边经济合作富有经验。陈慕华在欢迎宴会上说：

> 中罗两国之间友好合作的各个领域都取得了令人十分满意的成果。在经济技术合作方面，双方达成的四项原则以及有关协议规定的项目，正在顺利地贯彻执行。双方人员交往频繁，到目前已经互派了十多个考察组和工作组。对三十余个项目进行了考察或初步交换了意见。这样大的规模，涉及这样广泛的方面，是前所未有的。

随后，双方就中罗经济技术合作协议的执行情况和今后如何进一步开展中罗经济技术合作委员会的工作等方面的问题“进行了认真的讨论”。陈慕华认为，“这次工作会晤非常成功”。[70]尼古列斯库—米齐尔对陈慕华的印象是：“是一个富有领导经验的人，一个资深的技术专家，精通业务。在深入细致地研究问题之前她决不会发表议论。”他回忆说：“那些年我们工作很紧张。同中方打交道要严肃认真。为了实现互利、达成一致，很费功夫，也很辛苦。一旦达成协议，中方绝不食言。罗方也必须如此。我满意地看到，我们的工作实现了许多经济技术合作的项目，扩大了两国的贸易交流。”[71]

1980 年 5 月，中罗政府经济技术合作委员会中方主席陈慕华率团访罗，并主持召开委员会第二次会议。双方回顾了自第一次会议以来两国经济技术合作和贸易的进展情况和两国政府签署的一系列协议的执行情况，对取得的合作成果“作了满意的评价”。双方还进一步探讨了扩大两国经济技术合作和贸易的可能性。此后，该委员会每年分别在两国的首都轮流举行一次会议，一直坚持到 20 世纪 80 年代末。值得一提的是，这个委员会在 2006 年改称为政府经济联委会，至今仍在发挥着作用。

1979 年，中国参加了罗马尼亚国际博览会。1980 年，罗在北京举行了罗马尼亚工业展览会。当时《人民日报》的一篇报道生动地描绘了这个时期中罗之间密切的经贸联系：

> 近几年来，中罗两国的经济合作关系在不断发展，贸易额逐年增加。两国人民在社会主义建设事业中相互帮助，互相支持。中国客人在克拉约瓦“电力”工厂曾登上这个工厂为中国制造的内燃机车；在布拉索夫汽车厂参观了即将向中国启运的卡车；在克拉约瓦化工联合企业成品车间看到了一袋袋用中文写的“尿素”的化肥。在加拉茨钢铁联合企业，负责同志说，中国是第一批购买这家企业钢板的国家之一。中国供应给罗马尼亚的机器设备、工业原料、轻工业品也深受欢迎。机器制造工业部副部长康·约内斯库告诉中国客人，罗马尼亚购买的中国机床质量很好，他对中国机床给予高度评价。多尔日县委的一位干部说，他作了一个小统计，他家里共有五十多件中国制造的轻工业产品。在陈慕华副总理到康斯坦察港参观的那天，正好有五条中国货轮停泊在港内。[72]

1978 年起，中罗两国开始进行相互提供成套设备的生产技术合作项目。1979—1985 年，中国先后帮助 62 个国家建成了 242 个项目，“其中有些大中型项目，对受援国发展民族经济，改善人民物质、文化生活具有重要意义”。其中在罗建成的有锻压设备厂、汽车模具厂、单晶硅厂等。1974—1978 年，中国在电子工业方面还帮助罗建设了固体钽电容器、铝电解电容器金属零件、硅高频大功率晶体管、瓷介微调电容器、管帽管座等 5 条生产线。中国提供了全套设备，派专家帮助安装和指导生产，并在中国培训了罗实习生。[73]

1980 年前后，两国的商品在对方国家可以说是遍布城乡，家喻户晓。1979 年 10 月，时任《人民日报》副总编辑的王若水率《人民日报》代表团访罗。他们在偏远的马拉穆列什县塞伊尼乡的商店里，看到“有不少中国的出口商品：瓷器、罐头、文具、玩具、手工艺品等等”。王若水问一个售货员：“顾客们对中国商品有甚么意见吗?”她说：“中国货很受欢迎，特别是篮子销得很快，一到就卖光了，希望多来一些货。”[74]这至少说明两点：甚至在这样偏远的地方，中国商品也不是偶然光顾，而是有经常的供货；中国商品很受罗百姓的欢迎。

1979 年 9 月，两国政府签订了以补偿贸易方式合作建设中国山西霍县炼焦煤矿的协定。罗方以信贷方式向中方提供建设矿井和洗煤厂的设计、设备、材料、技术服务和培训中方人员，中方从煤矿投产开始，每年用该矿生产的炼焦洗精煤数量的一半偿付罗方提供的信贷和应得的利息。这一合作项目为进一步扩大双方贸易关系开辟了新的领域。1988 年，该煤矿开始部分投产。

1979 年，中罗贸易额突破了 10 亿美元，达到了 20 世纪的最高点 10.94 亿美元，[75]比 1975 年增加了 2.4 倍。1980 年前后，中罗贸易额在罗外贸总额中列第 6 位，罗则是中国的第 7 大贸易伙伴。罗主要向中国出口钻探设备、采油设备、汽车、铁路机车、拖拉机及农业机械、数据处理设备、电冰箱、电视机、花房工具、压延钢材、饮料生产线、机床、化工产品、化肥、家具等。中国主要向罗马尼亚出口机床、发动机、稀有金属和有色金属、煤、焦炭、石油、耐火材料、化工产品、药品、食品，以及日用消费品等。这些产品对罗的经济“所作的贡献越来越大”。[76]

20 世纪 70 年代中期以后，罗的石油进口量开始超过国内的石油产量。自 1973 年世界石油危机至 20 世纪 70 年代末，国际油价上涨了 6 倍，而且还在继续上涨，给罗经济发展造成了沉重的负担。中罗在石油生产和贸易方面有着多年良好的合作，20 世纪 70 年代中期起，罗也开始从中国进口石油。但是中罗相距遥远，运输成本过高，中国不可能向罗出口大量石油，中国更多地是通过购买罗石油钻采设备和石油化工产品来满足罗方的需求。中国在 20 世纪 70 年代新建成的最重要的油田胜利油田，就广泛使用了罗钻机。[77]

两国的贸易额从 1980 年起有所降低，1981 年降到了 7.93 亿美元，其中协议（记账）贸易额只完成 3.29 亿美元，比上一年下降了 49%。据分析，这主要是因为中国在 1979 年后进行经济调整，压缩了基本建设投资，减少了一般机电产品的进口，使这一年中国同东欧8国（包括罗）的贸易额比1980年下降了约39%。而与此同时，中国的外贸总额却仍增长了约6%。此后直到1989年，中罗贸易额基本上在7亿美元上下波动。但直到1983年，罗仍然是中国在社会主义国家中的第一大贸易伙伴。[78]

两国贸易额的减少与罗经济增长率的放缓不无关系。罗长期粗放型的经济发展模式酿成的危害，这时已经开始彰显出来。虽然罗工业的增长率在东欧国家中仍然是比较高的，但是偿还外债的压力越来越大。1977年罗仅负外债36亿美元，1981年就飙升到102亿美元。[79]罗偿还外债主要依靠的是农产品的出口，但是多年来罗农业发展一直滞后，只好用限制消费和提高物价的方法保证出口。1979年，罗先后两次提高了物价。1980—1981年罗又连遭自然灾害，给农业生产造成了很大损失，罗不得不继波兰之后恢复实行粮食配给制。齐奥塞斯库"亲口承认，他的政府为了急于使罗马尼亚实现工业化而忽视了农业生产"。[80]

中罗贸易额的下滑引起了双方的高度重视。1980年11月底，罗总理维尔德茨应邀来访中国。双方在会谈中对进一步发展两国友好合作关系，特别是经贸关系交换了意见。新华社报道说，"两国总理对中罗友好合作关系的不断发展表示满意"，但没有透露会谈的更多细节。随后，维尔德茨到济南参观了正与罗合作生产"罗曼"牌汽车的济南汽车总厂。

1981年11月，在北京举行了中罗经济技术合作委员会第三次会议。中方主席陈慕华发言说，过去的几年里，两国的贸易额和生产合作方面都曾有过较大的增长。当然也遇到一些困难，我们应该相互谅解。我们相信，按照平等互利的原则，经过双方的共同努力，我们总是可以找到解决问题的新的途径，求得新的发展的。我们合作的前景是广阔的。罗方主席丁卡也相信，在罗中经济技术合作中出现的暂时困难，绝对不会影响罗中两党、两国和两国人民之间兄弟般的友好合作关系。

邓小平、赵紫阳和胡耀邦等中国主要领导人都分别会见了丁卡。最后签订的会议议定书说，本着发展中罗两国经济技术合作的共同愿望，根据需要与可能以及平等互利的原则，会议是在亲切友好和相互谅解的气氛中进行的。会议认为，双方对所讨论的各项议题，都取得了满意的结果。[81]在双方的共同努力下，到1984年，两国的贸易额开始有小幅回升。[82]

1977年3月，罗发生了7.2级强烈地震。华国锋代表中共中央、中国政府和人民发去慰问电，"表示深切的同情和慰问"。中国红十字会向罗灾区赠送了 20 吨药品和 50 万元人民币。中国地震专家代表团还赶赴灾区进行了现场调查和资料研究，并与罗同行就这次地震的特点、防震抗震措施和地震趋势等问题交换了意见。1980 年以来，中国的河北、湖北等省份遭受了严重的旱涝灾害，包括罗在内的许多国家也对中国提供了为数不等的援助。

1979 年 1 月到任的中国驻罗大使陈叔亮，在 1982 年底离任时受到了齐奥塞斯库的会见，也获得了一枚图多尔·弗拉迪米列斯库一级勋章。[83]

外交上的相互支持与配合

20 世纪 70 年代以来的中苏关系与同时期整个国际局势的变化相比，有些逆向而动。在东西方关系趋于缓和的大形势下，中苏关系却仍持续紧张，甚至继续恶化。其主要原因，在于苏联这个中国最强大的邻国继续推行其霸权主义，极大地威胁着中国安全。它怂恿越南反华排华并入侵柬埔寨，还直接出兵侵占中国的邻国阿富汗。可以说，正是苏联咄咄逼人的国际战略，促使美国在 1978 年决心与中国正式建交，日本也是在这一年与中国签订了具有“反霸”条款的和平友好条约。在一定程度上也是基于这个原因，在整个 20 世纪 70 年代，中国对国际形势的基本看法，即战争与和平问题的基本看法，没有变化，始终认为“世界大战不可避免”；对苏联的基本看法，即苏联是最大的修正主义，是最危险的战争策源地，没有变化；中国的外交战略，即“一条线、一大片”的外交战略，其实质就是建立国际反苏统一战线，也基本上没有变化。在这种情况下，中苏关系不可能改善，中国也不可能主动改善中苏关系。

在这方面，罗马尼亚比较好地配合了中国的外交战略。1978 年 12 月，中美共同发表了建交联合公报。在中国宣布建交公报的当天，中国副外长韩念龙专门向杜米特列斯库大使作了通报。齐奥塞斯库向中国发来贺电，高度评价中美建交的现实意义和历史意义。[84] 1979 年 1 月，齐奥塞斯库对日本《朝日新闻》特派记者发表谈话说：“这是一件对国际生活有着强烈影响的重要事件。我们希望，中美关系的发展将为建立尊重一切国家的独立和主权的新政治作出日益巨大的贡献。”而中日和平友好条约“对东南亚和全世界政治生活的发展也有着特别重要的意义，尤其是中日这两个国家坚决保证要奉行合作、和平和不干涉别国内政的政策”。罗媒体对邓小平访美也给以高度的评价。[85]

在罗苏关系上，罗仍旧对苏维持着不冷不热、若即若离的态度，继续抵制苏联的霸权主义和华约组织的扩张态势，坚持着自己一贯的独立自主立场。日本《读卖新闻》发表的一篇题为《华主席访问东欧与中苏关系》的社论认为：

> 由于华主席的这次访问，中国同罗马尼亚和南斯拉夫的关系，可以说比以往更加密切，在使之制度化方面实现了具有质的性质的转变。这对于罗马尼亚和南斯拉夫来说，在排除苏联的干涉、坚持独立自主路线上，无论在精神方面还是实际方面都将成为很大的力量。
>
> 另一方面对中国来说，通过这次访问，向东欧打进一个楔子，从为今后的东欧外交，进而为开展西欧外交建立了一个立足点本身来说，这是中国外交的一个惊人的成果，是对苏联的一个打击，中国肯定作出了这样的判断。
>
> 从这样几点上来看，华主席访问东欧，明确地显示了中苏对立已经进入了在世界规模上激烈争夺外交影响力的时代。甚至出现了这样的看法，即：这是新的“中苏冷战”时代。

不过，中国与罗南两国在对苏联的立场上有显著的不同。中国是寻求“形成反苏、反霸权的世界统一战线”，罗南两国则是要“在中苏之间维持‘等距离外交’”。华国锋访罗，“似乎是在充分尊重双方这样一种立场的情况下进行的”。在访问期间，为了不使东道主为难，华国锋尽量少地使用“霸权主义”等明显指向苏联的词句。

中罗两国最高领导人的互访，一方面激怒了苏联，另一方面也使罗的对苏立场更为坚定。11月，华约成员国政治协商会议在莫斯科召开。在会上，苏联事先未与各国协商，突然提出一系列提案，包括要求各缔约国增加军费1%—3%，扩大华约军队总司令的权限，并扩大华约军队的活动范围到欧洲以外。其目的是，通过各缔约国增加军费以缩小其军队与苏军在装备和训练上的差距，在紧急情况下便于由苏联统一指挥，并在必要时与越南和古巴的军队协同行动。齐奥塞斯库予以拒绝，罗苏矛盾再度尖锐起来。他回国后立即召开罗共中央执委会，报告了会议的情况，得到了执委会的一致支持。他遂接见各界人民代表，表示：

根据我国的宪法、国防法和其它法律，任何人，包括国家总统和党的总书记，都不能不根据法律和宪法，不经过党和国家合法机关的批准，不经过我国全体人民的同意而使罗马尼亚承担什么。

我们过去没有，将来也永远不会把罗马尼亚军队参加某一个军事行动的决定权奉送给任何人，这个决定权只属于罗马尼亚的议会、人民、党和国家机关。

此前，越南在国内驱逐华侨，在越中边界制造事端，使越中关系急剧恶化。外电纷纷认为，齐奥塞斯库在这次会议上是“含蓄地拒绝了苏联明确提出的组织华约组织成员国支持越南反对中国的动议”。[86]英国《金融时报》认为，会议反映出来的分歧是华约组织自1968年8月苏联侵捷以来“最严重的危机”。[87]12月5日，勃列日涅夫在莫斯科欢迎阿富汗总理塔拉基的讲话中，竟然影射齐奥塞斯库的上述言论是“蛊惑人心”，令西方人士大吃一惊：“勃列日涅夫对一位盟国领导人竟会使用强硬的言词。”美联社报道说，苏联《真理报》有史以来第一次公开点名批评罗“把自己的某些论点公布于世，为资产阶级和北京宣传家进行投机和诽谤社会主义大家庭提供了借口”。

11月初，越南和苏联签订了“友好合作条约”。50天以后，越南就在苏联的怂恿下大规模入侵柬埔寨，并扶植成立了韩桑林政权。《火花报》对此“直言不讳”地谴责说：“罗马尼亚完全不能同意那种支持一些人起来反对本国领导、靠军事力量来推翻民主柬埔寨——一个社会主义国家、联合国成员国——的领导、推翻国际上公认的合法政府与机构的做法。”美国《华盛顿邮报》认为，“莫斯科和布加勒斯特之间的分歧看来超过（在这里的专家看来）过去十年中的任何时候”。

1979年2月，为了打击越南的反华挑衅行径和迫使越南从柬埔寨撤军，中国发动了对越自卫还击作战，严惩了越南的地区扩张主义。苏联及其盟国立即谴责中国的“侵略”，呼吁给越南以“兄弟般的声援”。罗则按照自己的惯例，在《火花报》上同时“刊登了两条关于中越冲突的消息——一条来自河内，简要地报道了越南的声明，另一条来自北京，谈了中国声明的基本内容”。罗通社授权发表声明说：“罗马尼亚一贯坚持其原则立场，向中华人民共和国、也向越南社会主义共和国发出热切的呼吁，立即停止任何军事行动，立即将一切外国部队撤回到本国国界内，并采取一切措施避免任何军事冲突。”路透社对此评论说：“罗马尼亚的呼吁同莫斯科以及苏联集团其他国家的愤怒声明形成鲜明的对照。”[88]

齐奥塞斯库还公开驳斥了某些人攻击罗在中越冲突中采取中立主义立场的说法：“我们过去和现在都不是什么中立主义者。我们是为反对帝国主义和殖民主义，反对干涉别国人民内政而坚决斗争的战士，我们是人民有权捍卫自己的独立、有权主宰自己命运的支持者！这绝不是什么中立主义！这是各国人民的革命斗争！”[89]

11月，罗共召开了十二大。苏共派来了以80岁的政治局委员佩尔谢为首的代表团，中国也派来了一个由政治局委员乌兰夫为首的代表团。两个代表团级别相同，含义却大有不同。苏共代表团表示的是对罗共的不满和轻视，中共代表团传达的却是赞许和重视，因为中共此举打破了“它十五年来不出席外国党代表大会的惯例，从而突出地表明它是重视同奉行独立路线的罗马尼亚的关系的”。[90]

大会的另一个引人注目之处是，齐奥塞斯库在政治报告中强调：“要尽一切努力从国际生活中完全摒弃强权政治和发号施令政策，摒弃对别国事务的干涉和势力范围的政策，摒弃霸权主义。”[91]这似乎是他第一次在罗共代表大会上正式批评霸权主义。合众国际社注意到，“齐奥塞斯库最近使用该词的次数越来越多了”。[92]他还重申，印度支那“各国人民有权独立自主地、不受外来干涉地解决自己的问题”。[93]

然而，由于国内经济困难的加剧，罗不得不越来越多地依赖与经互会国家的贸易。20世纪70年代末，罗所需石油的一半需要进口，而罗最大的石油供应国伊朗在这时爆发了伊斯兰革命，对罗的石油出口锐减。为了摆脱能源危机，罗一方面加紧寻找新的油矿，并争取在10年内实现能源自给。当齐奥塞斯库在罗共十二大上宣布在黑海找到了石油时，“全场情绪振奋，欢声雷动”。另一方面，广泛采用节油措施，包括提高油价和居民使用的电、热、气价，把公车，包括罗共中央政治执委会成员的用车，从油耗高的进口高级轿车改为国产的达契亚轿车等等。[94]

即便如此，从1979年第4季度起，罗仍然不得不开始从苏联进口原油。1980年，罗苏贸易额比1979年增长了30%，1981年又比1980年增长了24%，远高于其他东欧国家对苏贸易的增长速度。[95]1979年12月，苏军大举入侵阿富汗，遭到包括中国在内的国际社会的广泛谴责。虽然罗此时在经济上有求于苏联和经互会，但仍然“含蓄地批评了苏联对阿富汗的干涉”。1980年1月底，苏联外长葛罗米柯突然访罗，显然是要劝说罗不要批评苏联。但罗顶住压力，在3月邀请英国外交大臣卡林顿勋爵访罗，并在两国的联合声明中含蓄地谴责了苏联对阿富汗的军事干涉。路透社认为，这“是迄今为止苏联集团内部对苏联干涉阿富汗发出的最激烈的批评”。

1980年，波兰局势动荡，团结工会推波助澜。苏联等华约国家几次想出兵干预，罗等国坚决反对。7月，据合众国际社报道，苏联把原计划与苏联宇航员一起升空的罗宇航员借故调换为一名越南宇航员，“等于是向罗马尼亚总统齐奥塞斯库发出的一个信号，要克制他的独立道路”。直到1981年5月，罗宇航员才得以乘苏联“联盟号”宇宙飞船进入太空，成为苏联集团的9个成员国的宇航员中最后一个进入太空的。路透社认为，“这个次序看来反映出它与莫斯科比较疏远的政治关系”。据合众国际社报道，1982年11月，在访问印度尼西亚、新加坡和马来西亚时，齐奥塞斯库分别与上述国家发表了联合声明，他“含蓄地要求越南从柬埔寨撤军”。“在共产党集团在联合国提出要联大承认河内支持的金边政府为柬埔寨代表的动议时，罗马尼亚是华沙条约国内唯一在投票上与苏联及其盟国对立的国家”。[96]

在经济上改善关系，在政治上若即若离，罗苏关系的这种状态一直保持到勃列日涅夫时代结束。

1978年5月，中罗两国外交部长在北京签订了互设总领事馆的协定。双方商定，中方在康斯坦察设馆，罗方在上海设馆。1985年中国驻康斯坦察总领事馆正式开馆。1981年，两国政府还签订了互免签证的协定。

1981年6月，罗外交部长安德烈应邀访华。邓小平在会见他时指出，中罗两国关系发展很好，我们两国对重大国际问题的看法有着广泛的一致。我们两党两国领导人经常交流情况是很有益处的。[97]

1982年齐奥塞斯库的访华

按照本书的书名，本书写到1980年就可以收尾了。然而从中罗关系发展的历史及其所处的国际局势的态势来看，1982年前后似乎更适合作为本书的收笔之处。因为在这一年，有这样多的大事发生在中罗关系当中，或是与中罗关系密切相关，或是对中罗关系产生了较大影响。

1982年3月，勃列日涅夫在苏联塔什干发表了愿意改善苏中关系的讲话。两天后，中国外交部发言人钱其琛作出回应：中国对此要“听其言，观其行”。[98]4月，邓小平在会见第三次访问中国的齐奥塞斯库时，第一次请他向勃列日涅夫带话，叫他先做一两件事看看，从柬埔寨、阿富汗事情上做起来也可以，从中苏边界或蒙古撤出他的军队也可以。先从一两件事做起。没有这样的行动，我们不赞成，世界上的人都不会赞成。[99]然而，齐奥塞斯库带走的口信很长时间没有回音，于是邓小平决定直接与苏方取得联系。[100]这就有了外交部苏欧司司长于洪亮（1985—1987 年也曾任中国驻罗大使——著者）访苏，促成两国从 10 月开始进行国家关系正常化的副部长级磋商。

中国请齐奥塞斯库向苏联传递改善中苏关系的重要信息，足以说明中国对罗的信任和中罗关系的密切程度。至于为什么中国迟迟从传话者那里得不到任何回复，笔者至今得不到任何令人满意的解释。有位中国前外交官对此解释说，“外交上没有回复也是回复”，似乎是太过牵强。但是从后来中苏关系正常化的进程和中罗关系的发展来看，此事倒是没有造成较大的影响，中苏关系正常化的进程是比较漫长的，出现实质性的变化是在勃列日涅夫逝世以后中国开展的“葬礼外交”。不过也许正因为如此，多数中国史书对此事都略而不提。

1982 年 4 月，齐奥塞斯库再次访问中国。时任中共中央主席的胡耀邦在欢迎宴会上热情洋溢地赞美了中罗关系：

> 中罗两党两国的关系，是在波涛汹涌、复杂多变的国际局势中发展起来的。从新中国成立的第一天起，我们两党两国就建立起了革命的团结友好的关系。……使我们中国共产党人不能忘怀的是，当我们用自己的脑子考虑问题，用自己的腿走路，而遭到别人横加干涉的时候，正是以您——齐奥塞斯库同志为代表的罗马尼亚共产党人，敢于主持正义，坚持了无产阶级国际主义，坚持了国际关系的基本准则。这也就是对我们最可宝贵的信任和支持。中国有句古话：岁寒然后知松柏之苍劲。我们相信，经过了长期严峻考验锻炼的中罗两党、两国人民之间的伟大友谊，有如参天松柏，万古长青。[101]

这几乎可以说是中罗建交以来，中国对中罗关系的最生动和最富有文采的评价。

齐奥塞斯库此行的一个主要目的，是为了不断下滑的罗中贸易额来与中方共商对策。从 1980 年起，中罗贸易额出现了大幅下滑，从 1979 年的最高点 10.94 亿美元跌到了 1982 年的 6.98 亿美元，跌幅超过 1/3，减少的主要是中国对罗的出口额，从1980年的最高值5.13亿美元跌到1982年的2.94亿美元。[107]其中的主要原因，似乎是罗经济上的困难导致其外贸进口额的锐减，当然，也有中国进行经济调整导致了外贸政策和出口结构调整的原因。胡耀邦对此坦率地说：

> 我们两国的经济关系曾经达到一个相当可观的规模，但是在前进中，我们各自都遇到了这样那样的一些问题。因此，我们需要借这次会晤的机会，本着相互支持、相互谅解的精神，一起来研究和探索新的合作途径，确定我们经济合作的稳妥可靠的目标。哪怕一个时期合作规模上升的幅度小一点，但是可以肯定，随着我们两国各自国民经济的发展，我们经济合作的道路将是非常广阔的。我们的政治、经济、科技、文化各方面合作的向前发展，将有力地促进我们两个国家共同富裕，共同繁荣。
>
> ……
>
> 按照我们历来会晤的良好做法，我们还将就共同关心和感兴趣的问题，比如国际形势问题，国际共运问题，我们之间各方面的合作问题，我们两党相互学习和交流经验的问题，自由地同志式地交换意见。在这样一种方式的交谈中，当然难免有这样那样的差异，但这都是由于经历不同，环境不同，具体条件不同所产生的正常现象。无论如何，我们的共同理想，共同的奋斗目标，在一系列重大问题上的一致，是主要的，是把我们紧紧连接在一起的根本所在。我相信，我们的这次会谈一定能够取得积极的成果和完满的成功。

经过会谈，两国签订了关于发展经济和科学技术合作的长期纲领协定。该协定有效期为10年，双方将根据各自的需要与可能，支持发展经济和科学技术的长期合作。其主要目的是提高生产技术和产品质量水平，增加各方面的物质生产和经济效益。双方还签订了两国政府关于和平利用核能的合作协定，两国政府文化合作协定1982—1985年度的执行计划，两国政府卫生合作协定1981—1985年度的执行计划和两国科学技术合作委员会第22届会议的议定书。[108]

这次访问基本上是圆满成功的，双方都给以高度评价，中方的评价则要更高些。

参考文献

①《人民日报》，1976 年 10 月 26 日，12 月 18 日。

②王泰平：《中华人民共和国外交史》，第三卷：1970—1978，世界知识出版社，1998 年版，第 254 页。

③同注释①，1977 年 1 月 27 日，1976 年 12 月 31 日，1977 年 5 月 7 日。

④同注释②，第三卷，第 254 页。

⑤同注释①，1977 年 8 月 25 日。

⑥Paul Niculescu-Mizil，*Amintiri despre China. Evantaiul celor 10000 de gânduri：România şi China：Trei veacuri de istorie.* Editura "Ion Cristoiu" SA，Bucureşti（保罗·尼古列斯库—米齐尔：《关于中国的回忆》，见《浓情挚意万万千，罗中关系三百年》，Ion Cristoiu 出版有限公司，布加勒斯特），1999，pp. 293，294.

⑦同注释②，第三卷，第 254 页。

⑧同注释⑥，p. 294.

⑨同注释②，第三卷，第 254、246 页 .

⑩同注释①，1978 年 3 月 9 日。

⑪同注释②，第三卷，第 253 页。

⑫《齐奥塞斯库选集》（1974—1980），人民出版社，1981 年版，第 33、34—41 页。

⑬刘开铭：《罗马尼亚当前经济建设中存在的问题》，《苏联东欧问题译丛》，三联书店，1982 年版第 2 辑，第 83—91 页。Deletant 认为罗是从 1976 年开始进口原油的。见 Dennis Deletant，*Romania under Communist Rule.* Iaşi：The Center for Romanian Studies，1999，p. 125——著者。

⑭《参考消息》，1977 年 3 月 10 日。

⑮［美］斯蒂芬·费希尔—盖拉蒂：《东欧各国共产党》，东方出版社，1986 年版，第 292 页。

⑯*Scânteia*（《火花报》），1977 年 3 月 6 日。

⑰沈觉人：《当代中国对外贸易》，（下），北京：当代中国出版社，1992 年版，第 379 页。

⑱Fundaţia Europeană Titulescu，*Istoria Politicii Externe Româneşti în date.* Coordonator：Ion Calafeteanu，Editura Enciclopedica，Bucureşti（欧洲蒂图列斯库基金会：《罗马尼亚对外关系编年史》，主编：扬·卡拉佛泰亚努，百科全书出版社，布加勒斯特），2003，p. 472.

⑲同注释⑭，1976 年 8 月 4 日。

⑳姜琦、张月明：《国际共产主义运动中的党际关系》，华东师范大学出版社，1991 年版，第 385—386 页。

㉑同注释⑭，1976 年 8 月 5 日，9 月 14 日，11 月 26 日。

㉒［美］R. 麦克法夸尔、费正清：《剑桥中华人民共和国史》，中国内部的革命（1966—1982），中国社会科学出版社，1992年版，第519页。

㉓于光远：《李一氓〈南罗纪行〉解读》，见中华书局编辑部：《李一氓纪念文集》，中华书局，2002年版，第346页。

㉔同注释①，1978年4月7日，4月14日。

㉕黄一兵：《出访活动与中国改革开放决策的酝酿和提出》，中共中央党史研究室第三研究部：《邓小平与改革开放的起步》，中共党史出版社，2005年版，第239—241页。

㉖同注释①，1978年5月15日。

㉗同注释②，第三卷，第215页。

㉘［前苏］奥·鲍·鲍里索夫、鲍·特·科洛斯科夫：《苏中关系》（1945—1980），三联书店，1982年版，第468页。

㉙*Figaro*，*Le*（《费加罗报》），1976年11月3日。

㉚《中国共产党第十一次代表大会文件汇编》，人民出版社，1977年版，第38页。

㉛同注释①，1979年7月13日。

㉜同注释⑭，1976年12月1日，11月28日，1978年8月26日。

㉝同注释②，第三卷，第255页。

㉞同注释①，1978年4月22日，5月16日。

㉟同注释⑭，1978年5月17日。

㊱同注释①，1978年5月16日。

㊲同注释⑭，1978年5月17日。

㊳同注释①，1978年5月16日。

㊴同注释②，第三卷，第255页。

㊵同注释①，1978年5月20日，6月8日，7月27日。

㊶同注释⑭，1978年8月18日，8月17日，8月18日。

㊷同注释①，1978年8月17日。

㊸同注释⑭，1978年8月18日。

㊹同注释①，1978年8月17日。

㊺同注释⑭，1978年8月19日。

㊻同注释①，1978年8月19日。

㊼同注释⑭，1978年8月11日，8月10日，8月19日。

㊽同注释②，第三卷，第257页。

㊾同注释⑭，1978年8月5日。

㊿同注释②，第三卷，第256—257页。

(51)同注释①，1978年8月19日，8月22日，1979年10月1日，1978年11月11日。

(52)同注释①，1978年5月15日，8月22日，9月3日。

(53)同注释②，第三卷，第 257 页。

(54)同注释①，1979 年 11 月 19 日。

(55)同注释㉕，第 223 页。

(56)谷牧：《小平同志领导我们抓对外开放》，见中共中央文献研究室：《回忆邓小平》，（上），中央文献出版社，1998 年版，第 153 页。

(57)《经济研究参考资料》，第 1 期，1979 年 1 月 1 日，中国社会科学出版社，1979 年，第 35—36 页。

(58)同注释⑭，1978 年 9 月 5 日。

(59)同注释①，1978 年 9 月 14 日。

(60)同注释㉕，第 231—232 页。

(61)王鸿模、苏品端：《改革开放的征程》，河南人民出版社，2001 年版，第 106 页。

(62)中共中央文献研究室：《三中全会以来——重要文献选编》，（上），人民出版社，1982 年版，第 3、4、5—6 页。

(63)同注释①，1978 年 12 月 24 日。

(64)同注释㉕，第 239—241 页。

(65)同注释(57)，第 8 期，1979 年 1 月 12 日，第 1—2 页。

(66)中共中央党校科研办公室：《罗马尼亚四十年——文献资料选编》（1944—1984），1986 年版，第 593—598 页。

(67)［罗］N. N. 康斯坦丁内斯库：《政治经济学》（社会主义），人民出版社，1981 年版。

(68)同注释①，1980 年 12 月 15 日。

(69) Consiliu Naţional pentru Studierera Arhivelor Securităţii, *Membrii C. C. al P. C. R. 1945－1989 Dicţionar.* Editura Enciclopedică，Bucureşti（国家安全档案研究委员会：《罗共中央委员（1945—1989）人名辞典》，百科全书出版社，布加勒斯特），2004，pp. 244，280.

(70)同注释①，1978 年 12 月 10 日，12 月 12 日。

(71)同注释⑥，p. 296.

(72)同注释①，1980 年 5 月 25 日，1978 年 4 月 26 日。

(73)《当代中国的对外经济合作》编辑部：《当代中国的对外经济合作》，中国社会科学出版社，1989 年版，第 75、178 页。

(74)同注释①，1979 年 12 月 17 日。

(75)同注释⑰，（上），第 291—292 页；（下），第 381 页。

(76)罗马尼亚世界经济研究所：《罗马尼亚国民经济和对外贸易》，中国对外经济贸易出版社，1987 年版，第 23 页。

(77)同注释⑭，1979 年 2 月 9 日。

(78)同注释⑰，（上），第 292、273 页；（下），第 370、371—383 页。

⑲李秀环：《罗马尼亚》，社会科学文献出版社，2005年版，第68页。

⑳同注释⑭，1979年5月24日，1981年10月24日。

㉑同注释①，1980年11月26日，11月29日，1981年11月18日，11月25日。

㉒同注释⑰，（下），第381页。

㉓同注释①，1977年3月7日，3月10日，4月11日，1981年3月29日，1982年12月18日。

㉔徐鹏堂：《"20世纪60—80年代中国同东欧国家关系历史回顾"国际学术研讨会纪要》，《中共党史资料》，2004年第2期，第180页。

㉕同注释①，1979年1月29日，2月10日。

㉖同注释⑭，1978年8月30日，11月27日，12月4日。

㉗同注释①，1978年12月2日。

㉘同注释⑭，1978年12月7日，12月21日，1979年1月25日，2月21日，2月22日。

㉙同注释①，1979年3月8日。

㉚同注释⑭，1979年11月21日。

㉛同注释⑫，第529页。

㉜同注释⑭，1979年11月21日。

㉝同注释⑫，第532页。

㉞同注释①，1979年11月21日，7月28日，8月2日。

㉟《罗马尼亚社会主义共和国统计年鉴》。

㊱同注释⑭，1980年2月2日，3月16日，7月28日，1981年5月21日，1982年11月28日。

㊲同注释①，1981年6月18日。

㊳钱其琛：《外交十记》，世界知识出版社，2003年版，第5页。

㊴中共中央文献研究室：《邓小平年谱》（1975—1997），（上），中央文献出版社，2004年版，第815页。

㊵徐晓天：《新中国与苏联的高层往来》，吉林人民出版社，2001年版，第828页。

㊶同注释①，1982年4月14日。

㊷同注释⑰，（下），第381页。

㊸同注释①，1982年4月14日，4月17日。

结　语

1982 年以后的中罗关系

1982 年以后的中罗关系继续循着巨大的惯性，在热情友好的轨道上高位运行。两国高层仍然频繁互访，保持着密切的联系，两国在国际事务中仍然相互支持、相互默契。

1983 年 5 月，中共中央总书记胡耀邦出访东欧，首先访问了罗马尼亚，获得圆满成功。11 月，罗共中央政治执委会委员、总理德斯克列斯库访华。双方一致同意在各个领域进一步加强友好合作，共同努力寻找新的途径发展贸易和经济合作关系。

1984 年 6 月和 8 月，齐奥塞斯库先后签署法令，分别授予李先念和邓小平“罗马尼亚社会主义共和国之星”一级勋章，以表彰他们“为发展罗中友好合作关系，为推动社会主义、和平与国际合作的事业作出的特殊贡献”。[①] 该勋章是金质五星勋章，是罗授予在某一方面作出卓越成就的本国公民或外国公民的最高荣誉。8 月，中国国家主席李先念应邀赴罗参加罗国庆 40 周年的庆祝活动并访罗，这是中国的国家元首首次访罗。1964 年的罗国庆 20 周年、1974 年的罗国庆 30 周年，到这次罗国庆 40 周年，都是由李先念代表中国访罗并出席庆典，为维护和发展中罗关系作出了突出贡献。

1985 年 10 月，齐奥塞斯库第四次正式访华，双方发表了联合新闻公报，签署了 1986—1990 年双边经济关系发展协定、1986—1990 年相互供应主要货物的长期贸易协定和 1986—1990 年现汇易货协定。邓小平会见了他，正式接受了罗方去年授予他的“罗马尼亚社会主义共和国之星”一级勋章。邓小平再次请他向苏联新领导人戈尔巴乔夫带个口信：虽然我年事已高，出访的历史任务已经完成了，但如果苏联能够说服越南从柬埔寨撤军，“我可以破一次例”，出国与他会见。也许是鉴于上次传话的有去无回，邓小平特地叮嘱他：“我们等候答复。”② 半个月后，口信传给了戈尔巴乔夫，戈尔巴乔夫迅速作出了回应。此事也说明，至少到 20 世纪 80 年代中期，中国仍然重视罗在国际关系中、特别是中苏关系中的特殊作用。

1986 年 7 月，中国总理赵紫阳访问欧洲，又是首先访罗。这一年，两国分别签订了 1986—1990 年科技合作纲要和文化合作协定计划。1986—1987 年，在北京和布加勒斯特还先后举行了两国青年的友好会见活动。

1988 年 10 月，齐奥塞斯库第五次正式访华。双方发表的联合新闻公报“特别满意地指出，中罗两党、两国和两国人民之间的传统友谊和团结合作关系不断得到巩固和发展”。“两党两国决心为长期稳定地持续发展互利的经济关系而努力”。③

1989 年，是中罗建交 40 周年，两国国家元首互致贺电。11 月，中共中央政治局常委乔石率团参加了罗共十四大。

然而，无法否认的事实是，在 20 世纪 70 年代发展到顶峰的中罗关系，在 20 世纪 80 年代初已经开始有所下降。正如罗明所言，“60—70 年代形成的罗中关系此时已今非昔比”。“尽管表面上看来，两国的交往没有丝毫变化，但是两国的交往程度却再没能超过以前”。两国“最高层的对话不再对两国双边关系有推动作用”。④ 两国交往的形式逐渐多于内容，而且形成了“政热经冷”的格局。两国的贸易额到 1984 年才开始有小幅的上扬，并且在 1989 年前再也没有恢复到 1981 年的水平。

这时，两国的国情和所处的国际环境，以及双方在对方发展战略中的地位和作用都在发生重大的变化。中国在改革开放之初，中罗两国的经济和社会发展水平是在迅速接近，中国是在快速追赶。而到 20 世纪 80 年代中期前后，两国的水平又在逐步拉大，只不过变成了罗马尼亚在逐步落伍，而中国却在高速前进。耐人寻味的是，在 1978 年的对华访问中，齐奥塞斯库就多次提到当年他和毛泽东主席、周恩来总理对发展中罗关系达成的协议或谅解。在 1982 年访华时，他又“一再表示对这两位已故的中国领导人的缅怀之情”。⑤ 这番话，除了表明他对中国人民敬仰的两位领袖的崇敬外，似乎还有另外一层含义，即怀念那个时代的中罗关系，暗示对中罗关系现状的某种感叹和不满。

从两国的国内情况来看。中国的改革开放经过了最初 3 年的拨乱反正和国民经济调整后，在 1982 年全面展开。在 1979—1987 年的 9 年时间里，就基本上使国民生产总值和城乡居民平均收入都大体上翻了一番。[6]更为重要的是，中国人民的思想观念和社会经济体制开始发生深刻变化，为更长远的发展拓展了空间，也为经受改革所不可避免地带来的社会动荡提高了承受能力。

反观罗马尼亚，虽然在对外政策上始终坚持特色鲜明的独立自主，在国内政策上却长期固守僵化的苏联模式，推行具有“三高”特点的经济发展战略，即“高积累、高指标、高速度”。[7]一方面好大喜功，急于求成，另一方面又故步自封，不思改革。中共召开十一届三中全会之后，罗马尼亚媒体对会议以及会后实行的一系列重大举措，都作了客观的报道，但不作评论。罗马尼亚领导人在和中方领导人的内部会谈中，对这方面的问题也总是避而不谈。1982 年 9 月中共召开第十二次代表大会时，罗共中央发来了贺电，《火花报》摘要报道了十二大政治报告的主要内容，也未作任何评论。翻遍 1978 年 12 月以来《人民日报》所刊登的有关罗马尼亚领导人的言论，几乎看不到任何提及中国的“改革开放”的地方。“罗马尼亚禁止公开介绍中国的‘改革开放’，尤其是它的成果”。[8]

实事求是地讲，齐奥塞斯库担任罗共总书记后，甚至在 20 世纪 70 年代末以后，也曾进行过一些改革的尝试。1978 年，罗马尼亚实行新财经体制；1982 年，在农业部门推行总承包责任制；1983 年，在国民经济各部门普遍推广联产计酬总承包制；1986 年，颁布《承包与计件付酬法》。齐奥塞斯库还提出过对企业职工实行分红制，把小商店承包给职工，他本人还带头在工厂入股。[9]但是，这些改革措施没有，齐奥塞斯库也不愿意去触动罗马尼亚僵化的计划经济体制的根基，因此这些改革措施收效甚微。

这几年，中国主要领导人在会见罗领导人时，凡是谈到中国的改革开放，总要涉及中国的经验教训。仅以《邓小平年谱》所收入的资料为例，1981 年 11 月在会见罗共中央政治执委会委员、政府第一副总理丁卡时，邓小平指出：粉碎“四人帮”以后，我们头脑有点发热，没有量力而行，结果带来了更大的问题。我们既要考虑国民经济的增长率与人民生活水平提高相适应，也要考虑到长远发展的利益，为以后打下更好的基础。1982 年 4 月在会见齐奥塞斯库时，邓小平指出：我们的经济要搞调整，原来准备调整 3 年，现在看来，整个第 6 个五年计划都是调整时期。我们缺口太多，欠账太多，能源短缺，交通运输紧张，城市建设滞后，这些问题不解决，想把事情办好，想发展快一些都办不到。1985 年 10 月在再次会见齐奥塞斯库时，他又指出：我们改革的实践证明了两条，一是改革的时机抓对了；二是改革确实会出问题，难免会犯错误，问题是要及时总结经验，不要犯大错误。[10]这些谈话，既是同志之间的交流经验，表现出中共的实事求是，也含有对齐奥塞斯库的暗讽，希望罗共能够引以为戒。不知齐奥塞斯库等人是无动于衷还是没能听出其弦外之音，但是后来的事实证明，齐奥塞斯库对中国的改革开放是很不以为然的。

20世纪80年代中期以后，齐奥塞斯库等人思想日益僵化保守，认为罗马尼亚的模式是建设社会主义的唯一正确的模式，不存在需要改革的问题。[11]1985年担任了苏共中央总书记的戈尔巴乔夫曾一度与齐奥塞斯库之间建立了良好的私人关系，他在1987年访问了罗马尼亚。但是当戈尔巴乔夫要求东欧各国进行改革时，齐奥塞斯库却认为，罗马尼亚已经跨越了戈尔巴乔夫所说的改革阶段，已经进入了完善阶段，因此没有必要倒退，没有必要争辩，也不会有危机。罗媒体甚至说，苏联非常需要改革，可以学习罗成功的典范。[12]

齐奥塞斯库还批评其他社会主义国家的改革。1988年以后，罗马尼亚更是不断地批评搞市场经济、发展私有制和个体经济是“倒退”，是“走资本主义道路”。[13]在1989年11月召开的罗共第十四次代表大会上，也就是罗马尼亚发生剧变的前一个月，齐奥塞斯库再次指责那些正在进行改革的国家“正在扩大贫富之间的差距，并正在走向资本主义”。[14]

如前所述，中国在改革开放之初曾经青睐过罗马尼亚经济建设的一些成功经验，包括“三高”，也学习过罗马尼亚一些局部的、零星的改革措施。但是，中国改革开放兴起之日，正是罗马尼亚经济开始走向衰落和齐奥塞斯库体制走向反面之时。罗马尼亚模式的弊病和失败不久就让中国的决策者感到失望，转而更多地关注在经济和社会发展上作出了更为成功的改革尝试的南斯拉夫和匈牙利的经验。

事实上，从1977年中南关系正常化以后，中国就对南斯拉夫的经验表现出极大的兴趣。前面提到，1978年初，中国政府在酝酿改革开放时，向社会主义国家派出的第一个考察团，去的就是南斯拉夫，以至于美国《基督教科学箴言报》在当年华国锋访问罗马尼亚和南斯拉夫前夕，居然作出了“可以保险地说南斯拉夫现在是中国在共产主义世界中的最亲密的意识形态上的盟友了”的判断。1983年5月胡耀邦访问罗马尼亚和南斯拉夫时，美联社又称，南斯拉夫“这个不结盟国家是中国在东欧共产党国家中最亲密的朋友”。[15]虽然这并不准确，罗马尼亚迄今仍然是中国在中东欧地区关系最密切的国家，但这至少反映出中南关系在迅速密切，中国越来越重视南斯拉夫的改革经验的事实。

南斯拉夫和罗马尼亚这两个国家与中国的关系，可以说是各有千秋。相比之下，罗马尼亚在中国对外关系中的地位要更高些，这是因为罗马尼亚的特殊身份。罗马尼亚和南斯拉夫都与东西方保持着良好关系，但是罗马尼亚同时又是华沙条约组织和经互会的成员，因而被公认为是苏联集团的一员，尽管是特殊的一员。这就使罗马尼亚在国际舞台上的一举一动往往具有特殊的意义，而南斯拉夫不具有这样的身份。南斯拉夫在中国的国家发展，尤其是改革开放中的借鉴意义则高于罗马尼亚。这是因为南斯拉夫在艰难的环境下走出了一条独特的自治社会主义的道路，与罗马尼亚在经济和社会发展上基本上沿袭苏联模式形成了鲜明的对照。到 20 世纪 70 年代末，即到铁托逝世之时，南斯拉夫的人均国民生产总值在 2000 美元以上，高于罗马尼亚的 1500 美元。

从中罗两国所处的国际环境来看，进入 20 世纪 80 年代，国际关系又出现了一些新的特征。一方面，和平与发展成为国际关系的主题，经济和科技因素在国际关系中的作用日益明显，国际关系和国际竞争的焦点开始从军事领域转向经济、科技和综合国力方面，促使各国注重调整经济结构，改革经济政策和体制。另一方面，国际关系，特别是美苏关系出现了“实质性缓和”,[16]导致东欧诸国剧变，局部战争和冲突逐步减少。国际关系的这种演变，总体上为中国全面实施改革开放提供了良好的外部环境。邓小平敏锐地洞察到这些变化，早在 1980 年 1 月就提出，在 80 年代我们要做的主要三件事中，第一件就是“反对霸权主义，维护世界和平”。

根据国际环境的变化，中国逐步调整了外交战略，由 20 世纪 70 年代的反苏反霸的“一条线”战略转变为独立自主的和平外交政策。中国外交战略的转变，既是根据国际环境的变化及时作出的调整，更是中国改革开放、实现现代化的国策对外交提出的必然要求。根据独立自主的和平外交政策，中国在 1982 年与美国签署了“八一七公报”后，实际上放弃了“联美抗苏”的政策，以免受制于人，并开始寻求与美国和苏联都改善关系，为国家发展争取更为有利的外部环境。这就是邓小平在 1985 年所说的：“根据独立自主的对外政策，我们改善了同美国的关系，也改善了同苏联的关系。我们中国不打别人的牌，也不允许任何人打中国牌，这个我们说到做到。这就增强了中国在国际上的地位，增强了中国在国际上的发言权。”[17]到 20 世纪 80 年代中期，中苏之间已经通过“葬礼外交”与苏联恢复了高层接触。

进入 20 世纪 80 年代后，中国与东欧国家的关系也进入了一个新的发展阶段。早在 20 世纪 70 年代中期，一些东欧国家就在利用中苏对立试图接近中国，在双方的政治关系还不可能恢复的时候，先从发展经贸关系做起。1977 年，中国与东欧各国的贸易额已经超过了历史最高水平。20 世纪 70 年代末，东欧各国的经济发展速度都明显下降，有的国家如波兰，甚至爆发了持久的经济和政治危机。各国纷纷着手进行内容和程度各不相同的经济改革，与中国实行的改革开放不谋而合。在相互借鉴的过程中，双方的国情和遇到的困难与问题有许多相似甚至相同之处，这在一定程度上减轻了双方因意识形态分歧而对国家关系的不利影响。1985 年 1 月，波兰《普世言论报》的评论说：“一九八二年底，中国在开展同社会主义国家的合作方面发生了急剧变化。中国注意到同经互会国家合作的有利条件，首先是无需动用外汇来支付用于进口更新设备所需的商品的款项”。“中国转向了经济外交政策，力图既得到西方和日本所能提供的好处，也得到社会主义国家可能提供的好处。”[18]

随着中国外交政策的调整，中国对东欧国家的认识和与东欧国家的关系都发生了转折。1983 年 6 月召开的六届人大一次会议的政府工作报告中，首次反映了中国对东欧国家政策的正式变化：“中国人民对东欧其他各国人民也怀有友好的感情。我们关心他们社会主义建设的成就和经验。……我们相信，通过共同的努力，中国同东欧各国的关系是可以继续改善的。”[19] 1984 年 11 月，邓小平在进一步解释对外开放政策时强调说：

> 对外开放，我们还有一些人没有弄清楚，以为只是对西方开放，其实我们是三个方面的开放。一个是对西方发达国家的开放，我们吸收外资、引进技术等等主要从那里来。一个是对苏联和东欧国家的开放，这也是一个方面。国家关系即使不能够正常化，但是可以交往，如做生意呀，搞技术合作呀，甚至于合资经营呀，技术改造呀，一百五十六个项目的技术改造，他们可以出力嘛。还有一个是对第三世界发展中国家的开放。[20]

罗马尼亚作为多年来中国在东欧关系最密切的国家，一直为中苏之间停止论战、恢复友好关系作着不懈的努力，在 20 世纪 80 年代前期还为中苏和解传递了重要信息。但是在美苏关系、东西方关系都已趋于缓和的国际环境下，罗马尼亚的特立独行的对外政策已经不再那么备受青睐，其“国际调解人”的身份和作用已经不再那么被国际社会看重，中苏之间已建立起了高层对话机制，不再需要借助罗马尼亚的帮助了。对于中国的对外开放来说，罗马尼亚在中国与苏联等东欧国家关系中的独特的地位和作用，以及在中国与欧美各国关系中的独特的地位和作用，已经是风光不再了。

不仅如此，20 世纪 80 年代中期以后，一向为世人所称道的罗马尼亚外交也陷入了困境。罗马尼亚与西方国家如法国、美国、德国、以色列等国关系渐渐冷淡，双边贸易额年年递减。[21]1988 年罗马尼亚放弃了美国给予的最惠国待遇，美国布什政府多次扬言要颠覆罗马尼亚政权。罗马尼亚与苏联的关系也开始不断恶化。内外交困的罗马尼亚与蒸蒸日上、国际地位迅速上升的中国形成了强大的反差，两国领导人的共同语言日益减少。

罗明把这一时期中罗关系滑坡的原因在很大程度上归咎于中国新的领导人：“尽管被称为中国“铁腕人物”的邓小平属于老一辈领导人，但新的领导人胡耀邦和赵紫阳，却与罗马尼亚领导人没有私交，也没有推动罗中合作的敏感性。”这恐怕是还没有充分了解中国外交的决策机制，低估了邓小平在 20 世纪 80 年代中国外交中举足轻重的作用。

好在尽管国际风云变幻，这一时期“罗中两国人民的情感仍旧保持着友好的传统。”[22]

1989 年以后的中罗关系

罗马尼亚多年来推行的具有“三高”特点的经济发展战略到 20 世纪 80 年代出现了严重的危机，经济增长速度降到 2.5%左右，又进入偿还外债的高峰期。齐奥塞斯库等人不思改革，而是用最大限度抑制消费的办法来保证经济增长，用剥夺人民生活必需品、出口尽可能多的农副产品的办法保证按期偿债。结果使罗的经济走到了崩溃的边缘，“人民生活水平下降到文明生活限度以下”。[23]加上齐奥塞斯库政权的独裁统治和腐败成风，罗马尼亚久蓄的社会矛盾终于在 1989 年总爆发。

1989 年，中罗两国和东欧其他国家都经受了同一场横扫欧亚大陆的社会主义国家内部的政治风暴，中罗两国的国情随后都发生了很大的变化。但耐人寻味的是，两国的最终结局是迥然不同的。

中国在经受住了1989年政治风暴的考验之后，改革开放更加深入地进行，完成了对经济的治理整顿，平稳实现了国家由以邓小平为代表的中国第二代领导人向以江泽民为代表的第三代领导人的过渡。从1992年起，中国进入了改革开放和现代化建设的新阶段。到20世纪末，即中华人民共和国建国50周年时，国内生产总值达到了82043亿人民币，提前实现了“翻两番”的现代化战略的前两步目标，经济和社会全面发展，人民生活水平总体上达到了小康水平。与此同时，还实现了香港和澳门的回归祖国。

罗马尼亚却在风暴中经历了流血政变，在风暴后更经历了痛苦的制度变迁和经济崩溃，直到新千年到来之际才逐渐走出困境。1989年12月16日，罗马尼亚的蒂米什瓦拉市爆发了反政府的示威游行。齐奥塞斯库下令出动军队镇压，反使事态进一步向全国各地蔓延。齐奥塞斯库不得不中断对伊朗的访问，匆匆回国应对。21日上午，他在党中央大楼前召开群众大会，企图利用自己的权威赢得群众拥护，却遭到群众的嘘声，大会迅速转变成示威游行。奉命前来镇压的武装部队临阵倒戈，与忠于齐奥塞斯库的内务部队发生内战。齐奥塞斯库夫妇于次日乘直升飞机出逃，被扣押于布加勒斯特西北约70公里的特尔戈维什蒂市的军营里。当晚，于十几年前被齐奥塞斯库罢黜了的伊利埃斯库等人在电视台成立了“罗马尼亚救国阵线”，宣布接管全国政权。25日，临时成立的特别军事法庭以屠杀等6项罪名判处齐奥塞斯库夫妇死刑，并且立即执行。行刑的录像在电视台播放后，布加勒斯特及全国的内战逐渐平息。

紧接着，罗马尼亚社会主义共和国改名为罗马尼亚，罗共被解散，宣布实行多党制和三权分立。政变后的最初几年，经济严重滑坡，人民生活水平大幅下降。1993年起经济缓慢回升，1998—1999年再度恶化，从2000年起才开始走出低谷，实现了从计划经济向市场经济的过渡，实行私有制。现在基本上能达到年平均5%左右的增长率。2004年罗马尼亚加入北约，2007年又加入欧盟。

但是，两国对继续保持和发展中罗友好关系的愿望和决心并没有随着物换星移而改变。1989年12月26日，即罗马尼亚发生政变的第四天，中国副外长田曾佩会见了罗驻华大使米库列斯库（Angelo Miculescu），通知他中国红十字会决定立即向罗马尼亚提供紧急人道主义援助。同时表示，中国人民对罗马尼亚人民一直怀有友好的感情，我们尊重罗马尼亚人民的选择。中国政府愿在和平共处五项原则的基础上继续同罗马尼亚保持和发展友好关系。27 日，中国国家主席杨尚昆和国务院总理李鹏分别致电罗救国阵线委员会主席伊利埃斯库和政府总理罗曼（Petre Roman），祝贺他们的履新。杨尚昆在贺电中衷心希望："愿中罗两国人民之间的友谊和两国的友好关系继续得到发展。"28 日，伊利埃斯库也接见了中国驻罗大使王荩卿，王荩卿向伊利埃斯库转交了上述两份贺电。"双方在谈话中都表示愿意进一步发展中罗双边友好关系。"[24]

此后，两国政府又在不同场合多次声明，一致表示要在相互尊重、平等互利、互不干涉内政等原则及其他公认的国际法准则基础上，进一步发展双边关系。中国理解、尊重并支持罗马尼亚为加入欧洲和欧洲一大西洋一体化所做的努力。罗马尼亚政府则始终坚持一个中国的立场，支持中国的"一国两制"政策，不同台湾当局建立和发展官方关系，反对西藏分裂活动。1991 年，中国国务委员兼外长钱其琛应邀访罗，会见了罗领导人和几位在野党的领袖。后者表示，尽管罗议会中对一些问题经常发生激烈争论，但各党在同中国发展友好合作关系方面的观点却是一致的，钱其琛对此表示赞赏。[25]这表明，继续发展中罗友好关系仍然是罗政界朝野的广泛共识。

在新的条件下，中罗关系经受住了时间和国内外环境剧变的考验，在新千年到来之际得到了新的发展，成为超越意识形态、价值观念和社会制度差异的新型国与国关系的典范。两国之间持续频繁的官方和民间交往为友好合作关系打下了深厚的基础，得到两国上自高层、下至民间的广泛支持。两国在政治、经济、文化、科技和教育等领域继续进行全方位的友好合作，两国的议会、政府部门、军队、政党、地方、群众团体及民间组织之间的交往日益扩大。

1991 年以来，两国主要领导人仍然保持了频繁互访的传统，大体上每年都会有一次高层互访，有些年份甚至有两次：

1991 年：罗总统伊利埃斯库访华。

1992 年：罗众议院议长马尔茨安（Marţian Dan）访华。

1993 年：罗众议院议长讷斯塔塞（Adrian Năstase）访华。

1994 年：罗总统伊利埃斯库访华，中国总理李鹏访罗。

1995 年：罗总理沃克罗尤（Nicolae Văcăroiu）、参议院议长盖尔曼（Oliviu Gherman）访华。

1996 年：中国国家主席江泽民访罗。

1997 年：罗总统康斯坦丁内斯库（Emil Constantinescu）访华。

1998 年：罗参议院议长罗曼（Petre Roman）访华，中国全国政协主席李瑞环访罗。

1999 年：罗众议院议长迪亚科内斯库（Ion Diaconesc）访华。

2000 年：罗参议院议长昆图斯（Mircea Ionescu-Quintus）访华。

2002 年：罗参议院议长沃克罗尤、总理讷斯塔塞访华。

2003 年：罗总统伊利埃斯库、总理讷斯塔塞访华。

2004 年：中国国家主席胡锦涛访罗。

2005 年：中国全国政协主席贾庆林访罗。

2006 年：罗总统伯塞斯库（Traian Băsescu）访华，中国全国人大常委会委员长吴邦国访罗。

2007 年：罗众议院议长奥尔泰亚努（Bogdan Olteanu）访华。

2008 年：中国全国政协主席贾庆林访罗。

1991 年 1 月，罗总统伊利埃斯库应邀访华，这是东欧剧变后该地区访华的第一位国家元首。两国签署了领事条约等 4 个文件。中国政府还决定向罗提供 1 亿元人民币的商品贷款。1994 年 3 月，伊利埃斯库总统在访问韩国的归途中又对深圳、珠海和广州进行了工作访问，考察中国经济特区的经验。

1996 年 6 月，中国国家主席江泽民应邀访罗，双方签署了中罗联合声明等 4 个文件。双方强调要从面向 21 世纪的高度来看待和处理中罗关系。中方提出，要使两国经贸关系水平逐步达到两国经济的实际潜力，并同两国良好的政治关系相适应。[26]

2003 年 5 月，正值中国人民抗击“非典”的特殊时期，罗总理讷斯塔塞毅然专程访华，并随其专机运来了抗击“非典”所用的医疗器材和药品。他在接受新华社记者采访时说，这表达了罗马尼亚政府和人民对中国政府和人民抗疫的坚定支持。“罗马尼亚将尽力帮助中国人民战胜这场灾害”。[27] 8 月，伊利埃斯库总统再次访华，双方签署了《中华人民共和国与罗马尼亚联合声明》，宣布两国将发展全面友好合作关系。

2004 年 6 月，中国国家主席胡锦涛应邀访罗，两国签署了《中华人民共和国与罗马尼亚关于建立全面友好合作伙伴关系的联合声明》等 4 个文件。双方一致认为，中罗传统友谊是两国人民共同积累的宝贵财富，中罗友好符合两国人民的共同意愿和根本利益。双方同意进一步扩大两国各领域的交往与合作，把中罗关系提升为中罗全面友好合作伙伴关系。[28]

3000 年 3 月，罗总统伯塞斯库应邀访华，两国签署了经济合作协定。2008 年 8 月，伯塞斯库夫妇应邀出席了北京奥运会开幕式。

从 2003 年 9 月起，两国外交部间确立了副部长级的定期会晤机制。除欧盟外，罗与其他国家间尚无这样的定期会晤机制，这也显示出双方关系的不同寻常。近几年，两国副部长级以上的互访或交往每年都在 50 起左右

中罗贸易额在 1999 年跌至 1.91 亿美元，为 1970 年以来的最低点。经过双方的共同努力，自 2000 年起，双边贸易额开始回升，2004 年达到 13.84 亿美元，超过历史最高水平的 10.94 亿美元。2007 年两国贸易额又达到 23.6 亿美元。[29]为了使两国的经贸关系更好地适应两国良好的政治关系，两国政府在继续鼓励发展传统领域合作的同时，积极开拓新的合作领域。为适应世界经济一体化的趋势，双方加强了在第三国市场和国际市场的合作，罗马尼亚成为中国向中东欧其他国家和西欧发展经贸关系的桥梁，中国则成为罗马尼亚拓展其亚洲市场的桥头堡。[30] 2003 年，在北京举行了中罗投资合作论坛。从这一年起，罗已成为中国在中东欧地区投资最多的国家。[31]于 1978 年成立的中罗两国政府经济技术合作委员会，1994 年改称政府经济贸易委员会，继续每年交替在两国首都举行会议。2006 年又改称政府经济联委会。

1995 年 10 月，新的罗中友协成立，罗全国经济学家总会主席 N. 康斯坦丁内斯库任名誉主席，经济学家总会副主席、前驻华大使杜米特列斯库任执行主席。目前，中罗双方的友好城市已有 22 对以上，罗马尼亚与我国开展友好交往和经贸合作的县、市达二十多个。罗中友好协会分会达二十多个，遍及罗马尼亚全国各地。2000 年 9 月，双方签署了中罗两国政府 2001－2004 年文化交流计划。2004 年是中罗建交 55 周年，两国分别由 55 人组成的青年代表团实现了互访。2007 年，罗马尼亚首家孔子学院在锡比乌市挂牌。

2009 年是中国与罗马尼亚建交 60 周年，两国政府正在筹备一系列纪念活动，以期把中罗关系推向一个新阶段。

启示与借鉴

研究和总结中罗关系百余年来的历程，能够给我们提供什么启示呢？对今后继续维护和发展中罗关系、对中罗两国的经济与社会发展以及对外政策

的实施，会有哪些借鉴呢？

第一，一定要从国家和民族的根本利益出发来制定本国的外交战略，并要根据国际形势的变化及时调整对外政策。中罗关系之所以能够“堪称国与国关系的典范”，罗之所以能够成为“中国同社会主义国家关系中除朝鲜外波折最小、友好合作持续时间最长的国家”，这一点应该是首要的原因。

如本书第二章所述，1949 年两国建交之初，中罗关系发展的主要动力来自于相同的意识形态和社会制度，也可以说就是苏联因素。20 世纪 60 年代期间中罗关系出现的两谷一峰的波动，起因也主要是来自两国在意识形态和社会制度上的分歧。自 20 世纪 70 年代起，两国关系恢复并达到最好的时期，主要原因却是出自国家和民族根本利益的需要。两国的国家安全和民族利益在这时都遭受到来自苏联的严重威胁，双方在政治和外交上联手抗苏，在经济上互相援助，成为实际上的盟友。

众所周知，中苏关系恶化是两国国家利益的目的与意识形态的分歧交相作用导致的。我们也知道，罗虽然在外交上在苏联东欧集团中特立独行，在意识形态和国内政治上却与苏联别无二致。中国为此背地里称罗为“罗修”。但是，这并没有阻碍中罗两国结为实际上的盟友。这与中国当时调整外交战略，变“反帝反修”为“一条线”战略有直接的关系。中国的对外关系不再是单纯以意识形态划线，而是更多地从国家利益的需要出发。为了国家利益的需要，中国可以联合美国等西方大国，为什么不可以联合苏联集团内的另类罗马尼亚？

中罗两国同为社会主义国家，却因超越了意识形态的分歧而形成更加密切的关系，并且把它建立在更加永久的基础上。即使在 20 世纪 90 年代以后，罗马尼亚全面接受了西方的政治制度，在外交上以亲美、入欧为目标，中罗关系却经受住了考验并得到了进一步发展，并且在 2004 年又开始建立“全面友好合作伙伴关系”，其主要原因正在于此。

中国从 20 世纪 50 年代末起就开始试图摆脱苏联的控制，实行独立自主的内政外交。但在付出了巨大代价、摆脱了苏联控制的同时，却又更深地陷入意识形态的作茧自缚，以至于在 20 世纪 60 年代末时竟到了几乎不能自拔的地步。而反观罗马尼亚，其采取的独立自主的对外政策虽然没有中国那样的大张旗鼓，以至于要与苏联集团分道扬镳，实际上却更早、更多地摆脱了意识形态的局限和束缚，因而从 20 世纪 60 年代初起就使国家和人民享受到了巨大的实惠。两国的这种反差一直持续到 20 世纪 70 年代末。这时，中国吸取了以往的经验教训，开始实施对内改革、对外开放的战略，才使中国在30年后有了今天这些辉煌的成就。而与此同时，罗的对外政策却开始固步自封，重蹈昔日中国的覆辙，其最终的结果也是众所周知的。

第二，中罗关系是求同存异的国家关系的典范，对两国的发展都曾有过重大影响。中罗关系之所以能够长期稳定、长期友好，这一点应该是仅次于前者的重要因素。中罗关系在20世纪60年代初起日渐亲密，但并非没有分歧。即便是在两国关系的巅峰时期，双方在意识形态和对外政策上的分歧依然存在。但是，这并没有阻碍两国发展相互的友好关系。双方都能够从长远利益出发，求同存异，实事求是、开诚布公地面对分歧，搁置争议，顾全大局。因而罗能够成为“中国同社会主义国家关系中除朝鲜外波折最小、友好合作持续时间最长的国家”，“中罗关系不失为共产党执政的社会主义国家如何处理党际关系和国家关系比较成功的范例”。[32]

中罗友好关系的持续与发展对两国各自的发展都产生过重大的影响。在20世纪60年代，在罗处于苏联的高压之下甚至是侵略威胁之下的时候，中国两次毅然表示了对罗的支持和援助，帮助罗转危为安。在中国的国民经济处于极度困难和在世界上一度极度孤立的时候，罗也向中国雪中送炭，并帮助中国打开了通向外部世界的窗口。正如胡锦涛在2004年所说：“我们互为患难与共的好朋友、好伙伴，无论是30多年前罗马尼亚遭受水灾，还是去年中国发生非典疫情，两国人民都是真情相助。”[33]50多年来，中罗关系是经得起历史考验的，是可以信赖的双边关系。它对双方各自的经济与社会的发展仍将会发挥积极的作用。

第三，一个国家的经济与社会的长远发展，归根结底，取决于其对内政策而不是对外政策。一个国家的国际地位，首先取决于其综合国力，其次才是其对外政策的是否成功。罗昨天辉煌的外交史已经否定了“小国无外交”的宿命论，但是罗的历史同样又证明了上述的结论。20世纪60年代前后，罗的经济与社会的发展取得了世界公认的成就，其独立自主的全方位外交的成功对此是功不可没的。罗国际地位的迅速提高，固然与其独特的外交政策密不可分，但是归根结底，还是由于其经济发展迅速，人民生活水平明显改善，其经济实力的迅速提高，不但令西方，也使苏联集团不得不对其刮目相看。

外交相对于内政来说，在国家的发展战略中终归是居于较为次要的地位的，是从属于内政的。国家的长远发展，归根结底还是取决于其对内政策是否正确，是否能够与时俱进。20 世纪 60 年代末，中国开始调整对外政策，首先是改善中美关系，但并没有结束“文化大革命”。因而仅仅是缓解了国家的安全危机，缓和了对外关系，中国的国情并没有显著的变化。直到 20 世纪 70 年代末，中国实行改革开放国策，实行独立自主的和平外交，中国才开始了一个全面发展的新时期。中国国力的显著提高，再加上对外政策的成功，才全面改变了中国的国际形象，使中国真正具有了大国的影响力。而几乎与此同时，罗的对内政策反而走进了死胡同，经济和社会的发展缓慢以至停滞。虽然其对外政策的灵活性一直延续到 20 世纪 80 年代初才逐渐消失，但对国家的发展趋势已影响甚微。罗的国际地位也从此风光不再。

继续发展中罗关系，对中国和罗马尼亚来说都是必要的。研究和总结中罗关系的经验教训，对今天发展中罗关系也是必要的。正如罗明所说：“这一历程所包含的足够的成功经验和值得记取的教训，将成为重建罗中之间团结合作关系的基础。”[34]

1999 年，我被国家留学基金管理委员会选派到罗马尼亚布加勒斯特大学做访问学者，平生第一次接触和学习罗语，并开始对罗国情和中罗关系有了较多的了解。一年后，我被布加勒斯特大学历史系招收为对外关系史专业的在职博士生。我的两位导师之一的莱泰甘教授建议我以中罗关系史为博士论文的题目。我稍为犹豫后接受了。之所以我要犹豫，是因为我深知研究两国关系史的困难之大，尤其是像中罗关系史这样的国别关系史：中罗关系如今已风光不再；这一课题的基础研究极为薄弱；我已经年过不惑之年，而且对罗国情和罗语知之甚少。但这种开拓性研究的挑战性、报效祖国的责任感和获得成功的紧迫感，促使我最终接受了挑战。

2005 年，我终于完成了以“China-Romanian Relations Between 1950's—1960's”为题的博士学位论文，并以“Very Good”这个最高成绩通过了论文答辩，获得了布加勒斯特大学的对外关系史专业的博士学位。

对于中罗关系史这个研究领域来说，我现在仍然还是一个入门者。本书虽然是在本人的博士学位论文的基础上完成的，虽然尽可能多地利用了两国的档案资料和国际上的研究成果，涵盖了中罗关系内容最丰富的近百余年的历史，虽然承蒙罗马尼亚科学院同行们的厚爱已先期出版了本人博士论文的英文版，但是我要发自内心地说：这本书还只不过是一个初步的研究成果，还有很多不足和缺憾。其中的有一些是如果假以更多的时日，我可以做得更好；有些则是我力所不能及的，要请国内外的专家共同合作来提高和完善的。

现在出版这本书，一是为了庆祝中华人民共和国建国 60 周年和中国与罗马尼亚建交 60 周年这双喜临门，二就是为了竖起一个靶子，让参与过中罗关系建设的人们，让各国的专家们来评判。早一日开展这种评价，就会早日使更多的人来关心和促进中罗关系的发展和中罗关系的研究。在这个领域里，我们还有太多的基础性工作要做，还有太多的空白要去填补。对于这一点，我仍然充满了好奇心和责任感。

本课题研究及本书稿的撰写，除得到了我的博士论文导师 Constantin Buşe 教授和 Mihai Retegan 教授的指导外，还得到了中国社会科学院的陆象淦研究员和康春林研究员、中国外交部的蒋本良特邀研究员和现任中国驻罗马尼亚大使刘增文先生、中共中央党校国际战略研究中心副主任宫力研究员、北京外国语大学欧洲语言文学系的张志鹏教授和丁超教授，以及布加勒斯特大学历史系的 Daniera Zaharia 副教授、Constantin Hlihor 教授和罗马尼亚 Iorga 国家历史研究所的 Ioan Ghiper 教授等人的指导或帮助。罗马尼亚前驻华大使罗明老前辈为发展和研究中罗关系已辛勤耕耘半个世纪，他的研究成果令我受益匪浅。在本书付梓之时，谨向他们表示衷心的感谢！我的学生张芬、刘展术、崔凤国、张新珂等人也为我查找和整理资料助了一臂之力。

本专题研究得到的唯一一笔资助，来自我所供职的中国青年政治学院。2006 年，学院把本专题研究列为学院科研重大课题，提供了数额有限，却如雪中送炭般的课题经费。中国国际广播电台罗语部已退休的李家渔译审和罗语部副主任李昕硕士欣然加入课题组襄助。特别是李译审不讲报酬，为本书译、校了几百页的罗文档案资料。参加资料翻译的还有国际台的其他一些工作人员，他们是：肖志刚、王红、林亭、张雪、楚群力、吴敏等人。在此特向我所在的学院、李家渔译审、李昕硕士及这些人士表示感谢！

在本专题研究进行到最困难、最关键的阶段，我院的李家华、王义军副院长，彭晓春副处长、张捷副教授、段碧春女士和蒋甫玉先生等人，给了我宝贵的鼓励和帮助，这将是我终生难忘的！

参考文献

①《人民日报》，1984 年 6 月 24 日，8 月 23 日。

②中共中央文献研究室，《邓小平年谱》（1975—1997），（下），中央文献出版社，2004 年版，第 1088 页。

③同注释①，1988 年 10 月 19 日。

④Romulus Ioan Budura, *Relaţiile româno-chineze*（*1949－1999*）. *Evantaiul celor 10000 de gânduri*：*România şi China*：*Trei veacuri de istorie.* Editura "Ion Cristoiu" SA, Bucureşti（罗姆鲁斯·扬·布杜拉：《罗中关系》（1949－1999），见《浓情挚意万万千，罗中关系三百年》，Ion Cristoiu 出版有限公司，布加勒斯特），1999，pp. 93－94。

⑤同注释①，1982 年 4 月 18 日。

⑥《中国共产党第十三次全国代表大会文件汇编》，人民出版社，1987 年版，第 2 页。

⑦徐鹏堂：《罗马尼亚共产党丧失执政地位的原因及教训——访中国前驻罗马尼亚大使陈德来》，《中共党史研究》，2006 年第 1 期，第 104 页。

⑧同注释④，p. 94.

⑨同注释⑦，第 107 页。

⑩同注释②，（上），第 786—787、815 页；（下），第 1085 页。

⑪姜琦、张月明：《悲剧悄悄来临——东欧政治大地震的征兆》，华东师范大学出版社，2001 年版，第 312 页。

⑫［法］卡特琳·迪朗丹：《尼古拉·齐奥塞斯库》，世界知识出版社，1991 年版，第 165、166 页。

⑬刘祖熙：《东欧剧变的根源与教训》，东方出版社，1995 年版，第 398 页。

⑭同注释⑪，第 313 页。

⑮《参考消息》，1978 年 8 月 12 日，1983 年 5 月 12 日。

⑯中国国际关系学会：《国际关系史》，第十一卷（1980—1989），世界知识出版社，2004 年版，第 5 页。

⑰《邓小平文选》，第二卷，人民出版社，1994 年版，第 239—241、128 页。

⑱同注释⑮，1976 年 11 月 4 日，1983 年 4 月 27 日，1985 年 1 月 31 日。

⑲同注释①，1983 年 6 月 24 日。

⑳同注释⑰，第三卷，第 98—99 页。

㉑李秀环：《罗马尼亚》，社会科学文献出版社，2005 年版，第 70 页。

㉒同注释④，pp. 93，94.

㉓《罗马尼亚统计委员会公报》（1990 年 3 月）。同注释⑪，第 312 页。

㉔同注释①，1989 年 12 月 27 日，12 月 28 日，12 月 29 日。

㉕中华人民共和国外交部外交史编辑室：《中国外交概览》（1992），世界知识出版

社，1993年版，第244页。

㉖中华人民共和国外交部政策研究室：《中国外交》（1997年版），世界知识出版社，1997年版，第408—409页。

㉗新华网，2003年5月14日。

㉘同注释①，2004年6月15日。

㉙外交部网站，2008年2月1日。

㉚同注释㉑，第197—198页。

㉛中华人民共和国外交部政策研究司：《中国外交》（2004年版），世界知识出版社，2004年版，第214页。

㉜王泰平：《中华人民共和国外交史》，第三卷：1970—1978，世界知识出版社，1998年版，第258页。

㉝同注释①，2004年6月15日。

㉞同注释④，p. 95.

中罗关系史大事记

400 年前后	北匈奴人进入东罗马帝国的达契亚行省，与达契亚人发生直接的接触。
1241 年春	蒙古西征军侵占古罗马尼亚地区，并把这一地区并入钦察汗国。

1676 年

5 月 20 日	米列斯库率俄国使团抵达北京，成为历史上第一个到过中国的罗马尼亚人。9 月 11 日离京返回俄国。
1880 年 7 月—1881 年 1 月	罗马尼亚王国国王卡罗尔一世致信中国清朝光绪皇帝，通告罗已获独立。光绪皇帝复信，向罗国家和人民致以“最热烈的祝愿”。这是中罗之间的第一次官方书信往来，表达了相互的承认和祝愿。

1918 年

12 月 1 日	统一的罗马尼亚宣告成立。这一天成为今天罗马尼亚的国庆日。

1939 年

9 月 13 日	罗马尼亚医生柯列然和扬固随国际援华医疗队抵达中国并参加中国红十字会医疗队，参加中国的抗日战争。
10 月 18 日	中华民国驻罗马尼亚王国特命全权公使梁龙向罗国家元首递交国书，两国正式建立外交关系。

1940 年

12 月 1 日	罗承认伪“满洲国”，1941 年 7 月 1 日又承认汪伪政权，随后以驻日公使伯古列斯库分别兼任驻这两个伪政权的

"公使"。

1941 年

7 月 10 日　　中华民国宣布与罗马尼亚王国断交。

1944 年

8 月 23 日　　罗国王联合罗共等力量举行武装起义，调转枪口参加反法西斯战争。这一天成为社会主义时期罗马尼亚的解放（国庆）日。

1949 年

10 月 1 日　　中华人民共和国宣告成立。

10 月 3 日　　罗马尼亚人民共和国外长鲍克致电中华人民共和国外长周恩来，宣布承认中华人民共和国，并决定与之建交。

10 月 5 日　　周恩来复电鲍克表示同意。这一天即中罗两国的建交日。

1950 年

3 月 10 日　　罗首任驻华大使鲁登科向中国中央人民政府主席毛泽东递交国书。

8 月 11 日　　我国首任驻罗大使王幼平向罗大国民议会主席团副主席尼库里递交国书。

1952 年

7 月 30 日　　中罗 1952 年交换货物及付款协定在布加勒斯特签订。这是两国间的第一个贸易协定。

8 月 23 日　　中国政府代表团参加罗解放 8 周年庆典。这是中国派往罗的第一个政府代表团。

1953 年

1 月 9 日　　中罗科学与技术合作协定在北京签订。这是两国签订的第一个科技合作协定。

7 月 25 日—8 月 16 日　　中国新民主主义青年团中央第一书记胡耀邦率中国青年代表团赴罗参加第 4 届世界青年和大学生节并访罗。

1954 年

9 月 26 日　　罗工人党第一书记阿波斯托尔访华。大国民议会主席团主席格罗查博士应毛泽东特邀随访，回国后写了《在六亿人民的国度》一书。

1955 年

12 月	中共中央书记处书记朱德元帅出席罗工人党二大并访罗。

1956 年

9 月 14 日—10 月 1 日	罗工人党第一书记乔治乌—德治出席中共八大并访华。

1957 年

4 月 29 日—5 月 13 日	罗大国民议会主席帕伏列斯库访华。

1958 年

4 月 2 日—8 日	罗部长会议主席斯托依卡访华。两国发表联合声明。
9 月 30 日	中罗友好协会和中国与其他 9 个社会主义国家的友好协会同时成立。

1959 年

5 月 18 日—23 日	国务院副总理兼国防部长彭德怀访罗。
9 月 27 日—10 月 6 日	罗部长会议副主席波德纳拉希参加中国国庆 10 周年活动并访华。

1960 年

6 月 24 日—26 日	社会主义国家共产党和工人党代表会议借参加罗工人党三大之机在布加勒斯特举行，即布加勒斯特会议。赫鲁晓夫动员与会者攻击中共代表团。
11 月	八十一国共产党和工人党代表会议在莫斯科举行。罗代表团参与了对中国代表团的围攻。

1963 年

4 月	罗驻华大使乔治乌求见中国领导人，通报罗苏关系和罗方对国际共运一些问题的看法。7 月 5 日周恩来约见乔治乌，提出援罗。
6 月 14 日	中共向苏共发出《关于国际共运总路线的建议》。罗报纸不顾苏联阻拦，刊登其长篇摘要。
12 月 12 日	乔治乌—德治约见中国大使许建国作长谈，介绍罗苏矛盾，承认批评中国的错误，并希望与中共加强友好接触。
12 月 17 日	刘少奇会见乔治乌大使，赞扬罗工人党的原则立场和

做法。

1964 年

3 月 2 日—10 日　罗部长会议主席毛雷尔率团访华，试图调停中苏论战。

4 月 15 日—22 日　扩大的罗工人党中央全会召开。会后发表《罗马尼亚工人党关于国际共产主义和工人运动的一些问题所持立场的宣言》。

8 月 19 日—31 日　国务院副总理李先念参加罗解放 20 周年庆典并访罗。

8 月 20 日　北京市卢沟桥人民公社被命名为卢沟桥中罗友好人民公社。

9 月 28 日—10 月 12 日　毛雷尔参加中国国庆 15 周年活动并访华。

10 月 4 日　罗布加勒斯特州斯洛博济亚县蒙特尼—布泽乌乡集体农庄被命名为“蒙特尼—布泽乌罗中友好集体农庄”。

1965 年

3 月 1 日—5 日　原由赫鲁晓夫倡议的各国共产党、工人党协商会晤在莫斯科举行。中、朝、罗、日等 7 党抵制。

3 月 19 日　乔治乌—德治病逝。3 月 23—27 日周恩来率团参加葬礼。

3 月 22 日　罗工人党中央选举齐奥塞斯库为第一书记。

7 月 19 日—24 日　罗工人党四大召开。决定更名为罗马尼亚共产党，大会更名为第九次代表大会，选举齐奥塞斯库为党的总书记。中共中央总书记邓小平率团出席。

8 月 21 日　罗大国民议会通过《罗马尼亚社会主义共和国宪法》，改国名为罗马尼亚社会主义共和国。

1966 年

6 月 16 日—24 日　国务院总理周恩来访罗。

9 月 30 日，10 月 5 日　毛雷尔访问越南途中两次路过北京并与周恩来会谈。周恩来回绝了其在援越问题上希望中苏等国协调行动的建议。

本月　张海峰大使离任回国。此后近 3 年内中国驻罗使馆无大使。

1967 年

2月9日　罗方要求中国政府收回驻罗使馆宣传莫斯科红场事件的照片与文字。

4月24日—26日　欧洲共产党和工人党关于欧洲安全问题的首脑会议在捷克斯洛伐克的卡罗维发利召开，中国问题是其主要议题之一。罗共没有参加，这是罗第一次抵制一个共产党的正式国际会议。

7月3日—8日　毛雷尔秘密访华，向中方转达他不久前访美时美国总统约翰逊和参议员盖伯赖特关于愿意改善中美关系的谈话，建议中国改善中苏关系和中美关系。中方予以回绝，也不同意为罗代表团来访发表消息。

9月27日　毛雷尔对越南进行非正式访问途中顺访中国，与周恩来举行了会谈。

1968 年

2月26日—3月5日　共产党和工人党协商会晤在布达佩斯举行。中国拒绝了邀请。罗共代表团因会上有人指责中罗两党而中途退出。3月1日罗共中央为此发表声明，罗各地纷纷表示支持。

8月20日23时许　苏联率华约组织另5个成员国的军队入侵并占领了捷克斯洛伐克社会主义共和国全境。21日晨，罗共中央执委会会议决定致信参与入侵的各国表示谴责。上午，齐奥塞斯库在党中央大楼前广场召集群众大会，并发表慷慨激昂的讲话，号召人民起来保卫祖国。

8月23日晚　周恩来亲自出席罗驻华使馆国庆招待会并发表讲话谴责上述侵略，指出苏联是社会帝国主义，明确表示中国支持罗马尼亚。

1969 年

3月17日　华约成员国政治协商会议在布达佩斯召开。由于罗代表团反对苏联提出的中国应对珍宝岛事件负责的提案，会议推迟了半天召开。会议也未能就华约军队派驻苏中边界和接纳蒙古为成员国等问题形成决议。

6月5日—17日　75个共产党和工人党国际会议在莫斯科召开。齐奥塞斯库两次发言反对攻击中国，威胁要退出会议，并第一次公开承认罗共过去曾错误地攻击过其他党。会议的最后文件没有指责中国。

8 月 2 日—3 日　美国新当选总统尼克松访罗。他在会谈中请齐奥塞斯库在美中之间充当调解人，齐奥塞斯库表示同意。中美之间的罗马尼亚对话渠道由此开通。

8 月 6 日—12 日　罗共召开十大。齐奥塞斯库和尼古列斯库—米齐尔在发言中都再次含蓄地承认过去参与谴责其他党的错误。中共受到与会邀请，但只发去贺电。

9 月 7 日，11 日　毛雷尔赴越南参加胡志明葬礼的途中，先后两次在北京与周恩来举行会谈，介绍了尼克松一个月前访罗的情况并传递了尼克松愿意寻求同中国关系正常化的信息。

1970 年

5 月中旬　罗发生有史以来最严重的水灾。5 月 18 日，周恩来向罗发去慰问电。中国红十字会向罗捐赠 50 万元人民币的现款和 50 万元人民币的物资。

6 月 1 日　周恩来接见杜马大使，恢复以同志相称，对罗遭水灾表示慰问。

6 月 9 日—12 日　波德纳拉希访华。

6 月 29 日　中国向罗提供无偿物资援助的议定书在北京签字。中国共向罗提供价值 5260 万元人民币的援助，是此次援助罗最多的国家。

7 月 23 日—8 月 2 日　罗武装部队部部长约尼查上将访华，具体洽谈中国向罗提供军援的内容和方式。中国向罗赠送 3489 万元人民币的军援。

10 月 26 日　尼克松在白宫会见来访的齐奥塞斯库，表示既希望和中国也希望和苏联建立良好的关系。在宴请齐奥塞斯库时，首次在正式场合把新中国称为中华人民共和国，利用罗马尼亚人在场向中国发出了“一个意味深长的外交信号”。

11 月 20 日—26 日　罗部长会议副主席勒杜列斯库访华，签订中国向罗提供长期无息贷款的协定，中国向罗提供 2.24 亿元人民币贷款。勒杜列斯库还向中方传递了美方请罗方向中方转达的口信。

本年　中罗贸易额首次超过 1 亿美元，达到 1.43 亿美元。

1971 年

1 月 11 日　罗驻美大使博格丹在白宫向基辛格传达了勒杜列斯库带回的周恩来对美国口信的回复，明确表示欢迎尼克松访华。29 日，基辛格给博格丹以答复。

2 月 18 日　1972—1975 年中罗相互供应主要货物和长期贸易协定及 1971 年贸易与支付协定在布加勒斯特签字。

5 月 7 日　中共中央电贺罗共成立 50 周年，恢复称罗共是马列主义政党、罗是社会主义国家。

6 月 1 日—9 日　罗共总书记、国务委员会主席齐奥塞斯库首次正式访华。中国决定再向罗提供 3300 万美元无息贷款。

7 月 6 日　罗共中央执委会通过齐奥塞斯库提出的《改进政治思想工作和对党员、对全体劳动人民进行马克思列宁主义教育工作的建议》(西方称之为“17 点纲领”)，罗开始“文化革命”。

10 月 26 日　第 26 届联大恢复中国在联合国的合法席位。罗是 18 个提案国之一。10 月 27 日齐奥塞斯库等电贺中国领导人。

1973 年

3 月 10 日—23 日　罗共中执委委员、中央书记、社会主义文化教育委员会主席波佩斯库访华。

4 月 17 日　罗中友协成立，罗共中央常设主席团成员、罗共中央检查委员会主席斯托依卡任主席。

1974 年

3 月 29 日　齐奥塞斯库当选罗总统。

6 月底　中国国产的“风庆轮”首航抵达康斯坦察港。

8 月 21 日—26 日　李先念参加罗国庆 30 周年活动并访罗。

11 月 26 日　北京—德黑兰—布加勒斯特—地拉那航线开通。

1975 年

9 月 5 日　罗共中央政治执委会委员、中央书记维尔德茨访华。7 日，周恩来在医院会见了他。这是周恩来一生中会见的最后一位外宾。

1976 年

1 月 8 日　周恩来病逝。10 日，齐奥塞斯库等人发来唁电“表示深切的哀悼”。

1 月 24 日　波德纳拉希逝世。26 日，毛泽东等发去唁电表示哀悼和慰问。

1 月 29 日　中罗 1976—1980 年长期贸易协定及 1976 年交换货物和付款议定书在北京签字。

9 月 9 日　毛泽东逝世。齐奥塞斯库等人发来唁电“表示最诚挚的哀悼”，并确定 18 日为全国哀悼日。

10 月 25 日　齐奥塞斯库致电华国锋，就他当选中共中央主席“致以兄弟般的问候和最热烈的祝贺”。12 月 15—24 日，罗共中央政治执委会委员、副总理奥普雷亚访华，向华国锋面交了齐奥塞斯库的一封信，再次祝贺中共粉碎“四人帮”和华国锋当选中共中央主席，热切希望进一步发展两党两国的友好关系。

1977 年

3 月 6 日　华国锋致电齐奥塞斯库，对罗马尼亚发生强烈地震表示深切的同情和慰问。9 日，中国红十字会向罗赠送药品 20 吨、人民币 50 万元。

5 月 5 日—10 日　中共中央政治局候补委员、全国人大副委员长赛福鼎访罗并参加罗独立 100 周年的庆祝活动。5 月 7 日，华国锋致电齐奥塞斯库，最热烈地祝贺罗国家独立 100 周年。

9 月 24 日　罗驻华使馆新馆举行落成典礼。

1978 年

3 月 6 日—14 日　罗大国民议会主席乔桑访华。

4 月 7 日—16 日　中国人民对外友协会长王炳南率中国人民对外友协和中罗友协代表团访罗。

5 月 15 日—20 日　齐奥塞斯库第二次访华，与中国签订两国经济技术合作的长期协定。

本月　两国外长在北京签订互设总领事馆的协定。中方将在康斯坦察设馆，罗方将在上海设馆。1985 年，中国驻康斯坦察总领事馆正式开馆。

8月16日—21日　中共中央主席、国务院总理华国锋访罗。此次访问是中国最高领导人第一次访罗、自1957年毛泽东访苏后中国最高领导人时隔21年后的第一次出访、中国最高领导人第一次出访比莫斯科更远的国家首都。双方签署了关于建立中罗政府经济技术合作委员会等8个协定和议定书。

9月14日—19日　罗总理曼内斯库访华。

9月26日—10月8日　中国财政部长张劲夫率中国财政经济考察团访罗。

1979年

5月15日—18日　中罗经济技术合作委员会（简称混合委员会）首次会议在北京举行。

本月　中国人民的老朋友扬固医生和夫人应邀来华参观访问。

9月　罗中友协代表团访华并参加中国国庆30周年活动。

11月16日—12月1日　中共中央政治局委员、全国人大常委会副委员长乌兰夫出席罗共十二大，打破了中国15年来不派团出席外国党代表大会的惯例。齐奥塞斯库首次在党的代表大会上公开批评霸权主义。

本年　中罗贸易额突破10亿美元，达到10.94亿美元，为20世纪的最高点。

1980年

5月9日　华国锋参加铁托葬礼后应邀访罗一天。

11月25日—12月1日　罗总理维尔德茨访华。

1982年

4月13日—17日　齐奥塞斯库第三次访华，与中国签署两国关于发展经济和科学技术合作的长期纲领协定等5个文件。邓小平请齐奥塞斯库给勃列日涅夫带话，让他对改善中苏关系先做一两件事。但长时间没有回音。

1983年

5月5日—10日　中共中央总书记胡耀邦访罗。

11 月 21 日—26 日　罗总理德斯克列斯库访华。

1984 年

6 月　罗授予李先念“罗马尼亚社会主义共和国之星”一级勋章。8 月，罗又授予邓小平该勋章。

8 月 20 日—30 日　中国国家主席李先念参加罗国庆 40 周年活动并访罗。这是中国国家元首首次访罗。

1985 年

10 月 7 日—12 日　齐奥塞斯库第四次访华。与中国签订两国 1986—1990 年期间双边经济关系发展协定，及 1986—1990 年期间相互供应主要货物的长期协定等。邓小平再次请他给戈尔巴乔夫带口信。11 月 6 日，苏方答复已收到。

1986 年

7 月 2 日—6 日　中国总理赵紫阳访罗。

1988 年

10 月 14 日—18 日　齐奥塞斯库第五次访华。

1989 年

11 月　中共中央政治局常委乔石率团参加罗共十四大。

12 月 22 日　罗发生流血政变。25 日，齐奥塞斯库政权被推翻。28 日，罗马尼亚社会主义共和国更名为罗马尼亚。

12 月 26 日　中国副外长田曾佩会见罗驻华大使米库列斯库，告知中国红十字会决定立即向罗提供紧急人道主义援助，并表示尊重罗人民的选择，中国愿在和平共处五项原则的基础上继续同罗保持和发展友好关系。

12 月 27 日　中国国家主席杨尚昆和总理李鹏分别致电罗救国阵线委员会主席伊利埃斯库和政府总理罗曼，祝贺他们就任新职。

1991 年

1 月　罗总统伊利埃斯库访华。

1994 年

3 月　伊利埃斯库对深圳、珠海和广州进行工作访问。

7 月　李鹏访罗。宣布中国对东欧国家的四项基本政策，并签署关于中罗相互友好合作关系的“联合声明”。

本年　中罗政府经济技术合作委员会改称中罗政府经济贸易委员会，继续每年交替在两国首都举行会议。

1995 年

7 月　罗总理沃克罗尤访华。

10 月　在出席联合国成立 50 周年纪念活动期间，中国国家主席江泽民在纽约会见伊利埃斯库总统。

新的罗中友协成立。

1996 年

6 月 29 日—7 月 2 日　中国国家主席江泽民访罗，双方签署“联合声明”。

1997 年

6 月　罗马尼亚华人联合会成立。

9 月　罗总统康斯坦丁内斯库访华。

1999 年

本年　中罗贸易额跌至 1.91 亿美元，为 1970 年以来的最低点。

2000 年

9 月　中罗签署两国政府 2001—2004 年文化交流计划。

2002 年

6 月　罗总理讷斯塔塞访华。

本年　罗对华贸易首次出现顺差。

2003 年

5 月　讷斯塔塞在中国抗击“非典”期间访华。

8 月　伊利埃斯库访华，双方发表了“联合声明”。罗在香港设立总领事馆。

2004 年

6 月　中国国家主席胡锦涛访罗，两国签署关于建立全面友好合作伙伴关系的“联合声明”。

本年　两国青年代表团互访。

2006 年

3 月　罗总统伯塞斯库访华。

2007 年

1 月 1 日　罗马尼亚加入欧盟。

本年　罗首家孔子学院在锡比乌市挂牌。

2008 年

6 月　中国全国政协主席贾庆林访罗。

8 月　伯塞斯库总统夫妇和奥尔泰亚努众议长夫妇应邀出席北京奥运会开幕式。

主要参考文献目录

一、史料及工具书

历史文献

1. 中国第二历史档案馆:《南京国民政府外交部公报》,第12卷,江苏古籍出版社,1990年版。

2. 陈志奇:《中华民国外交史料汇编》,台湾:国立编译馆、渤海堂文化公司。

3. 外交部开放档案,1949—1960.

4. 中华人民共和国外交部外交史研究室:《周恩来外交活动大事记》(1949—1975),世界知识出版社,1993年版。

5. 中共中央文献研究室:《周恩来年谱》(1949—1976),上中下卷,中央文献出版社,1997年版。

6. 中共中央文献研究室:《邓小平年谱》(1975—1997),(上),中央文献出版社,2004年版。

7.《罗马尼亚四十年——文献资料选编》,中共中央党校科研办公室编选,1986年。

8. [罗] 尼·米列斯库:《中国漫记》,中华书局,1990年版。

9. Arhivele de Naţionale Istorice Centrale (ANIC), fond C. C. al PCR cancelarie, 1949—1975; Secţia relaţii externe, 1949—1973.

10. Arhivele Ministrului Afacerilor Externe (AMAE), Fond Paris, 1879—1931; Fond China, 1920—1975.

11. Ministerul Afacerilor Externe & Archivele Naţionale, *Relaţiile Româno-Chineze, 1880—1974, documente.* Coordonator: Ambasador Romulus Ioan BUDURA(外交部 & 国家档案馆:《罗中关系文件集》(1880—

1974），主编：罗姆鲁斯·扬·布杜拉大使），Bucureşti，2005.

12. Institutul de studii istorice şi social-politice de pe lângă C. C. al P. C. R. , *Tradiţii ale poporului Român de solidaritate si prietenie cu poporul Chinez*（《罗马尼亚人民声援中国人民和对中国人民友好的传统》），Editura Politica，Bucureşti，1973.

13.《各国共产党和工人党关于布加勒斯特会谈文集》，世界知识出版社，1960 年版。

14.《罗马尼亚工人党第三次代表大会文件》（1960. 6. 20—25），世界知识出版社，1961 年版。

15.《罗马尼亚解放 20 周年文集》，人民出版社，1965 年版。

16. *Statement on the Stand of the Romanian Worker's Party Concerning the Problems of the World Communist and Working-class Movement* (*1964. 4*)，Bucuresti，1964.

17. Dan Cătănuş，*Între Beijing şi Moscova：România şi conflictul sovieto-chinez*，Institutul Naţional pentru Studiul Totalitarismului，Bucuresti，2004.

18.《齐奥塞斯库选集》（1965—1968），人民出版社，1979 年版.

19.《齐奥塞斯库选集》（1969—1973），人民出版社，1980 年版。

20.《齐奥塞斯库选集》（1974—1980），人民出版社，1981 年版。

21.《齐奥塞斯库选集》（1981—1983），人民出版社，1983 年版。

报纸与杂志

1.《人民日报》，1947—2008.

2.《参考消息》，1958—2008.

3.《东欧》，1988—1998.

4.《经济研究参考资料》，1978—1979。

5. *Scânteia*

6. *Magazin istoric*

回忆录和日记

1.《顾维钧回忆录》，第三、四卷，中华书局，1985 年版。

2. 吴冷西：《十年论战——1956—1966 中苏关系回忆录》，上下册，中央文献出版社，1999 年版。

3. 阎明复：《彭真与 1960 年国际共运的两次重要会议》，《百年潮》，2002

年第4期。

4. 蒋本良：《多瑙河之波》，四川人民出版社，2004年版。

5. 蒋本良：《给共和国领袖作翻译》，上海辞书出版社，2007年版。

6. Paul Niculescu-Mizil，*O istorie trăită*，Bucureşti：Editura Enciclopedică，1997，2002.

7. Paul Niculescu-Mizil，*O istorie trăită*，*Memorii*，Volumul II，Bucureşti：Editura Democraţia，2003.

8.《赫鲁晓夫回忆录》，东方出版社，1988年版。

9.《最后的遗言——赫鲁晓夫回忆录续集》，东方出版社，1988年版。

工具书

1. 马齐彬等：《中国共产党执政四十年》（1949—1989）（增订本），中共党史出版社，1991年版。

2. 宋恩繁、黎家松：《中华人民共和国外交大事记》，第一卷（1949年10月至1956年12月），世界知识出版社，1997年版。

3. 黎家松：《中华人民共和国外交大事记》，第二卷（1957年1月至1964年12月），世界知识出版社，2001年版。

4. 黎家松、廉正保：《中华人民共和国外交大事记》，第三卷（1965年1月至1971年12月），世界知识出版社，2002年版。

5. 廉正保：《中华人民共和国外交大事记》，第四卷（1972年1月至1978年12月），世界知识出版社，2003年版。

6. 卫林等：《第二次世界大战后国际关系大事记》（1945—1979），中国社会科学出版社，1983年版。

7. 夏义善：《苏联外交六十五年纪事·勃列日涅夫时期》（1964—1982），世界知识出版社，1987年版。

8. 钱其琛：《中国外交辞典》，世界知识出版社，1999年版。

9. 辛华：《罗马尼亚姓名译名手册》，商务印书馆，1981年版。

10. Constantin C. Giurescu，*Chronological History of Romania*. Bucureşti：Editura Enciclopedica Româna，1974.

11. Fundaţia Europeană Titulescu，*Istoria Politicii Externe Româneşti în date*（《罗马尼亚对外关系编年史》），Coordonator：Ion Calafeteanu，Editura Enciclopedica，Bucureşti，2003.

12. Serban N. Ionescu，*Who was who in Twentieth-Century Romania*.

New York，Distributed by Columbia University Press，1994.

13. Kurt W. Treptow & Marcel Popa，*Historical Dictionary of Romania*，The Scarecrow Press，Inc. Lanham，Md.，& London，1996.

14. Consiliul Naţional pentru Studierea Arhivelor Securităţii，*Membrii C.C. al P.C.R.，1945－1989，Dicţionar*（《罗共中央委员（1945—1989）人名辞典》），Editura Enciclopedica，Bucureşti，2004.

二、专著

关于中国及中国外交

1. 林幹：《匈奴通史》，人民出版社，1986年版。

2. 林干：《中国古代北方民族通史》，厦门：鹭江出版社，2003年版。

3. 何茂春：《中国外交通史》，中国社会科学出版社，1996年版。

4. 武斌：《中华文化海外传播史》，第一～三卷，陕西人民出版社，1998年版。

5. 余绳武等：《沙俄侵华史》（17世纪末—1917年），第一卷，人民出版社，1978年版。

6. 石源华：《中华民国外交史》，上海人民出版社，1994年版。

7. 金冲及：《周恩来传》（1949—1976），上下册，中央文献出版社，1998年版。

8. 郭德宏：《中国共产党的历程》，第一～三卷，河南人民出版社，2001年版。

9. 王鸿模、苏品端：《改革开放的征程》，河南人民出版社，2001年版。

10. 中共中央党史研究室第三研究部：《邓小平与改革开放的起步》，中共党史出版社，2005年版。

11. 韩念龙：《当代中国外交》，中国社会科学出版社，1988年版。

12. 田曾佩：《改革开放以来的中国外交》，世界知识出版社，1993年版。

13. 裴坚章：《中华人民共和国外交史》，第一卷，1949—1956，世界知识出版社，1994年版。

14. 王泰平：《中华人民共和国外交史》，第二卷，1957—1969，世界知识出版社，1998年版。

15. 王泰平：《中华人民共和国外交史》，第三卷，1970—1978，世界知识出版社，1999年版。

16. 杨奎松:《冷战时期的中国对外关系》，北京大学出版社，2006 年版。

17. 沈觉人:《当代中国对外贸易》，上下册，当代中国出版社，1992 年版。

18.《新中国对外文化交流史略》编辑委员会:《新中国对外文化交流史略》，中国友谊出版公司，1999 年版。

19. 中华人民共和国文化部对外文化联络局:《中国对外文化交流概览》(1949—1991)，光明日报出版社，1993 年版。

20. 杨奎松:《毛泽东与莫斯科的恩恩怨怨》，江西人民出版社，1999 年版。

21. 孙其明:《中苏关系始末》，上海人民出版社，2002 年版。

22. 沈志华:《中苏关系史纲》，新华出版社，2007 年版。

23. 宫力:《跨越鸿沟——1969—1979 年中美关系的演变》，河南人民出版社，1992 年版。

24. 宫力:《毛泽东与美国——毛泽东对美政策思想的轨迹》，世界知识出版社，1998 年版。

25. 陶文钊:《中美关系史》(1949—1972)，上海人民出版社，1999 年版。

26. 云水:《出使七国纪实: 将军大使王幼平》，世界知识出版社，1996 年版。

27. [美] W. M. 麦高文:《中亚古国史》，中华书局，1958 年版。

28. [英] 约·弗·巴德利:《俄国·蒙古·中国》，上下卷，商务印书馆，1981 年版。

29. David Floyd, *Mao Against Khrushchev*: *A Short Story of Sino-Soviet Conflict*, Fredrick A. Praeger, Inc., Publishers, 1964.

30. [美] 理查德·尼克松:《尼克松回忆录》，上中下册，商务印书馆，1978 年版。

31. [美] 塔德·肖尔茨:《和平的幻想——尼克松外交内幕》，上下册，商务印书馆，1982 年版。

32. [美] 西摩·赫什:《权力的代价——尼克松执政时期的基辛格》，国际文化出版公司，1991 年版。

33. William Bundy, *A Tangled Web*: *The Making of Foreign Policy in the Nixon Presidency*, Hill and Wang, A Division of Farrar, Starus and Gir-

oux, New York 1998

34. ［美］亨利·基辛格：《白宫岁月》，第一～四册，世界知识出版社，2003 年版。

35. *Kissinger's Secret Trip to China*, The National Security Archive.

关于罗马尼亚

1. 李冬柏、肖民重：《欣欣向荣的罗马尼亚经济》，吉林人民出版社，1980 年版。

2. 丁超：《中罗文学关系史探》，人民文学出版社，2008 年版。

3. ［苏］维诺格拉多夫等：《罗马尼亚近现代史》，商务印书馆，1974 年版。

4. ［罗］M. 康斯坦丁内斯库等：《罗马尼亚通史简编》，上中下册，商务印书馆，1976 年版。

5. ［罗］康·康·朱雷斯库：《统一的罗马尼亚国家的形成》，人民出版社，1978 年版。

6. ［罗］穆沙特、阿尔德列亚努：《1918—1921 罗马尼亚的政治生活》，中国社会科学出版社，1979 年版。

7. ［罗］安德烈·奥采特亚：《罗马尼亚人民史》，商务印书馆，1981 年版。

8. Stephen Fischer-Galati, *Twentieth Century Rumania*, New York, Columbia University Press, 1991.

9. Kurt W. Treptow, *A History of Romania*, Iasi: The Center for Romanian Studies, 1997.

10. Radu R. Florescu, *Essays on Romanian History*, Iaşi: The Center for Romanian Studies, 1999.

11. Robert R. King, *A History of the Romanian Communist Party*, Stanford, California: Hoover Institution Press, Stanford University, 1980.

12. Dennis Deletant, *Romania Under Communist Rule*, Iaşi: The Center for Romanian Studies, 1999.

13. ［罗］吉塔·约耐斯库：《共产主义在罗马尼亚》（1944—1962），世界知识出版社资料室编印，1965 年。

14. *Reprezentantele diplomatice ale Romaniei*（《罗马尼亚对外关系》），Vol. 3: 6, 1948—3, 1973, Editura Politica, Bucureşti, 1973.

15. Stephen Fischer-Galaţi, *The New Rumania: From People's Democracy to Socialist Republic*, M. I. T. Press, Cambridge, Massachusetts, 1967.

16. David Floyd, *Rumania: Russia's Dissident Ally*, Pall Mall Press, London · Dunmow, 1965.

17. Aurel Braun, *Romanian Foreign Policy Since 1965: The Political and Military Limits of Autonomy*, New York: Praeger Publishers, 1978.

18. 罗马尼亚世界经济研究所:《罗马尼亚国民经济和对外贸易》, 中国对外经济贸易出版社, 1987 年版。

19. Mihai Retegan, *In the Shadow of Prague Spring*, Iaşi, The Center for Romanian Studies, 2000.

20. J. F. Harrington & B. J. Courtney, *Tweaking the Nose of the Russian: Fifty Years of American-Romanian Relations, 1940 — 1990.* Columbia University Press, New York, 1991.

21. Ion Buzatu, *Istoria relaţiilor României cu China: din cele mai vechi timpuri până în zilele noastre* (《罗中关系史: 从远古至今》), Meteor Press, 2004.

关于国际关系及东欧

1. 王绳祖:《国际关系史》, 第一～十卷, 世界知识出版社, 1995—1996 年版。

2. 中国国际关系学会:《国际关系史》, 第十一卷 (1980—1989), 世界知识出版社, 2004 年版,

3. 王文修等编译:《苏修推行新殖民主义的工具——经互会》, 三联书店, 1978 年版。

4. 上海国际问题研究所欧洲研究室:《两大军事集团的对峙——北约与华约》, 1983 年版。

5. 姜琦、张月明:《国际共产主义运动中的党际关系史》, 华东师范大学出版社, 1991 年版。

6. 刘祖熙:《东欧剧变的根源与教训》, 东方出版社, 1995 年版。

7. 中联部《各国共产党总览》编委会:《各国共产党总览》, 当代世界出版社, 2000 年版。

8. 李兴:《从全面结盟到分道扬镳——冷战时期的苏联与东欧关系研

究》，武汉大学出版社，2000 年版。

9. 姜琦、张月明：《悲剧悄悄来临——东欧政治大地震的征兆》，华东师范大学出版社，2001 年版。

10. ［美］T. 沃尔夫：《苏联霸权与东欧》（1945—1970），上海人民出版社，1976 年版。

11. ［美］罗宾·艾莉森·雷明顿：《华沙条约》，上海人民出版社，1976 年版。

12. ［前苏］尼·法捷耶夫：《经济互助委员会》，中国财政经济出版社，1977 年版。

13. ［美］布朗：《苏联与其东欧盟国的关系》，商务印书馆，1980 年版。

14. ［美］塔德·舒尔茨：《“布拉格之春”前后》，新华出版社，1983 年版。

15. ［美］斯蒂芬·费希尔—盖拉蒂：《东欧各国共产党》，东方出版社，1986 年版。

16. ［英］艾伦·帕尔默：《夹缝中的六国——维也纳会议以来的中东欧历史》，商务印书馆，1997 年版。

17. ［英］本·福凯斯：《东欧共产主义的兴衰》，中央编译出版社，1998 年版。

18. Constantin Hlihor & Ioan Scurtu，*The Red Army in Romania*，Iasi：The Center for Romanian Studies，2000.

三、文集和论文

1. 张化、苏采青：《回首“文革”——中国十年“文革”分析与反思》，上下册，中共党史出版社，2000 年版。

2. 阚思静、刘邦义：《东欧演变的历史思考》，当代世界出版社，1997 年版。

3. 李丹慧：《北京与莫斯科：从联盟走向对抗》，广西师范大学出版社，2002 年版。

4. 沈志华、李丹慧：《战后中苏关系若干问题研究——来自中俄双方的档案文献》，人民出版社，2006 年版。

5. 姜长斌、［美］罗伯特·罗斯：《从对峙走向缓和——冷战时期中美关系再探讨》，世界知识出版社，2000 年版。

6. 姚海：《论经互会》，《世界历史》，1988 年第 2 期。

7. 徐鹏堂：《“20 世纪 60—80 年代中国同东欧国家关系历史回顾”国际学术研讨会纪要》，《中共党史研究》，2004 年第 2 期。

8. 江燕：《十几年来理论界关于东欧剧变的研究综述》，《当代世界与社会主义》，2005 年第 1 期。

9. 刘勇：《国内外中罗关系史研究述评》，《中国青年政治学院学报》，2008 年第 2 期。

10. 刘勇：《1949 年以前的中罗关系述略》，《内蒙古大学学报》，2004 年第 4 期。

11. 雨池：《一部中罗人民友谊的珍贵文献》，《东欧》，1990 年第 1 期。

12. 王义祥：《罗马尼亚史学界对“8. 23”事件的看法有所改变》，《世界史研究动态》，1991 年第 11 期。

13. 刘勇：《影响中罗关系曲折发展的若干因素》，《当代中国史研究》，2003 年第 4 期。

14. 刘勇：《罗马尼亚渠道与中美关系的解冻》，《中国青年政治学院学报》，2005 年第 3 期。

15. 徐鹏堂：《罗马尼亚共产党丧失执政地位的原因及教训——访中国前驻罗马尼亚大使陈德来》，中共党史研究，2006 年第 1 期。

16. 刘开铭：《罗马尼亚当前经济建设中存在的问题》，《苏联东欧问题译丛》，第 2 辑，三联书店，1982 年版，第 83—91 页。

17. ［美］斯蒂芬·费希尔—盖拉蒂：《东欧各国共产党》，东方出版社，1986 年版。

18. *Romania: A Historic Perspective*, edited by Dinu C. Giurescu and Stephen Fischer-Galaţi, New York, Columbia University Press, 1998.

19. *Evantaiul celor 10000 de gânduri: România şi China: trei veacuri de istorie.* Editura “Ion Cristoiu” SA, Bucureşti, 1999. Volumul II, Editura AGER- “Economistul”, Bucureşti, 2005.

20. Robert R. King, *Rumania and the Sino-Soviet Conflict*, *Studies in Comparative Communism*, Vol. 5, No. 4, Winter 1972.

6. [illegible]：《[illegible]世界历史》，1988年版第?期

7. [illegible]：《20世纪60-80年代中国同东欧国家关系[illegible]》，[illegible]《中共党史研究》2004年第2期

8. 王[illegible]：《[illegible]东欧[illegible]》，《当代世界社会主义问题》2005年第1期

9. 刘[illegible]：《[illegible]研究[illegible]》，《[illegible]学报》2008年第2期

10. 刘[illegible]：《1960年以前的中罗[illegible]》，《内蒙古[illegible]》2004年第4期

11. [illegible]：《[illegible]》，《求是》1980年第1期

12. [illegible]：《[illegible]》，《世界史研究动态》1994年第10期

13. [illegible]：《[illegible]中罗关系[illegible]因素》，《当代中国史研究》200?年第4期

14. [illegible]：《罗马尼亚[illegible]》，《中共党史研究》2006年第3期

15. [illegible]：《[illegible]》，《[illegible]》2005年第1期

16. 刘[illegible]：《罗马尼亚当前[illegible]》，《苏联东欧问题译丛》第一辑，三联书店，1982年版，第83—94页

17. [illegible]，东方出版社，1980年版

18. Romania: A Historic Perspective, edited by Dinu C. Giurescu and Stephen Fischer-Galati, New York, Columbia University Press, 1998.

19. Cronologia [illegible] de gândire, România [illegible], Editura "Ion Cristoiu" S.A., Bucureşti, 1999, Volumul II, Editura AGER-Economistul, Bucureşti, 2003.

20. Robert R. King, Romania and the Sino-Soviet Conflict, Studies in Comparative Communism, Vol.5, No.4, Winter 1972.

图书在版编目（CIP）数据

百年中罗关系史/刘勇著. —北京：时事出版社，2009.3
ISBN 978-7-80232-212-7

Ⅰ.百…　Ⅱ.刘…　Ⅲ.中外关系—国际关系史—罗马尼亚
Ⅳ.D829.542

中国版本图书馆 CIP 数据核字（2009）第 024874 号

出版发行：时事出版社
地　　址：北京市海淀区万寿寺甲 2 号
邮　　编：100081
发行热线：（010）88547590　88547591
读者服务部：（010）88547595
传　　真：（010）68418647
电子邮箱：shishichubanshe@sina.com
网　　址：www.shishishe.com
印　　刷：北京百善印刷厂

开本：787×1092　1/16　印张：24.75　字数：413 千字
2009 年 4 月第 1 版　2009 年 4 月第 1 次印刷
定价：49.00 元
（如有印装质量问题，请与本社发行部联系调换）

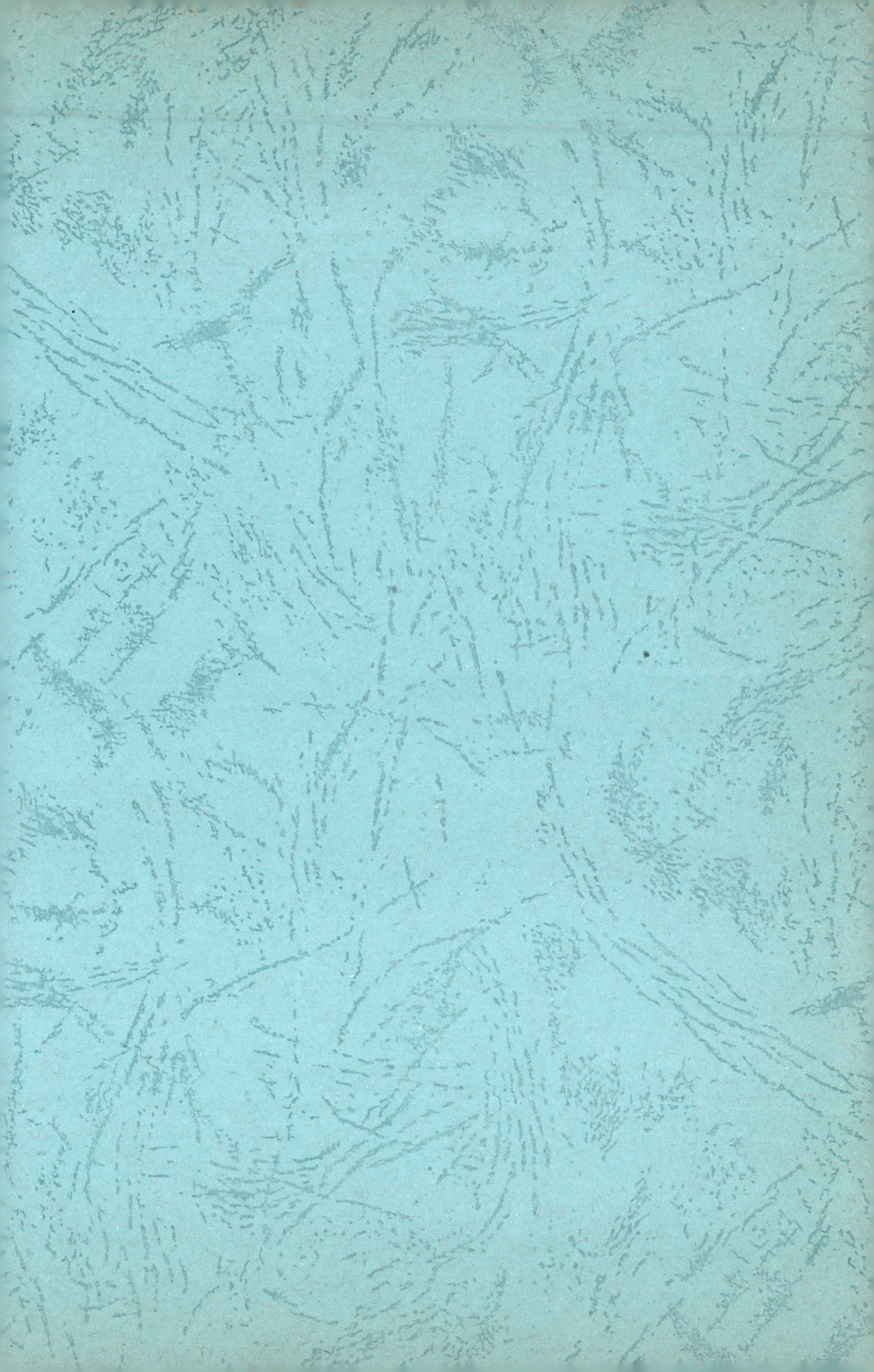

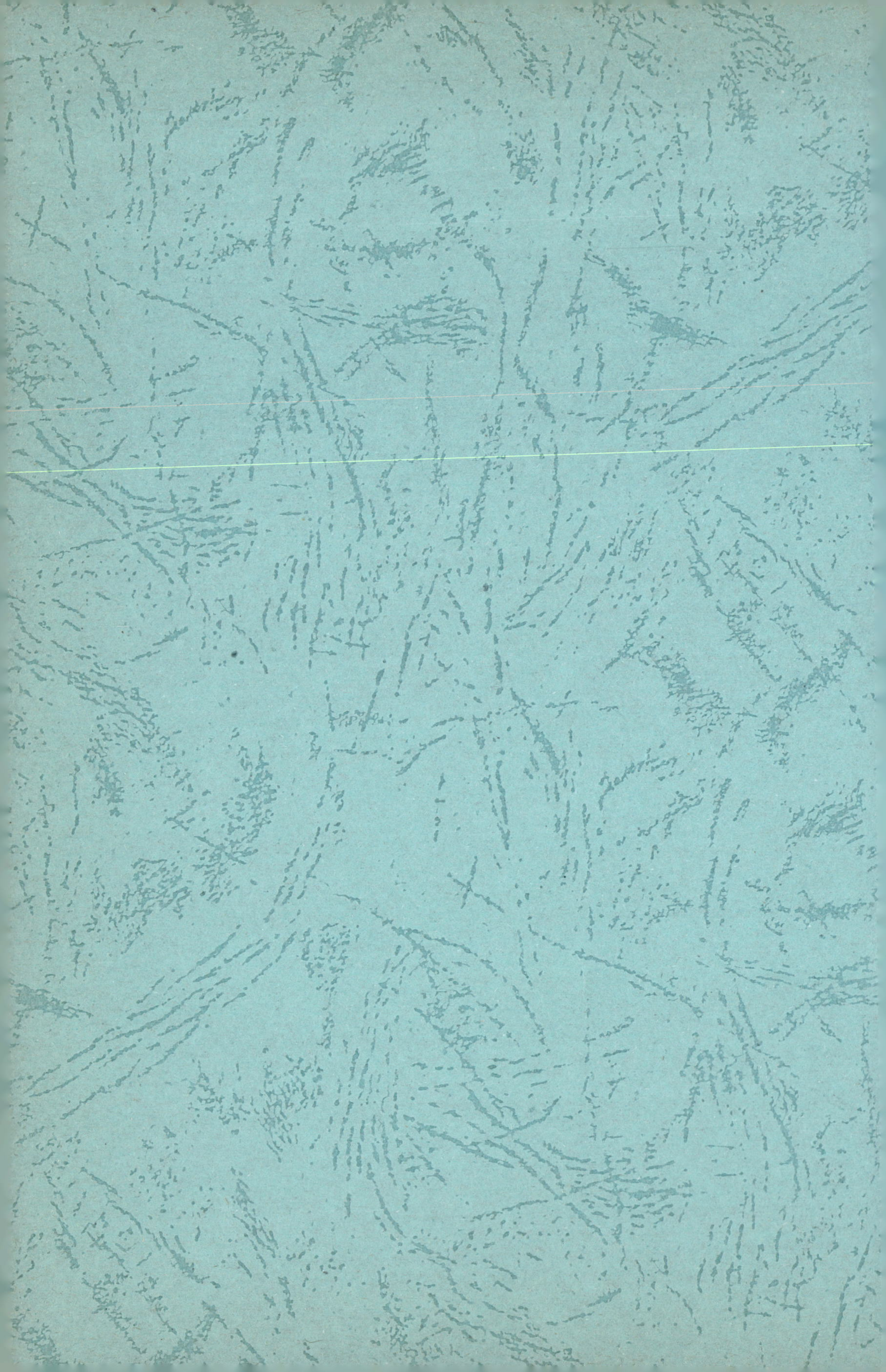